Le développement durable

Le management de l'entreprise responsable

Éditions d'Organisation
1, rue Thénard
75240 Paris cedex 05
Consultez notre site :
www. editions-organisation.com

Du même auteur

Management de la communication, Éditions Eyrolles, 1994.

Les pionniers de l'entreprise responsable, Éditions d'Organisation, 2001.

Chez le même éditeur

Alain CHAUVEAU, Jean-Jacques ROSE, *L'entreprise responsable*, 2003.

Jean-Marie DUCREUX, Maurice MARCHAND-TONEL, *Stratégie*, 2004.

Geneviève FERONE, Anne-Sophie GENIN, Dominique DEBAS, Guy HERVIER, *Ce que développement durable veut dire*, 2003.

© Éditions d'Organisation, 2005

ISBN : 2-7081-3290-3

Patrick d'Humières
Coordination de Sarah Vignoles

Le développement durable

Le management de l'entreprise responsable

Éditions
d'Organisation

À Henri Tezenas du Montcel,
le pédagogue d'une économie responsable.

«La meilleure façon de paraître ce que l'on veut être,
c'est d'être ce que l'on veut paraître.»

Platon

REMERCIEMENTS

Que soient remerciés les directeurs de développement durable et les dirigeants d'entreprise qui nous ont permis d'élaborer cette proposition méthodologique en faisant confiance à ecodurable®. Sans eux, le sujet resterait très
intentionnel. C'est grâce à des femmes et des hommes qui tracent aujourd'hui
la voie de ce sujet, dans un contexte interne encore peu facilitateur, qu'il
deviendra un levier de performance économique utile à tous.

Au premier rang nous saluerons Claude Fussler, Jacqueline Aloini de Lanterd,
Dominique Fortin, Nicole Notat, Guy Reinaut, Daniel Lebègue, Guillaume
Sainteny, Christian de Perthuis, Robin Etme, Christian Bradhag, personnalités
majeures dans la construction d'un modèle français, auxquelles nous sommes
profondément reconnaissants de leur encouragement et dont les convictions
sincères font avancer le développement durable dans notre pays.

Nous remercions également l'équipe conseil d'ecodurable® Julien Rivals,
Claire Pardo et Sarah Vignoles qui a coordonné la construction de l'ouvrage
ainsi que Evgenia Lurie qui l'a complété. Leur engagement personnel et leur
rigueur d'analyse ont aidé à faire entrer cette préoccupation de responsabilité
dans la discipline du management.

PDH.

UN MANUEL À DISPOSITION DE TOUS LES PÉDAGOGUES DE LA RSE

Ce premier manuel est le résultat de la réflexion et de la pratique de trois années d'activité de conseil conduite par l'équipe d'ecodurable® auprès d'entreprises et d'organisations qui se sont engagées parmi les premières dans le sens du développement durable. Elle fait suite à l'analyse générale du phénomène Responsabilité Sociale de l'Entreprise (RSE) que nous avions étudié lors du premier forum de l'entreprise responsable, créé à Évian en novembre 2000 et dont les conclusions ont été publiées dans *Les pionniers de l'entreprise responsable*. Cette proposition, à la fois critique et méthodologique, s'appuie sur une matière empirique qui n'en est qu'aux balbutiements, tant la mise en œuvre de la Responsabilité Sociale de l'Entreprise reste une question neuve et en gestation, en France particulièrement et en Europe de façon générale. À travers cette première construction d'un management opérationnel appliqué à l'enjeu du développement durable, nous nous proposons **d'aider les professsionnels qui s'engagent dans cette voie mais aussi les étudiants**, en mettant à leur disposition une vision d'ensemble, théorique et pratique à la fois, débouchant sur des recommandations concrètes pour ceux qui veulent maîtriser la technique de la RSE, discipline nouvelle dans la conduite des grands groupes mondialisés.

Une base de données de cas d'entreprises et des mises à jour complète le présent ouvrage ; elles seront accessibles sur le site manuel@ecodurable.com.

Nous engageons les formateurs et les professionnels qui se consacrent à la mise en œuvre de la responsabilité sociétale dans la vie économique à nous faire part de leur contribution complémentaire pour que cet ouvrage s'inscrive dans un processus ouvert, de progrès et d'amélioration continue qui fera grandir le management du développement durable. C'est très modestement que nous leur proposons ce premier socle en souhaitant que nous soyons nombreux à bâtir, à partir de là, un savoir reconnu et efficace qui fera avancer la vie de l'entreprise dans la direction responsable et durable que souhaitent tous les clients, salariés, actionnaires et citoyens au sein de la société moderne.

PDH.

L'ENTREPRISE NE PEUT RÉUSSIR DANS UN MONDE QUI ÉCHOUE

Dans cet ouvrage, Patrick d'Humières et l'équipe d'écodurable nous apportent ce que nous attendions dans l'espace francophone : un ouvrage qui donne un sens à la pratique d'entreprise. Ils nous guident dans une voie qui stimule la compétitivité et l'innovation, en recentrant les femmes et les hommes d'affaires sur leurs valeurs profondes pour mieux réussir dans les enjeux d'un monde de plus en plus difficile.

Voilà bien quinze ans que la notion de développement durable est apparue sur les radars qui informent les stratégies des grands groupes et des réseaux d'entreprises. Accouchée en 1987 par la Commission Mondiale pour l'Environnement et le Développement, la notion de développement durable reste un compromis politique entre ceux qui, dans les pays riches, s'inquiétaient des impacts peut-être irréversibles des technologies et pratiques à la base même de leur mode de vie, et ceux bien déterminés, dans les pays pauvres, à ne pas sacrifier leur croissance vers des niveaux de vie similaires. Il s'agissait donc de parier sur un mode de développement encore inédit, dont tous pourraient bénéficier sans dommage pour l'environnement et sans réduire les opportunités des générations futures de définir leur qualité de vie. Un tel mode de développement pourrait être qualifié de «durable» et devenir, par conséquent, l'objectif commun hautement désirable. Entériné au Sommet de Rio, en 1992, dans un Agenda 21 de plus de 900 pages, ce développement durable devenait ainsi un objectif politique universel mais flou, avec guère de fonds publics pour le réaliser et peu de priorités précises.

Cette aspiration au développement durable avait également touché une cinquantaine de grands patrons de multinationales mondiales. Avec dans leurs rangs Jérôme Monod, Lyonnaise des Eaux, et Édouard de Royère, L'Air

Liquide, ils s'étaient constitué en groupe de réflexion et de conseil[1] pour afficher une volonté de changer de cap et d'innover vers le développement durable. D'innover non seulement dans leurs métiers de technologies, de gestion et de marketing, mais aussi dans de nouvelles formes de coopération avec les pouvoirs publics et la société civile. En effet, ils soulignaient déjà l'importance d'intégrer progressivement les coûts externes ou cachés de la pollution et d'un environnement dégradé ainsi que d'éliminer les subventions néfastes et autres distorsions qui favorisent une surconsommation de ressources naturelles.

À l'œuvre, on connaît l'artisan. Dans le sillage du Sommet de Rio, un grand nombre d'industriels ont accéléré un changement d'attitude déjà amorcé par les pressions publiques qui suivirent, à la fin des années 1980, les désastres de l'*Exxon Valdez,* Bhopal, Seveso et Schweizerhalle, ainsi que le resserrement des initiatives législatives aux États-Unis et en Europe pour limiter les émissions toxiques et les déchets. Ces industriels ont alors rapidement adopté l'éco-efficacité – une stratégie pour découpler, par une approche qualité, leur croissance de production de ses effets néfastes. Cette stratégie les a menés vers une gestion du cycle de vie des produits, de la conception au recyclage, une compréhension systémique de la chaîne de production-consommation, une ouverture au dialogue avec les parties prenantes et un système de management environnemental rapidement codifié sous forme des standards ISO 14 000.

La leçon de ce foisonnement d'initiatives d'éco-efficacité des années 1990 est évidente : lorsqu'il existe une volonté d'amélioration d'un système bien défini en même temps qu'un pouvoir de contrôle compétent sur ce système, des améliorations tangibles sont au rendez-vous. Il n'est donc pas étonnant que la vaste majorité des expériences d'éco-efficacité soient réalisées dans le secteur de production par des entreprises bien gérées.

Mais, fidèles au credo de la libre entreprise, les pionniers de l'éco-efficacité l'ont positionnée en initiative volontaire dont l'entreprise seule devait décider du déclenchement, des modalités et de l'ampleur. Tout en louant les vertus de la transparence, en misant sur le jeu de la compétitivité, sur l'émulation des meilleurs et l'écoute des parties prenantes qui influencent leur licence d'opérer, les promoteurs de l'éco-efficacité ont cependant trouvé les arguments et les alliés pour résister en même temps aux initiatives d'éco-labels et d'instruments économiques comme les éco-taxes. La lucidité de l'avertissement initial des cinquante patrons qu'une réforme des règles du marché serait également nécessaire pour soutenir et amplifier le succès de l'éco-efficacité n'a pas empêché ses adeptes mêmes de préférer et conserver les échappatoires des conventions économiques néo-libérales.

---

1. Le premier Business Council for Sustainable Development fut créé en 1991 puis s'est élargi en conseil «mondial», le WBCSD, qui compte 175 membres dont 10 groupes français.

C'est sans doute la raison principale d'un bilan mince. Une initiative volontaire, si bien conçue qu'elle soit, même étayée par la démonstration d'entreprises réputées et sérieusement engagées, restera toujours fonction du nombre de volontaires sur les rangs de l'action véritable. Or, le nombre d'entreprises majeures engagées dans un programme suivi d'éco-efficacité, au-delà des contraintes réglementaires, se limite à quelques centaines. Quant aux petites et moyennes entreprises, si beaucoup ne sont pas de reste et apportent leur dynamisme et leur flexibilité propres, elles ne peuvent avoir qu'un impact à la mesure de leur taille. Donc on sait faire, même bien faire, mais au bout du compte, c'est l'acte manqué, faute de montée en puissance vers une masse critique par une action réellement collective.

La réussite d'un découplage relatif de l'activité productive de son impact sur l'environnement va dans le sens du progrès. Mais ce n'est pas encore le développement durable. Il faut y ajouter l'autre engagement politique universel majeur des Objectifs de Développement du Millénaire[1] d'éliminer la pauvreté avec une première réduction de 50 % en 2015 sans oublier la contrainte du Protocole de Kyoto sur les pays développés signataires de n'émettre en 2012 que 95 % des gaz à effet de serre qu'ils émettaient ensemble en 1990. Il s'agit donc bien de concevoir un modèle de croissance de la qualité de vie, de l'inclusion par l'emploi et l'activité de plus d'un milliard de pauvres, tout en préservant le climat, la biodiversité et la santé de tous. Un projet global qui dépasse en complexité tous ceux que notre civilisation a déjà réussis.

Mais le coût de l'acte manqué à l'échéance 2015-2020 prendrait la forme d'une société contrainte de maintenir un statu quo à renfort de dépenses humanitaires et sécuritaires, de cordons sanitaires pour fixer les pandémies et, dans une forme d'apartheid global, pour limiter les mouvements de populations désespérées vers les zones plus favorisées. D'autres scénarios sont plausibles, selon l'ampleur de la prise de conscience et de l'initiative des principaux acteurs du développement. Mais de 2000 à 2005, il est difficile de prétendre que notre trajectoire de progrès est réellement alignée avec les engagements déclarés pour 2015.

L'entreprise ne peut réussir dans une société qui échoue. Alors qu'une situation se dégrade, l'adaptation passive, faire trop peu trop tard, garantit la crise et l'échec. Pourtant, le développement durable est un extraordinaire enjeu de créativité. C'est un moteur d'innovation pour l'entrepreneur prêt à dépasser les blocages conceptuels traditionnels : qu'il n'y a, par exemple, que des besoins mais pas de marchés au bas de l'échelle de la pauvreté, ou qu'un éclairage et

---

1. Sommet du Millénaire des Nations unies, septembre 2000, qui a réaffirmé et précisé huit objectifs d'élimination de la pauvreté dans le monde pour la période 1990-2000. www.un.org/millennium/ et www.developmentgoals.org

un moteur ne peuvent fonctionner qu'en chauffant inutilement leur environnement, ou encore qu'on ne peut à la fois suivre un principe de précaution et stimuler l'innovation. Le génie de l'innovateur est bien de casser les paradoxes et de satisfaire simultanément des besoins contradictoires par des approches inédites. Si cette recherche d'un développement équitable, qui réduit les risques imposés à notre écologie et notre société, n'inspirait pas d'idées nouvelles, il faudrait douter à la fois de notre créativité et de notre humanité.

D'autant plus que la notion de développement durable a mûri. La décennie entre le Sommet de Rio (1992) et le dernier Sommet Mondial du Développement Durable à Johannesburg (2002), a approfondi cette notion au-delà de la démonstration du gain d'éco-efficacité relatif mais insuffisant d'un nombre d'activités économiques. Un faisceau d'études, de conférences et de négociations intergouvernementales l'ont adossée à un cadre d'objectifs comme ceux de Kyoto, des objectifs de développement du Millénaire et du plan de Johannesburg. Sans résoudre les incertitudes et les désaccords politiques, le développement durable, ses indicateurs de progrès et certains point de contrôle (2012, 2015) sont maintenant mieux définis et mieux équilibrées entre les composantes sociales, l'économiques et environnementales.

D'autre part, la prise de conscience du potentiel de l'action volontaire des entreprises dans le contexte de mises en œuvre complexes sur de longues durées a poussé en avant le débat sur la responsabilité sociale de l'entreprise. S'il est difficile d'apprécier rapidement, par ses résultats tangibles, l'efficacité de l'engagement de l'entreprise pour le développement durable, peut-on évaluer au moins son comportement et sa sincérité dans la poursuite de cet engagement? Cette translation du «pour quoi» au «comment» est elle-même un processus turbulent et contesté. Il met en dialogue des entreprises pionnières, leurs réseaux de réflexion stratégiques, les institutions patronales plus conservatrices, les groupes d'intérêt et de pression de la société civile, un grand nombre de consultants et d'experts et de plus en plus d'analystes financiers. C'est un processus largement public et volontaire avec une influence très modérée de certains gouvernements et des Nations unies. C'est un marché jaillissant d'initiatives, de codes et d'outils. Mais en même temps se dessinent les tendances et des offres dominantes. Il y a la Global Reporting Initiative, une élaboration par tous les acteurs sur ce marché d'un référentiel commun à la communication du comportement socialement responsable de l'entreprise et à l'évaluation de ses progrès. Il y a le Pacte Mondial lancé par Kofi Annan pour stimuler le support par les entreprises du tronc commun de 10 principes universels promulgués par les Nations unies. Il y a encore les indices d'évaluation financière des entreprises côtées, en particulier le Dow Jones Sustainability Index. Depuis peu, le signal d'un nouvel entrant ISO qui met en chantier un guide pour élucider tous les aspects de la Responsabilité Sociale des Entreprises (plus généralement, des organisations civiles).

C'est le mérite de ce livre de Patrick d'Humières de guider les praticiens dans ce foisonnement pour faire le choix adapté à la stratégie et à la culture de leur entreprise. Ils peuvent ainsi répondre efficacement à une triple question : d'abord, comment peuvent-ils comprendre et intégrer les enjeux du développement durable dans des priorités d'innovation bien ciblées, sans dilapider leurs ressources en faisant trop peu trop tard? Ensuite, comment établir les jalons de progrès qui motivent les équipes et, en même temps, facilitent un débat créatif avec les parties prenantes de toute la chaîne de valeur de l'entreprise, des fournisseurs aux clients, des voisins aux pouvoirs publics? Enfin, comment mieux gérer ce potentiel de valeur dite «intangible», que constituent la vision d'entreprise, sa sincérité, l'énergie de ses équipes et sa précaution à contenir les risques internes et externes; comment l'expliquer, la valoriser et la faire fructifier sur le long terme?

Cette triple question s'adresse directement à l'équipe de direction qui, pour réussir sur la durée, doit en fait chercher l'initiative, l'unique, et l'exception à tout moment.

Si l'on en juge par quelques statistiques récentes, bien que peut-être superficielles, les entreprises françaises, malgré un consensus déclaratif intéressant, restent bien en recul dans leurs actes par rapport aux concurrents des autres grandes économies.

Elles ont certes apporté un support massif au Pacte Mondial des Nations unies : elles représentent plus d'un sixième de toutes les entreprises (un quart des grandes multinationales) qui ont rejoint ce mouvement en faveur des dix principes universels, un mouvement largement ouvert mais aussi critiqué pour son manque d'exigence de performance. En 2004, le Dow Jones Sustainability Index n'a retenu, parmi 300 entreprises globales démontrant les pratiques de responsabilité sociale les plus tangibles et avancées, que 11 groupes français, derrière l'Allemagne, le Japon et plus loin encore du score du Royaume-Uni et des États-Unis. La banque de données de la GRI, elle, fait état de 620 entreprises qui produisent un rapport de responsabilité sociale ou de développement durable – 29 seulement sont françaises. Dans les 51 entreprises qui ont produit un rapport réellement en accord avec le référentiel GRI ne figure encore aucune française. L'étude 2004 conjointe de Standard & Poors, Sustainability et du PNUE des pratiques exemplaires de rapports non financiers distingue 7 groupes français parmi les 100 meilleurs d'une classe également dominée par les États-Unis et le Royaume-Uni, suivi par l'Allemagne et le Japon. Bien entendu, la corrélation d'une perspective à l'autre est forte. Il s'agit mondialement d'une centaine de multinationales et, en France, on retrouve Aventis, Carrefour, Danone, Gaz de France, Lafarge, L'Oréal, Schneider Electric et Société Générale dans presque tous ces palmarès ainsi que, moins souvent, EDF, Suez, Total et Véolia. La courbe d'épuisement entre les paroles et les actes semble encore vertigineuse pour toutes les autres.

De la parole aux actes manqués? Publier des rapports de responsabilité sociale et remplir des questionnaires d'analystes financiers n'est certes pas une grande contribution au développement durable. Mais c'est très difficile à simuler lorsqu'on n'a rien fait de concret, qu'on n'a ni stratégie, ni objectifs. Ces statistiques de 2004 semblent donc bien refléter l'impasse de l'action volontaire. La responsabilité sociale existe, elle est vivante dans un petit carré d'entreprises prospères et réputées. Mais elle reste marginale et sans impact notable sur le cours du progrès nécessaire.

La force de l'action volontaire réside dans son libre pouvoir créatif et la mobilisation de ce qu'il y a de meilleur dans notre force d'entreprendre. Mais elle ne pourra pas simplement sauvegarder cette liberté d'action par sa préférence quasi viscérale pour un marché sans entrave, sa confiance naïve dans les valeurs morales de l'entrepreneur exaltées par les effets vertueux de la transparence et de la compétition. Le monde est un peu moins parfait. Quinze ans de débats sur le développement durable et le bénéfice du doute au profit de l'action volontaire, des partenariats et de dialogues de parties prenantes n'ont inscrit que peu de résultats au bilan d'aujourd'hui. Les rangs de ceux qui doutent qu'un marché sur le mode du laissez-faire puisse aboutir au développement durable s'enflent donc. Ils reprennent plus haut l'avertissement des premiers patrons mobilisés dès 1991 : l'adaptation des codes et institutions de ce marché est nécessaire. Elle l'est non pas au gré de l'entrepreneur, si bien intentionné soit-il, mais en accord avec les objectifs d'une majorité du corps social et l'appui d'une gouvernance capable de demander des comptes, tout en aidant les mutations nécessaires.

Ici encore, ce livre fait la différence car, tout en se préoccupant d'aider femmes et hommes d'affaires dans leur périmètre d'entreprise et de chaîne de valeur, il n'esquive pas cet enjeu du «second volet» de l'action collective. Il offre ainsi des pistes d'action responsables vers une amplification et une masse critique des mouvements de progrès.

Claude FUSSLER[1]
Bras, Provence, janvier 2005.

---

1. *Claude Fussler est un spécialiste de l'entreprise et du développement durable. Il est conseiller du Pacte Mondial des Nations unies et président du Panel Développement Durable du groupe EDF. Il a été jusqu'en 2001 vice-président de Dow en Europe, où il a fait plus de trente ans de carrière. Il a rejoint le WBCSD pour organiser la préparation du Sommet de Johannesburg de 2002 et pour produire, entre autres, l'ouvrage* De la Paroles aux Actes *(Victoire Édition, 2001). Il est également l'auteur des livres de stratégie d'entreprise* Driving Eco-Innovation *(Financial Times, 1996) et* Raising the Bar *(Greenleaf, 2004).* www.fussler.org

INTRODUCTION

DONNER UN SENS AU PROGRÈS : L'ÉCONOMIE DURABLE SAUVERA-T-ELLE LA MONDIALISATION ?

Il se dessine depuis peu dans le monde développé un courant nouveau en faveur d'une économie dite «durable» ou «soutenable», «*sustainable*» disent les Anglo-Saxons. Ce mouvement initié par les ONG environnementales est piloté par les Nations unies, qui s'efforcent de redonner un sens collectif à la mondialisation.

Le sommet de Johannesburg, en septembre 2002, a offert une vitrine radicale à cette revendication sur laquelle les décideurs du Nord ne doivent pas se méprendre. De fait, le développement durable n'est pas l'anti-modèle d'un système qui a prouvé son efficacité et que toutes les sociétés adoptent peu ou prou pour entrer dans la modernité. C'est seulement une approche globalisante, plus qualitative, qui accorde une égale importance à la performance économique et la performance sociale et environnementale des entreprises et des territoires, dans le cadre d'une méthode qui met la concertation et la transparence au service du progrès.

Un corps de doctrine est en train de se forger autour de normes sophistiquées qui mesurent la valeur «partenariale» ou «sociétale» des entreprises, en complément de la valeur actionnariale (dont on dit un peu vite qu'elle dicte toutes les décisions économiques). Les agences de notation font désormais subir aux chefs d'entreprise des examens pointilleux afin d'établir des classements, qui inspirent à leur tour des investisseurs soucieux de réduire les risques de leurs mandants.

La crédibilité de ce mouvement repose sur l'attention accordée par la communauté financière à une demande qui rejoint le double besoin de précaution à long terme et de diminution des risques de toute nature.

Le développement durable s'appuie sur la conscience partagée, en Europe surtout, que notre modèle économique ne peut se poursuivre de manière linéaire en l'état.

Les limites écologiques de la planète, la force des inégalités qu'il engendre et la vision à court terme qui le stimule le rendent dangereux et non applicable au reste de la planète, quels que soient ses bénéfices objectifs, surtout dans les pays du Nord. Ce constat, objectivé par tous les rapports économiques et scientifiques relatifs au long terme, hante la conscience des politiques. Ces derniers conviennent qu'on n'échappera pas à une régulation internationale des marchés. Celle-ci ne résultera pas d'une réinvention du Gosplan à l'échelle planétaire, mais d'une intégration dans les prix de revient des coûts socio-économiques et patrimoniaux qui peuvent conduire à une allocation plus raisonnable et mieux raisonnée des ressources disponibles, naturelles et humaines.

Mais cette régulation peut ne pas être répressive ou purement défensive ; elle peut aussi se faire, *via* une autorégulation des grands acteurs économiques que sont les multinationales : beaucoup d'entre elles s'y essaient ou y réfléchissent sérieusement, dans le cadre notamment du Pacte Mondial (Global Compact) initié par Koffi Annan. Les agents économiques peuvent aussi y participer de façon constructive, en co-édifiant une «économie responsable de marché», en s'engageant volontairement dans de «bonnes pratiques».

Qu'on ne s'y trompe pas, le développement durable est d'intérêt général, au sens où ce concept géopolitique exprime la primauté du consensus démocratique sur la loi de l'offre et de la demande.

Plusieurs grandes entreprises, de Shell à Suez, de ST Microelectronics à Peugeot, y travaillent en profondeur et réorganisent leur vision à long terme en fonction d'un horizon planétaire nouveau auquel il faut bien penser. Ces pionniers de la responsabilité ont compris que la société était leur marché et que si l'entreprise a un sens, pour reprendre l'expression de Claude Bébear, missionnaire de longue date de la responsabilité sociale de l'entreprise, l'intérêt économique se confond désormais avec celui des actionnaires, qui sont à la fois citoyens, salariés et consommateurs.

Cette réalité nouvelle a conduit plusieurs secteurs, comme la cimenterie, la métallurgie et la chimie, à s'engager dans des accords volontaires et à proposer des formes originales de fiscalité négociée qui ont des vertus pédagogiques intéressantes.

L'enjeu du développement est largement entre les mains de l'OMC, où chacun pressent que la régulation des échanges sera une partie de dupes si elle n'intègre pas des conditions sociales, environnementales et sociétales imposées globalement aux Chinois comme aux Américains, dans des programmes modulés selon les contraintes et les engagements de chaque secteur.

La grande peur du réchauffement climatique, ajoutée à la gestation douloureuse d'une démocratie planétaire, dans les esprits sinon dans les lois, érigée en conscience publique par les médias, les juges et les ONG, crée un nouveau besoin d'ordre mondial dont les implications ne sont pas encore lisibles pour le citoyen. Ce dernier accorde un crédit relatif aux protestataires, dans la mesure où il ne voit pas encore les entreprises formuler une offre politique autocontrôlée, en dépit des déclarations de certaines qui mettent les droits de l'homme, les droits sociaux de base et le respect de l'environnement en tête de leurs chartes. Si on veut bien répondre à cet appel, trois conditions sont à prendre en compte par les entreprises, pour ne pas tomber dans le discours alibi et les fausses promesses qui fragilisent encore cette pensée nouvelle.

Le développement durable suppose le dialogue et l'écoute des parties prenantes de la société civile, avant et après les programmes d'action.

La critique doit devenir une ressource du développement et une occasion de nouer des relations avec «les angoissés de la terre». Tous les acteurs ont à gagner à se parler de manière franche, dure et complète, pour réduire les écarts de compréhension qui s'aggravent, même si les rôles ne doivent pas se confondre pour autant. En fait, l'entreprise moderne n'a pas d'adversaire, elle n'a que des publics insatisfaits! Sur des conflits aussi lourds que les OGM ou le nucléaire, il n'y aura pas d'autre voie pacificatrice qu'une recherche collective d'accords autour des concepts partagés du développement durable, pour donner aux progrès les garanties éthiques attendues.

Par-delà la vérité du dialogue direct, les entreprises doivent s'investir dans l'édiction des normes internationales.

Ces dernières résultent largement des travaux intergouvernementaux, au sein de l'OIT ou du PNUE, mais les organisations professionnelles et syndicales ne s'y sont pas assez investies. Les forums privés qui se multiplient sur ces sujets ont le mérite de redonner la parole aux entreprises qui ont des connaissances et des expertises à apporter pour rendre l'économie durable concrète, si on veut bien les écouter.

La troisième évolution attendue est celle de la certification, sans laquelle les discours restent des promesses. On ne tiendra pas des années dans la cacophonie des bonnes intentions et le public exigera rapidement une clarification comptable que seule l'attestation internationale et indépendante par des tiers peut rendre opposable.

La sortie des Trente Glorieuses au profit de l'économie financière restera t-elle une période à part de l'histoire économique, dont on se souviendra plus des excès que des prouesses boursières? L'irruption de l'alerte écologique et du risque social donne sa chance à la définition d'un nouveau modèle; ce ne sera ni l'économie sociale de marché mondialisée, ni le socialisme capitaliste.

Le nouveau modèle qui s'invente est l'économie durable. L'économie responsable de marché, avait-on proposé au G8 d'Évian, où les pays confieront de plus en plus à des entreprises responsables leur capacité de création, au fur et à mesure de leur maturité démocratique, dans le cadre de plates-formes de principes contrôlés en commun par des mandataires sociaux responsables et des consommateurs vigilants. En intégrant l'espace et le temps dans la prise de décision individuelle, l'économie durable permet aux entreprises de poursuivre leur mission au service de la prospérité, avec une légitimité retrouvée.

Mais on sait depuis les temps glorieux d'Athènes, de Venise, de Londres aussi, que la réalité économique dépend de la réalité militaire et qu'il n'est pas d'échanges parfaits dans une société désincarnée. Cet idéal reste donc à bâtir par des entreprises qui ne peuvent plus faire reposer toute leur attractivité sur le pari du «pas vu pas pris». La société de marché a un avenir, si elle pose l'axiome qu'elle doit d'abord être une «démocratie de marché», et si la puissance publique veut bien échanger enfin la contrainte unilatérale contre la responsabilité négociée. On a vu que l'arbitraire technocratique ne savait pas résoudre les enjeux publics à long terme, au niveau national et international.

Il est temps de reconnaître que l'intérêt général résulte de prises de conscience convergentes autour de finalités communes. Une nouvelle vision de la pensée et de l'économie politiques est-elle en train de naître? En tout cas, le chemin reliant New York à Porto Alegre passe par l'Europe, que son identité multiculturelle prédispose à faire sien ce défi. La patrie de Marx et de Weber se demande effectivement si l'éthique de la responsabilité sociale n'est pas en train de répondre au débat séculaire sur la légitimité du capitalisme.

L'économie occidentale parvient, de fait, à traiter progressivement deux de ses critiques majeures qui sont la concentration des moyens de production et la question sociale. Le système n'en est pas pour autant sauvé car il se heurte à une crise ontologique qui le menace à court terme : est-il-capable de générer une valeur durable pour l'épargnant ou celui-ci doit-il se réfugier dans la pratique spéculative, faute de perspectives? Si le capitalisme est en passe de régler son rapport à l'espace, quid de celui au temps?

La compétition entre l'espérance du gain à court terme et la nécessité d'une fructification à long terme mine le capitalisme contemporain et diminue son efficacité intrinsèque. Si ce défi de durabilité n'est pas résolu par les acteurs économiques, ils ne devront pas s'étonner de la montée en puissance d'une technocratie internationale qui viendra pénaliser la fluidité des marchés. Ils ne pourront pas non plus rejeter sur les opinions une critique qui ne fait qu'opposer une diabolisation simplificatrice à la prétention d'un modèle qui se croit achevé. Ce défi de la durabilité est au centre de la gouvernance d'entreprise. Celle-ci est bien plus qu'une affaire de technique comptable, qu'il s'agit de perfectionner et d'appliquer.

Le défi de la durabilité conditionne d'abord le bon déroulement d'une croissance mondiale autour de 4 %, tel qu'elle semble s'imposer pour la période à venir. Si nos sociétés développées sont repues et les sociétés émergentes insolvables, où sont les gisements de croissance? Si on ne sait pas favoriser l'accès aux richesses des générations nouvelles, les forçant à cotiser pour les retraites des précédentes ou à prélever sur les revenus au point de les démotiver, on brise les mécanismes du progrès. La capacité entrepreneuriale des sociétés est un ressort beaucoup plus culturel que réglementaire, comme l'Asie nous le démontre.

Le défi de la durabilité se pose enfin du point de vue de la gestion des risques. Plus nos sociétés se «civilisent» et plus elles réclament une couverture des risques la plus complète possible, sans que nos modes de mutualisation ne permettent de les absorber pour autant.

Alors que la pression des besoins reste immense, le développement durable apparaît comme un antidote qui remet en cause le système autant qu'il l'améliore. C'est en ce sens qu'il est plus qu'un mouvement d'opinion ou un alibi circonstancié. Il consiste à introduire le «long terme délibéré» dans les rapports entre l'économie et la société.

Il élargit l'équation économique à l'ensemble des paramètres de la société, considérée enfin comme le domaine de définition du marché. Il consiste tout simplement à prendre l'agent économique dans sa dimension publique, en tant qu'élément d'une chaîne continue, en internalisant toutes les conséquences de ses actes, pour aujourd'hui et pour demain, économiquement et judiciairement. Or, comme le rappelle Dominique Bourg : *«L'idée de progrès provient de la rencontre de deux visions : la première est la prise de conscience d'une avancée indéfinie et ouverte des techniques; la seconde est l'espérance d'une amélioration générale de la condition humaine.».* Il est clair que la croyance issue des Lumières selon laquelle le progrès technoscientifique et de ses applications industrielles est intrinsèquement bénéfique ne suffit plus à notre bonheur.

Notre dynamique de civilisation aspire à une gestion de la prospérité plus harmonieuse; c'est vrai en Occident et cela le redeviendra peu à peu dans l'Orient qui s'emballe aujourd'hui.

Paradoxalement, cette quête du véridique, portée au paroxysme par la société médiatique peut apparaître à certains comme une politique d'anti-communication, dans le sens où la communication a été posée jusqu'ici comme une technique de promotion univoque selon les canons du «marketing lessivier» de l'après-guerre. Sans «désespérer ses publics», la nouvelle communication doit savoir intégrer la critique issue de la société, en tout cas ses attentes émergentes, les percevant comme une ressource et non comme un obstacle. C'est à cette aune de l'inflexion stratégique qu'on peut établir la réalité d'une politique d'entreprise durable car on ne gère pas de la même façon une entreprise qui fait du développement durable qu'une entreprise «spéculative».

L'entreprise responsable affiche au final un bilan qui ne se veut pas seulement financier sur le semestre ou l'année écoulée, mais «patrimonial», du point de vue de sa relation aux enjeux environnementaux, sociaux, éthiques et de gouvernance qui régissent sa relation au monde dans lequel elle entend évoluer et se pérenniser.

De très nombreuses conditions sont encore à remplir pour que change le regard des fonds de retraite et des épargnants qui savent bien qu'on ne gagne à la bourse qu'à long terme. Il faudra que le reporting sociétal de l'entreprise se mette au point, ce qui mettra quelques années, tant l'exigence technique reste importante. Il faudra mesurer dans les indices des fonds éthiques comment les firmes responsables se comportent en termes de rendement et que les agences de notation indépendantes aident à la lisibilité de ces données. Il faudra enfin que l'internalisation des coûts sociétaux se mette en place dans l'économie internationale, sur l'ensemble des marchés, afin de ne pas créer de distorsions de concurrence qui pénaliseraient les bons élèves.

En deux ans, depuis le Sommet de la Terre de Johannesburg, le sujet a beaucoup progressé, tant dans la pratique des entreprises (*cf.* travaux du WBCSD et publication de plusieurs centaines de rapports de DD & RSE) que dans la formalisation des normes (*cf.* Global Compact) et la relation avec les ONG et la société civile qui prend une posture de plus en plus partenariale. Lors de la mise à jour récente des principes de gouvernance recommandés aux multinationales par l'OCDE, l'intégration des éléments extra-financiers a été fortement recommandée, ce qui est un signe de la maturation du sujet. Celui-ci tend à s'intégrer dans le modèle courant de l'entreprise, par la voie volontaire autant que sous la pression des exigences sociétales. Preuve en est cette définition issue du «forum multistakeholders» organisée par la Commission européenne et qui résume toute la densité et la complexité de la démarche de management de la responsabilité sociale de l'entreprise : «*La RSE est une intégration volontaire de considérations sociales et environnementales au sein de l'activité de l'entreprise, par-delà les contraintes légales et les obligations contractuelles existantes. La RSE fait partie du métier de l'entreprise; considérant que sa mission est de réaliser des profits, une démarche intégrant la dimension sociale et environnementale, issue du dialogue avec les stakeholders, est effectivement de nature à améliorer sa pérennité et à renforcer la contribution de l'économie à la société.*»

Le nouveau modèle «durable» est bien à l'œuvre. Preuve en est également la multiplication des enseignements sur la RSE dans les écoles de management. Puisse ce premier manuel y contribuer en aidant à la compréhension d'un enjeu qui est autant technique que politique, qui part de la géopolitique et se concrétise en management, qui est affaire de volonté et de savoir-faire.

Patrick d'HUMIÈRES

Fondateur d'ecodurable® et du 1ᵉʳ Forum de l'entreprise responsable

«*Si les denrées sont aujourd'hui de meilleure qualité et à meilleur marché qu'elles n'étaient hier, c'est, dans l'ordre matériel, un progrès incontestable. Mais où est, je vous prie, la garantie du progrès pour le lendemain? Car les disciples des philosophes de la vapeur et des allumettes chimiques l'entendent ainsi : le progrès ne leur apparaît que sous la forme d'une série indéfinie. Où est cette garantie? Elle n'existe, dis-je, que dans votre crédulité et votre fatuité.*»

Charles Baudelaire, *Curiosités esthétiques*, Exposition universelle, 1855.

SOMMAIRE

PARTIE 1
LE DÉVELOPPEMENT VOUDRAIT ÊTRE DURABLE

PARTIE 2
UNE NOUVELLE ÉCONOMIE POLITIQUE S'AFFIRME À TRAVERS LE PRINCIPE DE RESPONSABILITÉ

PARTIE 3
LA FORMALISATION D'UN NOUVEAU CADRE DE RESPONSABILITÉ

PARTIE 4

LA PRISE EN COMPTE DU DD DANS LE MANAGEMENT

PARTIE 5

LA RSE CHANGE LA COMMUNICATION DE L'ENTREPRISE

PARTIE 7
L'INTÉGRATION DU REPORTING DD DANS L'INFORMATION FINANCIÈRE

PARTIE 1

LE DÉVELOPPEMENT VOUDRAIT ÊTRE DURABLE

Comprendre l'origine, les lignes de force et l'architecture qui constitue désormais un modèle de croissance durable est un préalable pour l'entrepreneur qui ne veut pas laisser son entreprise à l'écart du mouvement de fond. Cet effort de compréhension requiert une réflexion sur la critique des mécanismes économiques qui n'intègrent pas les coûts collectifs, sources des problèmes de «durabilité». Il oblige à penser son développement de façon prospective pour prendre en compte toutes les dimensions de son impact, c'est-à-dire les risques qu'on court ou qu'on fait courir à l'entreprise et à la société, pour aujourd'hui et pour demain.

CHAPITRE 1

L'IMPACT DES NOUVEAUX ENJEUX COLLECTIFS SUR LA MICRO-ÉCONOMIE

Comment le diagnostic du développement humain constitue désormais le contexte de toute analyse de marché des biens et des services. L'environnement mondial est confronté à des enjeux de développement durable bien réels.

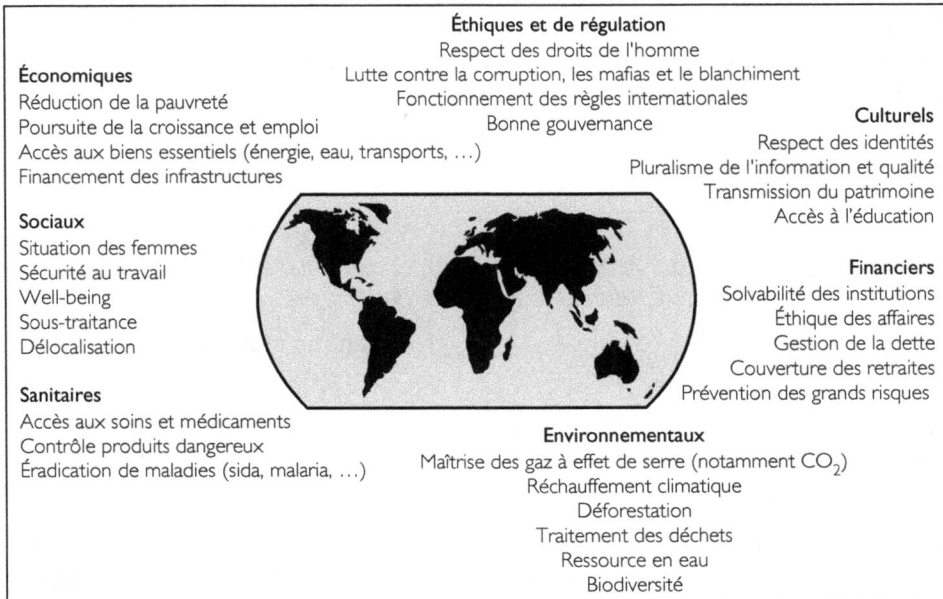

Éthiques et de régulation
Respect des droits de l'homme
Lutte contre la corruption, les mafias et le blanchiment
Fonctionnement des règles internationales
Bonne gouvernance

Économiques
Réduction de la pauvreté
Poursuite de la croissance et emploi
Accès aux biens essentiels (énergie, eau, transports, …)
Financement des infrastructures

Culturels
Respect des identités
Pluralisme de l'information et qualité
Transmission du patrimoine
Accès à l'éducation

Sociaux
Situation des femmes
Sécurité au travail
Well-being
Sous-traitance
Délocalisation

Financiers
Solvabilité des institutions
Éthique des affaires
Gestion de la dette
Couverture des retraites
Prévention des grands risques

Sanitaires
Accès aux soins et médicaments
Contrôle produits dangereux
Éradication de maladies (sida, malaria, …)

Environnementaux
Maîtrise des gaz à effet de serre (notamment CO_2)
Réchauffement climatique
Déforestation
Traitement des déchets
Ressource en eau
Biodiversité

Figure 1.1
**L'action des acteurs (États, institutions, entreprises, individus)
favorise plus ou moins la résolution de ces enjeux**

© Éditions d'Organisation

À l'origine de l'idée d'une nécessaire révision du mode de croissance, il y a les diagnostics établis par la communauté scientifique sur l'état de l'ensemble des collectivités humaines et de leurs ressources depuis une vingtaine d'années. Ce diagnostic global vulgarisé par les grands organismes internationaux a permis de mettre en évidence plusieurs «ruptures potentielles», révélatrices des effets des comportements de production et de consommation accumulée depuis deux siècles. À partir de ces données, il est possible de construire plusieurs scénarios pour le futur. La prospective est la matrice de l'analyse sur la «durabilité» du monde, de nos sociétés, de nos modes de vie contemporains et donc de nos entreprises qui en sont devenues le principal moteur.

On parle désormais de «diagnostic du développement humain» en se fondant sur l'examen de trois types de ressources ou de «capitaux» que sont les flux physiques, c'est-à-dire le capital environnemental, les flux d'échange qui constituent le capital économique et les flux sociaux et culturels qui structurent notre patrimoine sociétal.

DIAGNOSTIC ÉCONOMIQUE

Il se caractérise par une forte croissance globale quasi continue depuis plus d'un siècle, associée à une persistance des inégalités de revenus entre pays et au sein des populations nationales, moins forte dans la moyenne mais de plus en plus grande entre les extrêmes.

À l'échelle globale, une forte croissance économique

«Les conditions de vie se sont améliorées davantage durant le siècle écoulé que pendant tout le reste de l'histoire de l'humanité»

Banque mondiale, rapport 2001.

Le XXe siècle nous lègue une forte croissance économique au plan mondial et régional qui est le produit de deux phénomènes toujours aussi actifs au début du XXIe siècle :

- un progrès technologique, facteur d'accroissement de la productivité dans tous les secteurs de l'économie, accéléré par les transferts et les croisements de compétence ;
- une économie mondialisée, induite par l'élargissement des marchés (intégration croissante des pays dans le système des échanges commerciaux) et l'augmentation des flux financiers internationaux.

La principale conséquence est la spécialisation de la production et les économies d'échelle qui permettent la montée en puissance des sociétés multinationales dont la finalité et l'augmentation «infinie» de leur part de marché
mondial. Néanmoins, il faut relativiser ce constat global par quelques points
négatifs :

- de fortes disparités de performance apparaissent, par exemple, entre
  1950 et 2000, le PIB réel par habitant dans les pays de l'OCDE était égal
  à +400 % contre +70 % pour l'Afrique (où e PIB réel est en stagnation
  depuis le début des années 1980) ;
- depuis 1980, la croissance est modeste dans beaucoup de pays : en 2000,
  elle atteignait 1,6 % par habitant dans les économies à revenu faible ou
  intermédiaire et un taux encore inférieur, en excluant la Chine et l'Inde
  de la statistique. Dans les pays développés, les disparités de croissance
  vont de 1 à 3 ;
- enfin, il s'agit d'une croissance créant peu d'emplois dans les pays industrialisés. «L'économie rentière» s'oppose à «l'économie de main-d'œuvre».

Persistance des inégalités de revenus

Compte tenu des différences de performances économiques, les inégalités se
sont accentuées depuis les années 1970 entre certains pays ou régions du
monde, alors qu'elles ont régressé dans d'autres. Aujourd'hui, le revenu par
habitant dans les vingt pays les plus riches représente trente-sept fois celui des
vingt plus pauvres. Ce ratio a doublé en quarante ans. Selon la Banque mondiale, les principaux facteurs d'accroissement des inégalités dans la seconde
moitié du XXe siècle sont les suivants :

- la forte croissance économique dans les pays déjà riches d'Europe occidentale, d'Amérique du Nord et d'Océanie, par rapport au reste du
  monde ;
- la croissance relativement lente du sous-continent indien jusqu'à la fin du
  XXe siècle et celle, chroniquement faible, de l'Afrique ;

D'autres facteurs ont fait reculer les inégalités entre régions :

- la forte croissance en Chine depuis les années soixante-dix, et en Inde
  depuis la fin des années 1990 ;
- le rattrapage opéré par les pays d'Europe sur les États-Unis jusqu'en 1990
  environ.

Grâce à une croissance impressionnante, les régions Asie de l'Est et Pacifique
ont pu réduire l'écart qui les séparait de la zone OCDE : en termes de reve-

nus par habitant (en PPA), cet écart est passé d'environ 14 pour 1 en 1975 à un peu moins de 6 pour 1 en 2000. Au cours de la même période, l'Afrique subsaharienne a vu son revenu par habitant chuter : il représentait 1/6 de celui de l'OCDE et il est passé à 1/14 sous l'effet de sa propre baisse et de la croissance régulière observée dans la sphère OCDE.

> *«Pour qu'il soit possible de les comparer d'un pays à l'autre, les statistiques économiques doivent être converties en une unité de compte commune. À la différence des taux de change classiques, les taux de change à parité de pouvoir d'achat (PPA) intègrent à cette conversion les écarts de prix entre les pays. Ces différences sont donc neutralisées, ce qui facilite la comparaison des niveaux réels de revenu, de pauvreté, d'inégalité et de dépense.»*

> PNUD, 2002.

Globalement, quel que soit l'indicateur ou la méthode retenu, l'écart entre revenus dans un même pays tend à se creuser. Selon le PNUD, sur les 73 pays pour lesquels des données sont disponibles (soit 80 % de la population mondiale), 48 ont connu un accroissement des inégalités internes depuis 1950, 16 un statu quo et seulement 9 (représentant environ 4 % des habitants de la planète) une réduction de l'écart de revenus entre ses habitants.

Si tous les pays de l'OCDE ont vu leur revenu s'accroître, en valeur absolue, au cours des deux dernières décennies, la plupart connaissent également un creusement des inégalités intranationales de revenu. C'est au Royaume-Uni et aux États-Unis que cette dégradation est la plus constante et la plus grave; 1997, le revenu des 1 % de familles américaines les plus riches était 23 fois plus élevé que celui de la famille médiane, contre 10 fois en 1979.

Persistance de la pauvreté

Selon le PNUD, la pauvreté[1] a davantage reculé au cours des cinquante dernières années qu'au cours des cinq siècles précédents. Depuis 1980, le nombre des personnes vivant dans l'extrême pauvreté a légèrement reculé. Étant donné la forte croissance démographique qui a caractérisé la période, on note

---

1. Sur la question de la pauvreté et de sa mesure, voir Sarah MARNIESSE, *Note sur les différentes approches de la pauvreté*, AFD, Département des Politiques et Études, Division de la Macroéconomie et des Études, octobre 1999 (http://www.afd.fr/pdf/DME-Appr.pdf).

un recul sensible de l'extrême pauvreté, qui touche encore un cinquième de la population mondiale[1].

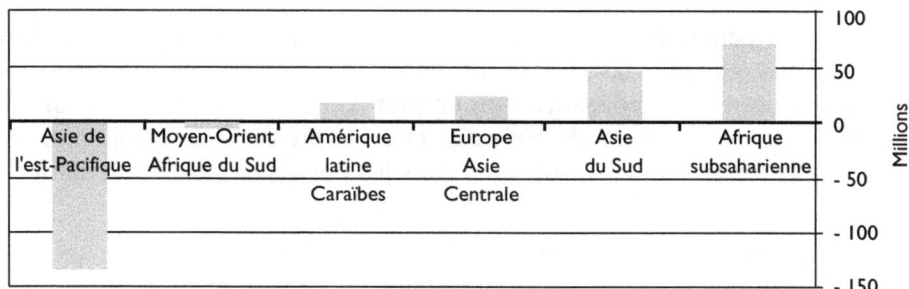

Source : Banque mondiale, *Quality of Growth*, 2000.

Figure 1.2
**Variation du nombre de personnes vivant
avec moins d'un dollar par jour**

En 2002[2], plus de 2,5 milliards de personnes (soit environ 40 % de la population mondiale) vivaient avec deux dollars ou moins par jour; parmi elles, 1,5 milliard (soit un peu plus de 20 % de la population mondiale) vivaient en dessous du seuil de pauvreté absolue, avec moins d'un dollar par jour [3].

Pour autant, ce recul global résulte essentiellement de la forte croissance économique dont ont bénéficié deux pays depuis la fin des années 1970 : la Chine et, dans une moindre mesure, l'Inde. On ne peut donc pas parler d'une réduction homogène de la pauvreté dans le monde. Aujourd'hui, la plupart des pays les moins avancés (PMA) n'enregistrent pas une croissance suffisante pour sortir de leur état. Ainsi, en Afrique, la croissance économique accuse depuis 1980 un retard considérable sur la croissance démographique. L'Afrique subsaharienne (qui compte 11 des 20 pays les plus pauvres au monde) est la région la plus touchée par la pauvreté absolue : quoique le taux des habitants disposant d'un dollar par jour ou moins pour vivre se soit stabilisé

---

1. Les données sur l'extrême pauvreté sont indisponibles pour de nombreux pays, notamment africains.
2. Banque mondiale, *Rapport annuel sur le développement humain*, 2002.
3. Autrement dit, dans des conditions que Robert S. McNAMARA, président de la Banque mondiale de 1968 à 1981, a définies en 1978 comme «*si limitées par la malnutrition, l'analphabétisme, la maladie, la sordidité du milieu d'existence, les taux élevés de mortalité infantile et la faible espérance de vie qu'elles se situent au-dessous de toute définition raisonnable de ce qu'un être humain peut accepter.*»

depuis les années 1990 autour de 47 %, en réalité, compte tenu de la crois-sance démographique dans la région, cette stagnation cache un accroissement du nombre de personnes vivant dans une situation d'extrême pauvreté.

Cependant, la pauvreté n'est pas un phénomène exclusif des pays en dévelop-pement. Dans les pays développés, où l'on parle de pauvreté «relative»[1], la crise économique et la croissance sans emploi[2] ont fait émerger une classe de nouveaux pauvres, produits du chômage et de la précarité de l'emploi. Cette situation est très sensible en Russie et dans les pays issus de l'éclatement du bloc soviétique[3].

Selon le *Rapport sur le développement humain* du PNUD de 1994, près de 250 000 New Yorkais (3 % de la population de la ville et plus de 8 % des enfants noirs) avaient séjourné dans des asiles au cours des cinq années précé-dentes. Londres comptait environ 400 000 sans-logis inscrits et la France en comptait plus de 500 000, dont près de 10 000 à Paris.

> «Le dénuement perdure quand bien même les conditions de vie se soient améliorées davantage durant le siècle écoulé que pendant tout le reste de l'histoire de l'humanité. La richesse mondiale, les liaisons internationales et les capacités techniques n'avaient jamais connu un tel développement. Pour autant, on ne peut qu'être frappé par l'iné-galité de la répartition de ces bienfaits.».
>
> Banque mondiale, «Combattre la pauvreté»,
> in *Rapport sur le développement humain*, 2003.

---

1. La pauvreté relevée dans les pays développés est dite «relative» : les revenus des habitants les plus pauvres des pays riches restent significativement supérieurs à ceux des habitants pauvres des pays pauvres. Pour la mesurer, on considère ou bien les 20 % de la population les moins riches ou bien le nombre d'habitants ayant un revenu inférieur à la moitié du revenu médian ou moyen dans le pays considéré.
2. Entre 1985 et 1995, le nombre d'emplois dans les pays industrialisés a diminué à un taux équivalent à la moitié de la croissance du PIB. Ce phénomène, qui est connu sous le nom de «croissance sans emploi», auquel s'ajoute l'effet de la réduction des prestations sociales et de chômage imposée par l'austérité budgétaire, a gonflé les rangs des sans-emploi. (Rapport adressé par le secrétaire général de l'Organisation des Nations unies au Comité préparatoire du Sommet du développement humain de Copenhague, lors de sa première session, tenue à New York du 31 janvier au 11 février 1994 ; www.un.org)
3. Selon les autorités russes, 1 million d'enfants et d'adolescents, dont 90 % avaient encore leurs parents, vivaient seuls et sans-abri dans les grandes villes du pays en mai 2002 (dont 50 000 à Moscou). La plupart viendraient des anciennes Républiques soviétiques. Source : «Futurs possibles : 10 tendances pour l'avenir», in *Le Nouveau Courrier de l'UNESCO*, 17 mai 2002.

Libéralisation des marchés

L'évolution récente des politiques économiques n'ont pas eu le succès escompté et ont même fragilisé les économies les plus exposées.

Dans les années 1990, on a observé un vaste mouvement de libéralisation du marché des capitaux qui a engendré une augmentation des flux de capitaux privés vers les pays en développement sous forme d'actions et d'obligations. Ce qui signifie que les investisseurs mondiaux ne sont plus seulement des banques et des corporations multinationales, mais aussi des investisseurs individuels et les gestionnaires de fonds de placement ainsi que les investisseurs institutionnels comme les fonds de pension, les compagnies d'assurance, les fonds de dotation et les fondations universitaires.

Or, consécutivement, l'accroissement des flux de capitaux a entraîné une plus grande vulnérabilité à la volatilité des cours des actions et des obligations dans les pays en développement et les marchés des capitaux.

Les flux de capitaux vers les pays en développement présente deux aspects problématiques. D'abord, le niveau de ces flux est actuellement très bas. Ensuite, ces flux sont réversibles : dans les pays en développement, les flux de capitaux sont en grande partie réalisés entre les créanciers et les emprunteurs privés, sans véritable réglementation ou supervision financières.

«L'intégration au système financier internationale présente beaucoup d'avantages, mais expose également les pays à des risques cachés et aux revirements des investisseurs. Les flux de capitaux privés mouvants semblent être liés à des taux de croissance fluctuants, qui pénalisent surtout les plus démunis, privés des ressources nécessaires pour surmonter un choc économique.»

Banque mondiale, *Quality of Growth* , 2000.

On constate une baisse des flux d'investissements directs vers les régions les moins avancées conjuguées à une baisse de l'aide au développement accordée à ces régions. Entre 1989 et 1999, les flux d'investissements vers les pays en développement, notamment vers l'Afrique, étaient globalement en baisse.

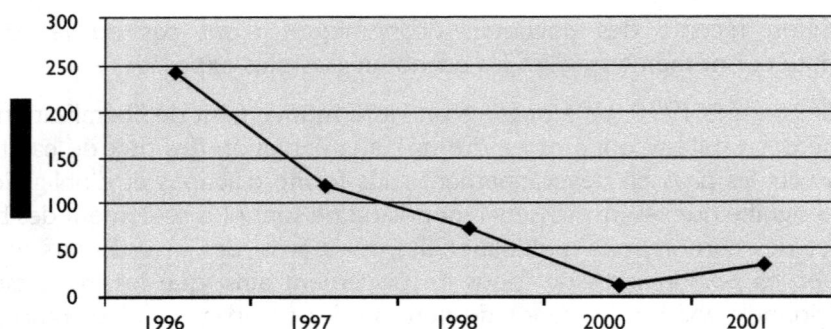

Source : FMI, Rapport 2002.

Figure 1. 3
Flux nets de capitaux privés vers les économies émergentes

Parallèlement, l'aide publique au développement a baissé de 29 %. Entre 1990 et 2000, l'aide publique versée aux pays d'Afrique subsaharienne est passé de 32 à 18 dollars par habitant, soit une baisse de plus de 40 %. De plus, on observe une fuite des capitaux dans certaines régions : 40 % des ressources de l'Afrique sont placées hors du continent. En conséquence, le recours à l'emprunt représente la seule source de revenu de certaines économies. Entre 1989 et 2000, la dette des pays en développement a augmenté de 34 %.

Pour financer une partie de leurs investissements, les pays, quel que soit leur niveau de développement, ont recours à l'emprunt, contracté auprès de banques privées ou d'institutions financières internationales habilitées, comme le FMI ou la Banque mondiale. Or, l'endettement peut devenir un frein au développement dans le cas où le pays emprunteur contracterait à nouveau un prêt pour faire face au remboursement des intérêts de sa dette. Dans certains pays d'Afrique, la dette publique garantie par l'État représente plus de quatre fois le PIB.

Autres aspects du diagnostic économique

En 1999, 60 % des importations et des exportations mondiales relevaient des échanges entre les États-Unis et l'Europe.

Sur 3 milliards de population active mondiale, 150 millions de personnes sont au chômage complet et entre un quart et un tiers sont sous-employées. Dans son rapport *Tendances mondiales de l'emploi*, le BIT estime que le nombre de

© Éditions d'Organisation

chômeurs dans le monde s'est accru de 20 millions depuis 2000. Les femmes et les jeunes sont surtout touchés. Souvent, ils occupent des emplois particulièrement exposés aux chocs économiques.

DIAGNOSTIC HUMAIN

La société mondiale a vécu de profondes transformations au cours du siècle dernier, qui ont globalement amélioré les conditions d'existence : progrès décisifs en matière médiale ou agricole, les efforts de démocratisation, l'augmentation des populations ayant accès à l'éducation… Néanmoins, les résultats tendanciels ne peuvent masquer un creusement sensible des écarts, ainsi qu'une dégradation récente des conditions sanitaires et sociales dans certaines régions du monde.

Diagnostic démographique

La hausse de l'espérance de vie à la naissance a augmenté dans toutes les régions, à l'exception de l'Afrique subsaharienne, de la Fédération de Russie et de plusieurs pays autrefois satellites de l'Union soviétique.

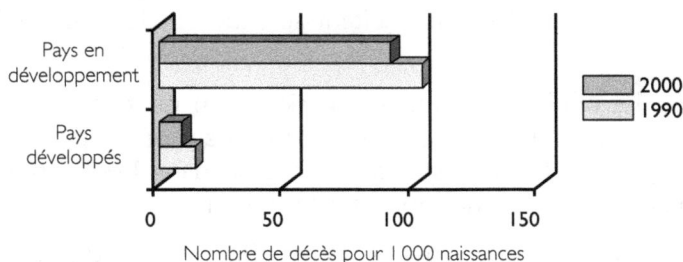

Source : Rapport du secrétaire général sur l'application de la Déclaration du Millénaire
Estimations de l'OMS et de l'UNICEF

Figure 1.4
Mortalité infantile en 1990 et 2000

L'écart entre pays développés et pays en développement reste important. La chance de survie d'un enfant né dans un pays en développement est dix fois inférieure à celle d'un enfant né dans un pays riche.

Selon le rapport annuel sur la santé dans le monde établi par l'OMS en 2002, tous les progrès réalisés dans l'allongement de l'espérance de vie sur le continent africain depuis 1950 sont sur le point d'être anéantis. Au Botswana, l'espérance de vie à la naissance a chuté de 61 à 47 ans au cours de la décennie écoulée (sans l'épidémie de sida, elle serait actuellement de 67 ans).

Pour ce qui est du taux de fécondité, il est plus élevé dans les pays les moins avancés, en particulier en Afrique subsaharienne : 5,8 enfants par femme. Dans les pays développés, ce taux est inférieur au renouvellement des générations : moins de 1,6 enfant par femme.

Par ailleurs, l'accroissement de la population mondiale s'accompagne d'une urbanisation massive, accélérée par les transformations économiques et sociales, qui provoquent un changement d'échelle de la ville. Paradoxalement, la croissance urbaine est désormais plus forte dans les régions les plus pauvres mais aussi dans celles qui connaissent l'essor économique le plus rapide (Chine, Inde).

Nutrition

La moyenne de l'apport calorique journalier en 1997 était de 2 720 calories, ce qui excède le seuil minimum vital (qui est, selon les normes de la FAO, de 2 350 calories). Néanmoins, on constate de très fortes disparités de situation. Dans la plupart des pays développés, ce seuil est largement dépassé (États-Unis : 3 700 calories), tandis que, dans de nombreux pays en développement, l'apport calorique journalier par habitant se situe en deçà du seuil minimal vital.

Si on analyse l'évolution de l'apport calorique, on peut remarquer que cet apport est en augmentation dans de nombreux pays développés (entre 1970 et 1997 +15 % aux États-Unis) mais en baisse dans l'ex-Union soviétique (entre 1970 et 1997, baisse de l'apport calorique supérieur à 5 %).

Près de 800 millions de personnes, dont 200 millions d'enfants, dans le monde souffrent de sous-alimentation chronique. En 2000, l'insuffisance pondérale aurait provoqué 3,7 millions de décès, soit 1 décès sur 15 dans le monde. La malnutrition tue un enfant sur dix avant l'âge de 5 ans. Certes, le taux de malnutrition a considérablement baissé en 50 ans, actuellement, cette baisse concerne 8 millions de personnes par an en moyenne. Cette amélioration globale masque cependant une dégradation dans certains pays, notamment sur le continent africain. On sait désormais que le problème n'est pas le manque de ressources agricoles, mais l'inégalité d'accès à ces ressources.

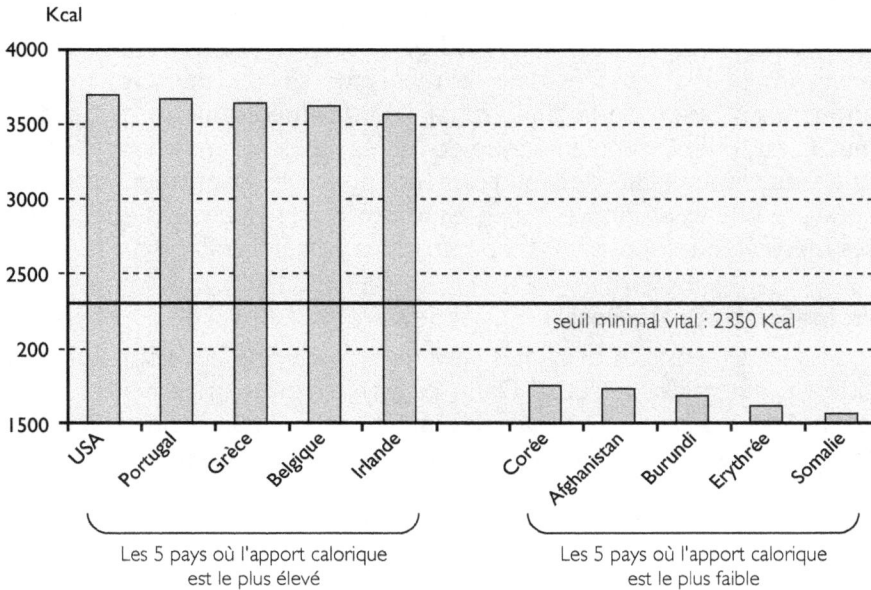

Source : *Atlas mondial du développement durable*, 2002.

Figure 1. 5

Apports caloriques journaliers par habitant en 1997

Santé

Tous les êtres humains ne sont pas égaux devant l'accès aux installations et aux soins fondamentaux. L'examen des principales pathologies permet également de caractériser l'état sanitaire d'une population, révélant de fortes disparités entre régions.

Plus d'1 milliard d'êtres humains (21 % de la population mondiale) n'ont pas accès à un approvisionnement en eau potable (rapport PNUD, 2002). Environ 2,5 milliards de personnes ne bénéficient d'aucune installation d'assainissement et 1 milliard ne dispose pas d'installations d'assainissement satisfaisantes (rapport PNUD, 2002).

Le développement rapide et anarchique des agglomérations, souvent dépourvues des services les plus élémentaires rend cette situation sanitaire critique durable, dans les pays qui n'ont pas la capacité d'investissement nécessaire.

Accès aux soins médicaux et aux médicaments

Selon les Nations unies, plus de 2 milliards de personnes ne reçoivent pas les soins de santé élémentaires. Au regard de la situation sanitaire mondiale, on note encore peu d'avancées dans la recherche sur les maladies tropicales, notamment en raison de la faible rentabilité des médicaments destinés à les soigner. C'est toute la problématique de l'accès aux soins qui, avant d'être une question de disponibilité des médicaments pour des populations peu solvables, s'avère une question de déficit d'infrastructures publiques et de compétences médicales à disposition des populations vulnérables.

Principales pathologies

On constate de sensibles disparités suivant le niveau de développement et la latitude (*cf.* schéma ci-dessous). Dans les pays en développement, l'essentiel des pathologies ont trait aux maladies infectieuses et parasitaires. En haut du «palmarès», les maladies hydriques (choléra et malaria essentiellement) sont à l'origine de 2,2 millions de décès, dont 1,5 million d'enfants en 2001. La situation est d'autant plus préoccupante que les maladies infectieuses connaissent une recrudescence depuis 1960 (elles représentent un tiers des décès dans le monde). L'inquiétude concerne notamment la tuberculose (9 millions de nouveaux cas et 2 millions de décès par an) qui touche en particulier les malades du sida et les porteurs du VIH. L'augmentation du nombre de cas est due en partie à la propagation du VIH/sida en Afrique subsaharienne et à la détérioration générale de la situation sanitaire en Europe de l'Est. Par ailleurs, il existe un réservoir de cas en Asie, où la tuberculose demeure une cause majeure de morbidité et de décès prématurés.

Malgré des progrès médicaux considérables (la variole a été éradiquée ; la poliomyélite et la dracunculose pourraient l'être), l'OMS met en garde contre l'imminence d'une crise mondiale. En outre, certaines bactéries et virus sont nouveaux, d'autres sont en mutation constante, d'autres encore ont appris à résister aux traitements.

Dans la plupart des pays économiquement développés et dans certains pays en développement, les adultes ont une tension artérielle supérieure à la normale. Dans certaines régions d'Europe, les valeurs de la tension artérielle sont très élevées. On estime qu'au niveau mondial l'hypertension provoque 7,1 millions de décès, soit environ 13 % du total. Dans le monde, l'hypercholestérolémie correspond à environ 4,4 millions de décès. Depuis 1980, la consommation accrue de sucres libres et de graisses saturées, s'ajoutant aux effets de la sédentarité, a triplé les taux d'obésité dans certaines zones d'Amérique du Nord, du Royaume-Uni, d'Europe orientale, du Moyen-Orient, des îles du Pacifique, de l'Australie et de la Chine.

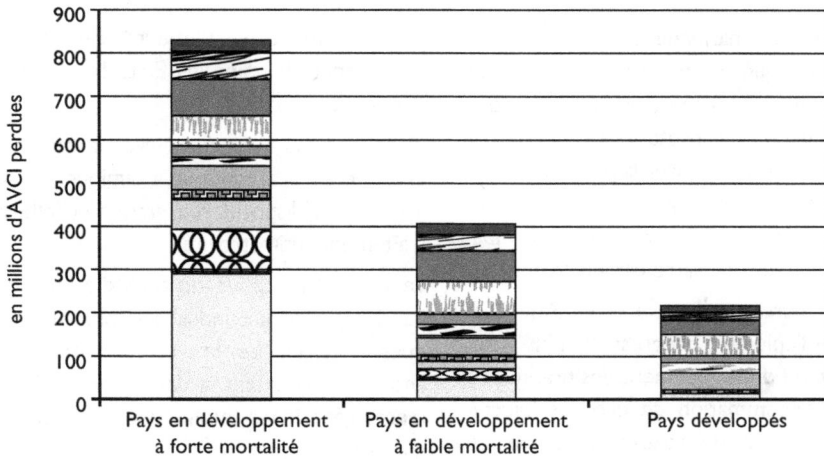

Source : OMS, Rapport sur la santé dans le monde, 2002.

GROUPE I. Maladies transmissibles, affections maternelles et périnatales et carences nutritionnelles

- Maladies infectieuse et parasitaires
- Affections maternelles et périnatales
- Infections respiratoires
- Carences nutritionnelles

GROUPE II. Maladies non transmissibles

- Maladies cardio-vasculaires
- Cancers
- Maladies respiratoires chroniques
- Troubles neuropsychiatriques
- Autres maladies non transmissibles

GROUPE III. Traumatismes

- Traumatismes non intentionnels
- Traumatismes intentionnels

Figure 1. 6

Disparité des pathologies suivant le niveau de développement

Le sida : état des lieux

En Afrique subsaharienne, en 2003, la pandémie a provoqué 2,3 millions de décès[1], En conséquence, ni les mécanismes de soutien traditionnels, ni les institutions officielles ne parviennent plus à assurer la prise en charge des orphelins dans les pays africains les plus touchés, comme le Botswana et le Zimbabwe, un adulte sur quatre est infecté.

C'est en Europe orientale et en Asie centrale que l'épidémie progresse le plus vite[2], en raison du développement des pratiques à risque (consommation de drogues injectables, commerce du sexe) : en Chine, en Indonésie, en Papouasie-Nouvelle-Guinée, au Vietnam, dans plusieurs Républiques d'Asie centrale, dans les États baltes et en Afrique du Nord.

Dans les pays à revenu élevé : la mortalité associée au sida continue à diminuer, grâce à la mise à disposition à grande échelle du traitement anti-rétroviral.

Le 9 décembre 2003, un accord a été signé par les principaux industriels pharmaceutiques détenant les brevets des molécules anti-sida permettant la diffusion de médicaments génériques (moins onéreux) en Afrique subsaharienne.

Nombre de personnes porteuses du VIH en 2003	Total	40 millions (34-46 millions)
	Adultes	37 millions (31-43 millions)
	Enfants < 15 ans	2,5 millions (2,1-2,9 millions)
Nouveaux cas d'infection VIH en 2003	Total	5 millions (4,2-5,8 millions)
	Adultes	4,2 millions (3,6-4,8 millions)
	Enfants < 15 ans	700 000 (590 000-810 000)
Décès dus au sida en 2003	Total	3 millions (2,5-3,5 millions)
	Adultes	2,5 millions (2,1-2,9 millions)
	Enfants < 15 ans	500 000 (420 000-580 000)

Source : rapport ONUSIDA/OMS 2003.

1. *Rapport sur l'épidémie mondiale de VIH/sida,* 2003, Programme commun des Nations unies sur le VIH/sida (ONUSIDA) et OMS.
2. *Ibid.*

© Éditions d'Organisation

Santé mentale[1]

Révélateur de santé sociale et pas seulement d'état sanitaire, les troubles psychopathologiques ne sont pas un aspect négligeable du bilan. Or, la prévalence ponctuelle de l'ensemble des affections neuropsychiatries concerne environ 10 % de la population adulte. Selon les enquêtes réalisées dans des pays développés et dans des pays en développement, plus de 25 % des individus présentent un ou plusieurs troubles mentaux ou du comportement au cours de leur vie. En 2001, 450 millions de personnes souffraient de ces pathologies, ce qui place les troubles mentaux dans les causes principales de morbidité et d'incapacité à l'échelle mondiale.

Par ailleurs, 1 pays sur 4 ne dispose pas des trois médicaments les plus couramment prescrits pour traiter la schizophrénie, la dépression et l'épilepsie au niveau des soins de santé primaires.

Éducation

La situation éducative est en progression. Cependant, 20 % des plus de 15 ans restent analphabètes. L'analphabétisme est aussi une donnée des pays développés et pas seulement des pays les moins favorisés. Par ailleurs, la scolarisation des mineurs progresse régulièrement dans la plupart des régions en développement (voir figure 1.7). Un faible taux de scolarisation est généralement en corrélation avec un fort taux de travail des mineurs.

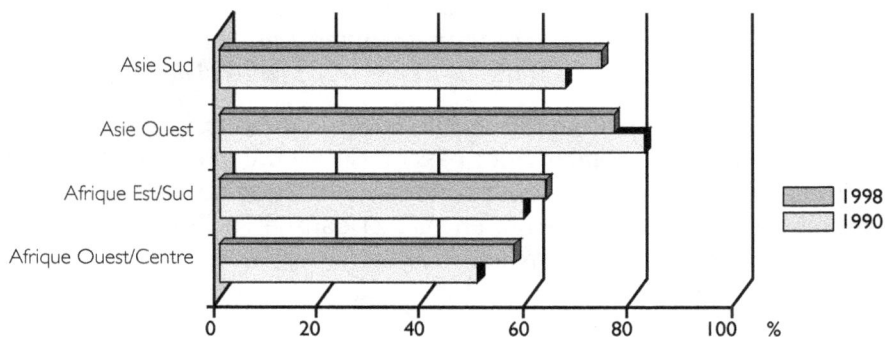

Source : estimations UNESCO.

Figure 1.7
**Taux d'enfants scolarisés dans le primaire dans les régions
en développement**

1. Rapport OMS 2001 consacré au bilan mondial en matière de santé mentale.

Dans les pays en développement, le taux féminin de scolarisation reste inférieur au taux masculin pour tous les niveaux d'études (primaire, secondaire, supérieur). Certes, ce taux a sensiblement augmenté, entre 1990 et 2000, pour tous les niveaux (+4 % pour le primaire, +13,1 % pour le secondaire, +13,6 % pour le supérieur)[1], mais cette progression est loin d'être homogène. Si elle est très sensible dans les pays d'Amérique latine, elle est quasi nulle sur le continent africain.

Accès aux technologies

Les bienfaits de la révolution technologique ne bénéficient pas encore à l'ensemble des sociétés. Or, la maîtrise des nouveaux moyens de communication notamment est une condition essentielle pour le développement économique.

Une «troisième révolution industrielle» s'est opérée, elle transforme radicalement les sociétés. Cette révolution se traduit par l'essor de la révolution informatique, par le développement accéléré des sciences et des technologies de la communication et de l'information et par les avancées de la biologie, de la génétique et de leurs applications. Des convergences nouvelles apparaissent entre ces nouveaux secteurs de recherche et d'activité, ainsi qu'avec d'autres disciplines ou secteurs plus traditionnels.

En raison de sa diffusion inégale dans les pays riches et pauvres, la révolution des NTIC crée entre ces pays une «fracture numérique» qui va s'élargissant[2]. Accélération de l'évolution technologique que de nombreux pays ou régions ne peuvent suivre. Ainsi, en 2002, on comptait plus d'accès téléphone et Internet à New York que dans toute l'Afrique (*Atlas mondial du DD,* 2002).

Cependant, l'écart numérique se réduit entre le monde industrialisé et le monde en voie de développement : passant de 40 utilisateurs d'Internet à 1 en 1995 et de 17 à 1 en 2001 pour n'être en 2003 que de 4 à 1. En 2002, il y avait plus d'utilisateurs d'Internet en Asie et dans le Pacifique qu'aux États-Unis et au Canada (187 à 183 millions)[3].

---

1. *Source :* secrétariat général de l'ONU.
2. OIT, *Rapport sur l'emploi dans le monde* 2001. Vie au travail et économie de l'information.
3. *2003 State of the Future,* rapport rendu à Kofi Annan le 10 novembre 2003 par le Millenium Projet, sous la direction de Jerome C. Glenn and Theodore J. Gordon, United Nations University.

Sécurité des personnes, libertés publiques et gouvernance

On déplore, depuis la fin du siècle dernier, une multiplication des conflits civils. *«Actuellement, les conflits internes sont nettement plus nombreux que ceux entre États.»* (PNUD, 2002), or ces conflits, souvent étalés dans le temps, ont des conséquences lourdes et durables en termes de pertes humaines, de désorganisation sociale et de stabilité politique. Depuis 1990, environ 3,6 millions de décès sont dus aux guerres civiles ou au déchaînement des violences ethniques : plus de seize fois le nombre de personnes tuées lors de guerres entre États (PNUD, *Rapport sur le développement humain,* 2002). En 2000, on a enregistré dans le monde 700 000 décès consécutifs à des actes de violence se répartissant comme suit : environ 50 % de suicides, 30 % d'actes de violence individuelle et 20 % d'actes collectifs de violence.

Le nombre de pays ayant ratifié les six principaux pactes et conventions sur les droits de l'homme a augmenté de façon spectaculaire depuis 1990 (PNUD, 2002). Par ailleurs, selon Amesty International, le nombre de pays abolitionnistes (la peine de mort disparaît de l'éventail des peines) a connu une augmentation, atteignant le chiffre de 76 au cours de l'année 2002. Néanmoins, d'autres indicateurs présentent des tendances moins satisfaisantes : par exemple, dans son bilan 2003, Reporters sans Frontières fait état d'une forte augmentation des atteintes à la liberté de la presse depuis 2000 (deux fois plus de journalistes agressés, trois fois plus de journalistes interpellés, 42 décès contre 31). En 2004, l'association souligne la censure croissante des moyens de communication Internet exercée par les États et elle dénonce les pratiques exercées dans treize pays portant atteinte à la libre circulation de l'information en ligne.

Les deux dernières décennies du XXe siècle, qui ont vu l'abolition d'une multitude de régimes dictatoriaux[1], ont été qualifiées de «troisième vague» de démocratisation[2]. Aujourd'hui, la démocratie et la participation politique ont atteint un niveau sans précédent dans le monde : 140 pays organisent des élections pluralistes. En 2000, sur 147 pays analysés, 121, avec 68 % de la population mondiale, présentaient la totalité ou une partie des caractéristiques dénotant une démocratie formelle. En 1980, ils étaient 54 et représentaient 46 % de la

---

1. En Amérique latine, disparition de la plupart des régimes militaires. Sur le continent africain, renversement des dictatures Moussa Traoré, au Mali, en 1991, et Kamuzu Banda, au Malawi, en 1994 ; fin négociée du régime de l'apartheid en Afrique du Sud en 1994. En Asie, en 1986, chute du président Ferdinand Marcos aux Philippines ; mise en place d'un gouvernement civil en Corée et en Thaïlande. En Europe, implosion du bloc soviétique en 1989.
2. Samuel P. HUNTINGTON, *The Third Wave : Democratization in the Late Twentieth Century,* University of Oklahoma Press, 1991, cité par le PNUD, 2002.

population mondiale. Entre-temps, 81 pays ont progressé de manière significative vers la démocratie[1] et 6 autres ont régressé (PNUD, 2002).

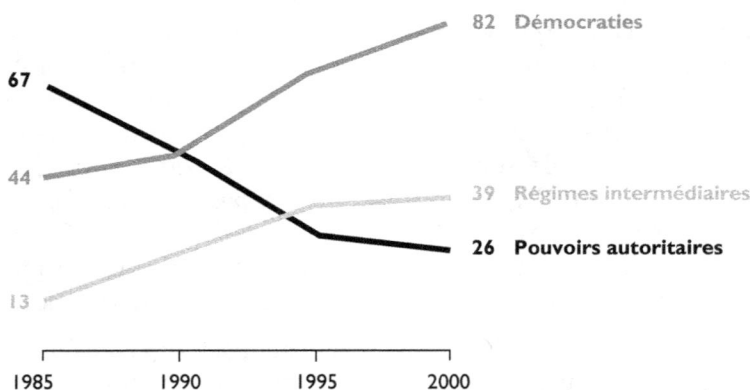

Source : PNUD, *Rapport sur le développement humain*, 2002.

Figure 1.8
**Montée en puissance des régimes démocratiques
et déclin des régimes autoritaires**

Dans son rapport sur le développement humain 2002, le PNUD souligne que les progrès de la démocratie ralentissent en raison du grand nombre de pays qui ne parviennent pas à consolider et à approfondir leurs premières avancées vers ce type de régime. On constate ainsi un léger déclin du niveau de démocratie observé en Afrique subsaharienne et en Asie du Sud au cours de la seconde moitié des années 1990 : sur les 81 pays qui ont entrepris de se démocratiser, 47 seulement sont considérés comme pleinement démocratiques. Quelque 73 pays du globe (42 % de la population mondiale) ne connaissent toujours pas d'élections libres et équitables[2].

Pour le reste, le PNUD parle de «pseudo-démocraties, caractérisées par un regain de l'autoritarisme, c'est-à-dire, malgré l'existence d'élections formelles, le recul du pluralisme politique au profit de la domination d'un parti unique ou un groupe puissant (en Biélorussie, au Cameroun, en Ouzbékistan, au Togo, entre autres).

---

1. Certaines monarchies, comme la Jordanie et le Maroc, ont élargi les possibilités de participation de la population à la vie politique. La Tunisie a également pris des mesures dans ce sens. Toutefois, la démocratisation a été moins rapide dans cette région que dans d'autres parties du monde : seuls 4 pays arabes sur 17 sont actuellement dotés de systèmes électoraux pluralistes (PNUD, 2002).
2. FREEDOM HOUSE, *Freedom in the World 2001/2002 : The Democracy Gap,* New York, avril 2002. [http://www.freedomhouse.org/research/ survey2002.html].

© Éditions d'Organisation

La régression se traduit aussi souvent par une régression vers la violence et la reprise des conflits civils (République démocratique du Congo, Sierra Leone).

Partout, les femmes sont sous-représentées dans la sphère politique, elles n'occupent que 14 % des sièges parlementaires dans le monde. Sur ce plan, il n'y a guère de différence entre pays industrialisés et en développement.

> *«La bonne gouvernance est certainement le facteur le plus important pour l'éradication de la pauvreté et la promotion du développement.»*
>
> Kofi ANNAN, *Partnerships for Global Community : Annual report on the Work of the Organisation*, UN, 1998.

L'évolution récente de la gouvernance apparaît variable suivant les pays (voir graphe ci-dessous[1]).

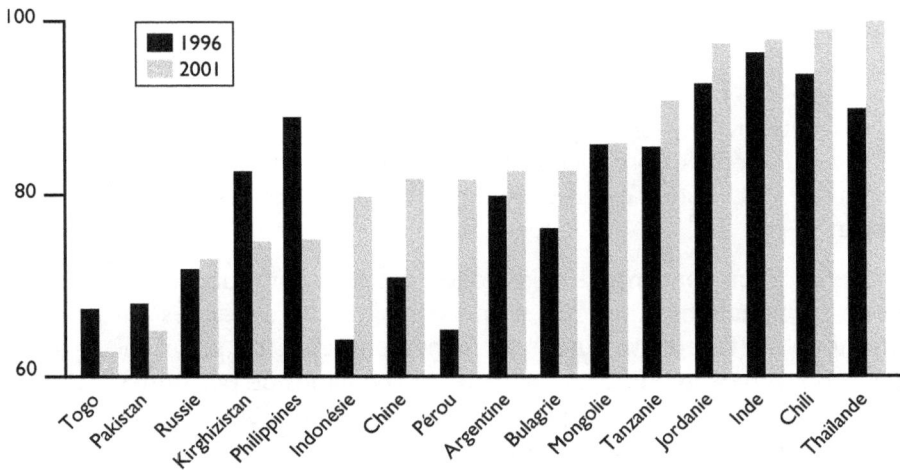

Source : *Rapport sur la corruption dans le monde*, 2003.

Figure 1.9
Évolution de la gouvernance dans 16 pays

---

1. Étude Transparency International. Les évaluations de la gouvernance ont été effectuées dans seize pays en développement et en transition (soit 5 % de la population mondiale). Dans chaque pays, un coordonnateur national a choisi une équipe d'une trentaine d'experts (parlementaires, chercheurs, juristes et fonctionnaires). Le projet a identifié trente indicateurs basés sur des principes de bonne gouvernance largement reconnus, notamment la participation, l'équité, le sens moral, la responsabilité, la transparence et l'efficacité. Les personnes interrogées devaient évaluer chaque indicateur sur une échelle de 1 à 5 (5 étant la meilleure note) et formuler des observations qualitatives.

Les performances observées en 2003 par Transparency International se sont légèrement améliorées depuis le sondage réalisé en 1999 : les sociétés sont marginalement moins susceptibles de corrompre que 3 ans auparavant. Toutefois, il existe des exceptions à cette tendance : les sociétés de Grande-Bretagne et des États-Unis sont considérées comme étant davantage susceptibles de recourir à la corruption.

ÉTAT DES LIEUX ENVIRONNEMENTAL

L'environnement peut vraisemblablement être regardé comme l'enjeu global par excellence, dont la dimension n'a été prise en considération, à l'échelle mondiale, que récemment. Le premier diagnostic environnemental global a été formalisé par la Conférence de Stockholm, en 1972, dans le cadre des Nations unies. Depuis cette date, certaines problématiques structurent le bilan que réalisent différents acteurs; au premier chef, le programme des Nations unies pour l'environnement.

Sols et forêts

Sols et forêts revêtent une importance capitale, en tant que supports de l'économie fondamentale (production agricole, élevage, utilisation domestique ou marchande des ressources en bois), les sols et leur couvert forestier présente un bilan.

La désertification concerne la dégradation des terres productives recevant trop peu de précipitations annuelles et endommagées ou anéanties par l'exploitation qui en est faite (surpâturage, défrichement, etc.). Le phénomène touche un tiers des terres émergées et concerne 800 millions de personnes (70 % des terres arides du globe, ainsi que certaines zones humides). La désertification progresse chaque année d'une superficie égale à celle de la Belgique.

Les espaces forestiers couvrent environ 3 800 millions d'hectares (30 % de la superficie globale). La perte nette de couvert forestier dans le monde est estimée à quelque 11,3 millions d'hectares par an, malgré les efforts croissants de gestion forestière (reboisement). Les forêts tropicales disparaîtraient à un rythme proche de 1 % par an (PNUE, GEO 3).

La déforestation des trente dernières années n'est que la poursuite d'un processus ayant une longue histoire. Le défrichement et la dégradation des forêts résultent d'activités répondant essentiellement à une logique de production et des pratiques d'économie de survie (expansion des terres agricoles, collecte de bois de feu et autres produits de la forêt, surexploitation du bois à des fins industrielles, surpâturage). Mais les forêts sont également endommagées par des facteurs naturels comme les infestations d'insectes, les maladies, les incendies et des événements climatiques extrêmes.

État de l'air et évolution du climat

Le bilan réalisé par le GIEC en 2001 sur les changements climatiques permet de caractériser plusieurs tendances, qui associent les évolutions climatiques récentes avec le phénomène dit d'effet de serre.

Évolutions récentes des phénomènes climatiques

En ce qui concerne les températures, il est très probable (90-99 % de chances) que les années 1990 aient été la décennie la plus chaude et 1998 l'année la plus chaude depuis que l'on tient des relevés, c'est-à-dire depuis 1861. Le réchauffement concerne tous les continents, mais les plus grands changements de température ont lieu sous les moyennes et hautes latitudes de l'hémisphère nord. En conséquence, la couverture neigeuse et les étendues glaciaires se sont réduites (- 10 % de couverture neigeuse depuis le début des mesures, vers 1960).

Parallèlement, le régime des précipitations a lui aussi changé : les régions arides et semi-arides deviennent apparemment de plus en plus sèches tandis que d'autres, en particulier sous des latitudes moyennes à hautes, sont plus arrosées qu'avant. Il semble également que là où les précipitations sont devenues plus importantes, la fréquence des très fortes pluies ait augmenté de manière disproportionnée.

Enfin, le phénomène *El Niño* est venu aussi s'interposer dans les déséquilibres climatiques.

L'effet de serre

Le principal facteur sur le banc des accusés reste le taux d'émissions de gaz à effet de serre (GES). Il semble établi qu'il existe une corrélation entre augmentation des volumes de GES émis et évolution du climat[1]. On note ainsi une quantité croissante de gaz à effet de serre dans l'atmosphère (voir schéma ci-dessous), qui accentuent l'effet de serre naturel : dioxyde de carbone (CO_2), méthane et plusieurs autres variétés de composés chimiques «piègent» la chaleur dans l'atmosphère terrestre. Or, au siècle dernier, les concentrations de

---

1. Pour plus de détails, voir le graphe «Températures et gaz à effet de serre à l'échelle mondiale», proposé par l'OCDE, in *Les grandes questions*.

CO2 ont augmenté de 30 %. Aujourd'hui, les émissions de GES résultent essentiellement de la combustion d'énergies fossiles. Cependant, d'autres phénomènes contribuent à l'effet de serre, notamment la déforestation, certaines activités agricoles, les fuites de composés chimiques utilisés comme réfrigérants ou entrant dans la fabrication de l'aluminium ou du magnésium, les rejets de gaz naturel, la mauvaise gestion des déchets.

Cependant, l'atmosphère s'est notablement améliorée en Europe au cours des années 1990, résultat des politiques de réduction des émissions polluantes.

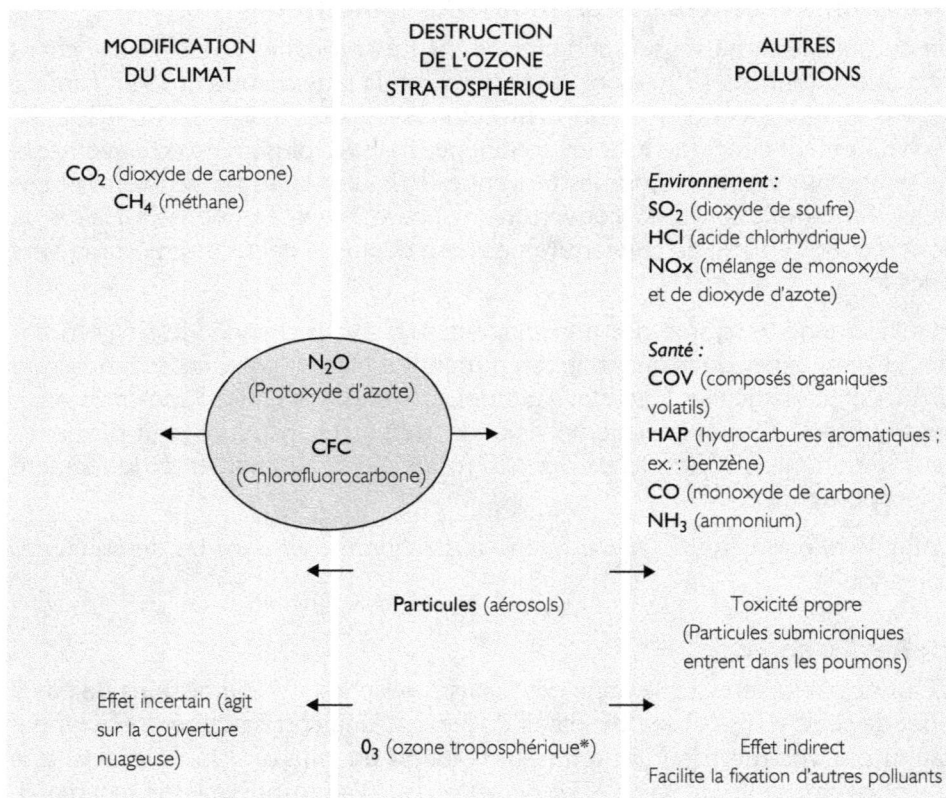

MODIFICATION DU CLIMAT	DESTRUCTION DE L'OZONE STRATOSPHÉRIQUE	AUTRES POLLUTIONS
CO_2 (dioxyde de carbone) CH_4 (méthane)		*Environnement :* SO_2 (dioxyde de soufre) HCl (acide chlorhydrique) NOx (mélange de monoxyde et de dioxyde d'azote)
	N_2O (Protoxyde d'azote) CFC (Chlorofluorocarbone)	*Santé :* COV (composés organiques volatils) HAP (hydrocarbures aromatiques ; ex. : benzène) CO (monoxyde de carbone) NH_3 (ammonium)
	Particules (aérosols)	Toxicité propre (Particules submicroniques entrent dans les poumons)
Effet incertain (agit sur la couverture nuageuse)	O_3 (ozone troposphérique*)	Effet indirect Facilite la fixation d'autres polluants

Figure 1.10
Pollution atmosphérique : présentation synthétique, Ecodurable®

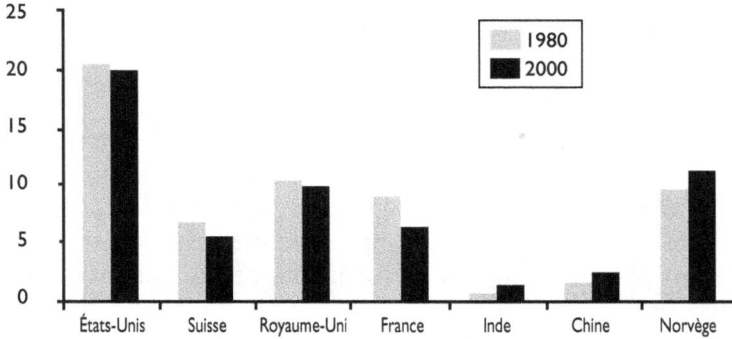

Figure 1.11
Émissions de CO_2 en tonnes par habitant

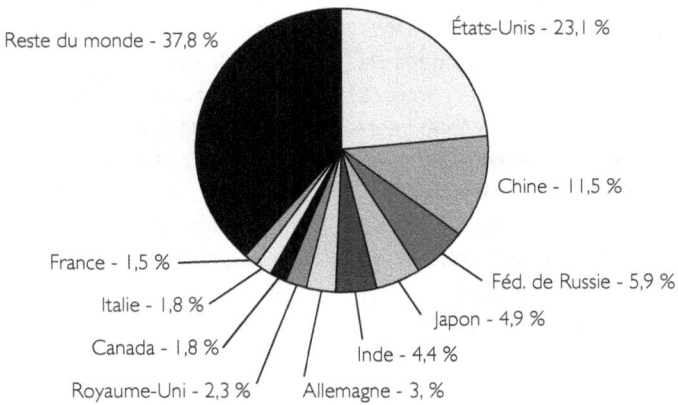

Figure 1.12
Émissions de CO_2 en 2000 (en % du total mondial)
(ecodurable® à partir de *Rapport sur le développement humain 2004*, PNUD)

Qualité des eaux maritimes

Le bilan du milieu maritime océanique met en relief plusieurs phénomènes qui affectent négativement la première ressource naturelle mondiale : pollution des mers et des océans, sédimentation et eutrophisation notamment.

Au cours des trente dernières années, la protection du milieu marin et du milieu côtier n'a progressé que dans certains pays, surtout industrialisés, et seulement sur quelques questions d'environnement comme la pollution par les polluants organiques persistants (POP), en particulier le DDT et les PCB, les métaux lourds et le pétrole. Dans l'ensemble, la dégradation du milieu côtier et du milieu marin s'est même intensifiée (GEO 3), en particulier les rejets croissants :

- de détritus non biodégradables ;
- d'eaux usées le long des côtes. Ces rejets ont considérablement augmenté au cours des trois dernières décennies et représentent la principale source de contamination, en volume. Par ailleurs, en raison de la forte demande d'eau dans les agglomérations, l'approvisionnement en eau l'emporte sur la mise en place de moyens d'évacuation, ce qui accroît le volume des eaux usées.

Les polluants organiques persistants (POP)

Certaines mesures prises ont été efficaces. Par exemple l'introduction de l'essence sans plomb a permis de réduire les concentrations de plomb constatées aux Bermudes, la réglementation nationale et les accords internationaux comme la Convention internationale pour la prévention de la pollution par les navires (MARPOL) ont entraîné une réduction des rejets délibérés de pétrole par les navires, les populations d'oiseaux de mer de l'Amérique du Nord affectées par le DDT ont connu une vigueur nouvelle après que ce composé chimique eut été interdit dans la région. Cependant, les craintes restent grandes : les POP, souvent transportés à travers le monde dans l'atmosphère, sont omniprésents dans les océans. Une exposition de longue durée à de faibles concentrations de certains polluants peut comporter pour les organismes marins, et peut-être pour les hommes, des conséquences reproductives, immunologiques, neurologiques ou autres.

Le phénomène de sédimentation résulte, quant à lui, des modifications apportées par l'homme à la circulation naturelle des sédiments par la construction d'infrastructures résidentielles et industrielles, l'agriculture et le déboisement.

Eutrophisation = formation du O_3 : par photosynthèse de NOx + COV + CO

L'eutrophisation est une forme de pollution des eaux trop chargées en nutriments, dans lesquelles la prolifération d'algue conduit à une raréfaction de l'oxygène. C'est une tendance préoccupante car les efflorescences de phytoplancton, toxiques ou indésirables, sont de plus en plus fréquentes, graves et largement distribuées géographiquement. De fait, alors même que la haute mer ne peut absorber que des quantités limitées d'azote, on constate une nette augmentation des déversements de composés azotés (rejets d'eaux usées, rejets agricoles) dans les océans et des dépôts atmosphériques circulant jusqu'en haute mer (émis-

© Éditions d'Organisation

sions d'automobiles et de l'industrie, émissions agricoles par effet d'évaporation du lisier et des engrais animaux). Or, les effets sur les ressources marines sont significatifs. Plusieurs mers fermées ou semi-fermées comme la mer Noire connaissent une grave eutrophisation. Dans d'autres régions, de vastes zones sont affectées par un appauvrissement saisonnier uniquement.

Zones humides

Selon la définition donnée par l'Institut Français de l'Environnement (IFE), une zone humide est «*une région où l'eau est le principal facteur qui contrôle le milieu naturel et la vie animale et végétale associée*», c'est-à-dire une zone où la nappe phréatique arrive près de la surface ou affleure ou encore, là où des eaux peu profondes recouvrent les terres.

À l'échelle mondiale, la superficie totale des zones humides disparues au cours des trente dernières années est difficile à mesurer en raison du manque de données et de l'absence d'informations précises sur la superficie originelle de ces zones (PNUD et al., 2000).

Vraisemblablement, la moitié environ des zones humides et plus de la moitié des forêts de mangrove ont été perdues au cours du siècle écoulé, surtout en raison de ces dégâts matériels. Près de 58 % des récifs coralliens dans le monde sont menacés, la principale cause étant la destruction physique directe (PNUE, GEO3). En 1992, une étude internationale a montré que 84 % des zones recensées étaient menacés ou subissaient de graves modifications écologiques.

Ressources en eau douce

L'état des lieux fait apparaître une raréfaction de cette ressource, pourtant vitale. L'eau douce accessible représente 0,3 % des ressources d'eau terrestre (rivières, lacs, fleuves et nappes souterraines). Il y a une forte inégalité de répartition : moins de dix pays se partagent 60 % des ressources ; les ressources moyennes par habitant des Émirats arabes unis équivalent à 1/20 000 de celles de l'Islande.

La baisse des ressources en eau douce et l'augmentation de la consommation de l'eau sont actuellement concomitantes. Bien que l'eau douce soit une ressource renouvelable, son épuisement est possible, si l'intensité d'utilisation excède la capacité de renouvellement. Quand la consommation d'eau dépasse durablement la reconstitution naturelle des eaux souterraines, le niveau de la nappe baisse (Postel, 1997 ; PNUE, 1999). Par ailleurs, un pompage excessif d'eaux souterraines peut entraîner des intrusions d'eau salée dans les zones côtières, comme cela s'est produit à Madras (Inde) en 1996).

Or, la consommation d'eau (tous usages confondus) est en augmentation constante : +700 % au XXe siècle, +200 % durant les deux dernières décennies, notamment par effet de l'intensification urbanistique et des besoins agricoles (développement de l'irrigation notamment). Mais les disparités sont grandes suivant les pays; prélèvements d'eau par habitant et par jour : 600 litres aux États-Unis, 250 en Europe, 3 en Afrique. Aujourd'hui, plusieurs régions de l'Inde, de la Chine, de l'Asie occidentale, de l'ex-Union soviétique, de l'ouest des États-Unis et de la péninsule arabique connaissent ce phénomène de baisse de la nappe phréatique, ce qui limite la quantité d'eau qui peut être utilisée et accroît le coût du pompage pour les agriculteurs. Selon l'OCDE, en 2000, près de 2 milliards d'individus vivent dans 41 pays caractérisés par un stress hydrique (risque élevé de pénurie d'eau douce) moyen (Algérie, Chypre, Palestine, Tunisie, etc.) ou fort (Arabie saoudite, Égypte, Israël, Jordanie, Libye, Malte, Pakistan, etc.).

Biodiversité

Selon l'UICN, deux espèces disparaissent toutes les heures (autrement dit, 50 % des espèces existantes s'éteindront au cours du XXIe siècle). Sur 1,7 million d'espèces végétales et animales répertoriées (10 % des espèces existantes), 11 000 sont menacées à court terme. Selon l'Unesco, ces espèces sont menacées de disparition à une vitesse de 1 000 à 10 000 fois supérieure à celle des grandes périodes géologiques d'extinction.

En ce qui concerne l'équilibre de l'écosystème planétaire confronté aux prélèvements effectués par l'homme, la communauté scientifique convient que les impacts environnementaux excèdent les capacités de la planète à en absorber les effets. Il semble qu'on soit arrivé à un moment où le mode de vie «occidental» contemporain n'est pas extrapolable à tous les habitants de la planète sans ruptures de l'écosystème.

Le WWF a inventé à ce sujet le concept d'empreinte écologique pour mesurer l'espace planétaire occupé ou consommé par chaque agent, personne ou entreprise. Il comprend six catégories :

- les infrastructures (logement, transport, équipements industriels, production énergétique) ;
- la combustion d'agents fossiles responsables des émissions de CO_2 dans l'atmosphère ;
- les zones de pêche productive ;

- l'exploitation forestière (espaces naturels ou artificiels) ;
- l'élevage sur les zones de pâturage et de boisement ;
- les exploitations agricoles.

L'utilisation de ce moyen de mesure fait apparaître une forte disparité des empreintes écologiques nationales[1]. Or, ces disparités recoupent largement les disparités observées en matière sociale ou économique, mettant en lumière des interactions entre sphères (environnementaliste, sociale et économique) auxquelles sont suspendus les progrès humains futurs.

Liste des rapports fondamentaux sources de diagnostics DD

Domaine	Document	Auteur(s)
Analyse socio-écono-mique globale	World Resources 2000, 2001	UNDP, UNEP, Banque mondiale, WRI
	Human Development Report 2002	UNDP
	World Development Report 2002 : Building Institutions for Markets	Banque mondiale
	World Development Report 2003 : Sustainable Development in a Dynamic Economy	Banque mondiale
	GEO (Global Environment Outlook) Chapter Two : Socio economic background	UNEP
	Report on the World Social Situation, 2003 : Social Vulnerability	UN Division for Social Policy and Development
	Rapport sur la santé dans le monde 2003 - Façonner l'avenir	OMS
	State of the World's Children 2002	UNICEF
	World Energy Assessment : Energy and the challenge of Sustainability	UNDP
Agriculture	State of food and agriculture 2002	FAO
	Mineral fertilizer distribution and the environment	IFA, UNEP
	Pilot analysis of global ecosystems (PAGE) : Agro-ecosystems	Stanley Wood, Kate Sebastian, Sara J. Scherr
	Agriculture and Genetic Diversity	WRI

.../...

---

1. A.M. SACQUET, *Atlas mondial du développement durable*, éd. Autrement, 2003.

Domaine	Document	Auteur(s)
Culture	World Culture Report 2000	UNESCO
	UNESCO Sector for Culture, Legal Protection for Cultural Heritage	UNESCO
	Convention Concerning the Protection of the World Cultural and Natural Heritage	UNESCO
	Convention on the Protection of the Underwater Cultural Heritage	UNESCO
	C169 Indigenous and Tribal Peoples Convention	ILO
Développe-ment écono-mique	Environment and Trade : A Handbook	UNEP, International Institute for Sustainable Development
	Special study on "Trade and Environment"	Håkan Nordström, OMC
	United Nations Sustainable Development Issues : Trade and Environment	UN Division for Sustainable Development
	Global Economic Prospects and the Developing Countries 2002	Banque mondiale
Éducation	Monitoring Report on Education for All 2001	UNESCO
	World Education Report 2000	UNESCO
	Education for All Year 2000 Assessment	UNESCO Institute for Statistics
	A better world for all 2000 : Education	UN, BANQUE MONDIALE, OCDE, FMI
Gouvernance	Local Agenda 21 Survey	ICLEI
Population	Population, Environment and Development	UN Population Division
	World Population Prospects : The 2000 Revision	UN Population Division
	State of World Population 2001	UNFPA
	World Population Monitoring 2001	UN Population Division
	Charting the Progress of Populations	UN Population Division
	World Population Ageing : 1950-2050	UN Population Division
	State of The World's Refugees 2000	UNHCR
	UNHCR Basic Facts	UNHCR

.../...

© Éditions d'Organisation

Domaine	Document	Auteur(s)
Pauvreté	Poverty Trends and Voices of the Poor	Banque mondiale
	UNDP Poverty Report 2000	UNDP
	Review of Poverty Concepts and Indicators	R.L. Dessallien
	Choices for the Poor: Lessons from national poverty strategies	UNDP
	Support for Poverty Reduction Strategies :The PRSP Countries: Interim Report	UNDP
	A better world for all 2000 : Poverty	UN, Banque mondiale, FMI, OCDE
Technologie	Methodological and Technological issues in Techno-logy Transfer	IPCC
	Managing Technological Change	UNEP Division of Tech-nology Industry and Economics
	Technology without Borders : Case Studies of Tech-nology Transfer	UNEP, OCDE, IEA
Tourisme	Sustainable development of tourism	UN Commission on Sustainable Develop-ment
	Industry and Environment, vol. 24, n° 3-4, Ecotou-rism and Sustainability	UNEP Division of Tech-nology Industry and Economics
	Our Planet, Special Issue on Tourism	UNEP
Transports	Air Pollution from Ground Transportation	Roger Gorham

Source : PNUD.

CHAPITRE 2

L'INTERACTION DES PHÉNOMÈNES ET LE POIDS DES EXTERNALITÉS

Les relations entre les paramètres économiques, environnementaux et sociaux, qui structurent désormais l'équation économique, s'avèrent en réalité comme des interdépendances indissociables les unes des autres. De ce point de vue, les coûts environnementaux et sociaux de l'économie sont des éléments déterminants du diagnostic. On est donc plongé dans une vision systémique du développement humain, traduite dans le champ des instruments d'analyse et des mesures en faveur du développement. Cela vaut pour les territoires comme pour les entreprises.

INTERDÉPENDANCE DES PHÉNOMÈNES PHYSIQUES ET SOCIAUX

Les interactions entre phénomènes au sein d'une même sphère (sociale, environnementale ou économique), évidentes, ne sont pas notre propos. Ce qui semble plus pertinent à l'heure où le débat du développement humain est totalement relancé, ce sont les interactions entre phénomènes de sphères différentes. Ces interactions, que même le diagnostic que l'on vient d'établir laisse deviner, apparaissent comme une donnée intuitive de l'analyse du développement. Étant donné qu'il est impossible (et sans doute inutile) de recenser exhaustivement l'ensemble des phénomènes corrélés, nous avons mis l'accent sur les interactions qui nous semblent avoir une importance déterminante dans l'effort de diagnostic et de développement et qui, après analyse, se rejoignent sur un point : la pression croissante exercée par l'économie.

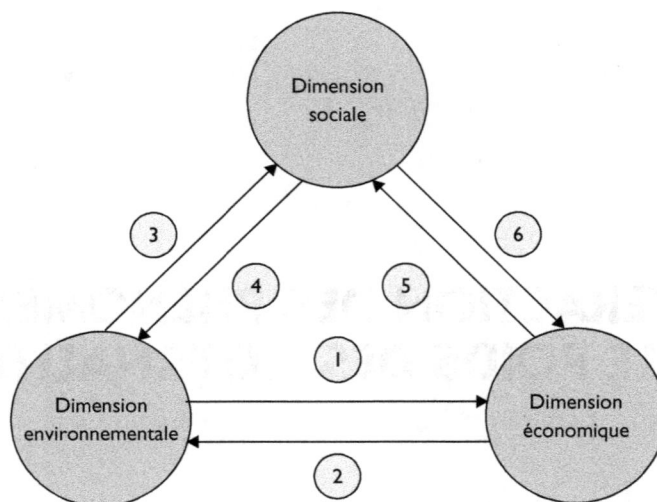

Principales interactions
De l'environnement vers l'économique

Figure 1.13
**Quelques interactions entre les aspects économiques,
sociaux et environnementaux**

Principales interactions

1. De l'environnemental vers l'économique : fonctions productives de l'environnement (ressources naturelles en rôle de réceptacle); coût économique de la protection de l'environnement.
2. De l'économique vers l'environnemental : pressions exercées par les activités productives sur les ressources de l'environnement; investissement dans la protection de l'environnement; droits de propriété sur les ressources naturelles et environnementales.
3. De l'environnemental vers le social : importance des aménités environnementales pour le bien-être de l'individu; risques pour la santé et la sécurité de la dégradation de l'environnement.
4. Du social vers l'environnemental : pressions exercées par les modes de consommation sur les ressources de l'environnement; prise de conscience par les citoyens des problèmes d'environnement.
5. Du social vers l'économique : volume et qualité de la main-d'œuvre; importance des réglementations sociales pour le fonctionnement des marchés.
6. De l'économique vers le social : possibilités d'emploi et niveau de vie; répartition du revenu; financement des programmes de sécurité sociale; pressions sur les systèmes sociaux et culturels, conduisant à des perturbations et flux migratoires.

OCDE, *Les grandes questions*, p. 37

○ *«Il y a peu de temps encore, la planète était un vaste monde dans lequel l'activité humaine et ses effets étaient regroupés en nations, en secteurs (énergie, agriculture, commerce). À l'heure actuelle, ces compartimentations s'estompent. C'est vrai notamment des diverses crises mondiales dont se soucie tant le public, depuis une dizaine d'années surtout. Il ne s'agit pas, en effet, de crises isolées : une crise de l'environnement, une autre du développement, une autre énergétique. Non, de crise, il n'y en a qu'une.»*

CMED, 1987, p. 5.

Une interdépendance de plus en plus marquée entre sphères économiques et sociales

La sphère humaine est le socle de toute civilisation, si on y inclut l'éducation, la recherche et la capacité d'une population à croître et à évoluer en valorisant son capital, à vouloir se développer «ensemble». Le lien entre pauvreté et démographie, pauvreté et délinquance, pauvreté et éducation, constitue les bases de l'analyse économique d'un pays. Pour autant, quels mécanismes régissent ces interactions?

Le facteur démographique

Certains analystes avancent l'hypothèse que l'envie de prolonger la chaîne des générations reste, pour tous les hommes, l'incitation la plus efficace au travail, à l'investissement et à la consommation. Le démographe Jean-Claude Chesnais[1] a montré à quel point la corrélation entre dynamisme démographique et développement économique et social s'applique aux pays pauvres.

Selon l'économiste Nicolas Kondratieff[2], la démographie joue sur plusieurs tableaux :

- par la variation du nombre de consommateurs accompagnant les capacités de production ;
- par le délai entre conception, formation et production ;
- par la résistance aux changements des élites vieillissantes.

Son rôle direct sur les retraites et l'investissement immobilier est crucial dans le décalage du cycle. C'est l'une des problématiques du déficit de croissance des éco-

---

1. Jean-Claude CHESNAIS, *La revanche du tiers-monde*, éd. Robert Laffont, 1987.
2. En étudiant les quatre économies les plus développées de son temps (États-Unis, Angleterre, France, Allemagne), Nicolas KONDRATIEFF mit en évidence l'alternance de phases d'expansion et de ralentissement, voire déclin, de l'activité économique, d'une durée moyenne de 25 ans chacune. Les phases d'expansion correspondent au temps nécessaire à l'assimilation, la diffusion et l'amortissement des innovations. La concurrence et la baisse de la demande expliquent l'apparition du point de retournement du cycle et l'entrée dans une phase de ralentissement, correspondant à l'élimination des stocks, des dettes et à la préparation d'une autre vague d'innovation. Voir *Alternatives économiques*, n° 173, septembre 1999.

nomies européennes. Certaines d'entre elles ne pourront pas durer longtemps, si elles ne répartissent pas mieux le poids des charges entre les générations.

> *«Quand les générations les plus jeunes sont dominantes, elles imposent des politiques inflationnistes, favorisant la consommation et l'immobilier au détriment de l'épargne et des actifs financiers, du moins jusqu'à ce qu'une crise inflationniste de type 1980 ou 1920 survienne. Quand ces mêmes classes d'âge vieillissent, elles font faire aux autorités économiques un revirement complet, favorisant cette fois l'épargne et les placements financiers, au détriment de la consommation. Cette attitude permet de reconstituer le stock de capital qui va nourrir la vague ascendante du cycle long suivant.»*

François-Xavier CHEVALLIER, *Le bonheur économique.*

L'amélioration du bien-être mais aussi du mal-être avec la croissance

La croissance économique est un facteur d'accroissement des revenus et, en conséquence (meilleure capacité et acceptation de la redistribution), un facteur de progrès décisifs en matière sociale.

> *«L'impact qu'un taux de croissance donné peut avoir sur le recul de la pauvreté dépend de l'investissement dans le capital humain. Plus l'investissement est équitable, plus l'impact est grand, comme le montre une comparaison des effets de la croissance sur la pauvreté dans les États de l'Inde Dès lors que les aptitudes se répartissent uniformément au sein de la population. Il semble ainsi qu'une distribution asymétrique des résultats sur le plan éducatif et sanitaire constitue une perte particulièrement importante pour la société puisqu'un grand nombre de personnes se trouvent privées de la possibilité d'utiliser des technologies nouvelles et de s'extirper de la pauvreté. Une étude sur les dépenses consacrées à l'éducation dans 35 pays montre que la corrélation avec les résultats scolaires est faible, lorsqu'on neutralise les effets des revenus.*
>
> *En matière de santé, les États-Unis, pays où les dépenses par habitant sont les plus élevées dans ce domaine, arrivent 37e sur 191 dans une évaluation de la performance globale du secteur. La France, où ces dépenses représentent à peine 60 % du niveau atteint aux États-Unis, se classe première. La Colombie, qui termine bien plus loin selon ce critère, arrive première pour ce qui est de l'équité de la contribution financière (OMS, 2000).*

Cela montre que le montant des dépenses consacrées à l'éducation et la santé n'est pas tout. Encore faut-il s'associer de la richesse et de l'envergure du capital humain, c'est-à-dire de sa qualité et de son équité, qui s'expriment à travers la scolarisation des filles, l'accessibilité pour les pauvres et les résultats scolaires.»

Banque mondiale, *Quality of Growth* , 2000.

Corollaire de l'économie moderne, l'urbanisation concerne à la fois les régions les plus pauvres (exode motivé par l'absence de ressources dans les zones rurales) et celles où la croissance économique est la plus forte. Dans ce dernier cas, le développement des activités productives et le besoin de main-d'œuvre, concentrés en zone urbaine, provoque une urbanisation explosive. Ce phénomène engendre des problèmes sociaux en chaîne (approvisionnement en eau potable et en énergie, sécurité alimentaire, violence) ayant une répercussion directe sur la santé et la solidité du lien social (développement des «communautés fermées», enceintes de murs, protégées par des barrières ou isolées par les distances). Par ailleurs, le développement des PED sur le modèle occidental entraîne une agriculture intensive et l'industrialisation. Or, ces pays n'ont pas les moyens d'acheter la technologie des pays industrialisés permettant la réduction des nuisances associées causées à l'environnement.

La pauvreté

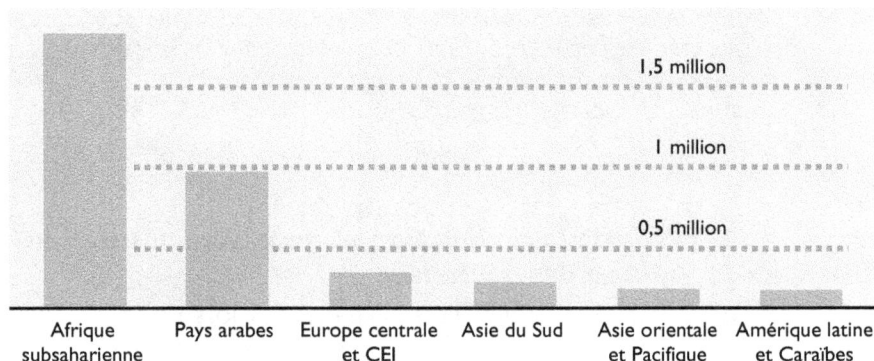

Source : PNUD, *Rapport sur le développement humain 2002.*

Figure 1.14
Conflits armés : nombre de morts entre 1990 et 1999

La corrélation entre pauvreté et violence collective est bien établie. C'est aussi vrai en ce qui concerne la violence interpersonnelle dans la société. Les études de corrélation (OMS, rapport 2002) montrent que la proportion des homicides est plus élevée dans les pays dont le PIB par habitant est faible, que de fortes inégalités s'accompagnent invariablement d'une proportion élevée d'homicides dans les couches les plus défavorisées de la population.

Interactions entre phénomènes économiques et environnementaux : l'impact de la croissance

De façon générale, la croissance a davantage consisté à prélever dans la réserve de biens naturels qu'à économiser ces ressources. Or, cela s'explique par le fait qu'aucune tarification de ces biens (considérés comme abondants avant d'observer leur raréfaction; minéraux, fossiles, entre autres) n'a été réalisée. Utilisant ce lien de cause à effet entre phénomènes économiques et environnementaux, certains instruments économiques destinés à favoriser la préservation de l'environnement (hausse du prix de l'assainissement ou la taxation des émissions de CO_2 entre autres) sont très efficaces.

Les trois exemples qui suivent montrent les interactions entre sphères économique et environnementale.

> *« La dégradation de l'environnement (…) tient notamment à l'accroissement de la population, aux ponctions opérées à l'échelle nationale et mondiale sur des ressources limitées, aux politiques économiques qui, par exemple, prévoient des subventions au mépris de leurs effets sur l'environnement et au manque d'intérêt pour le patrimoine national et mondial commun. »*

> Banque mondiale, *Quality of Growth*, 2000.

Exemple 1 : le poids de la production et de la consommation de biens sur le volume des déchets

Plus de 90 % des ressources prélevées sont gaspillées lors de la production d'aliments, de machines, de véhicules et d'infrastructures. Les pays industrialisés rejettent dans l'environnement, sous forme de déchets, entre 1/4 et 3/4 des ressources naturelles qu'ils utilisent. Les volumes de déchets sont en effet corrélés aux niveaux de vie (on pouvait pourtant imaginer que les économies développées seraient plus efficaces au niveau du recyclage).

Exemple 2 : activités économiques et réduction de la biodiversité marine et côtière

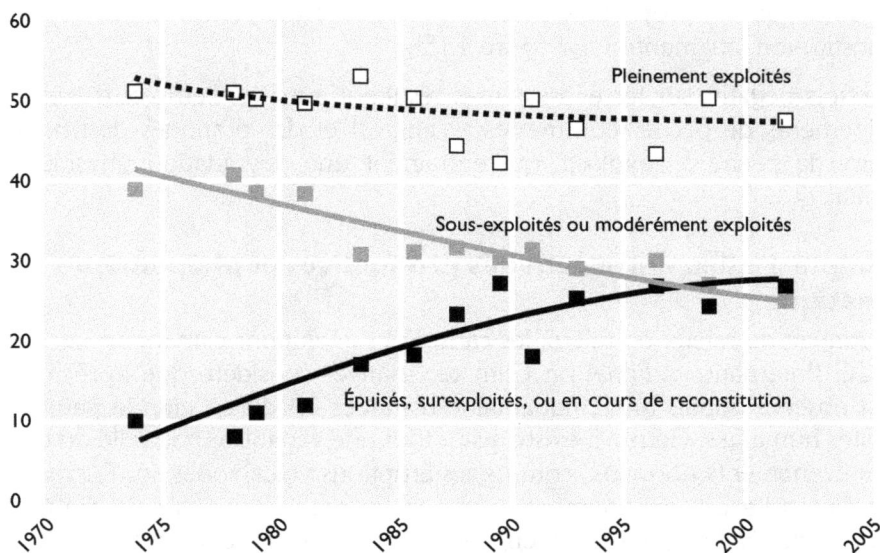

Source : PNUE, GEO 3, d'après FAO, *Rapport 2001*.

Figure 1. 15
Tendances mondiales des stocks de poissons (%)

On l'a vu, la dégradation du milieu marin est la conséquence de trois types de phénomènes : diverses formes de pollution (pollution d'origine humaine liée aux rejets de POP, de déchets non biodégradables, de composants azotés, entre autres), l'eutrophisation des eaux et la sédimentation[1].

Par ailleurs, elle découle aussi de la surintensité de pêche. Certes, les prises mondiales de poissons, de mollusques et de crustacés semblent être stabilisées autour de 90 millions de tonnes, selon une courbe correspondant à celle de l'évolution démographique mondiale. De ce fait, les valeurs par habitant sont inchangées depuis 1972 et ont même diminué en Europe et en Amérique du Nord. Or, 74 % des prises de poisson relèvent de la surexploitation du milieu maritime (FAO, 2001) : l'expansion mondiale des prises a été obtenue par la pêche d'espèces progressivement plus petites, à des niveaux toujours plus bas

1. Dragage des ports, récupération de terres sur la mer, rejet de déchets solides dans les zones côtières, constructions et ouverture de routes dans les zones côtières, mutilation de forêts côtières, exploitation des plages et des récifs coralliens, notamment pour des activités touristiques, etc.

sur la chaîne alimentaire marine car les espèces de grands prédateurs ont été progressivement épuisées (Pauly et autres, 1998). Le pourcentage des stocks mondiaux de poissons qui sont sous-exploités ou modérément exploités diminue tandis que la proportion de stocks épuisés, surexploités ou en cours de reconstitution, augmente (voir figure 1.15).

Les effets négatifs sur les écosystèmes résultent aussi de l'emploi de certains équipements de pêche (comme les palangres) et des pratiques destructrices comme la pêche à l'explosif, qui entraînent une dégradation physique de l'habitat.

Exemple 3 : lien entre activités productives et phénomènes climatique

On connaît de mieux en mieux les causes des évolutions climatiques récentes. L'IPCC (International Panel on Climate Change) considère que le réchauffement observé depuis une cinquantaine d'années est dû en grande partie aux activités humaines. Certes, il existe avant tout une variabilité naturelle du climat et les événements normaux, comme les éruptions volcaniques, les fluctuations dans l'intensité du rayonnement solaire et les manifestations épisodiques du phénomène *El Niño*, peuvent engendrer des changements climatiques très significatifs à court terme. Toutefois, l'apparition d'extrêmes persistants montre un changement du climat, où le réchauffement planétaire pourrait jouer un rôle majeur. Si, selon les scientifiques, 1/3 du réchauffement planétaire observé depuis 1970 peut être imputé à l'augmentation naturelle du rayonnement solaire, il paraît évident que l'effet de serre d'origine anthropique est responsable du reste[1]. Ce paramètre conditionnera fondamentalement la gestion planétaire de la croissance dans les années futures.

Le lien entre pauvreté et environnement dégradé

Pour reprendre les termes de la Banque mondiale (*Quality of Growth*, 2000) : *« La dégradation de l'environnement frappe de façon disproportionnée les plus démunis, qui sont tributaires du patrimoine naturel que constituent les terres, les forêts, les ressources minérales et la biodiversité. »*

---

1. Il est possible d'identifier le réchauffement de ces cinquante dernières années dû aux gaz anthropiques à effet de serre, malgré les incertitudes existantes en ce qui concerne le forçage imputable aux aérosols sulfatés anthropiques et à des facteurs naturels (volcans et rayonnement solaire).

«Ce sont les pays les moins avancés qui sont les plus vulnérables à l'impact du changement climatique, alors que ce sont eux qui y contribuent le moins.»

OCDE, *Les grandes questions*, p. 279.

Phénomènes environnementaux et sociaux

Il existe des interactions entre ces phénomènes, derrière lesquelles on retrouve la pression de l'économique La combustion de combustibles fossiles pour les transports, la production d'énergie et d'autres activités humaines sont associées à un ensemble de pathologies aiguës ou chroniques qui varient en fonction des constituants[1] du polluant, mises en lumière depuis 1950 environ.

En ville, jusqu'à 20 % des décès liés à un cancer du poumon sont dus à la pollution, notamment causée par les gaz d'échappement, selon une récente étude.

En suivant 500 000 Américains pendant plus de seize ans, des chercheurs ont étudié l'impact de particules de moins de 2,5 micromètres de diamètre, qui se logent au fond des poumons. Dans des villes comme Los Angeles ou New York, ces particules représentent de 16 à 20 microgrammes (µg) par mètre cube, alors que l'Agence des États-Unis pour la protection de l'environnement fixe la limite à 15. Or, à chaque fois que cette densité augmente de 10 µg, le taux de mortalité par cancer du poumon croît de 8 %. Ces chiffres soulignent la gravité de la situation, notamment dans les pays pauvres, où la pollution urbaine atteint des niveaux très élevés.

OMS, *Rapport sur la santé dans le monde 2002.*

Les problèmes de santé publique qui résultent de la contamination des eaux côtières par des agents pathogènes transportés par les eaux usées sont connus depuis les années 1970. De nombreux pays développés ont alors amélioré le traitement des eaux usées et réduit les effluents industriels, et parfois ménagers,

---

1. Les conséquences de l'exposition à un air urbain fortement pollué ont été mises en lumière vers 1950, lors d'épisodes de pollution atmosphérique dans des villes européennes et américaines, comme le *smog* de Londres qui, en 1952, a provoqué de nombreux décès et hospitalisations. Grâce aux lois et mesures adoptées par la suite, la pollution atmosphérique s'est atténuée dans de nombreuses régions du monde. Cependant, des études épidémiologiques récentes, s'appuyant sur des modèles et analyses sensibles, montrent que la pollution de l'air par les produits de combustion volatils a des répercussions sur la santé, même aux faibles concentrations généralement enregistrées aujourd'hui dans les villes d'Europe Occidentale et d'Amérique du Nord. Pour les populations des pays émergents, plus exposés, les risques sont donc démultipliés, au moins similaires à ceux que les pays développés ont connu au siècle dernier (OMS, *Rapport sur la santé dans le monde*, 2002).

déversés dans les réseaux municipaux d'évacuation, ce qui a notablement amélioré la qualité de l'eau. En revanche, dans les pays en développement, le rythme d'urbanisation excède les capacités techniques, administratives et financières d'investissement dans les moyens d'assainissement essentiels, de systèmes d'égout et de traitement des eaux usées (GEO 3).

DU CONSTAT DES INTERACTIONS À UNE VISION SYSTÉMIQUE DU DÉVELOPPEMENT

Les interactions entre les phénomènes sociaux, environnementaux et économiques peuvent être ignorées, si on gère chaque type de phénomène de manière isolée. Mais cette gestion implique alors des «externalités» (effets corrélés), qui, et c'est bien là le problème, deviennent des coûts indirects non répercutés, c'est-à-dire des prélèvements que personne n'assume et surtout pas ceux qui les créent. En effet, en bout de chaîne, la prise en charge de ces coûts cachés revient à la collectivité, alimentant la distorsion que provoque l'absence de régulation par les prix s'appliquant aux biens essentiels et à la vie sociale (les prix actuels ne reflètent pas les coûts externes). L'enjeu majeur pour la collectivité qui veut maîtriser les impacts de la croissance réside donc dans l'appréhension des coûts cachés des activités et des organisations humaines, puis dans leur réaffectation sur les agents économiques responsables, qu'il s'agisse des entreprises ou des ménages. C'est à ce prix que pourra se constituer une juste analyse économique de la «durabilité».

La problématique des coûts cachés

Il existe un principe de juste évaluation économique : les prix utilisés doivent refléter la totalité des coûts engendrés pour la fourniture du bien considéré. Or, en pratique, les critères de long terme et les coûts indirects (externes) n'entrent pas dans le calcul. C'est vrai des coûts associés à une dégradation de l'environnement ou à un dysfonctionnement sanitaire ou social mal identifié.

C'est d'abord un problème de comptabilité, publique et privée, dont Alfred Sauvy, François Perroux et bien d'autres «économètres» se sont émus, il y a longtemps, mais sans qu'on ait fait beaucoup pour réintroduire les données patrimoniales dans un système qui reste fondé sur la mesure des flux. On ne peut pas reprocher cette sous-estimation aux agents économiques mais aux États et cela explique largement le gaspillage associé aux Trente Glorieuses.

Voici quelques-uns des facteurs qui faussent la vérité des prix :

- absence de «droits de propriété» clairement définis sur les biens environnementaux ;

- méconnaissance des effets de dépendance entre catégories sociales ou persistance d'informations erronées, entraînant une défaillance au niveau du politique (mesures encourageant les pratiques nocives sur l'environnement, comme le soutien des prix) ou des marchés (estimations faussées).

Or, à terme, ces facteurs humains et sociaux sont susceptibles de bloquer la croissance[1] s'ils ne sont pas financés convenablement ou mutualisés dans le cadre de systèmes d'assurance. De ce point de vue, on note une vulnérabilité accrue des économies en développement. Les pertes peuvent être plus importantes dans les pays développés où il existe des infrastructures coûteuses, mais l'impact économique est souvent plus grave dans les pays en développement.

> *«Du point de vue de la société dans son ensemble, le juste prix est celui qui reflète le poids relatif à accorder aux objectifs communs poursuivis dans les domaines économique, environnemental et social.»*

> OCDE, *Les grandes questions*, p. 45.

> *«Le coût de la pollution de l'environnement et de la surexploitation des ressources est énorme, et les pertes sont, dans bien des cas, irréversibles.»*

> Banque mondiale, *Quality of Growth*, 2000.

Exemple : Coût de la dégradation des ressources en Inde

Selon une estimation basse, le coût des dommages causés à l'environnement dépassait 10 milliards de dollars par an, soit 4,5 % du PIB en 1992. Ces coûts estimatifs se répartissent de la façon suivante : pollution atmosphérique 1,3 milliard de dollars par an et frais médicaux liés à la dégradation de l'eau 5,7 milliards de dollars par an. La perte de productivité due à la dégradation des terres représente environ 2,4 milliards de dollars et le coût annuel de la déforestation est de 214 millions de dollars.»

Source : PNUE, GEO 3, d'après SUCHAK 2002.

La mutation du concept de développement vers la «durabilité» découle de cette évolution des diagnostics et de la prise de conscience des causalités. Bien plus, c'est l'allongement même de la durée de vie, liée aux progrès joints de la médecine et de la distribution de revenus, se traduisant par une quête croissante de bien-être et de santé, dans les pays «rentiers» comme dans les pays émergents, qui crée cette exigence nouvelle.

---

1. Michel DIDIER, «Vrais objectifs et idées fausses sur le développement durable», in *Développement durable, enjeux et signification,* CDC & Cercle des économistes p. 73.

Vers une meilleure utilisation des capitaux et de leur renouvellement

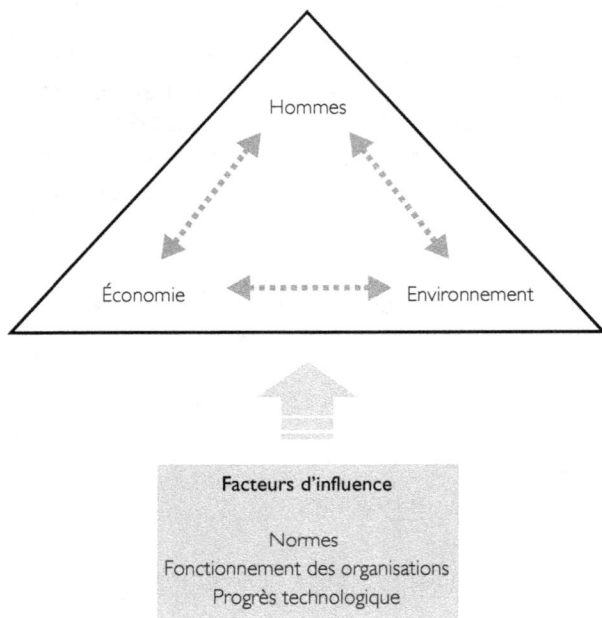

Figure 1. 16
Facteurs d'influence (normes, fonctionnement des organisations, progrès technologique)

Le développement durable procède de la construction d'une vision systémique du développement qui s'impose aux agents économiques, à travers les jeux de pression (terme utilisé par l'OCDE) entre les différents phénomènes : environnementaux, sociaux et économiques. La prise en compte des capitaux passe par l'extension de l'évaluation économique (capitaux financiers, capital industriel) aux capitaux non financiers, notamment le capital naturel et le capital social.

La nécessité d'organiser l'économie afin d'assurer la conservation de son stock de capital écologique, matériel, humain et social[1] ne fait plus de doute ; seuls manquent les moyens pour y parvenir de manière efficace, équitable et légitime…

---

1. Thomas GLADWIN, professeur à la University of Michigan Business School, «Plaidoyer en faveur d'un développement durable», in *Les Échos,* 8 juin 2000.

Le capital naturel

Selon la définition de l'OCDE[1], le capital naturel recouvre l'ensemble des «ressources naturelles renouvelables ou non qui entrent dans le processus de production et servent à répondre à des besoins de consommation, ainsi que les actifs environnementaux ayant une fonction d'aménité ou un usage productif et qui sont essentiels à la survie de l'espèce».

Cette définition s'entend par opposition au capital produit (ensemble des machines, outils, bâtiments, infrastructures ainsi que des actifs financiers et incorporels qui influent sur le débit de la production actuelle et future).

Le capital social

Le capital social représente l'ensemble des réseaux et normes, valeurs et convictions communes qui facilitent la coopération au sein des groupes et entre eux. Le capital social se différencie du capital humain : l'OCDE définit le capital humain comme l'ensemble des aptitudes, compétences et caractéristiques individuelles qui facilitent la création de bien-être personne (santé, formation entre autres).

«Les différents types de capital affectent le bien-être par le biais de divers canaux et produisent de multiples retombées… de caractère économique ou non économique, individuel ou collectif.»

OCDE, *Les grandes questions.*

«Croissance économique, augmentation de l'investissement et des échanges internationaux, progrès technologique : tous ces aspects sont très importants. Mais il s'agit de moyens et non de fins.»

Rapport PNUD, 2002.

Intégration des interdépendances dans les instruments d'évaluation et de correction

La prise de conscience qu'il est nécessaire de ménager les ressources humaines et environnementales et d'intégrer les coûts cachés à la comptabilité se traduit en termes d'outils mis au service du diagnostic ou de l'action en matière de développement. Nous avons choisi d'illustrer ce propos à travers trois exemples : les nouveaux indices (concurrençant la référence au PIB), le système de comptabilité économique et environnemental et les instruments juridiques de protection de l'environnement.

---

1. Sur la question du capital naturel, se reporter à l'OCDE, *Les grandes questions*, p. 44.

© Éditions d'Organisation

La remise en cause de la validité du PIB comme révélateur du niveau développement d'un État

L'Indice de Développement Humain (IDH) a été mis au point dans les versions successives du rapport mondial du PNUD. L'IDH est la moyenne de trois composantes : la longévité (espérance de vie à la naissance), les connaissances (moyenne pondérée du niveau d'éducation et des effectifs scolarisés) et du revenu. Chaque composante est mesurée en fonction de son écart par rapport aux minimales et aux maximales observées. Par ailleurs, le revenu est fortement sous-pondéré lorsqu'il atteint le seuil de 5 000 USD (soit 1/5e du revenu moyen relevé aux États-Unis) IDH en baisse (PNUD, *Rapport sur le développement humain,* 2002, p. 60).

Pays dont l'IDH a baissé entre 1990 et 2002		
Période	**Nombre de pays**	**Pays concernés**
1990-2002	20	Afrique du Sud, Bahamas, Belize, Botswana, Cameroun, République centrafricaine, Congo, République démocratique du Congo, Côte d'Ivoire, Kazakhstan, Kenya, Lesotho, Moldavie, Fédération de Russie, Swaziland, Tadjikistan, Tanzanie, Ukraine, Zambie, Zimbabwe
2000-2002	15	Argentine, Afrique du Sud, Belize, Botswana, Burkina-Faso, Côte d'Ivoire, Guinée-Bissau, Guyana, Lesotho, Kenya, Malawi, Namibie, Swaziland, Trinité et Tobago, Zimbabwe
Pays dont l'IDH a augmenté entre 1990 et 2002		
Période	**Nombre de pays**	**Pays concernés**
1990-2002	115	Guinée équatoriale, Chine, Ouganda, Cap-Vert, Bangladesh, Yémen, etc.
2000-2002	99	Albanie, Guinée équatoriale, Rép. Arabe Syrienne, Chine, Nicaragua, Kazakhstan, Rwanda, etc.

Source : PNUD, Rapport sur le développement humain, 2004, réalisé par Ecodurable® à partir d'un échantillon pour lequel un ensemble complet de données est disponible (1990-2002, 135 pays ; 2000-2002, 119 pays).

L'Indicateur de la Pauvreté Humaine (IPH) a été introduit dans le *Rapport sur le développement humain* en 1997 afin d'appréhender la pauvreté au-delà de la simple composante du revenu, en reprenant les dimensions déjà considérées par l'IDH : santé, instruction et niveau de vie décent. L'IDH de l'Ouganda est très proche celui de la Tanzanie (Tanzanie à la 140e place et Ouganda à la 141e place), mais son IPH sensiblement supérieur.

© Éditions d'Organisation

Le Système de Comptabilité Économique et Environnemental (SCEE)[1]

À l'origine, il y a un besoin d'organisation des informations relatives à l'interaction entre économie et environnement, s'agissant des données nécessaires pour mesurer les progrès accomplis en direction des objectifs environnementaux, évaluer les stratégies de développement concurrentes et mettre au point des outils de politique environnementale. Le système s'appuie sur la version révisée du Système de comptabilité nationale des Nations unies (ONU, 1993) dont l'objet est de fournir aux décideurs des indicateurs et des statistiques descriptives nécessaires pour appréhender les interactions entre environnement et économie.

Ce système comporte quatre éléments fondamentaux :

- des comptes du patrimoine naturel (volume et variation des stocks de ressources naturelles) dont les variations permettent de dégager des indicateurs d'évolution des patrimoines nationaux ;
- des comptes de flux concernant la pollution, l'énergie et les matières premières (utilisation de l'énergie et des matières premières comme facteurs de production et sur la formation de polluants et de déchets solides). Débouchent sur des indicateurs d'efficacité pour l'environnement ou d'intensité de pollution et d'utilisation de matières, qui servent à évaluer les pressions sur l'environnement et les différentes solutions envisageables pour réduire ces dernières ;
- des comptes de protection de l'environnement et de dépenses de gestion des ressources (engagées par l'industrie, l'État et les ménages) permettant de chiffrer l'incidence économique de la réglementation environnementale ainsi que l'impact de celle-ci sur la réduction de la pollution ;
- un chiffrage des flux non marchands et des agrégats corrigés en fonction des coûts qu'entraîne l'épuisement des ressources et la dégradation de l'environnement.

Un nombre croissant de pays de l'OCDE et en développement se sont lancé dans la comptabilité environnementale, pour compiler différents aspects selon leurs préoccupations et leurs priorités.

---

1. *Sources* : PNUD, rapport 2002 ; *Division de statistique des Nations unies,* d'après Groupe de Londres sur la comptabilité de l'environnement, 2002 ; division de statistique des Nations unies et PNUE, 2000.

DOSSIER

Instruments économiques de protection de l'environnement

Ces instruments ont été proposés par l'OCDE pour mieux internaliser les coûts collectifs qui posent des problèmes de «durabilité» à la société et au marché.

Redevances et taxes sur les émissions : versements directs assis sur la quantité ou la qualité du polluant considéré.

Redevances et taxes sur les produits : versements s'appliquant aux produits générateurs de pollution au stade de leur fabrication, de leur consommation ou de leur élimination (par exemple, soufre et carbone entrant dans la composition des carburants, engrais, pesticides, piles et batteries).

Redevances d'utilisation : redevances acquittées en contrepartie de services collectifs. Elles sont surtout utilisées pour le financement des collectivités locales, par exemple, pour la collecte et le traitement des déchets solides et des eaux usées. Dans le cas de la gestion des ressources naturelles, les redevances d'utilisation correspondent à des paiements effectués en contrepartie de l'utilisation d'une ressource naturelle (parc, zone de chasse ou de pêche, etc.).

Permis négociables ou transférables : ces quotas de permis, de droits d'émission ou d'utilisation maximaux sont alloués aux agents économiques par une autorité compétente. Après avoir été délivrés, les permis peuvent être transférés (négociés) d'une source, d'une zone géographique ou d'une période à l'autre.

Systèmes de consigne : versements effectués lors de l'achat d'un produit (emballage, etc.). Le montant versé est remboursé, totalement ou partiellement, lorsque le produit est restitué au vendeur ou à une installation de traitement spécialisée.

Amendes de non-conformité : amendes infligées dans un cadre non pénal aux pollueurs qui ne respectent pas les prescriptions et les réglementations visant la protection de l'environnement. Ces amendes peuvent être proportionnelles à certaines variables telles que les dommages imputables à la non-conformité, les bénéfices liés aux économies réalisées du fait de la non-conformité, etc.

Cautions de bonne fin : paiement d'une consigne (sous forme de «caution») exigé des pollueurs ou les utilisateurs de ressources naturelles. La caution est restituée lorsque la conformité est effective.

Indemnisation : paiements effectués dans un cadre non pénal en réparation de dommages causés par une activité polluante. Les versements peuvent être effectués au profit des «victimes» (en cas de pollution chronique ou accidentelle) ou de l'État. Ils peuvent s'inscrire dans le contexte de régimes de responsabilité et d'indemnisation particuliers, ou dans celui de fonds d'indemnisation financés au moyen des cotisations des pollueurs potentiels (fonds d'indemnisation des déversements accidentels d'hydrocarbures, etc.).

Subventions environnementales : ce terme recouvre toutes les formes d'aides financières apportées aux pollueurs ou aux utilisateurs de ressources naturelles au titre de la protection de l'environnement (aides non remboursables et dons, prêts assortis de conditions libérales, allégements fiscaux, amortissement accéléré, etc.). Les subventions visant la protection de l'environnement sont en contradiction avec le principe pollueur-payeur, sauf dans certaines circonstances exceptionnelles, définies par les recommandations de l'OCDE (1972, 1974).

OCDE, *Les grandes questions*, p. 147.

CHAPITRE 3

LA PRISE EN COMPTE DU FUTUR DANS LA DÉCISION

Quels scénarios pour le futur? La projection des décisions d'aujourd'hui sur l'économie et la société de demain est le premier acte d'analyse de la «durabilité» d'une situation. On constate que le présent a infirmé la plupart des thèses alarmistes des années 1960[1]. Cependant, certains économistes[2] maintiennent leur prévision et démontrent qu'en dépit des incertitudes, nous en savons assez pour affirmer *«qu'en cas d'inaction, le pire est certain»*, la nouveauté de l'approche prospective réside dans l'irruption d'un nouvel acteur majeur, à l'origine de l'interrogation sur la «durabilité» de notre système : les générations futures.

CROISSANCE DÉMOGRAPHIQUE : PRÉVISIONS REVUES À LA BAISSE

Au terme d'un siècle de croissance très rapide, la population mondiale est en voie de stabilisation. Au rythme actuel de baisse de la taille moyenne des familles, et compte tenu de l'accélération de la transition démographique, la population du monde se stabiliserait avant la fin du XXIe siècle en dessous de dix milliards d'habitants Selon les projections basses des Nations unies, la population mondiale plafonnerait, vers 2050, aux environs de 7,3 milliards, avant de diminuer.

Par ailleurs, le vieillissement de la population mondiale devrait s'accélérer. Selon le scénario moyen des Nations unies, les moins de 15 ans pourraient représenter

---

1. Voir les travaux réalisés par plusieurs chercheurs du MIT sous l'égide de MEADOWS, *The Limits to growth*, Universe books, New York, 1972, improprement traduit par «Halte à la croissance» et largement exploité par le Club de Rome. Voir aussi le rapport rendu par Sicco MANSHOLT, commissaire européen, en 1968.
2. Jean-Pierre DUPUY, in *Pour un catastrophisme éclairé*.

19 % de la population mondiale en 2050 (contre 31 % en 1995) et les plus de 60 ans 22 % (contre 10 % en 1995). Pour l'Europe et les régions les plus affectées par le ralentissement démographique, ce phénomène n'est pas dénué de contraintes et de risques : financement des dépenses de santé et des retraites, par exemple.

Intensification de la production et de la consommation

Selon l'OCDE, d'ici 2020, le PIB par habitant devrait augmenter de 75 % par rapport aux chiffres enregistrés en 1995, dont 2/3 dans les pays de l'OCDE.

> «Malgré la dématérialisation de l'économie, ce qui a donc pour conséquence qu'une part croissante des richesses produites est immatérielle, lorsqu'il y a ''croissance'' de l'économie non seulement la production totale de l'économie en valeur croît, mais la production industrielle en volume croît aussi, et avec elle la consommation de matières premières (minerais divers, hydrocarbures, etc.). Les gains de productivité, toutes choses égales par ailleurs, conduisent souvent à une augmentation des consommations globales : comme on a besoin de moins de ressources (donc de matières premières) pour faire un objet, le prix de celui-ci baisse, donc son marché solvable s'accroît et entraîne une hausse des achats qui conduit à une hausse des consommations globales de matières.»
>
> Jean-Marc JANCOVICI, *Combien de temps pouvons-nous prolonger les tendances?* , site www.manicore.com

Deux tendances se dégagent pour l'avenir :

- croissance de la demande énergétique primaire de 66 % entre 2000 et 2030 (Agence Internationale de l'Énergie, World Energy Outlook, 2002), sans modification notoire dans la répartition des sources[1] ;
- croissance des transports (selon les prévisions de l'OCDE, la part des pays non-membres de l'organisation pourrait passer de 47 % en 2000 à 58 % en 2020.

Ces phénomènes s'accompagneront de la poursuite de l'urbanisation. Si les tendances actuelles se confirmaient, il faudrait édifier, en quarante ans, l'équivalent de mille villes de trois millions d'habitants, soit à peu près autant de villes qu'il en existe aujourd'hui (Unesco, *Nouveau courrier*, n° 0).

---

1. Charbon, environ 25 %; hydrocarbures, environ 37 %; gaz, environ 25 %; nucléaire, environ 5 %; renouvelables, environ 5 %.

L'écart se creuse entre pays riches et pauvres

On l'a dit, la plupart des pays les moins avancés enregistrent une croissance insuffisante pour sortir de leur état. Par ailleurs, dans ces pays, l'extrême disparité de revenus intra-nationale (la pauvreté extrême y côtoie l'abondance) affaiblit encore les chances des plus démunis de profiter de cette croissance. Pour citer le PNUD : *«Plus la répartition est inégale, moins la croissance profite aux pauvres.»*

Selon la Banque mondiale, il se dégage des prévisions actuelles que le nombre des personnes vivant dans la pauvreté absolue continuera de s'accroître, notamment en raison de la pression démographique dans les pays les plus pauvres. D'ici à 2015, 1,9 milliard d'habitants pourraient vivre en dessous du seuil de pauvreté absolue, équivalant à un dollar par jour, contre environ 1,5 milliard de personnes aujourd'hui.

Une troisième révolution industrielle en marche

Cette révolution est fondée sur la cybernétique et l'ordre des codes (informatique dès à présent, génétique demain), le développement accéléré des sciences et des technologies de la communication et de l'information, les avancées de la biologie, de la génétique et de leurs applications. Elle plie ainsi la société de la production matérielle à un nouvel empire, immatériel, celui des signes de la «société programmée», dont l'avènement est précipité par l'essor de réseaux planétaires privés ou publics. Ces réseaux, principal agent de la mondialisation, en accélèrent le cours. Les conséquences de cette révolution sont palpables, avec le risque que le développement qui s'impose au sein des sociétés se fasse au profit des catégories les plus favorisées et aille de pair avec la fragmentation de ces sociétés en sous-communautés particulières.

Perspectives globales de développement

La gestion de l'économie durable s'inscrit dans un paysage en devenir, déjà marqué par des phénomènes préoccupants pour les entreprises et les ménages, parmi lesquels certains sont susceptibles de jouer un rôle de premier plan :

- la donne climatique;
- les problématiques sanitaires;
- la disponibilité en eau douce et en aliments;
- la sécurité des populations.

Les changements climatiques

Des simulations climatiques ont permis d'évaluer les effets des émissions passées, présentes et futures de gaz à effet de serre sur le climat de demain. En se fondant sur plusieurs scénarios possibles[1] et sur des paramétrages par modèle, le GIEC estime que l'influence des activités humaines continuera à modifier la composition atmosphérique tout au long du XXIe siècle.

Si rien n'est fait pour réduire les émissions de gaz à effet de serre, les températures pourraient augmenter de 1,4 à 5,8 °C entre 1990 et 2100. Ce serait alors le réchauffement le plus rapide enregistré depuis les débuts de l'agriculture, il y a 10 000 ans.

Les concentrations de vapeur d'eau et les précipitations moyennes globales devraient augmenter au cours du XXIe siècle. D'ici à la seconde moitié du XXIe siècle, les précipitations devraient augmenter, en hiver, sous les latitudes moyennes et élevées des régions septentrionales et en Antarctique. Dans les zones situées à faible latitude, il y a à la fois des augmentations et des diminutions régionales sur les terres émergées. Il est probable que les variations des précipitations seront plus importantes d'une année sur l'autre, dans la plupart des zones où l'on projette une augmentation des précipitations moyennes.

Enfin, de nombreux événements extrêmes sont susceptibles d'avoir de graves effets sur l'environnement et la société, mais les informations dont nous disposons sont insuffisantes pour évaluer les tendances et les modèles climatiques n'ont pas encore la précision spatiale suffisante pour faire des projections fiables. Ainsi, les phénomènes à très petite échelle comme les orages, les tempêtes, la grêle ou les éclairs ne sont pas simulés dans les modèles climatiques.

Comment le réchauffement planétaire peut-il intensifier la fréquence et l'intensité des extrêmes météorologiques?

Des études climatologiques indiquent que le réchauffement accroît à la fois les fortes pluviosités et la moyenne des précipitations mondiales, ce qui se traduit par un plus grand nombre d'inondations, une hausse des dégâts matériels imputables aux vents violents et aux orages qui accompagnent les pluies intenses, ainsi que de plus fréquentes sécheresses liées à une plus forte évaporation. De plus, le relèvement des taux d'humidité et des températures favorise la formation des nuages d'orage, dynamiques et électriquement chargés, donc les vagues de chaleur et les journées de forte canicule.

Source : ministère de l'Environnement du Canada, bulletin Sciences et Environnement.

---

1. Voir le rapport spécial du GIEC sur les scénarios d'émissions (SRES). Cette gamme de scénarios ne prend en compte ni les incertitudes liées à l'évolution dynamique des glaces de la calotte glaciaire de l'Antarctique occidental, ni celles liées aux projections concernant les concentrations d'aérosols autres que les aérosols sulfatés et les concentrations de gaz à effet de serre. Voir aussi le document OCDE, *Développement durable : les grandes questions*, p. 16, figure 1.3B. Enfin, «Évolution» et «Révolution technologique», in *Où va l'énergie mondiale?*, document Shell, p. 3.

«Un changement climatique présenterait des risques pour la santé humaine du fait d'une exposition accrue à des températures extrêmes (mortalité cardio-vasculaire et respiratoire) et d'une plus grande fréquence régionale des catastrophes climatiques (décès et traumatismes dus aux inondations). D'autres risques peuvent résulter de changements dans la dynamique de vecteurs de maladies (comme le paludisme et la dengue) (...) [par exemple] la production de polluants atmosphérique (par réaction photochimique), de spores et de pollens, liée au bouleversement du climat, d'où une raréfaction des ressources naturelles qui peut être source de conflits. Des interactions complexes entre divers facteurs physiques, écologiques et sociaux devraient entraîner des répercussions de ce changement climatique sur la santé humaine. Celles-ci seront évidemment beaucoup plus fortes dans les pays dont les habitants n'ont que peu accès aux ressources et aux technologies et dont les infrastructures et institutions (comme celles de la santé) sont les moins à même de s'adapter.»

OMS, *Rapport sur la santé dans le monde* , 2002.

Fiabilité du diagnostic (XXᵉ siècle)	Changements dans le phénomène climatique concerné	Fiabilité des prévisions (XXIᵉ siècle)
De 66 à 90 %	Températures maximales plus élevées Davantage de journées chaudes sur presque toutes les terres émergées	De 90 à 99 %
De 90 à 99 %	Températures minimales plus élevées Moins de journées froides et de gel sur presque toutes les terres émergées	De 90 à 99 %
De 90 à 99 %	Réduction des écarts diurnes de température sur la plupart des zones émergées	De 90 à 99 %
De 66 à 90 % dans de nombreuses zones	Augmentation de l'indice de chaleur dans les zones émergées	De 90 à 99 % dans la plupart des zones
De 66à 90 % dans des zones émergées de l'hémisphère Nord, à des latitudes moyennes à élevées	Événements de précipitations plus intenses	De 90 à 99 % dans la plupart des zones
De 66 à 90 % dans quelques zones	Aridification continentale accrue en été et risque associé de sécheresse	De 66 à 90 % dans la plupart des zones intérieures des continents et sous des latitudes moyennes (manque de projections cohérentes pour les autres zones)

.../...

Fiabilité du diagnostic (XXᵉ siècle)	Changements dans le phénomène climatique concerné	Fiabilité des prévisions (XXIᵉ siècle)
Non observés dans les analyses disponibles	Augmentation des intensités des vents les plus forts dans les cyclones tropicaux	De 66 à 90 % dans certaines zones
Données insuffisantes pour procéder à une évaluation	Augmentation des intensités des précipitations moyennes et maximales dans les cyclones tropicaux	De 66 à 90 % dans certaines zones

Source : GIEC, Rapport 2001 sur les changements climatiques.

Les scénarios en matière de risques sanitaires

«Mêmes les sociétés bien équipées pour faire face à leurs risques actuels n'auront pas nécessairement l'expérience ou la technologie nécessaires pour faire face aux risques nouveaux.»

PNUE, GEO 3.

C'est le sens du *Rapport sur la santé dans le monde 2002* de l'OMS, consacré à la quantification de quelques-uns des principaux risques pour la santé et à l'évaluation du rapport entre le coût et l'efficacité de certaines mesures susceptibles de réduire ces risques. Le but étant, bien entendu, d'aider les autorités de tous les pays à abaisser ces risques et à allonger l'espérance de vie en bonne santé de leur population. L'OMS souhaite en particulier attirer l'attention sur trois types de menaces :

- en l'absence d'amélioration dans la lutte contre la tuberculose, d'ici 2020, un milliard de personnes pourraient la contracter, avec une issue fatale pour 35 millions d'entre elles[1]. Les dépenses d'assainissement sont estimées à 180 milliards USD par an, selon le Forum mondial de l'eau (La Haye, 2000[2]) ;
- dans les pays les plus développés apparaît une recrudescence des infections sexuellement transmissibles, peut-être un présage de nouvelles hausses de l'incidence du VIH. En Afrique subsaharienne, l'Unicef évalue à 20 millions le nombre d'orphelins d'ici à 2010 ;
- selon le rapport OMS 2001, consacré à la santé mentale, les troubles dépressifs sont en quatrième position dans la charge mondiale de morbi-

---

1. *Tuberculose, Aide-mémoire*, n° 104, avril 2000, Genève. [http://www.who.int/inf-fs/fr/fact104.html].
2. *Atlas du développement durable*, 2002.

dité et devraient atteindre, d'ici 2020, le deuxième rang, juste après les cardiopathies ischémiques.

Disponibilité en eau douce et en aliments

L'eau douce et les aliments ne sont pas disponibles en quantité suffisante et la tendance est au pessimiste. D'une part, l'eau douce se raréfie et la technique ne permet pas de suppléer à cette raréfaction. En l'état actuel des techniques, le dessalement de l'eau de mer reste un procédé trop coûteux et peu rentable.

> «On utilise divers indicateurs de la durabilité des ressources en eau. L'indicateur mentionné ici est le ratio des prélèvements annuels d'eau aux ressources annuelles renouvelables. D'après cette mesure, le stress hydrique est considéré comme élevé lorsque ce ratio dépasse 20 %. Au-delà de cette limite, les évaluations donnent à penser que le développement économique pourrait être compromis.
>
> OCDE, «Scénarios eau douce», in Les grandes questions, p. 29.

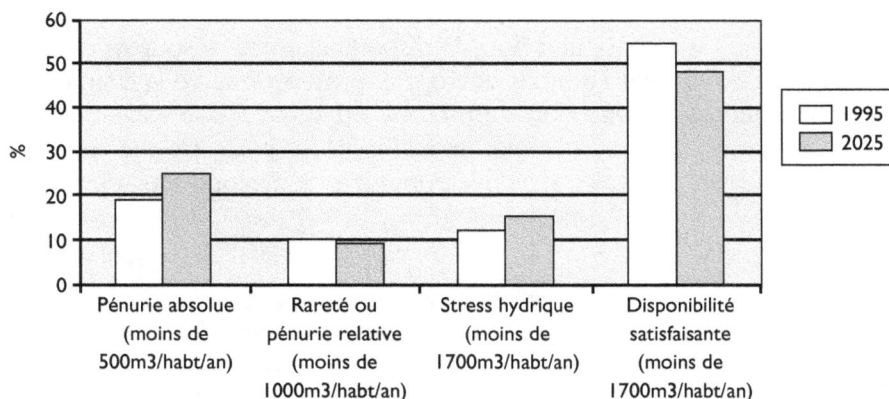

Figure 1.17
Évolution des disponibilités en eau douce de 1995 à 2025 (%)

En ce qui concerne la ration alimentaire, l'OCDE souligne que la désertification a une incidence majeure sur la production alimentaire. Pour offrir une ration alimentaire appropriée, au plan nutritionnel, à une population en augmentation, il faudrait tripler la production alimentaire au cours des cinquante prochaines années. Objectif difficile à atteindre, si l'on n'arrête pas la désertification.

De plus, les espèces ancêtres des principales céréales existantes sont menacées de disparition par les pressions exercées sur les écosystèmes des zones arides (région d'origine de ces espèces). L'enjeu est de pouvoir adapter le génome des plantes alimentaires essentielles à de nouvelles conditions climatiques. En cas d'échec, les phénomènes de malnutrition pourraient s'aggraver et entraîner des famines.

Sécurité des populations civiles

On peut relire la prédiction de Jacques Attali[1] qui s'alarme du fait que, malgré la prise de conscience des urgences humanitaires, on assiste au développement de conflits entre pays riches et pauvres mais aussi entre populations riches et pauvres d'un même pays (se traduisant par une ghettoïsation exacerbée), conflits accompagnés d'un éclatement des nations en groupes ethniques ou religieux (comme au Moyen-Orient ou en ex-Yougoslavie).

Par ailleurs, quoique la réalité de la menace terroriste soit difficilement appréciable en toute objectivité à l'échelle mondiale, on constate une évolution préoccupante dans l'organisation et les moyens dont les groupes terroristes disposent. Il semble que le risque soit géographiquement de plus en plus diffus.

L'avenir des nouvelles générations dépendra largement du modèle de développement qui sera retenu, tant pour la disponibilité des ressources que nous leur laisserons ou de celles dont ils devront se protéger que de la charge financière notamment que nous leur imposerons, eu égard aux engagements pris pour nous-mêmes mais non réglés pendant notre cycle de vie active. En admettant que les politiques de développement sont conduites de manière harmonieuse…

«Le concept de développement humain place au centre la personne humaine, et traite de l'élargissement des choix accessibles aux individus dans l'optique d'une vie conforme à leurs attentes. L'accroissement des choix passe impérativement par le renforcement des capacités humaines, c'est-à-dire de l'ensemble des possibilités d'action et d'existence. Les capacités les plus essentielles au développement humain sont les suivantes : vivre longtemps et en bonne santé, accéder à l'éducation, disposer de ressources nécessaires pour un niveau de vie décent et être en mesure de prendre part à la vie de la communauté.»

PNUD, *Rapport sur le développement humain*, 2002.

© Éditions d'Organisation

---

1. Jacques ATTALI, *Dictionnaire du XXIᵉ siècle*, 1998.

Les scénarios du PNUE (GEO3, 2002)[1]

Politiques d'abord

Les gouvernements prennent des initiatives décisives afin d'atteindre les objectifs sociaux et environnementaux fixés. Une action coordonnée pour préserver l'environnement et éliminer la pauvreté équilibre l'élan du développement économique à tout prix. Les avantages et les coûts environnementaux et sociaux sont pris en considération dans les politiques suivies, les cadres réglementaires mis en place et les processus de planification appliqués. Tous ces aspects sont renforcés par des incitations fiscales comme la taxe sur le carbone et divers dégrèvements. Des traités internationaux facultatifs ou des instruments légalement contraignants prenant pour objet l'environnement et le développement sont intégrés dans des plans d'action unifiés, leur statut en droit est amélioré bien que de nouvelles dispositions soient prévues pour l'organisation de consultations afin de permettre l'intégration de variantes régionales ou locales.

Marchés d'abord

La plupart des pays adoptent des valeurs et ont des attentes similaires à celles des pays industrialisés. La richesse des nations et le jeu optimal des forces du marché dominent l'action sociale et politique. La mondialisation et la libéralisation sont envisagées avec confiance car elles encouragent la création de richesses dans les entreprises, créent de nouvelles entreprises et de nouveaux moyens d'existence, aidant ainsi les hommes à s'assurer contre les effets des problèmes sociaux et environnementaux ou à payer le prix qu'il faut pour les résoudre. Des investisseurs épris d'éthique, s'alliant à des associations et des groupes de consommateurs, s'efforcent d'exercer une influence corrective, mais sont dépassés par les impératifs économiques. Les capacités des représentants de l'État, des législateurs et des responsables des politiques de réglementer la société, l'économie et l'environnement continuent d'être dépassées par une demande croissante.

Sécurité d'abord

Ce scénario part de l'hypothèse d'un monde où il existe encore des disparités frappantes, de fortes inégalités et des conflits persistants. Les tensions socio-économiques et environnementales donnent lieu à des vagues de protestation et de contre-mesures. Comme les troubles s'étendent, les groupes les plus

---

1. Quatre futurs possibles : PNUE, GEO3 (texte intégral sur le site www.unep.org/; synthèse sur http://www.grida.no/geo/geo3/french/overview/020.htm).

puissants et les plus riches pensent avant tout à leur propre protection, créant des enclaves semblables à ce qu'on connaît aujourd'hui sous le nom de «groupes de résidences à accès restreint». Ces îlots privilégiés offrent une certaine sécurité et des avantages économiques aux communautés qui en dépendent, dans leurs environs immédiats, mais ils rejettent à l'extérieur la masse désavantagée. Les services de protection sociale et les services publics réglementaires tombent en désuétude, tandis que les forces du marché continuent à fonctionner en dehors de ces murs.

«Durabilité» d'abord

Un nouveau paradigme de l'environnement et du développement apparaît en réponse au problème de la «durabilité». Il est soutenu par des valeurs et des institutions nouvelles, plus équitables. Une conception plus visionnaire de l'avenir s'impose, où les changements radicaux dans la communication des individus entre eux et avec leur environnement encouragent l'adoption de politiques de développement durable et un comportement responsable des grandes entreprises. Il existe une collaboration plus riche entre les gouvernements, les citoyens et les autres parties intéressées, dans les décisions prises sur les questions d'intérêt commun. Un consensus se dégage sur ce qu'il convient de faire pour satisfaire les besoins fondamentaux et réaliser les objectifs individuels, sans compromettre le sort d'autrui, ni les perspectives de la postérité.

UN CONSTAT EN DÉBAT, OU QUELQUES ÉLÉMENTS DE LA CONTROVERSE SUR L'ACUITÉ DES DIAGNOSTICS

Quoiqu'il existe un relatif consensus sur le fait que le bilan du développement humain présente des aspects préoccupants, le diagnostic est loin d'être infaillible et unanime; d'abord en raison de la faillibilité de la prévision scientifique. Pour reprendre les termes d'Hans Jonas, *«la science souffrira toujours d'un déficit structurel dans la prévision des conséquences lointaines des développements technologiques et des actions qui y trouvent appui»*[1], parce qu'elle est humaine avant tout.

Par ailleurs, l'acuité des diagnostics souffre de réelles lacunes statistiques. Ainsi que le concède le PNUD dans son rapport 2002 : *«Malgré les progrès déjà réalisés dans la mesure du développement humain, de nombreuses lacunes et problèmes demeurent, (…) beaucoup d'aspects du développement humain ne sont toujours pas couverts par des données suffisantes et/ou suffisamment fiables.»* Par exemple :

---

1. O. GODARD, *Crise et précaution.*

- pour dix-huit pays, en 2002, le PNUD n'a pas pu calculer l'IDH, en raison du manque de données fiables;
- l'absence totale d'emploi[1], dans ces pays, n'est pas un concept approprié; en l'absence de système d'indemnisation, le développement d'une activité de substitution, temporaire ou à temps partiel, est une question de survie. Il existe ainsi un secteur informel d'emploi.

Enfin, quelques controverses thématiques profondes alimentent le débat de société :

- la contestation du scénario climatique par B. Lomborg, pour lui, l'urgence est sociale et non environnementale;
- l'évaluation des coûts de mise en œuvre des règles de Kyoto paraît insupportable économiquement et socialement car elle pose d'abord une question de gouvernance mondiale, loin d'être résolue dans le contexte présent;
- les OGM : s'agit-il d'un progrès scientifique favorable au développement de solutions médicales ou alimentaires (notamment, les espèces végétales cultivables dans les zones arides) ou d'une atteinte au principe de précaution (mauvaise connaissance des conséquences à long terme de la consommation ou de l'utilisation des dérivés d'OGM)?

EN RÉSUMÉ

L'avenir du monde est l'affaire de tous, notamment des grandes entreprises, moteurs du développement et de l'innovation. «*The world is our business*» est une conséquence de cette interdépendance des phénomènes de développement, reliant la macroéconomique et la micro-économie. Un nouveau paradigme se fait jour qui rend obsolète la fameuse phrase de Keynes sur laquelle nous vivons depuis plus d'un demi-siècle : «*À court terme, nous serons tous morts.*» Démographie oblige, à long terme, c'est-à-dire vingt ou trente ans, nous serons tous vivants et cette perspective modifie peu à peu nos schémas de décision.

Le principal enjeu mondial devient ainsi le **découplage à effectuer entre la croissance et la dégradation** des conditions d'existence. Cela nécessite une **modification des pratiques de production et de consommation** pour que l'humanité se préserve elle-même. Cela suppose de mieux maîtriser les interactions des phénomènes : parce que les problèmes sont interdépendants, les

---

1. *Source :* BIT, *Correspondance sur le sous-emploi*, février 2002. Genève.

solutions peuvent être gagnantes sur plusieurs plans à la fois. Il faut réintroduire dans les décisions des agents économiques des prix réels et des mécanismes de responsabilité assumés, au nom d'une conscience commune des enjeux qui sont tout autant collectifs qu'individuels.

« Il ne s'agit pas pour l'humanité de préserver le monde naturel, mais plutôt de se préserver elle-même. La précarité de la nature est notre propre fragilité. »

Amartya SEN, prix Nobel d'économie 1998.

PARTIE 2

UNE NOUVELLE ÉCONOMIE POLITIQUE S'AFFIRME À TRAVERS LE PRINCIPE DE RESPONSABILITÉ

L'émergence d'un diagnostic global permet de cerner de plus près les impacts négatifs et les insuffisances du modèle de croissance qui est le nôtre et qui impose ses tendances à long terme, sans alternative aucune. Ce modèle a pour lui son extraordinaire efficacité et sa capacité inégalée à produire de la croissance et de l'innovation susceptibles de répondre aux besoins primaires, sinon vitaux, de la majeure partie de la population (ce qui reste le défi principal des économies mondiales).

Cependant, les insuffisances de ce modèle suscitent une demande d'organisation qui vient ajouter à la régulation étatique, d'une part, un besoin de régulation internationale et, d'autre part, d'autorégulation de la part des grands acteurs. Face à la complexité et aux insuffisances de gestion de la croissance, cette demande s'exprime au nom de la responsabilité et de l'intérêt de tous à long terme.

*«Le XIX*e *siècle a été un siècle de certitudes : croyance dans le progrès indéfini, dans la démocratie en marche, dans la science qu'on divisait en sciences exactes, les seules nobles, mathématiques, physiques et les autres. C'était commode et reposant (...). L'explosion du changement a apporté le doute.»*

Jean-François DENIAU, séance publique annuelle
des cinq Académies, 21 octobre 2003.

CHAPITRE 4

LA DEMANDE DE RÉGULATION DANS UNE SOCIÉTÉ DE COMMUNICATION ET DU RISQUE

Notre époque se caractérise par diverses fêlures (besoin de sécurité du fait de l'augmentation des risques perçus, impuissance ressentie face aux effets corrélés de la croissance, etc.), qui explique l'émergence d'une demande nouvelle de régulation et de transparence et le débat politique et économique sur le sujet de la «durabilité».

LES ORIGINES DE LA DEMANDE DE RÉGULATION

Une nouvelle phase du cycle régulation-dérégulation

L'Histoire est marquée par des cycles de régulation et dérégulation, qui résultent du rapport de forces et de l'équilibre existant au sein des sociétés entre l'économique (besoin de souplesse économique et entrepreneuriale) et le social (besoin de cohésion de la communauté). Les valeurs collectives stimulent ce balancier. Or, on est bien entré dans un cycle où la puissance des «gagnants» de la mondialisation engendre une demande de précaution, de contrôle et de solidarité de la part des acteurs de la société civile, amplifiée et facilitée par l'accès à des modes de communication qui leur donnent une nouvelle capacité d'expression. La société de communication produit largement ce choc des valeurs. Après le temps de l'économique national, vient le temps de l'économique universel.

L'expression d'un «humanisme européen[1]» est liée à ce phénomène qui met en avant l'humain comme valeur fondamentale et objectif essentiel de l'organisation collective, qui fait de l'économique le levier du progrès social et pour lequel le politique et le juridique doivent être garants d'un équilibre entre ces fins et ces moyens au service de tous.

Cette pression est nourrie par le constat d'échec des principaux modèles qui sont entrés en rivalité au cours du siècle dernier : régulation centralisée socialiste et dérégulation néo-libérale aux deux extrêmes. Aucun n'a apparemment réussi à garantir à la fois la préservation de la cohésion sociale et la gestion de l'efficacité économique. De fait, le succès du marché a suscité un besoin de rééquilibrage qu'a exprimé le corps social à travers des initiatives particulières ou associatives (organisation en syndicats, en associations) et des revendications adressées au politique en faveur d'un traitement des conséquences de la croissance, dans le cadre national et international.

Le capitalisme en quête de son propre sens

Les tensions dans les sociétés, affectées par la perte des repères sociaux et religieux sous l'effet de nombreuses mutations, nourrissent aussi des nouvelles offres politiques qui demandent une autre régulation de la sphère économique. L'écologie politique[2] est l'expression la plus forte de cette revendication, en Europe et aux États-Unis.

> «Il s'agit ni plus ni moins que de redonner du sens à l'artificialisation accélérée de la nature. Pourquoi ce processus et jusqu'où voulons-nous aller dans la prise de risque ? Et si l'on doit ralentir la course, quelles populations, quelles espèces, quelles ressources souhaitons-nous préserver, sur la base de quelles exigences morales ? Comment répartir le coût de l'effort, sur le plan interne et sur le plan international. Et qui en décidera ? De nouvelles formes de participation sont à mettre en place au niveau international comme au niveau interne.»

Marie-Claude SMOUTS, *Un trou noir dans la mondialisation*,
CERI-FNSP, Paris.

---

1. Alain CHOURAQUI, directeur de recherche au CNRS, exposé introductif au séminaire européen de réflexion et de débats *Quel modèle social européen?*, Aix-en-Provence, 10-11 septembre 2001, LEST et Fondation européenne pour l'amélioration des conditions de vie et de travail.
2. Les *Grunen* en Allemagne, les écologistes en France, Ralph Nader aux États-Unis.

Dans le même temps, la société est devenue de plus en plus défiante vis-à-vis des détenteurs du pouvoir politique et économique. La crise de légitimité du système en place se nourrit de la réalisation et de l'augmentation de la fréquence des catastrophes naturelles et technologiques, scandales sanitaires ou financiers, imputées à des entreprises ou des gouvernements complaisants. Cette perte de confiance dans les institutions et les acteurs manifestant une perte de maîtrise de la prévention de ce type d'événements, est perçue comme coupable et, en conséquence, suscite des demandes politiques radicales. Cette profonde défiance est visible dans les résultats de la plupart des enquêtes sur la confiance des citoyens en leurs dirigeants. Elle a porté en réaction la légitimité des ONG qui ont pu établir leur autorité sur cette critique des déficiences et des échecs du système.

Les dysfonctionnements de la démocratie moderne, face aux pouvoirs économiques notamment, ont permis à ces acteurs sociétaux de s'imposer. Il est vrai qu'ils sont parvenus souvent à s'interposer dans des situations de crise, humanitaires ou écologiques et à acquérir une autorité qui leur donne aujourd'hui une position tribunitienne à l'égal sinon au-dessus des pouvoirs légitimes et traditionnels. Ils sont parvenus à utiliser à égalité les ressources de la société de communication qui s'est profondément ouverte elle-même aux acteurs non institutionnels. Le pluralisme des médias et l'indépendance acquise par ces derniers un peu partout dans le monde développé où la quête d'audience devient le premier objectif de la presse, crée une réalité d'opinion nouvelle. Les forces socioculturelles ont une influence médiatique dans la société en contrepoint de celle des forces économiques et politiques qui modifie le comportement des acteurs. Les discours d'entreprise ne peuvent pas y être indifférents surtout quand les discours des marques commerciales sont les premiers à récupérer ces nouvelles aspirations et à les utiliser.

La première manifestation de cette demande critique, par-delà la promotion de l'éthique sociale, est l'augmentation significative des normes (voir Organisation Internationale pour la Standardisation) ainsi que du nombre d'organisations qui cherchent à les respecter. Le développement de codes de conduite instaurés dans les entreprises (*guidelines* et chartes éthiques d'entreprise) en est la preuve, sans parler de la montée des principes de gouvernance, en réaction des excès et des confusions de pouvoir observés et subis ici et là.

Globalement, sous l'effet de ces tensions, la société développe une sorte de schizophrénie, où alternent comportements hédonistes et sursauts citoyens, avec à la fois un appétit accru de liberté individuelle et un refus du risque collectif imposé.

Un refus accru du risque subi

Le refus du risque est-il un luxe de société développée? La perception du risque diffère selon des variables temporelles, spatiales, anthropologiques et individuelles[1] et son acceptabilité résulte d'une construction sociale. La recherche du risque zéro (aucun risque n'est plus toléré) caractérise en effet les sociétés où l'État providence est le plus développé.

Certains politologues évoquent une transformation de la société de la sécurité en «société assurantielle»[2], où la pratique de l'État providence s'est transformée en une forme de management des risques collectifs. Le savoir-faire en matière de gestion de risques et la judiciarisation de la société, permettant d'identifier et de réprimer les causes indues ou les culpabilités réelles, légitiment le besoin de repousser les limites de l'acceptation de dommages qui frappent ici et là les uns plus que les autres (l'affaire de l'amiante par exemple). Sur ce point, la pression des marchés financiers en vue d'une fiabilisation de leurs investissements à long terme constitue un levier majeur en faveur d'une élimination des risques identifiés.

On se référera à ce sujet à l'ouvrage d'Ulrich Beck[3], La société du risque, qui montre bien l'augmentation des menaces globales et son effet socioculturel conséquent. Selon Beck, la société postmoderne se caractérise par une inversion paradoxale de tendance : la couverture des risques baisse en proportion à l'augmentation du risque car *«on observe une tendance à la globalisation qui touche la production et la reproduction et transcende les frontières des États-nations. On voit donc apparaître des menaces globales transnationales et non spécifiques à une classe sociale déterminée…»*.

Par conséquent, *«à une logique de la répartition des richesses a succédé une logique de la répartition des risques : contrainte dès lors de poser continuellement la question de ses propres fondements, la société du risque fait de l'avenir la question du présent»*.

De surcroît, la médiatisation de certains événements altère la perception des risques. La crise devient la norme, comme le démontre le spécialiste de gestion de crise Patrick Lagadec, par exemple. Néanmoins, l'époque connaît une situation inédite, en raison d'une réelle non-préparation aux violents franchissements de seuils qui caractérisent la période et d'une vulnérabilité accrue aux difficultés. Les crises contemporaines sont d'une brutalité exceptionnelle.

---

1. Sur le sujet, voir l'article de Patrick PERETTI-WATEL, in *Sciences Humaines*, février 2002.
2. François EWALD, *L'État providence*, 1986
3. Ulrich BECK, *La société du risque. Sur la voie d'une autre modernité*, éd. Aubier, 2001.

D'autre part, la nature des risques est en mutation. D'abord, les menaces prennent de nouvelles dimensions spatiales et temporelles (Tchernobyl, dont le nuage a fait deux fois le tour de la Terre et dont les conséquences se mesurent en décennies, etc.). Ensuite, nous sommes exposés à des risques en chaîne du fait de la mise en réseaux de plus en plus vastes de nos ressources vitales et de l'augmentation des interdépendances (avec la multiplication des transports intercontinentaux, un problème de santé publique local tel le SRAS peut devenir un problème international en quelques heures). Enfin, le contexte général se caractérise par des ruptures de fond d'une gravité sans précédent (changement climatique, entre autres).

> *«Le public n'est pas stupide et ignorant dans son approche des risques, mais il a au contraire une compréhension élaborée des principaux problèmes. Par ailleurs la science ne peut pas fournir de réponses définitives sur la sécurité des nouvelles technologies. Les décisions doivent donc être prises de manière beaucoup plus indépendantes et collective si l'on souhaite que de nouvelles technologies, dont les conséquences sont incertaines (comme les OGM), soient acceptées.»*

ESRC[1], 18 septembre 1999.

Le phénomène NIMBY, emblématique de la société d'opinion

Le terme «NIMBY» est la contraction de l'expression anglaise «*Not In My Back Yard*» que l'on pourrait traduire par «pas sur mes plates-bandes». Il qualifie des discours et des pratiques d'opposition aux projets d'intérêt collectif affectant la qualité de vie ou supposés tel d'individus. Ce phénomène se caractérise par l'aspect local de la réaction : par exemple, populations riveraines contre l'implantation ou l'extension d'une installation industrielle, réalisation d'infrastructure, voisinage de nouvelles populations. Ce phénomène traduit un repli individualiste et communautaire accru. On peut également y voir un regain d'intérêt des communautés pour la vie de la cité, ou encore une conscience environnementale croissante. En réalité, la réaction dépend de la capacité des décideurs à gérer les projets dans un cadre concerté et négocié. Il incarne la revendication des populations à être associées aux décisions les concernant, à ne pas les subir passivement, sous l'inspiration d'une double

---

1. *Economic and Social Research Council* (ESRC), équivalent britannique du département des sciences de l'homme au CNRS.

demande, de ménagement de leurs intérêts et de prise en compte des personnes concernées.

Dans des secteurs soumis à ces pressions, comme les grands équipements (nucléaire, déchets, infrastructures), on a appris à organiser le débat public local afin de gérer ces demandes et construire des consensus susceptibles de faire évoluer positivement les projets (la commission du débat public a adapté en amont le projet CDG Express, etc.). Cet apprentissage démocratique, lourd et paralysant aux yeux des opérateurs économiques, pacificateurs et constructifs aux yeux des élus, s'avère une méthode incontournable de la gestion de projet collectif dans la société, garant d'une approche plus durable des choix économiques. Le phénomène NIMBY a été un révélateur d'enjeux plus larges pour les sociétés démocratiques : l'articulation entre intérêts privés et intérêt général dont l'équilibre ne peut se trouver que dans la transparence et la discussion ouverte au sein de processus de discussion acceptés et construits avec les acteurs sociaux.

LES CARACTÉRISTIQUES DE LA DEMANDE DE RÉGULATION

La demande actuelle de régulation montre une triple attente de transparence, de précaution et de gouvernance, notamment exprimée à l'adresse des entreprises.

La mémoire civile est marquée par les événements emblématiques du manque de précaution et de la dilution des responsabilités : marées noires, accidents technologiques, affaire du sang contaminé, etc. La société exige désormais, des centres de décisions, la mise en œuvre de processus d'évaluation du risque et l'adoption d'une attitude de prudence lorsque les conséquences des actes et des projets apparaissent douteuses.

La législation européenne a installé le concept juridique du pollueur-payeur après avoir constaté la multiplication de dénis de justice en matière environnementale. Le principe de précaution, installé depuis peu dans les textes fondateurs européens (*cf.* projet de Constitution) et nationaux, pose de son côté l'obligation de vigilance à un niveau extrême, celui de prendre de façon préventive les mesures proportionnelles aux risques dont on peut avoir connaissance.

Le public ne veut plus subir ou être pris de court par ceux qui savent et n'en tirent pas les conséquences. Les autorités scientifiques et économiques ont ressenti cette avancée juridique comme une contrainte susceptible de freiner le progrès, mais la pression de l'opinion est telle que le principe s'installe dans les esprits et les raisonnements des juges.

La demande n'est pas seulement celle d'une régulation instrumentale locale, il s'agit de repenser la gouvernance mondiale. La protestation de l'opinion envers la mondialisation économique est d'ailleurs focalisée sur ses effets en termes d'emploi. La mondialisation, entendue comme la libéralisation des échanges sans obligations sociales ou environnementales, a fait le succès du courant alter-mondialiste. L'OMC est confrontée à cette remise en cause qui l'oblige à dépasser le désarmement commercial comme finalité.

Cette remise en cause du modèle de gouvernance établi depuis la fin de la Seconde Guerre mondiale, fondé sur des accords multilatéraux au sein du système des Nations unies, à l'avantage des pays industrialisés, n'est pas l'apanage des groupes de pression militants. Certains experts expriment leurs critiques sur l'iniquité des règles du jeu en cours.

> *«La mondialisation n'a pas que des effets négatifs. Améliorer le pouvoir d'achat, l'éducation, la santé, où l'alimentation des populations pauvres est, à terme, très rentable. Car cet investissement libère les forces de travail et de créativité immobilisées par la misère, les maladies et l'absence de formation. Un effort en santé publique de 1 à 2 % du PNB annuel des pays en développement, auquel s'ajouterait une aide de 0.1 % du PNB des pays riches, pourrait ainsi générer des centaines de millions de dollars par an.*
>
> *Les adeptes occidentaux du «trade and not aid» assurent également que c'est le libre marché, plus que l'aide publique, qui peut dissoudre la pauvreté et donc diminuer la dégradation de la planète. La mondialisation représente aussi une chance potentielle, une amélioration des moyens d'information, de communication et de transport de cette information. Les nouvelles technologies de l'information et de la communication offrent de nouvelles possibilités dans le domaine de l'éducation à distance ; elles laissent entrevoir la promesse d'une société de réseaux, décentralisée, plus démocratique, moins hiérarchique.»*
>
> World Business Council for Sustainable Development.

> *«D'aucuns craignent que la mondialisation ne soit un facteur d'inégalité. Le lien entre ces deux éléments est complexe. À l'exception des économies en transition, les écarts de revenus constatés récemment sont dus en grande partie au progrès technologique, qui favorise les travailleurs qualifiés. Plus l'éducation et l'acquisition de qualifications se traduisent par des avantages économiques, plus l'écart se creuse entre ceux qui sont instruits et qualifiés et ceux qui ne le sont pas. On*

observe le même phénomène tant à l'intérieur des pays qu'entre les pays. La mondialisation peut exacerber les disparités, mais elle n'en est pas la cause. La concurrence accrue au niveau mondial peut également entraîner une baisse des revenus dans les pays à salaires relativement élevés, encore que, à ce jour, cet effet n'ait été guère ressenti que dans les pays industrialisés.»

Kofi ANNAN, secrétaire général de l'ONU, dans son rapport sur les objectifs de développement de l'ONU pour le millénaire.

Les contre-pouvoirs issus de la société civile

Quelques phénomènes récents portent le succès de la demande de régulation et de correction de la mondialisation que les pouvoirs traditionnels ont le sentiment de subir – tandis que d'autres en font bon usage – c'est le poids accru des ONG, des associations et des groupes d'intérêt qui sont devenus de véritables contre-pouvoirs. Les technologies de l'information ont favorisé l'affirmation de ces nouveaux contre-pouvoirs, comme vecteur de diffusion des informations en temps réel, à l'échelle planétaire, et comme outil de coordination des actions collectives. Ils sont organisés de façon aussi efficace que les entreprises ou les pouvoirs publics et le rapport des forces s'en est trouvé modifié.

Les actions militantes du type «*black list*» et «boycott» sont exceptionnelles, mais leur menace, comme les manifestations publiques et les procédures judiciaires, font peur aux entreprises qui en tiennent le plus grand compte. Le succès de Greenpeace contre Shell, dans l'affaire Brendspar, a été un tournant historique dans cette relation.

«Faute d'une présence forte des États, les ONG et les entreprises se retrouvent dans le rôle de principal ''allocataire des valeurs''. Leur statut privé leur permet d'intervenir partout sans être taxées d'ingérence et leur comportement sur le terrain influence directement les dynamiques locales. Dans beaucoup de domaines, la dialectique coopération/affrontement se déplace de l'échiquier inter-étatique vers ce nouvel échiquier transnational (…).»

Marie-Claude SMOUTS, *Un trou noir dans la mondialisation.*

La recherche de la « durabilité »

La recherche d'un autre modèle de croissance est nourrie par les dysfonctionnements de l'économie de marché. Le bilan de la première «Décennie du développement» proclamé par les Nations unies en 1960, et focalisée sur

© Éditions d'Organisation

l'accumulation du capital et l'industrialisation, présente un bilan mitigé. Plusieurs pays en développement, exportateurs de matières premières, sont devenus importateurs de nourriture. Par ailleurs, ces pays ont recours à la dette pour financer l'industrialisation; ils deviennent les premiers emprunteurs auprès du FMI. La «dette du Sud envers le Nord» s'accroît rapidement, passant de 35 milliards en 1970 à 600 milliards en 1982, date à laquelle éclate la crise. Sous l'effet conjugué de la récession et de la politique monétaire américaine, certains pays sur le point de décoller sont au bord de la banqueroute, notamment le Mexique qui se déclare en cessation de paiement. Les créanciers des PED, les banques du Nord, réalisent alors qu'ils se trouvent confrontés à l'insolvabilité des débiteurs.

Les Pays les Moins Avancés (PMA), qui étaient 28 en 1980, sont au nombre de 49 en 2002. Les Programmes d'Ajustement Structurels imposés (PAS) par le FMI et la Banque mondiale[1] ont eu des effets tellement négatifs que même l'UNICEF a élevé récemment un plaidoyer pour des politiques d'ajustement «à visage humain». Paradoxalement, ce sont précisément les deux PED ayant conservé un dispositif de contrôle sur les opérations en capital qui ont le mieux résisté et se sont les mieux développé : la Chine (qui a refusé tout dispositif d'aide) et l'Inde.

Amyarta Sen, prix Nobel d'économie 1998, a stigmatisé ces dysfonctionnements, en ouvrant de nouvelles pistes au sein de l'économie de marché : «*On considère aujourd'hui avec beaucoup plus d'attention le fait que différents arrangements sociaux, politiques et économiques peuvent se combiner avec ce qui reste fondamentalement une économie de marché, différents types de responsabilités envers les plus défavorisés pouvant coexister dans le cadre d'un système globalement capitaliste.*»

Les théories d'intégration de la «durabilité» dans les choix économiques

La philosophie de la responsabilité a ré-émergé en réponse aux échecs parallèles des mécanismes redistributifs. On citera d'abord Hans Jonas qui, dans *Le principe de responsabilité,* propose une nouvelle approche de la responsabilité humaine : la contrainte technologique actuelle induit la «responsabilité d'être responsable».

---

1. L'ancien haut dirigeant Joseph STIGLITZ a émis de vives critiques à l'égard des opérations de la Banque mondiale et du FMI : *La grande désillusion,* éd. Arthème Fayard, 2002.

«Dans la tradition, la responsabilité de l'homme au regard de la technique est une responsabilité de l'homme vis-à-vis de l'homme; dans la réflexion de la modernité, c'est une responsabilité de l'homme vis-à-vis de l'Humanité, et de l'Humanité vis-à-vis de la Nature.»

PAUL MATHIAS[1].

Ce débat concerne les entreprises qui, à la suite de graves accidents, se voient réclamer une responsabilité[2] à vie, indépendamment de l'identification d'une faute préalable. C'est aussi le sens de l'appel que le président de la République française a lancé devant le Forum français du Global Compact en janvier 2004, après avoir plaidé lui-même lors du G8 d'Évian, en juillet 2003, pour l'avènement d'une «économie responsable de marché». C'est également tout le sens politique de ce Pacte mondial proposé aux chefs d'entreprise de la planète par le secrétaire général des Nations unies, à Davos, en 2000.

Plusieurs travaux servent désormais de référence à l'introduction de données qui élargissent cette gestion du temps et de l'espace dans notre modèle macro-économique. On citera parmi les plus connus :

- **Joseph Stiglitz** dans *La grande désillusion*. Prix Nobel d'économie 2001, ancien économiste de la Banque mondiale, Joseph Stiglitz lance un appel à une autre gestion de la mondialisation grâce à une meilleure gouvernance mondiale;
- **Mikhaïl Gorbatchev,** président de la Croix Verte, dans son *Manifeste pour la terre,* met en garde comme l'aveuglement et l'optimisme;
- **Amartya Sen,** dans *L'économie est une science morale,* analyse la tension entre responsabilité sociale vis-à-vis des plus démunis et la nécessaire prudence financière; avec l'expansion du capitalisme et des échanges internationaux, les interactions sociales se sont accrues;
- **Lester R. Brown**, dans *Éco-économie,* le fondateur et président du World Watch Institute rappelle l'immensité du défi : «La construction d'une éco-économie durant le temps qui nous reste exige un changement systémique rapide. (…) Et pour ce faire, il nous faut restructurer la fiscalité en réduisant l'impôt sur le revenu et en augmentant les prélèvements sur les activités qui détériorent l'environnement, de sorte que les prix reflètent la vérité écologique. (…) Si les prix ne parvenaient pas à dire la vérité économique, cela pourrait saper le capitalisme, exactement comme l'échec des prix à dire la vérité économique avait sapé le socialisme.»

---

1. Paul MATHIAS, «Enjeux du progrès», in *Mag Philo,* hiver 2001-2002.
2. Bruno REBELLE, «Pour en finir avec un développement brutal», in *Les entreprises face aux enjeux.*

© Éditions d'Organisation

- **Ignacy Sachs** élabore le concept d'éco-développement, en assimilant le développement à un processus de «libération». En 1980, il systématise les idées sur l'environnement et le développement qui avaient fait leur apparition durant la décennie précédente, dans *L'éco-développement*. Il décrit les façons d'harmoniser l'écologie et l'économie et montre comment soumettre les décisions économiques internationales aux exigences primordiales et urgentes de la justice sociale et de la protection de l'environnement.

> *«La pauvreté et les problèmes environnementaux peuvent être traités ou évités. Ce ne sont pas les limites écologiques ou le manque de techniques qui posent problème. Les obstacles sont sociaux et politiques. (…) Le choix réel ne se fait pas entre développement et environnement, mais entre des développements sensibles et insensibles à l'environnement».*
>
> Ignacy SACHS, *L'éco-développement.*

Pour passer du concept à l'action, il faut, selon Ignacy Sachs, *«miser sur la capacité des populations locales à agir en harmonie avec leur environnement, une fois levés les obstacles qui les empêchent d'avoir des vues à long terme sur la gestion de leur base de ressources.»* La recherche du DD s'affirme donc comme la philosophie d'un développement partagé et responsable.

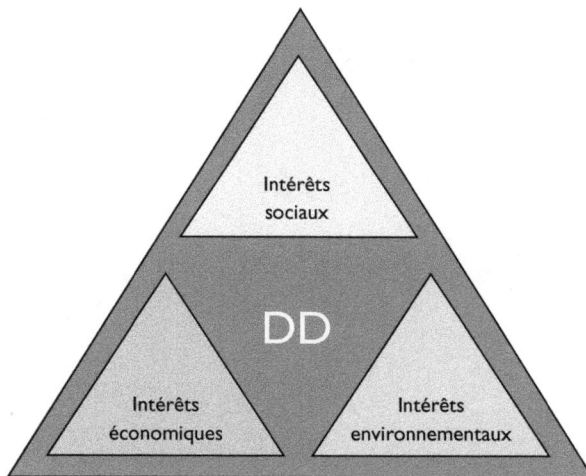

Figure 2.1
Recherche du DD

La «durabilité» (ou *sustainability*) se définit comme un nouveau rapport entre des systèmes économiques dynamiques et des systèmes écologiques dynamiques, plus grands mais aux changements plus lents, dans lesquels la vie humaine continue indéfiniment et tous les individus accèdent aux bénéfices de la croissance, et par lesquels les cultures humaines peuvent se développer. Dans ce schéma, les effets de l'activité humaine restent à l'intérieur de certaines limites afin de n'en pas détruire la diversité, la complexité et la fonction du système qui sert de base à la vie écologique, du fait de décisions collectives partagées et de décisions individuelles libres. Dans la planification du développement macro-économique mais aussi micro-économique, il faut désormais prendre en compte les trois dimensions de la «durabilité» – sociale, économique, écologique –, en veillant à les combiner, ce qui va beaucoup plus loin qu'une simple superposition ou conciliation.

La combinatoire de ces dimensions est l'essence même de la complexité du concept de DD. Aux trois dimensions constitutives, il faut aussi ajouter la dimension culturelle; c'est ce qui permet d'atteindre l'éco-développement qui n'est pas une théorie au sens strict du terme mais une véritable économie politique (*cf.* Sachs):

- dimension culturelle : le degré de rapport au monde;
- dimension sociale : le degré d'intégration des hommes;
- dimension économique : le degré de création de valeur;
- dimension environnementale : le degré de prise en charge de l'écosystème;

CHAPITRE 5

L'ENTREPRISE ET LA LOGIQUE DE «DURABILITÉ»

Si l'exigence d'une responsabilité à long terme dans les choix économiques est une réponse face aux «risques de la croissance» que font courir et que courent les entreprises, c'est aussi une façon de rassurer les investisseurs (fonds de retraite) et de faire progresser les modes de gouvernance face à la montée de la défiance. La «durabilité» n'est pas seulement une autre façon de faire de l'économie politique, c'est aussi un nouveau mode de management de l'entreprise.

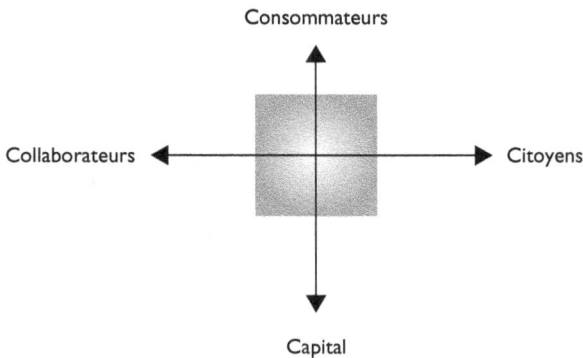

Figure 2.2
Les quatre marchés de l'entreprise

Ceci implique une «prise en charge» des coûts collectifs, qu'on ne doit plus rejeter, par le consommateur, le contribuable et l'actionnaire. Elle nécessite de négocier un «accord» avec la société *(licence to operate),* après une phase de dialogue, pour répartir les responsabilités et les nouveaux équilibres... Les quatre marchés de l'entreprise induisent quatre relations[1] à ses publics majeurs, souvent antagonistes.

LA « DURABILITÉ » ET L'ENTREPRISE : UNE RECHERCHE DE PROGRÈS COLLECTIF

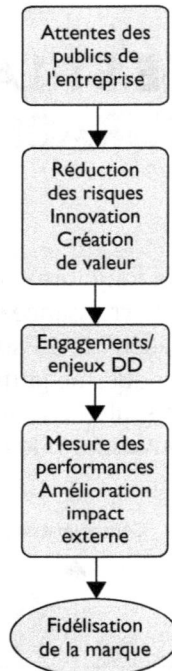

```
        ┌─────────────────┐
        │  Attentes des   │
        │   publics de    │
        │  l'entreprise   │
        └────────┬────────┘
                 ▼
        ┌─────────────────┐
        │    Réduction    │
        │   des risques   │
        │    Innovation   │
        │     Création    │
        │    de valeur    │
        └────────┬────────┘
                 ▼
        ┌─────────────────┐
        │   Engagements/  │
        │    enjeux DD    │
        └────────┬────────┘
                 ▼
        ┌─────────────────┐
        │   Mesure des    │
        │  performances   │
        │   Amélioration  │
        │     impact      │
        │     externe     │
        └────────┬────────┘
                 ▼
        ╭─────────────────╮
        │   Fidélisation  │
        │   de la marque  │
        ╰─────────────────╯
```

Figure 2.3
La quête de «durabilité» de l'entreprise

Le DD appliqué à l'entreprise est d'abord une méthode de progrès car la collecte et la prise en compte des attentes de tous les publics de l'entreprise pousse à réduire les risques, rechercher des opportunités, innover et créer de la vraie valeur. En se donnant des engagements en réponse à ses enjeux de DD, l'entreprise intègre des indicateurs, mesure objectivement ses performances et améliore son impact externe. L'entreprise peut ainsi mobiliser ses équipes autour de vrais progrès et fidéliser autour de sa marque.

---

1. P. D'HUMIÈRES, *Management de la communication*, éd. Eyrolles, 1994.

À chaque entreprise son chemin de progrès

S'il existe un mode d'avancement idéal, on peut aussi adapter à chaque situation un chemin de progrès qui tient compte des pratiques, des contraintes et des échéances dans le champ du DD et de la Responsabilité sociétale des Entreprises (RSE). La démarche managériale est à définir avec l'entreprise, au départ du chantier, dans une vision de progrès à moyen terme, dans le cadre d'un plan à trois ou quatre ans (plan de progrès en DD) : le plan Global Responsible Management (GRM 21).

Le cadre stratégique du DD reliera ainsi les enjeux identifiés au cycle de vie du produit, au management social de l'entreprise et à l'optimisation de ses relations avec ses quatre publics fondamentaux : actionnaires, clients, salariés et citoyens.

Une entreprise durable est une entreprise qui saura répondre de manière équilibrée à l'attente de ses quatre publics fondamentaux au nom de son engagement de responsabilité[1].

Mais, tout au long du processus, si on s'attache à une démarche véridique, en DD, tout passe par l'écoute des *stakeholders,* tous aussi importants à terme pour définir quelle est la bonne performance globale : écoute du client, écoute interne, écoute des citoyens/société civile et, bien entendu, écoute des actionnaires. L'écart entre les attentes des publics (perception) et l'offre de communication de l'entreprise traduit sa crédibilité et la force de sa marque en termes de «durabilité». La crédibilité est la clé de tout discours d'entreprise qui revendique d'être jugée responsable.

L'entreprise durable : conjuguer engagement et performance

Manager la «durabilité» au sein d'une entreprise suppose une confrontation au «double carré» du DD, tel qu'il est défini aujourd'hui :

- le **carré de l'engagement,** c'est-à-dire prouver qu'on veut répondre à ces critères, dont ceux de la gouvernance et du dialogue, demandés par la société;
- le **carré de la performance** afin de montrer où l'on est sur les différents champs (économique, social, environnemental et local).

Ces huit composantes de l'engagement durable de l'entreprise sont mesurées par des indicateurs spécifiques (*cf.* référentiels de reporting).

---

1. *Op. cité.*

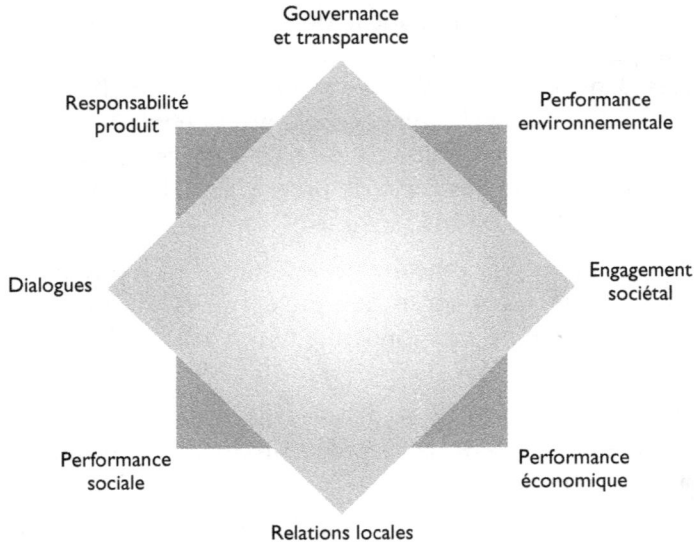

Figure 2.4
Gouvernance et transparence

Le déclaratif, ou la proclamation des intentions, fortement recommandé par les Anglo-Saxons, afin de reprendre à son compte les principes universels, en lieu et place de normes réglementaires trop uniformes, tient lieu d'engagement : c'est le leadership. Cette étape formelle servira à mesurer la réalité des comportements et des performances à venir et qui n'est pas surfétatoire quand elle est assumée au plus haut niveau de l'entreprise (Conseil d'administration et management). Le champ de la performance dicte, pour sa part, la crédibilité de ces affirmations. Cette dialectique engagement/performance régule la réalité d'une démarche de responsabilité d'entreprise aux yeux des publics attentifs et de l'opinion.

La mise en place de trois politiques d'entreprise

Le passage de la prise de conscience au management nécessite la mise en place de trois politiques d'entreprise :

- une politique générale volontariste proposée par la direction afin de dégager des progrès dans le management (pilotage et process) allant dans le sens du DD;
- une politique produit qui introduit dans la relation au consommateur la dimension durable;

• une politique de partenariat qui installe la volonté de dialogue avec des tiers extérieurs qui poussent à la «durabilité» de l'entreprise.

Cette démarche a d'autant plus de chances de succès et sera d'autant plus véridique qu'elle sera conduite avec des partenaires (*stakeholders,* ou parties prenantes, conseil, experts, ONG, etc.) qui permettent de stimuler et d'objectiver la position de l'entreprise. La logique durable ne s'autodéfinit ni ne s'élabore en vase clos : c'est la logique *stakeholders,* assumant la confrontation externe.

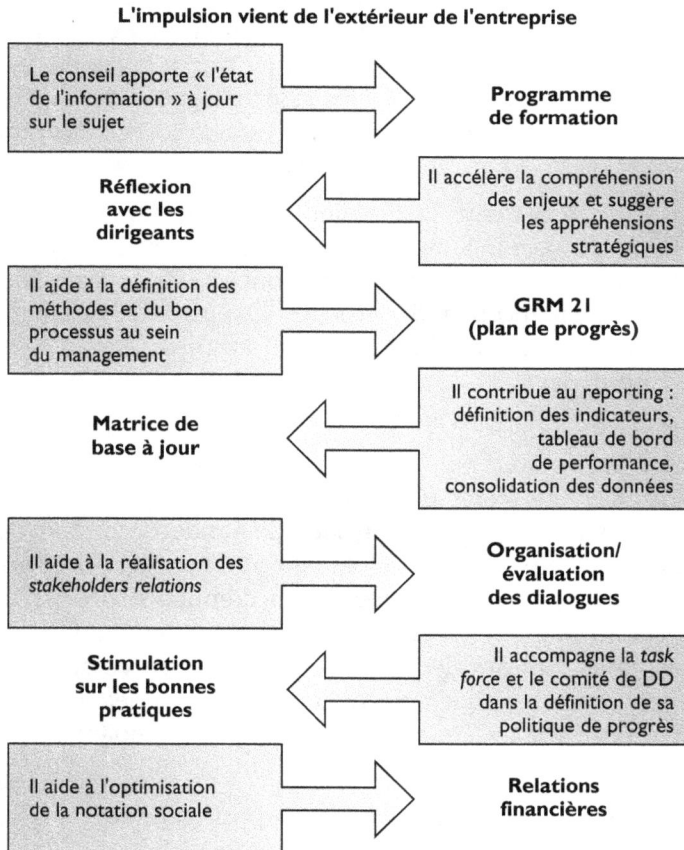

L'impulsion vient de l'extérieur de l'entreprise

Le conseil apporte « l'état de l'information » à jour sur le sujet	**Programme de formation**
Réflexion avec les dirigeants	Il accélère la compréhension des enjeux et suggère les appréhensions stratégiques
Il aide à la définition des méthodes et du bon processus au sein du management	**GRM 21 (plan de progrès)**
Matrice de base à jour	Il contribue au reporting : définition des indicateurs, tableau de bord de performance, consolidation des données
Il aide à la réalisation des *stakeholders relations*	**Organisation/ évaluation des dialogues**
Stimulation sur les bonnes pratiques	Il accompagne la *task force* et le comité de DD dans la définition de sa politique de progrès
Il aide à l'optimisation de la notation sociale	**Relations financières**

Figure 2.5

Activation de la démarche par l'utilisation d'un partenaire externe (conseil, ONG, expert, ...)

LES GRANDES ENTREPRISES DÉCOUVRENT L'INTERPELLATION DU DÉVELOPPEMENT DURABLE

Les grandes entreprises sont les principaux vecteurs de la mondialisation. Elles en tirent un important relais de croissance sur de nouveaux marchés, mais elles sont aussi mises en cause du fait de leur responsabilité directe[1] dans les conséquences du mouvement.

La critique du rôle «colonial» des grands groupes hors de la zone occidentale est ancienne, mais c'est la montée du courante écologique dans les pays développés, encouragée par les échecs successifs de l'approche multilatérale du développement, qui aura le plus contribué à remettre en cause le modèle de croissance du XXe siècle. Le marché aura fait plus pour le développement que l'aide publique, mais dans des conditions assez éloignées des enjeux d'intérêt général. L'échec de la gouvernance mondiale est à la source des problèmes de «durabilité» dont on doit s'occuper aujourd'hui.

Il y a eu plusieurs phases dans l'expansion mondiale des grands groupes. De 1960 à 1990, on a assisté à la mondialisation conquérante des marques. Mais à partir de 1970 jusqu'en 2000, l'exigence montante de contreparties locales a diminué la marge de manœuvre des groupes. Depuis 2000, les marques mondiales, en transmettant l'apprentissage des mécanismes du marché aux économies du Sud, sont devenus de grands acteurs de la «structuration» de ces dernières.

Les multinationales ne sont plus seulement «le relais» des politiques de leurs États d'origine. Elles se fixent une politique «propre» qui doit intégrer les revendications des pays d'accueil. On leur demande désormais de se sentir concernés par les enjeux de développement et d'avenir de la planète. Cette confrontation du business avec la société s'accomplit, selon des formes très variées, qui sont au centre d'une abondante littérature politique et des grandes confrontations politiques des dernières décennies. Dans ce contexte, certains groupes veulent rester conquérants et influencent la décision politique en conséquence. Puis il y a les groupes qui sont parties prenantes d'une régulation mieux organisée.

Des questions nouvelles sont posées aux entreprises au nom de la «durabilité» du modèle actuel :

- Y a-t-il des principes supérieurs à la mondialisation des marchés?
- Y a-t-il des contraintes politiques à l'extension du pouvoir économique?

---

1. Alain CHAUVEAU, Jean-Pierre ROZÉ, *L'Entreprise responsable,* éd. d'Organisation, 2003.

- Y a-t-il des limites à la création de valeur par l'entreprise?
- Y a-t-il des *stakeholders/shareholders* accessibles dans les pays émergents?
- Y a-t-il des mécanismes d'autorégulation explicites au sein des entreprises?
- Y a-t-il des contre-pouvoirs internes/externes aux dirigeants et aux managers?

Des groupes pionniers ont pris conscience de la nécessité d'évoluer en intégrant le contexte mondial dans leur vision stratégique. Des crises, des boycotts et de violentes campagnes, animées par les ONG, ont forcé les entreprises à s'interroger. Shell, Nestlé, Nike, Total sont passées par là. Le procès de Pretoria imposé aux entreprises pharmaceutiques a été un tournant dans leur prise en compte des enjeux de santé publique. La RSE n'est pas un résultat spontané. Elle est la résultante tantôt de situations subies et symboliques, tantôt d'une prise de conscience volontariste : une crise mal passée (Shell), une culture d'un dirigeant (Lafarge), une obligation de marché (Suez), une adversité bloquante (secteur nucléaire), une opportunité de marché (Monoprix), un enjeu de développement (Renault, PSA, une demande d'investisseurs à long terme AXA).

Q37 – Au-delà de leurs objectifs économiques, les entreprises peuvent adopter des démarches sociales, écologiques, citoyennes, etc. Pour chacun des sujets suivants, dites si vous trouvez indispensable, assez important ou pas très important qu'une entreprise y soit attentive

En %	Indispensable
La préservation de la santé publique	70
La protection de l'environnement	68
La création d'emplois	67
Le bien-être de ses salariés	60
Le respect des gens qu'elle fait travailler dans le tiers-monde	54
La contribution à la vie locale là où elle est implantée	38
Le respect des petits actionnaires	31
Le soutien à des initiatives sociales et humanitaires	27

L'attente d'une entreprise responsable socialement = une évidence forte et largement partagée

Source : Cofremca/Sociovision.

Figure 2.6
De nouvelles valeurs socioéconomiques s'affirment

La cristallisation d'un courant d'opinion récent dans le monde anglo-saxon, en Europe du Nord surtout, et maintenant un peu partout dans les pays développés, de la part d'actionnaires et d'investisseurs soucieux de voir leurs intérêts respectés, a réuni les préoccupations de *«corporate governance»*, de *«business ethics»*, de *«Corporate social responsibility»* et de *«sustainable development»*. Les entreprises découvrent que les enjeux collectifs, qu'il s'agisse de la gestion de l'eau, de l'accès aux médicaments ou du renouvellement de l'écosystème, sont aussi leur affaire.

Les entreprises reconnaissent qu'elles ont besoin d'un climat favorable pour se développer, la *«licence to operate»*, et plus généralement d'une confiance dans leurs marques. Le management de la responsabilité émerge progressivement. Il procède d'un engagement dans les enjeux de développement à long terme, nécessite une volonté d'intégration locale et de respect des principes éthiques. Il passe également par un dialogue normal avec les acteurs de la société (ONG, associations, élus, etc.). Enfin, le management de la responsabilité requiert une capacité d'analyse objective de ses performances et débouche sur des innovations, des partenariats et des inflexions stratégiques qui tiennent compte de cette contrainte sociétale qui s'impose. Le management de la responsabilité représente donc un avantage de compétitivité.

L'affirmation d'une *corporate responsibility* (CSR) s'est traduite, dans une première phase, par des codes et des chartes éthiques, des règles de déontologie et de bonnes pratiques afin de répondre aux risques de mises en cause, aux exigences judiciaires et morales, de prévenir les conflits d'intérêts dans la gouvernance, d'améliorer la transparence de l'information, de tenir les engagements à l'égard des consommateurs, des salariés, des actionnaires, de la collectivité (sa *«community relations»*).

À partir de cette réaction défensive, une première interrogation surgit : est-ce que ces démarches s'intègrent ou non dans les logiques de marché, du fait des règles comptables et de bilan, du fait des comportements d'achat, du fait de la concurrence par les prix, du fait de l'absence de contraintes autre que d'opinion? Est-on confronté à un phénomène d'image de marque ou à une démarche de management du fait de comportements nouveaux?

La *corporate responsibility* soulève, dès le départ, pour l'entreprise de «bonne volonté» une problématique de mise en œuvre. Elle se heurte à plusieurs difficultés de diagnostic sur ses pressions et ses impacts réels, de collecte de l'information pour dégager des indicateurs significatifs, opposables et comparables, de capacité d'analyse de ses enjeux à long terme, de pilotage transversal de toutes les directions concernées, de détermination d'engagements de progrès susceptibles de corriger certains comportements et d'amélioration de son information, pour ses actionnaires comme pour ses clients. La remise en question est lourde et peu aisée à entreprendre, si l'entreprise ne sent pas ce qu'elle peut perdre à ne pas le faire et ce qu'elle peut gagner à s'y mettre !

La prise en compte d'une démarche de *«corporate responsibility»* introduit des innovations majeures dans certains types de fonctionnement comme les relations avec les *stakeholders*. Il s'agit d'aller au-devant des associations qui dérangent et au contact des reproches et critiques. Il s'agit d'oser publier un rapport de responsabilité qui mesure situations et risques et conduit à des engagements. Il faut se lancer dans des démarches à moyen et long terme, alors que la pression du court terme reste la plus forte.

Face à cette complexification de leur tâche, déjà ardue aux plans technologique et commercial, les entreprises sont fondées à se demander si le mouvement est pertinent dans l'horizon stratégique qui les absorbe, d'autant que de vraies interrogations relativisent cette pression. Il est clair qu'il y a un écart entre une volonté européenne marquée et une distance américaine face à cette nouvelle conception du développement ! D'autre part, cette «bonne volonté» peut aller très loin, si la régulation et la normalisation ne progressent pas au plan économique ? De plus, le mouvement des entreprises reste très dépendant de la pression de l'opinion, qui reste elle-même très diffuse et cyclique.

Au final, la complexité du passage vers un modèle de développement plus qualitatif ne ressort-il pas d'abord des politiques publiques, ce qui en fait une question de long terme par excellence… Subir ou négocier ? Devancer ou attendre ? Les entreprises s'interrogent sur le degré d'urgence à intégrer cette pression nouvelle, mal formalisée et concentrée principalement sur les groupes leaders, alors que leurs challengers nouveaux issus des pays émergents ne paraissent pas s'en préoccuper. Les questions se posent de savoir si : la priorité est l'économie de CO_2 ou l'amélioration de la gouvernance ? la sécurité des produits ou le développement de l'employabilité ?

Certes, la pression va s'accroître du fait de la réalité des enjeux. Il est probable toutefois que l'organisation collective mettra du temps à transformer les règles du jeu planétaires et que l'on continuera d'assister à une cacophonie des modes de réponse allant de la morale au marketing. Une décantation se produira entre les entreprises, entre les convaincues, les rigoureuses, les laborieuses, les opportunistes, les attardées et récalcitrantes, selon leur culture, leur contexte et leur savoir-faire de management et de communication, plus ou moins au cœur des politiques générales d'entreprise. Quelle que soit la vitesse d'intégration du mouvement, deux leviers s'exercent de façon inéluctable au plan économique :

- la pression sur les marques qui met en jeu un risque de réputation, dont les conséquences financières doivent être envisagées a priori ;
- la demande de responsabilité des investisseurs, notamment des fonds spécialisés, qui croît et influence directement le *mainstream* (SRI, *leverage for a new social consciousness*).

C'est à travers ces deux phénomènes que se manifeste la force du mouvement qui concerne les entreprises et les pousse à réagir.

CHAPITRE 6

LA SOCIÉTÉ EST AUSSI L'AFFAIRE DU BUSINESS

«The private sector, both large and small companies, has a duty to contribute to the evolution of equitable and sustainable communities and societies.»

Déclaration de Johannesburg, 4 septembre 2002.

LES GRANDES DATES DU DÉVELOPPEMENT DURABLE

Rapport Brundtland

En 1987, la publication du rapport *Notre Avenir à tous* de la Commission mondiale sur l'Environnement et le Développement (Commission Brundtland, du nom de Mme Gro Harlem Brundtland qui l'a présidée) consacre le terme de *«Sustainable Development»*, proposé par l'UICN en 1980 dans son rapport sur la stratégie mondiale de la conservation, successivement traduit en français par «développement soutenable» puis «développement durable» ou «développement viable». Il est défini comme *«un développement qui répond aux besoins du présent sans compromettre la capacité des générations futures à répondre aux leurs»*.

Rio de Janeiro

En 1992, lors de la Conférence des Nations unies sur l'Environnement et le Développement (CNUED, ou Sommet de la Terre), le DD est consacré par 182 États. Lors du Sommet sont précisées les finalités du DD. Il s'agit de replacer les êtres humains au centre des préoccupations relatives au DD car ils ont droit à une vie saine et productive en harmonie avec la nature, notamment par la lutte contre la pauvreté dans le respect des générations présentes et futures. Il s'agit également de préserver les équilibres planétaires et les ressources environnementales pour un développement à long terme, en infléchissant les modes de développement et en éliminant les modes de production et de consommation non durables au profit de ceux qui seraient durables dont la diffusion doit être favorisée.

Kyoto

En 1997, le Protocole de Kyoto fixe des objectifs de réduction pour les pays industrialisés au-delà de l'an 2000 : 5,2 % sur la période 2008-2012 par rapport à 1990 pour les pays industrialisés, 8 % pour l'Union européenne, 0 % pour la France. Au fil des conférences des parties – Buenos Aires (1998), Bonn (1999), La Haye (2000) –, l'application du Protocole de Kyoto se heurte à des difficultés croissantes, notamment sur la mise en œuvre des mécanismes de flexibilité : *«Permis à polluer, développement propre.»*

Déclaration du Millénaire

En 2000, la Déclaration du Millénaire (New York) de l'ONU réaffirme huit objectifs internationaux pour le développement (OID) :

- réduire l'extrême pauvreté et la faim ;
- assurer l'éducation primaire pour tous ;
- promouvoir l'égalité des sexes et l'autonomisation des femmes ;
- réduire la mortalité infantile, améliorer la santé maternelle ;
- combattre le VIH/sida, le paludisme et d'autres maladies ;
- assurer un environnement durable ;
- mettre en place un partenariat mondial pour le développement.

Johannesburg

En août 2002, le Sommet mondial a reconnu le rôle des entreprises dans le DD. Kofi Annan a notamment déclaré : *«Nous réalisons que c'est seulement en mobilisant le secteur privé que nous ferons des progrès significatifs. (…) Les problèmes environnementaux et sociaux ne peuvent être résolus qu'en mobilisant les entreprises privées, car les gouvernements ne peuvent agir seuls. La situation peut s'améliorer, si vous faites les bons choix. Si ce n'est pas le cas, la jeune génération fera pression sur les gouvernements pour réguler l'économie.»* De nombreux secteurs (automobile, chimie, ciment, etc.) ont proposé des engagements et initiatives.

LES ENTREPRISES ASSURENT UNE PRÉSENCE DÉTERMINANTE À JOHANNESBURG

Le BASD représente le business à Johannesburg

Le Business Action for Sustainable Development[1] (BASD) créé à l'initiative commune de l'International Chamber of Commerce[2] (ICC) et du World Business Council for Sustainable Development (WBCSD)[3], présidé par sir Mark Moody-Stuart, ex-président de Shell, avait pour mission de représenter les entreprises au Sommet. Son rôle a consisté à identifier les manières dont le business pouvait jouer un rôle constructif dans le DD. Le BASD voulait mettre en avant des *«business solutions»* centrées sur des actions et des résultats concrets et démontrer que le business était déjà activement engagé dans des initiatives et partenariats pour promouvoir le DD.

À cette occasion ont été présentés plus de 300 de partenariats de type II initiés par des entreprises ou secteurs économiques, dans les cinq domaines prioritaires (eau, énergie, santé, agriculture, biodiversité) définis par Kofi Annan, représentant plus de 235 millions USD en complément des engagements des gouvernements. Les partenariats de type II réunissent États, institutions gouvernementales, entreprises, ONG et syndicats, alors que les programmes de mise en œuvre des gouvernements sont appelés «résultats de type I». Les propositions de partenariats de type II font donc parties des trois grands résultats, avec la déclaration politique et le plan d'action, attendus du Sommet de Johannesburg.

En 1992, à l'occasion du Sommet de Rio, S. Schmidheiny, créateur du WBCSD (Conseil mondial des entreprises sur le DD) et président de Anova Holding AG, publiait *Changing the course*, une première réflexion sur l'entreprise et le DD. Accompagné par Charles O. Holliday, CEO de Dupont, et Ph. Watts Chairman CEO de Shell, *« Walking the Talk» (faire ce que l'on dit)* (Greenleaf Publishing), basé sur des études de cas, actualisait la démarche en se portant sur les enjeux des dix prochaines années.

Au total, plus de cent PDG de grands groupes étaient présents à Johannesburg, à l'invitation du BASD, preuve de la mobilisation du secteur privé. De nombreux voyages de presse ont également été organisés pour montrer les

---

1. www.basd-action.net/
2. www.iccwbo.org/
3. www.wbcsd.ch

réalisations des entreprises aux médias : Suez a, par exemple, mis en place, en 2003, un comité stratégique dédié à cette tâche et composé de trois cadres parmi les plus élevés dans la hiérarchie du groupe.

Les enseignements du Sommet de Johannesburg

Parmi les enseignements de Johannesburg, la reconnaissance, notamment par les Nations unies, du rôle du business dans le DD est significative.

Lors de son intervention au *Business Day*, le secrétaire général des Nations unies a avoué sa frustration devant la lenteur des décisions gouvernementales et demandé au business de prendre des initiatives sans attendre que des lois soient promulguées, afin d'aider le développement des pays les plus pauvres et de protéger l'environnement : «*Nous réalisons que c'est seulement en mobilisant le secteur privé que nous ferons des progrès significatifs. Le sommet de Johannesburg est une occasion historique pour fédérer les règles des entreprises et du développement durable. Les problèmes environnementaux et sociaux ne peuvent être résolus qu'en mobilisant les entreprises privées, car les gouvernements ne peuvent agir seuls. La situation peut s'améliorer si vous faites les bons choix. Si ce n'est pas le cas, la jeune génération fera pression sur les gouvernements pour réguler plus l'économie.*» Il a également demandé à «*ses amis des ONG, qui critiquent les entreprises*» de comprendre que «*les Nations unies ne peuvent faire leur travail sans les uns et les autres; on a aussi besoin des ONG, elles sont un partenaire clé pour l'ONU. Mais on a aussi besoin du secteur privé, qui a l'argent, la capacité de gestion et la technologie.*»

Ce sont les entreprises qui, selon la façon dont elles travaillent, peuvent mettre en application ce qui a été décidé ici. On leur demande de continuer à faire leurs affaires, mais autrement. Elles doivent être sensibles à l'environnement, à l'équilibre essentiel entre le développement et l'environnement. On cherche à les engager pour les guider et les pousser dans la bonne direction.

Nitin Desai, secrétaire général du Sommet, a expliqué qu'il voyait deux principaux défis :

- d'ici 2015, éradiquer la pauvreté qui ne peut être résolu que par l'accès à l'eau, à l'électricité ;
- d'ici 2050, réduire notre consommation car la Terre comptera 3,5 milliards d'habitants supplémentaires. En conséquence, les entreprises ne doivent pas seulement être des lobbies, elles doivent relever ces défis.

Parmi les grandes ONG environnementales occidentales, comme Greenpeace ou Friends of the Earth, la responsabilité sociale des entreprises était l'une des trois priorités de ce Sommet. Elles ont œuvré pour que le texte final du plan

© Éditions d'Organisation

d'action reprenne dans son chapitre 3 (Production et consommation non-durables), un engagement[1] sur la responsabilité sociale d'entreprise (RSE) qui, au final, ne les a satisfait qu'à moitié. Elles voulaient obtenir un engagement pour la tenue d'une conférence, après Johannesburg, sur la mise en place d'un cadre juridique international sur la RSE. En définitive, le texte et son interprétation font référence aux cadres déjà existants, c'est-à-dire à des cadres volontaires comme les principes directeurs de l'OCDE à l'intention des multinationales, le Global Compact et la GRI.

Enfin, à l'occasion du Sommet, certains secteurs économiques ont également présenté leurs engagements, pris des initiatives ou annoncé de nouveaux partenariats :

- l'**industrie automobile,** par le biais de l'Organisation Internationale des Constructeurs d'Automobiles, a présenté sa contribution au DD ;
- l'**industrie des mines** a présenté un important partenariat avec l'UICN (The World Conservation Union) pour préserver la biodiversité ;
- l'**industrie chimique** s'est engagée à mettre en place un plan d'action pour améliorer la sécurité dans l'utilisation des produits chimiques dans les pays en voie de développement ;
- le BASD a présenté le *«business case»* pour l'accès à **l'eau** et à l'assainissement, c'est-à-dire comment le secteur privé pouvait aider à résoudre les problèmes des 2 milliards de personnes qui n'y ont pas accès ;
- The International Council of **Forest and Paper** Associations (ICFPA) a présenté ses actions pour mettre en place les principes de Rio ;
- l'**industrie cimentière** (les dix plus grandes entreprises du secteur) avec le WBCSD a présenté le *«Cement Initiative»*, sa vision du DD et son agenda d'actions ;
- l'**industrie électrique** s'est engagée à relever le défi du DD dans une déclaration publique le 31 août, en plein Sommet ;
- enfin, l'industrie européenne de **l'alimentation et de la boisson** a montré son engagement dans le DD, en présentant les conclusions du rapport fait avec le PNUE, juste avant Johannesburg.

© Éditions d'Organisation

---

1. *«Actively promote corporate responsibility and accountability, based on Rio Principles, including through the full development and effective implementation of intergovernmental agreements and measures, international initiatives and public-private partnerships, appropriate national regulations, and continuous improvement in corporate practices in all countries.»*

DOSSIER

Les messages du business à Johannesburg

À la fin du Sommet de Johannesburg, le BASD, représentant des entreprises, a publié plusieurs conclusions sur les grands sujets en discussion.

Sujet	Conclusions
Corporate governance	Les accords sur la transparence et la bonne gouvernance sont fortement supportés par les entreprises, car ce sont les normes dans le business. Le business a besoin d'un environnement réglementaire bien défini et bien respecté pour se développer. En ce qui concerne la responsabilité des entreprises, nous acceptons le développement de mécanismes pour renforcer la responsabilité sociétale des entreprises, spécialement au niveau local. Nous voyons à l'avenir, la RSE être au centre du management des entreprises, avec l'approche «triple bottom line» et le reporting (GRI, principes directeurs de l'OCDE, travail fait par le PNUE, etc.). Il n'y a pas encore assez d'entreprises qui publient des rapports de DD et nous les encourageons à le faire.
Partenariats	Les entreprises soutiennent les partenariats de type II comme étant l'un des moyens les plus concrets de mettre en œuvre le DD. Ces partenariats sont complémentaires des initiatives de type I des gouvernements et les entreprises peuvent jouer un rôle significatif dans ces mécanismes de mise en œuvre. La commission sur le DD servira de point focal pour les discussions de partenariats en faveur du DD (§ 130b, déclaration de Johannesburg, 4 septembre 2002).
Corporate responsibility et accountability	«Promote Corporate responsability and accountability… through multistakeholder dialogue.» Le texte du plan d'action demande de promouvoir la CSR, à travers le développement et la mise en œuvre d'accords intergouvernementaux. Le Sommet a mis l'accent sur une facette plus formelle de la responsabilité : *accountability*. Au-delà de la responsabilisation des entreprises dans le domaine du DD, il s'agit désormais de rendre des comptes à la société. Ce texte se réfère à des accords existants et n'est pas un appel à un nouveau cadre international. Le business fait partie de la société civile, il est l'un des *major group* désignés par le Sommet de Rio et participe au processus initié par le Sommet de Johannesburg de façon constructive. Les entreprises, quelle que soit leur taille ou leur nationalité, sont déjà soumises à des lois nationales, à la surveillance des consommateurs, des investisseurs, des employés, des communautés. .../...

Corporate responsibility et accountability	Les entreprises se réfèrent aussi à de nombreux codes et principes directeurs internationaux (Global Compact, principes directeurs de l'OCDE, d'autres encore sur la corruption, les aspects sociaux, la transparence, etc.). Les entreprises sont également tenues par leurs propres codes et chartes volontaires, que ce soit au niveau national, sectoriel, ou international. En dépit des succès déjà obtenus, beaucoup de progrès restent à faire. Les entreprises ne peuvent pas les réaliser seules. Il existe une série d'indicateurs et de normes pour suivre et connaî-tre les pratiques des entreprises (au-delà d'Internet, des publications, de l'information aux consommateurs, etc.) : la Global Reporting Ini-tiative (GRI), les nouveaux standards ISO, les 22 rapports sectoriels sur les pratiques durables des industries, réalisées par le PNUE et les entreprises, qui ont tous été réalisés avec le concours des parties prenantes. Le business demande un cadre décisionnel clair, équitable et prévisi-ble pour réaliser des investissements de long terme. Les pays où la réglementation est laxiste présentent des risques pour les investisse-ments. Construire et renforcer la capacité des gouvernements nationaux et locaux de développer, mettre en œuvre, faire respecter les cadres de régulation la principale priorité. C'est essentiel pour les entrepre-neurs locaux, les bonnes pratiques des entreprises et l'investisse-ment étranger : des règles claires, prévisibles, bien respectées, l'absence de corruption, un système judiciaire indépendant, des sys-tèmes protégeant la propriété privée et des institutions fortes.
Commerce et finances	Le challenge de la mondialisation et du DD – à travers les accords de Doha, de Monterrey (financement de l'aide publique) et de Johannesburg – est d'arriver à ce que les marchés avancent au béné-fice de tout le monde et d'améliorer la qualité de la vie au niveau mondial. Le business supporte la réaffirmation, au Sommet de Johannesburg, des objectifs de la Déclaration du Millénium. Le business ne supporte pas les subventions «perverses» qui entraî-nent des distorsions de concurrence.
Production durable, consomma-tion et technologie	La réduction de la pauvreté, d'ici 2015, doit être couplée avec des objectifs de long terme afin d'arriver à une production et une consommation durables. Le business adhère à cette approche car elle représente un cadre de régulation sur le long terme, les investis-sements devant être renforcés dans l'innovation technologique et le découplage de la croissance économique et des impacts environne-ments et sociaux négatifs. Il est important que les gouvernements aident à l'établissement de marchés orientés vers la production et la consommation durables et à la prise de conscience à tous les niveaux de la société. C'est l'un des principaux sujets de partenariat. Les entreprises reconnaissent l'obligation et la responsabilité qui est la leur pour réduire l'impact des activités économiques. «Nous acceptons cette obligation avec enthousiasme et souhaitons travailler avec les gouvernements, les ONG et la société civile. Notre chal-lenge reste de démontrer les bénéfices de cette approche pour encourager les PME de tous les secteurs à adopter le DD. Nous avons besoin, pour cela, de signaux clairs en provenance du marché.

DE NOUVELLES RELATIONS SE METTENT EN PLACE PROGRESSIVEMENT ENTRE ENTREPRISES ET ONG

L'un des objectifs majeurs des grandes ONG était de repartir de Johannesburg avec un engagement des États sur la mise en place d'un cadre juridique international contraignant pour réguler les impacts sociaux et environnementaux des multinationales. Or, n'ayant pas obtenu entière satisfaction sur ce point, elles ont décidé de continuer à mettre la pression sur cet objectif et à dénoncer les agissements des multinationales.

Cependant, si ces organisations continuent d'assumer leur fonction de «marchands de colère», pour reprendre les termes de Claude Fussler (directeur du WBCSD), la plupart des ONG se sont déclarées de plus en plus favorables aux partenariats avec les entreprises, une fois les lumières du Sommet éteintes. La conférence de presse commune de Greenpeace et du WBCSD, lors du Sommet, en est un symbole fort. Le directeur politique de Greenpeace, Rémi Parmentier et le président du WBCSD, Bjorn Stigsson, ont lu un appel solennel aux gouvernements pour aller au-delà du Protocole de Kyoto, alors que le réchauffement climatique avait été «diplomatiquement» écarté des priorités du Sommet. Ce fut sans doute le symbole le plus évident des changements de mentalité qui se sont opérés depuis dix ans.

Après Johannesburg : quels liens entre la gouvernance mondiale et celle des multinationales ?

S'agissant de la gouvernance des multinationales, aucun cadre réglementaire ne permettait de recueillir un consensus international. Seule la Commission européenne avait rendu, le 2 juillet 2002, un avis sur la RSE, faisant suite au Livre vert qu'elle avait lancé un an auparavant pour recueillir les avis des parties prenantes. Sa conclusion était claire : il n'y aura pas de nouvelles réglementations européennes. La Commission préfère faire référence aux initiatives internationales, déjà existantes, comme la GRI et les principes directeurs de l'OCDE. La convergence de ces deux initiatives, ainsi que du Global Compact, lancé par Kofi Annan, apparaissait au final comme le seul cadre international de régulation, basé sur la norme, la *soft law*, plutôt que sur la loi «dure».Toutefois, Mark Moody's Stuart, président du BASD, reconnaissait que laisser les entreprises décider seules de leurs engagements n'était pas la solution : «*Les choses ne peuvent uniquement se faire volontairement. La question est de savoir quand et à quel niveau il faut avoir des législations.*» Mais la réglementation ne doit pas arriver trop brutalement : «*Il faudrait que l'arsenal réglementaire se mette en place, comme ce qui s'est passé au siècle dernier avec les*

© Éditions d'Organisation

droits du travail, en se calant non pas sur les meilleures pratiques des entreprises, mais sur les pratiques moyennes.»

Vers la promotion d'une production et d'une consommation durables

Achim Steiner, DG de l'IUCN a rappelé que la bataille du DD était encore à gagner dans les entreprises : *«La majorité des secteurs sont loin de comprendre ce que signifie réellement pour elles une politique de développement durable.»* Une analyse confirmée par Jacqueline Aloisi de Larderel, directrice du secteur industrie du programme des Nations unies pour l'environnement (UNEP) : *«En 1960, aucune entreprise n'était présente lors du premier sommet de l'environnement. Nous avons souvent assisté à un catalogue de bonnes intentions. Il y a quelques entreprises qui font de bonnes choses, beaucoup qui ne font rien. Il faut aider les bonnes.»*

À cette occasion, le PNUE a proposé un programme de travail sur la promotion d'une production et d'une consommation durables, basé sur les travaux d'experts.

Un nouveau sommet en 2012?

Devant la déconvenue des ONG, qui ont considéré le Sommet de Johannesburg comme un échec, s'est posée la question de savoir s'il fallait déjà penser à un Johannesburg plus dix. Deux écoles s'opposent sur la diplomatie du DD et la mise en œuvre des conclusions du Sommet. Certains, très méfiants vis-à-vis des méga-sommets «accouchant d'une souris», pensent que la conciliation entre enjeux d'environnement et de développement à un niveau mondial est trop difficile et ils privilégient l'idée de sommets thématiques comme un sommet sur les biens publics mondiaux. D'autres restent persuadés que le DD doit embrasser l'ensemble des problèmes de la planète et que, si on sectorise les problèmes, on perdra l'esprit même du DD et l'impact médiatique de ce type de réunion. Quant au business, il ne s'est pas prononcé clairement sur le sujet. Mais il a plaidé, pendant tout le Sommet de 2002, pour que les gouvernements fixent un cadre clair à la planète, une régulation à la mondialisation. Faute d'une organisation mondiale de l'environnement, les acteurs sont repartis en pariant sur les progrès volontaires des uns et des autres.

Vers la modification des modes de consommation et de production non viables

Les chefs d'État et de gouvernement appellent les pays développés à montrer la voie, sur la base du principe de responsabilités communes mais différenciées. Ils encouragent l'élaboration d'un ensemble de programmes décennaux pour appuyer les initiatives régionales et nationales, visant à accélérer le passage à des modes viables. Tous les pays doivent agir, en tenant compte des besoins et des moyens des pays en développement, grâce à la mobilisation de toutes les sources d'assistance financière et technique et au renforcement des capacités. Ils demandent l'adoption et l'application de politiques et de mesures visant à promouvoir des modes viables, en appliquant le principe de pollueur-payeur.

Ils préconisent la mise au point et l'adoption, à titre volontaire, des moyens d'information du consommateur efficaces, transparents, vérifiables et non discriminatoires, en vue de diffuser des informations sur la consommation et la production viables, y compris en ce qui concerne la santé et la sûreté. Ces moyens ne devront pas être utilisés en tant qu'obstacles occultes au commerce. Ils préconisent en outre l'accroissement des investissements dans les domaines de la production non polluante et de l'éco-rendement grâce notamment à des mesures d'incitation comme l'octroi de prêts financés par l'État, de capitaux à risque et d'une assistance technique et de programmes de formation à l'intention des PME.

Les chefs d'État et de gouvernement encouragent le secteur industriel à améliorer sa performance sociale et écologique grâce à des initiatives volontaires, notamment des systèmes de gestion de l'environnement, des codes de conduite, des mesures de certification et la publication d'informations sur des questions écologiques et sociales.

Aussi appellent-ils à une diversification de l'approvisionnement énergétique par la mise au point de technologies perfectionnées reposant sur l'usage des combustibles fossiles et des sources d'énergie renouvelable qui devraient être transférées aux pays en développement à des conditions préférentielles. Ils demandent l'utilisation de meilleurs signaux du marché et l'élimination des distorsions du marché, y compris par la restructuration de la fiscalité et l'élimination progressive d'éventuelles subventions préjudiciables. Ils demandent en outre aux États de renforcer et d'encourager les instances de dialogue entre les producteurs et les consommateurs d'énergie aux échelons régional, national et international.

CHAPITRE 7

LA RSE, UNE RÉPONSE À L'AFFIRMATION DE LA SOCIÉTÉ D'OPINION

Le nouveau contexte mondial se caractérise par un rapport de forces contraignant pour l'entreprise, générateur de risques judiciaires et d'image notamment. La prise en charge du DD et de la responsabilité peut-elle s'avérer une réponse permettant de diminuer cette pression et son impact dans un sens favorable à l'ensemble des publics de l'entreprise ?

L'apparition de nouveaux rapports de forces dans le jeu économique et financier, issus des ONG ou des investisseurs, la multiplication des normes et standards et l'émergence de nouvelles contraintes internes à l'entreprise sont les principaux symptômes de l'exigence de « durabilité » avec lesquels l'entreprise doit désormais compter. Ce sont autant de facteurs de risques pour sa performance et donc pour sa pérennité. L'opinion publique[1] en priorité exprime vis-à-vis des entreprises, surtout des plus puissantes d'entre elles, des exigences croissantes de transparence et de responsabilité.

L'OPINION EST UN MOTEUR DE LA RÉALITÉ ÉCONOMIQUE

L'opinion est un pouvoir dans la société dont les ressorts sont diffus, mais les impacts réels. Elle se manifeste en général de façon réactive et protestataire. Elle cultive depuis quelques décennies une suspicion, envers la grande entreprise, qu'elle traduit par des exigences accrues de responsabilité et de transparence. Paradoxalement, l'entreprise occupe une place centrale dans la société moderne et ne se réduit plus seulement dans la perception à un capital anonyme ou à une institution. La représentation de la grande entreprise s'est complexifiée et devient celle d'un acteur à

---

1. L'ensemble des consommateurs et des citoyens, mais aussi les groupes de pression les défendant ainsi que les intermédiaires chargés de l'expression de leurs sentiments et de leurs demandes (médias).

part entière du paysage social, malgré elle. Sa légitimité à opérer est donc soumise de plus en plus à des critères d'intérêt général, auxquelles elle ne peut plus se soustraire.

«Dans la prochaine société, le plus grand défi que devra relever l'entreprise d'envergure – en particulier la multinationale – sera sans doute sa légitimité sociale : ses valeurs, ses missions, sa vision.»
Peter DRUCKER[1], «Will the Entreprise Survive?»,
in *The Economist*, 3 novembre 2001.

De plus, la gouvernance des entreprises est objet de discussion et de réformes en profondeur, depuis plusieurs années, car elle reste insatisfaisante pour les investisseurs et les actionnaires, dont le nombre progresse et s'élargit, au fur et à mesure notamment de la mise en œuvre de systèmes de retraite par capitalisation. Le besoin de financement public des entreprises a redonné un pouvoir aux actionnaires, ce qu'on dénomme «la démocratie actionnariale», sans que celles-ci en aient tiré toutes les conséquences au niveau de leur fonctionnement.

On a vu à l'occasion d'affaires qui restent, malgré tout, exceptionnelles (*cf.* Enron, Vivendi Universal, Parmalat, Eurotunnel, etc.), qu'il existait un réel déficit de contrôle du management au détriment de l'actionnariat. Cette revendication en faveur d'une meilleure gouvernance a débouché sur des réglementations nouvelles (*cf.* loi Sabarnes-Huxley aux États-Unis, loi sur la sécurité financière en France) et des préconisations des autorités internationales (nouveaux principes de gouvernance de l'OCDE) ainsi que des autorités de marchés (création de l'AMF en France).

Mais, jamais aux yeux de l'opinion, la fameuse dénonciation de *Business Week, «Too much corporate power»*, n'a vraiment décliné ces dernières années. La perte de confiance dans l'entreprise, comme institution, doit sans doute être rapprochée de l'expérience douloureuse des mutations industrielles et de la fragilisation de l'emploi consécutive aux délocalisations. Par ailleurs, le climat général de confiance en la prévisibilité des événements économiques, qui a caractérisé la longue période de croissance de l'après-guerre s'est volatilisé. Depuis une trentaine d'années, l'augmentation de la fréquence des cycles de croissance et de décroissance contribue à une impression d'incertitude et d'absence de maîtrise du jeu économique, très défavorable à la relation à l'entreprise.

La perte du lien affectif avec l'entreprise, du fait de sa déterritorialisation, s'est accompagnée d'une détérioration de la relation aux dirigeants d'entreprise,

---

1. Considéré comme le père du management moderne, il est l'auteur de nombreux ouvrages, dont *L'Avenir du Management*, éd. Village Mondial, 1999.

devenus ici et là des incarnations du *star system,* très différents des entrepreneurs respectés par les générations précédentes. La médiatisation de nombreuses affaires judiciaires, dont celle d'Elf par excellence, ou les écarts de traitement entre les managers enrichis dans les OPA et leurs salariés sacrifiés, a largement contribué à forger une représentation négative et individualiste de l'élite économique. Ces ruptures morales ont des conséquences culturelles, d'autant plus problématiques que les entreprises ont acquis un pouvoir croissant sur les communautés et les espaces dans lesquels elles opèrent. Le contrat entre l'entreprise, son dirigeant et la société est en pleine crise de légitimité.

Dotée d'un formidable pouvoir de bienfaisance mais aussi a fortiori d'une capacité égale de nuisance, l'entreprise apparaît à l'opinion comme l'organisation la plus puissante du monde moderne et occupe désormais une place prépondérante sur l'échiquier du pouvoir local, national et international qui ne la laisse pas indemne.

Face à l'idéologie de certains entrepreneurs qui voudraient limiter la sphère de responsabilité de l'entreprise à son champ comptable et financier, voire économique, une autre idéologie s'est faite jour, exprimée par Naomi Klein dans *No Logo.* Selon elle, les marques ont trop conquis l'espace public et sont devenues *«les corps politiques régnants mais des corps sans la légitimité que procure le vote de ceux qui sont soumis à leur puissance...»*

La vocation de l'entreprise excède ainsi les seules limites du respect des contraintes réglementaires associées à ses activités : sa dimension politique, voire culturelle, lui confère un «mandat» d'intérêt général, dont l'État n'est donc plus le seul détenteur. On est là au cœur d'un débat de société, largement résolu aux États-Unis notamment ou dans les pays d'éthique protestante où souffle «l'esprit du capitalisme» depuis l'origine (*cf.* Weber et Schumpeter) et qui portent le thème de la responsabilité sociale de l'entreprise. Il n'en est pas de même dans d'autres traditions culturelles, catholiques essentiellement, comme en France où cette responsabilité sociale de l'entreprise est niée, discutée ou revendiquée à l'extrême, faute de clarification achevée entre le champ privé, le champ public et leurs inter-relations complexes.

Aujourd'hui, on dénombre environ 65 000 multinationales, contre quelques centaines dans les années 1950. Elles représentent près des deux tiers du commerce international. Les 300 premières multinationales (établissements financiers non compris), qui représentent moins de 0,001 % de l'emploi mondial, possèdent à peu près 25 % des capitaux productifs mondiaux. En 1999, sur les 100 plus grandes économies mondiales, 51 étaient des entreprises et 49 des États. En 2001, les recettes de General Electric atteignaient 126 milliards de dollars, une somme supérieure à celle obtenue en cumulant les revenus nationaux des pays d'Afrique subsaharienne (sauf ceux de l'Afrique du Sud).

DAVID C. KORTEN, *When Corporations Rule the World* , Kumarian Press, 1995. JOHN MADELEY[1], «Les multinationales et les pays en développement : pouvoir commercial et pauvreté», in *Le Courrier ACP-UE* , n° 196, janvier-février 2003.

LE CONCEPT DE RESPONSABILITÉ SOCIALE DE L'ENTREPRISE

Ayant évoluée jusqu'à devenir l'institution *«la plus puissante de la planète»*[2], voire l'*«institution-mère»* du monde moderne[3], l'entreprise endosse *de facto* des responsabilités accrues, en termes d'opinion et politiques. Son fonctionnement ne dépend plus seulement d'une autorisation administrative ou de la conformité réglementaire, mais aussi d'un aval de la société, plus diffus et continu, le fameux *«licence to operate»*. Ce permis est en particulier requis pour les entreprises les plus dangereuses, celles dont les activités présentent un risque environnemental ou un impact social fort. C'est pour cette raison que les compagnies présentant cette caractéristique ont réagi le plus vite à la demande sociale : Shell dans le secteur pétrolier, Lafarge parmi les cimentiers, Ford au sein des constructeurs automobiles, etc. L'opinion, vecteur essentiel de réputation, s'installe donc comme un contre-pouvoir économique. Composée de consommateurs, elle dispose intrinsèquement d'une force de dissuasion qui s'impose à l'entreprise, en utilisant ses propres armes : les médias, l'image, la communication.

La multiplication des opérations visant à rassurer le consommateur sur la qualité du produit ou du service témoigne, entre autres, à quel point l'entreprise craint les réactions du public. Comme en matière de Défense, ce pouvoir de dissuasion est lié à l'existence d'un arsenal, dont le boycott est le plus redouté, susceptible d'être déclenché à tout moment par les adversaires. Le dernier réussi est celui des OGM qui a fait plier l'industrie phytosanitaire.

L'opinion peut ainsi s'opposer, en initiant une procédure judiciaire ou en utilisant les armes du lobbying, à l'implantation d'un site ou la continuation des activités d'une société, en cas de manquement aux règles de l'éthique des affaires, de mise en danger des populations riveraines, etc. L'exercice de ce «pouvoir consommateur» se traduit aussi par des comportements spontanés ou relayant les revendications d'associations ou d'ONG : par exemple, le boy-

---

1. John MADELEY, *Big Business, Poor Peoples: The Impact of Transnational Corporations on the World's Poor,* Zed Books, 2002.
2. David C. KORTEN, *When Corporations Rule the World,* Kumarian Press, 1995.
3. Robert WATERMAN, Thomas PETER, *Le prix de l'excellence,* cité par Anne SALMON, *Éthique et ordre économique, une entreprise de séduction,* éd. du CNRS, 2002.

© Éditions d'Organisation

cott des produits de Gap ou Nike pour sanctionner le non-respect des conventions de l'OIT par leurs sous-traitants. Dans ce cas, la pression est évidemment accrue pour les entreprises ayant développé une identité de marque et une politique commerciale fortes : les campagnes de dénigrement sont alors des armes puissantes. Les engagements pris par ces entreprises pour se prémunir contre ce type d'actions ne mettent pas fin à la surveillance dont elles font l'objet, ni au risque qu'elles encourent. Dans le cas où ces engagements exprimés publiquement ne seraient pas suivis d'effet, il est possible qu'elles soient alors exposées à une action en justice sur le fondement d'une publicité mensongère, comme ce fut le cas pour Nike (voir encadré ci-dessous).

Enfin, les parties prenantes de l'entreprise (ces acteurs sur lesquels les activités de l'entreprise ont un impact) peuvent aussi exercer leur pouvoir par des choix d'investissement[1] ou d'emploi qui tiennent compte des performances ou des politiques extra-financières mises en œuvre.

Comme le constatent de nombreux cadres des ressources humaines, la jeune génération est sensible aux valeurs mises en avant par les entreprises et semble plutôt encline à les prendre en compte au moment de choisir un employeur. Pour les secteurs de faible attractivité où le recrutement est difficile, notamment en période de plein emploi, toute défaillance entachant la réputation de l'entreprise est ainsi un risque fondamental à prévenir.

Affaire Kasky *vs.* Nike, ou la possibilité d'invoquer le motif de publicité mensongère

En 1998, Marc Kasky, activiste anti-globalisation, assigne la société Nike devant la juridiction civile californienne pour publicité mensongère *(false and misleading advertising)*. À l'origine de la plainte se trouvent les affirmations publiques et répétées de Nike au sujet des salaires et des conditions de travail dans les ateliers de sous-traitance du continent asiatique. Agissant sur la forme, Nike demande à la Cour suprême d'invalider la demande faite à la Cour de Californie, au motif que ses déclarations relèvent du *«free speech»* et sont protégées par la liberté

d'expression garantie par le 1er amendement à la Constitution des États-Unis.

Le 26 juin 2003, la Cour suprême des États-Unis déboute Nike de sa demande et renvoie le procès devant la Cour de Californie pour que l'affaire soit jugée sur le fond. La suite de la procédure (courant 2004) permettra d'établir, si les faits prouvent une distorsion mensongère entre les engagements publiquement pris par Nike et la réalité.

Voir aussi les exemples de campagnes menées par les ONG, proposés par Debora SPAR et Lane LA MURE, dans «The Power of Activism : Assessing The Impact of NGOs on Global Business», in *California Management Review*, vol. 45 n° 3, printemps 2003.

---

1. Sur les nouveaux rapports entre acteurs de la finance, voir analyse détaillée plus haut.

Deux évolutions concourent à fragiliser la position de certaines entreprises face à l'opinion. Premièrement, en plaçant le consommateur au cœur de leur procès, certaines sociétés sont devenues dépendantes de son action : «Le pouvoir est au fond du caddie.» C'est le cas de la distribution. Deuxièmement, l'émergence de la société de l'information instantanée se traduit, pour l'entreprise, en une perte de maîtrise sur la qualité et la destination de son propre discours. Elle subit de plein fouet l'emballement et l'indépendance du système médiatique.

Le collectif «L'éthique sur l'étiquette»

Composition : 53 associations.

Objectif : favoriser l'équilibre entre la recherche du moindre coût et le respect des droits sociaux fondamentaux des employés.

Mission : informer le consommateur sur les pratiques de production et de distribution des produits et infléchir ses comportements d'achat.

Moyens : publication d'un guide de la consommation responsable, développement d'un site d'information. Dans le cadre de la Clean Clothes Campaign, définition d'un label social reprenant les conventions de l'OIT, destiné à identifier les produits fabriqués par des entreprises respectant les droits sociaux fondamentaux : interdiction d'exploiter des enfants, interdiction du travail forcé, respect de la liberté syndicale, non-discrimination, respect des conditions de travail et rémunérations «décentes».

Résultats obtenus par les quatre pétitions lancées par le collectif en faveur d'un label social : successivement, 20 000 (1996), 80 000 (1997), 140 000 (1998) et plus de 180 000 signatures en 2002.

Source : www.ethique-sur-etiquette.org

L'émergence de la «société d'opinion», caractérisée par la perte de rationalité et de hiérarchisation des messages, coïncide avec le développement des nouvelles technologies de l'information. L'association de ces deux phénomènes, qui s'entretiennent mutuellement, a une implication certaine pour les entreprises : elle se traduit par une déperdition de «maîtrise» sur l'information disponible au public et augmente le risque d'image. En l'état actuel des choses, il est impossible de contrôler une rumeur répandue quasi instantanément à l'échelle planétaire *via* l'Internet et il est rare de pouvoir remonter jusqu'à sa source originelle de diffusion. L'individualisation des nouveaux médias et leur autonomie rendent illusoires les combats frontaux avec l'opinion et obligent à n'avoir qu'une stratégie de communication efficace : préventive et qui va dans le sens de cette opinion...

PARTIE 3

LA FORMALISATION D'UN NOUVEAU CADRE DE RESPONSABILITÉ

Avant 2000 on parlait du développement durable en termes macro-économiques. Le changement survenu depuis le début des années 2000 est qu'on en parle désormais en termes microéconomiques. Ce basculement s'est produit sous le double effet d'une prise de conscience forte des grands enjeux susceptibles d'affecter la croissance mondiale à terme, d'une part, et d'une désignation politique, parfois extrême, du rôle direct des entreprises dans le processus, d'autre part. Il en est sorti des propositions de règles du jeu dont les plus importantes sont le code de l'OCDE pour les multinationales, appuyé par la charte de la Chambre de commerce internationale en faveur de la responsabilité et surtout les propositions très opérationnelles de la GRI, vulgarisées par l'UNEP et reprises à leur compte par quelques grandes sociétés pionnières. Ces initiatives ont lancé un mouvement qui n'est qu'à son début, en faveur d'une organisation formelle du cadre de responsabilité de l'entreprise, autour de la logique : *«don't tell me, prove me»*, soit «dépassez les intentions, dites ce que vous faites, prouvez-le par des chiffres et des pratiques, permettez qu'on l'analyse, qu'on le compare et qu'on le contrôle de l'extérieur…». Le basculement en termes «business» de cette pression a fait naître un mouvement très fondamental qui débouche aujourd'hui sur un consensus dynamique, allant des gouvernants aux auditeurs, des ONG aux entrepreneurs, en passant par les analystes financiers : il faut que la responsabilité soit mesurable à travers une comptabilité sociétale qui respecte le cadre normatif revendiqué par les grands acteurs et qu'elle soit utilisable au même titre que la comptabilité générale. Cela mettra encore de longues années à se formaliser, mais le mouvement est bel et bien parti.

CHAPITRE 8

LES PRINCIPES FONDATEURS DU DÉVELOPPEMENT DURABLE

Le développement durable est un concept encore naissant qui concerne avant tout les politiques publiques. On parlera plus précisément de «responsabilité sociale» *(corporate responsibility)* s'agissant de sa prise en compte par l'entreprise. En trois décennies, on est passé ainsi de l'ombre militante et de la pression minoritaire sur l'économie de marché à la consécration onusienne d'une revendication de gouvernance à long terme, de plus en plus partagée.

Deux visions du modèle actuel de croissance nourrissent continuellement les préconisations de «durabilité», autour d'une dialectique où s'opposent deux demandes :

* la demande de sobriété (le credo : «Que ceux qui ont plus consomment moins.») ;
* la demande de prospérité plus ou moins partagée.

L'ambition alterne ainsi d'une croissance partagée, qui permettrait de faire face à tous les besoins essentiels pour tous, à une limitation de cette croissance pour respecter les équilibres vitaux de la planète. La notion de «développement durable» s'est forgée dans un univers militant avant d'être consacrée par son utilisation par la commission des Nations unies sur l'Environnement et le Développement, dans le rapport rendu rédigé en 1987, sous la direction de Gro Harlem Brundtland. Quoiqu'on puisse identifier assez clairement les principes sur lesquels repose la notion, sa validité n'en a pas moins été contestée dès son apparition.

CHRONOLOGIE DE L'AVANT-BRUNDTLAND

Un certain nombre de travaux menés au sein de la communauté internationale des chercheurs ont conduit à l'émergence de la notion de *«sustainable development»*, traduit en français par «développement durable» ou «durabilité».

En 1915, la Commission de la conservation du Canada appelle au respect des cycles naturels de la nature et affirme qu'il faut utiliser non pas le capital-nature mais seulement les intérêts de ce capital pour que les générations futures puissent continuer de profiter de ces intérêts.

En 1923, le Congrès international pour la conservation de la nature propose de maintenir un équilibre entre la conservation de la nature et l'utilisation de ses ressources.

Lors de la Conférence de l'Unesco de Fontainebleau, en 1948, est créée l'Union internationale pour la conservation de la nature et de ses ressources. Elle publie en 1951 une série de rapports sur l'état de la protection de la nature dans le monde. En 1968, une autre conférence de l'Unesco est consacrée à l'utilisation rationnelle et la conservation de la biosphère.

On peut également noter le rapport de la rencontre de Founex en 1971, dédiée à l'intégration des stratégies de développement et de protection de l'environnement. Publication du livre manifeste de la conférence de Stockholm, *Nous n'avons qu'une terre,* Barbara Ward et René Dubos en 1972. La même année, le club de Rome s'appuie sur les travaux menés par Meadows et publie le rapport *The Limits of Growth,* qui insiste sur la nécessité de viser une croissance zéro aux plans économique et démographique.

En 1980, l'Union internationale pour la conservation de la nature (IUCN[1]) publie *La stratégie mondiale de la conservation : la conservation des ressources au service du développement durable,* en collaboration avec le Fonds mondial pour la Nature et le programme des Nations unies pour l'Environnement (PNUE), avec l'appui de l'Unesco et de la FAO. Cette première définition du DD comporte deux idées majeures :

- un DD réussi doit tenir compte des facteurs sociaux et environnementaux, pas seulement des réalités économiques;
- pour arriver à une conservation soutenable des ressources, il faut tenir compte des coûts et des bénéfices à long terme, pas seulement des profits immédiats.

Parmi les autres sources fondatrices du concept de DD, on peut citer le travail de Lester Brown (fondateur et directeur du Worldwatch Institute), qui établit les paramètres fondamentaux du développement durable dans son livre *Buil-*

---

1. Dés 1951, l'UICN (Union Internationale pour la Conservation de la Nature) publie le premier rapport sur l'état de l'environnement dans le monde, rapport précurseur dans sa recherche de réconciliation entre économie et écologie.

ding a Sustainable Society (1981), ainsi que deux concepts qui ont nourri celui de développement durable : le concept de «technologie appropriée» de Schumacher (1973), et le concept d'écodéveloppement de Sachs (1980).

LA DÉFINITION BRUNDTLAND[1]

En 1987, la commission des Nations unies sur l'Environnement et le Développement (World Commission on Environment and Development, WCED), présidée par Gro Harlem Brundtland, publie le rapport *Our Common Future*. Ce document contient la conception directrice du développement durable telle qu'elle fonde encore les orientations prises au sein des organisations internationales et gouvernementales.

Une logique de conciliation des enjeux environnementaux, humains et économiques

Le rapport Brundtland constate que les problèmes environnementaux, à l'échelle de la planète, sont essentiellement dus à la grande pauvreté qui prévaut dans le Sud et aux modes de consommation et de production non durables qui ont cours dans le Nord. En conséquence, la commission suggère d'initier un processus de développement nouveau, qui concilierait objectifs de développement et préservation de l'environnement. Ce développement est qualifié de «durable» (*sustainable development*) et ainsi défini : «Un développement qui répond aux besoins du présent sans compromettre la capacité des générations futures de répondre aux leurs.» Les deux caractéristiques de cette définition sont :

- la reconnaissance des interdépendances, caractéristiques économiques, sociales et environnementales du développement ;
- la mise en route d'un développement pensé et équitable, au-delà du marché.

En conséquence, la Commission préconise quatre types d'intervention :

- recensement des menaces critiques pour la survie, la sécurité ou le bien-être de l'ensemble ou de la majorité d'une population, à l'échelle mondiale et régionale ;
- évaluation des causes et des conséquences humaines, économiques et écologiques probables de ces menaces et publication périodique des constatations ;

---

1. Pour aller plus loin : voir le paragraphe «Éclairage sur Brundtland» dans OCDE, *Les grandes questions*, p. 59.

- fourniture de conseils valables sur ce qu'il faut faire pour éviter ou réduire ces menaces ou s'y adapter;
- mise en place d'une source supplémentaire de conseils aux gouvernements et aux organisations intergouvernementales en ce qui concerne les politiques et programmes à mettre en œuvre pour parer à ces menaces.

L'esprit de la définition Brundtland

Cette conception traduit un certain éloignement par rapport au sens originel (conservationniste) adopté par l'UICN en 1980, puisqu'elle repose sur une logique de compromis.

D'une part, le développement durable ne peut certainement pas se penser comme un développement «sans maux» et il convient de rechercher le point d'équilibre, lorsque les avantages recherchés l'emportent sur les maux, mais aussi lorsque les conditions de reproduction et de fonctionnement des milieux biophysiques, dont l'espèce humaine est *in fine* dépendante, sont assurées. D'autre part, il faut garantir une répartition équitable des maux, à deux niveaux : entre les différentes populations actuelles mais aussi entre générations présentes et futures. Les actions doivent donc résulter d'un «arbitrage inter-générationnel»[1], organisé par concertation avec l'ensemble des acteurs concernés. Le développement durable comporte donc aussi une dimension organisationnelle : en quelque sorte, le développement durable ne se décrète pas. En 1989, le rapport Brundtland a fait l'objet d'un débat à l'assemblée générale des Nations unies, qui a, en conséquence, décidé d'organiser une conférence des Nations unies sur l'environnement et le développement, lors de laquelle les grands principes du DD ont été explicités.

«Il ne s'agit là ni de s'opposer aux sciences, ni de professer une doctrine catastrophiste. Cette nouvelle attitude consiste à s'orienter vers une pratique systématique de l'évaluation des choix technologiques permettant d'en anticiper les effets pervers de manière globale.»

Dominique BOURG, *Peut-on encore croire au progrès?* , 2002.

---

1. Jean-Michel CHARPIN, commissaire au Plan, «Un puissant levier de changement», in *DD, enjeux et significations*, CDC et Le Cercle des économistes, juillet 2002.

© Éditions d'Organisation

Le développement est durable si la gestion des ressources (humaines, environnementales, économiques) se fait en «bon père de famille»[1]. La gestion «en bon père de famille» prend en compte l'avenir car elle impose au gestionnaire de ne pas dégrader les biens gérés, de les conserver et, si nécessaire, de réparer les atteintes. Rapporté à un facteur humain, il s'agit également de protéger les plus «vulnérables» (voir encadré ci-dessous). Rapporté à un facteur matériel, il s'agit de mettre en œuvre le principe de précaution.

La prise en compte de la vulnérabilité selon le PNUE (GEO3)

La vulnérabilité doit servir de référence pour élaborer des politiques : préparer les communautés à éviter les effets négatifs de la transformation de l'environnement ou à s'y adapter. La rationalité doit servir à prendre des mesures préventives plutôt que correctives (atténuer les catastrophes et renforcer la capacité d'y faire face ou se préparer au changement).

Réduction de la vulnérabilité : diminution de la menace au moyen de mesures de prévention et de préparation, d'une part, et renforcement de la capacité de résistance des groupes vulnérables, d'autre part.

Adaptation à la menace : adapter les aménagements physiques, mettre en place des mesures techniques, modifier les comportements, les activités économiques ou l'organisation sociale pour les rendre compatibles avec la situation ou les menaces existantes.

Renforcement des mécanismes d'alerte rapide : aussi bien pour les catastrophes subites comme les tempêtes tropicales et les inondations, que pour la diffusion de renseignements au sujet de catastrophes qui peuvent être progressives, comme la famine[2] et la sécheresse.

Évaluation de la vulnérabilité : mesurer la gravité des menaces potentielles, sur la base des risques connus et du niveau de vulnérabilité des sociétés et des individus, afin de traduire les renseignements d'alerte rapide en mesures préventives et d'aider à la préparation préalable à la matérialisation des risques.

Le développement durable ou l'autre face du développement irréversible

Principe emblématique du développement durable, le principe de précaution est historiquement apparu en droit international de l'environnement lors de la Convention de Vienne pour la protection de la couche d'ozone (1985). Son fondement est d'atténuer les vulnerabilitiés et d'éviter les irréversilités,

---

1. Cette notion est empruntée à la théorie juridique classique du droit des biens français, notion posée par Aubry et Rau (1836).
2. Un tel système existe déjà : le réseau du système d'alerte rapide aux risques de famine (FEWS NET).

comme l'expose clairement Peter Sand[1] : « *Where there are threats of serious or irreversible damage, lack of full scientific certainty shall not be used as a reason for postponing cost-effective measures to prevent environmental degradation.* »

Cette définition a été reprise dans le texte de la Charte constitutionnelle de l'environnement qui impartit aux pouvoirs publics de prendre des mesures proportionnées pour faire cesser des dommages graves ou irréversibles sur l'environnement[2].

Peut-on dès lors parler d'un principe qui serait supérieur à celui du marché ? Il est certain que la soutenabilité est une valeur que l'on ne peut représenter dans un modèle de type néoclassique. Pour reprendre la formule de Hawkins et Buttel, « *Sustainability, like justice, is a value not achievable by purely individualistic market processes[3].* »

Définition du principe de précaution

« Le principe de précaution s'applique en l'absence de certitudes scientifiquement établies. Il spécifie que des mesures doivent être prises lorsqu'il existe des raisons suffisantes de croire qu'une activité ou un produit risque de causer des dommages graves et irréversibles à la santé ou à l'environnement. Ces mesures peuvent consister à réduire ou à mettre un terme à cette activité ou encore à interdire ce produit, même si la preuve formelle d'un lien de cause à effet entre cette activité ou ce produit et les conséquences redoutées n'a pu être établie de manière irréfutable.

Selon ce principe, des actions de prévention qui consistent à limiter, encadrer ou empêcher d'autres actions potentiellement dangereuses, sont légitimes, sans attendre que leur danger éventuel soit scientifiquement établi. Deux versions du principe coexistent : soit son application est impérative, soit la précaution n'est qu'un critère partiel de décision, complété par d'autres éléments.

Le principe de précaution permet d'assurer un niveau élevé de protection de l'environnement et de la santé humaine, animale ou végétale dans les cas où les données scientifiques disponibles ne permettent pas une évaluation complète du risque. Cependant, l'application de ce principe reste lié à la conception et au degré d'acceptabilité du risque d'une société. »

Glossaire Novethic

---

1. The Precautionary Principle : A European Perspective, Peter H. SAND, Institute of International Law, University of Munich, Human And Ecological Risk Assessment, vol. 6, n° 3 (June 2000), p.-p. 445-458.
2. Pour plus de détails sur le principe de précaution et sa critique voir par exemple Olivier Godard, « Le principe de précaution, de l'approche apocalyptique à l'approche proportionnée », in *Crises et précautions,* séminaire IDDRI, 19 mars 2002.
3. Herman DALY, *Thermodynamic and economic concepts as related to resource use policies,* Land Economics, 1986.

© Éditions d'Organisation

«Il est impératif que chaque type de capital reste intact, car la productivité de l'un dépend de la disponibilité des autres (le modèle du développement durable abandonne l'hypothèse néoclassique traditionnelle de substitution quasi parfaite des différents types de capital).»

Thomas GLADWIN, «Plaidoyer en faveur d'un développement durable», in *Les Échos*, 8 juin 2000.

Le développement durable n'est pas encore un concept universel

Il n'a en effet pas encore surmonté les débats nord-sud sur le modèle de croissance. C'est une tentative de conciliation de différentes problématiques dans un même concept valise. Plusieurs commentateurs et critiques ont insisté sur le fait que le développement durable consacre le ralliement très hétérogène de divers partenaires et opère un improbable compromis entre des options difficiles à réconcilier de prime abord : le développement et l'environnement, l'éthique et la politique, la nature et la culture, la pauvreté et les ressources des pays du Sud et l'idéologie de compétitivité et de surconsommation des pays du Nord[1].

Entre autres, Hawkins et Buttel[2] soulignent l'incertitude qui entoure la notion. Selon eux, en effet, le développement durable peut être compris comme :

- une idéologie environnementaliste ;
- un phénomène de mode dans le domaine du développement ;
- un concept référentiel servant à identifier et à évaluer les politiques et les programmes de développement ;
- une simple catégorie théorique de la croissance.

S'appuyant sur la déviation du terme par les médias, qui n'y voient qu'une approche environnementaliste, le climatologue J.-M. Jancovici parle d'un terme fourre-tout, sans portée opérationnelle[3]. Il rejoint par là la critique des milieux d'affaires qui estiment que, dans un cycle de croissance comme celui que nous vivons, en Asie particulièrement, la dimension économique, c'est-à-

---

1. Lele SHARACHCHANDRA, *Sustainable Development : A Critical Review*, World Development, 1991.
2. A. Hawkins, F. Buttel, «Sustainable Development», in G. SZELL et al, *Concise Encyclopedia of Participation and Co-Management*, Berlin et New York, Walter De Gruyter, 1992
3. À quoi sert le développement durable ?, www.manicore.com, décembre 2002. «*La bonne question n'est malheureusement pas de savoir si la décroissance d'une consommation d'une ressource finie arrivera, mais juste quand. Je ne suis pas sûr que le "développement durable" soit d'une quelconque aide pour se faire à cette idée.*»

dire la création de richesses et sa répartition, inhérentes au DD, sont souvent trop absentes des considérants généraux sur le sujet.

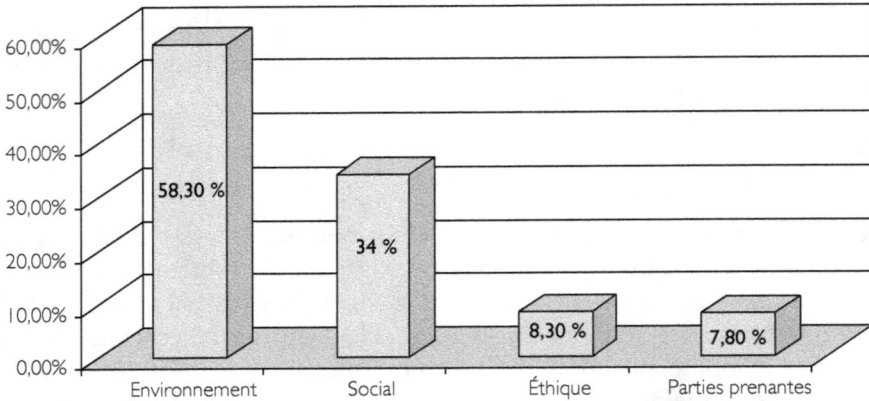

Source : Pour que l'entreprise soir le moteur du développement durable, *ICC*.

Figure 3.1
Le DD vu par les médias

La difficile stabilisation des définitions et du concept

Becker affirme que «le développement durable a été conçu comme un nouveau paradigme universel[1]». Pour autant, la variété des définitions est soulignée par de nombreux auteurs (Pezzey recense plus de soixante définitions du DD, Pearce, vingt-six) – voir *infra* le tableau récapitulatif des principales définitions existantes. Ce foisonnement des définitions tient à l'ajout, à un concept originellement économique (développement), de deux autres dimensions, sociale et écologique, auxquelles on accorde une trop grande importance au détriment des deux autres.

L'existence de plusieurs définitions sensiblement différentes d'un même concept s'explique donc par le fait qu'au moins trois approches de ce concept sont possibles (selon que l'on insiste sur les conditions économiques, écologiques ou sociales du bien-être humain). À ces approches «humanistes» ou «anthropocentrée» (puisqu'elles se rejoignent dans l'objectif de maximisation du bien-être de l'homme) vient s'ajouter une vision «conservationniste» ou «écocentrée», focalisée sur la préservation des milieux naturels et des stocks

---

1. Cité par Maurice STRONG, 1997, *Sustainable Development : The Emergence of a New Paradigm*, Économies et Sociétés.

de ressources existants (et non la conservation de l'espèce humaine). Du fait de son antériorité historique, le non-humain doit garder sa prévalence. Dans ce cas, *«le fondement du droit à l'existence des non-humains n'est plus utilitariste mais éthique*[1]*»*.

On peut classer les approches existantes en trois principales catégories, selon leur objectif :

- assurer l'optimum intemporel du bien-être : maintenir un niveau de bien-être pour les générations futures (par référence à la définition du rapport Brundtland) ; l'optimum doit être obtenu dans les limites autorisées par l'environnement et il faut respecter le principe de précaution ;
- maintenir un taux de croissance d'une variable (PNB) ou d'un vecteur d'objectifs. Pour cela, il faut assurer aux agents économiques un environnement favorable, rendre le futur prévisible ;
- assurer la résilience permanente : on assure la survie de l'espèce humaine et, éventuellement, sa croissance, en focalisant sur la prévention des catastrophes (au sens d'évolution brutale).

Variété des formes pensées de « soutenabilité »

La soutenabilité faible (*«low sustainability»*) peut-être envisagée comme une nouvelle forme d'efficience économique étendue à la gestion des ressources naturelles et de l'environnement. Fondée sur un principe de croissance («ce qu'il faut préserver de façon indéfinie, c'est la capacité de l'homme à produire»[2]), cette conception n'accorde pas aux capitaux non économiques de nature spécifique : les différents capitaux étant substituables[3], la décroissance du capital naturel peut être compensée par la croissance de l'un des deux autres capitaux (manufacturé ou humain). Dans ce cas, le maintien du stock de capital naturel n'est donc pas nécessaire à la conception du DD. Si on arrive à maintenir le niveau de stock global de capital total, alors on transmet aux générations futures la même capacité à produire des biens et des services, donc du bien-être. Mais cette approche soulève un certain nombre de difficultés et de questions :

---

1. F. HATEM, *Le concept de développement durable,* Économie Prospective Internationale. n° 44, 1994.
2. Voir notamment Robert SOLOW, «Sustainability: An Economist's Perspective», in *Selected Readings in Environmental Economics,* New York, 1993.
3. Si certains actifs naturels sont irremplaçables, ils n'ont de valeur que par les services qu'ils rendent.

- le capital naturel remplit certaines fonctions vitales non substituables par du capital manufacturé en l'état actuel de la technologie (couche d'ozone, par exemple);
- les composantes du capital naturel peuvent subir des atteintes irréversibles affectant la capacité à produire du capital manufacturé (site pollué inutilisable); il faut donc introduire le principe de précaution dans l'exploitation du capital naturel, or, ce serait admettre une préférence pour le capital naturel;
- les valeurs des composants du capital naturel ne sont pas complètement évaluables et il devient difficile d'arbitrer entre l'utilité des différents composants;
- le progrès technique peut-il raisonnablement permettre à lui seul de trouver des solutions de substitution au capital perdu?

«Les tenants de la soutenabilité faible soutiennent que le capital artificiel produit et reproduit par l'homme pourra indéfiniment se substituer au capital naturel épuisable et que l'avancée de la technologie permettra de répondre aux risques environnementaux. Cette croyance dissuade de s'engager dans des efforts coûteux aux effets incertains. Elle est au cœur de la politique américaine. Pourtant, la science et la technique sur lesquelles étaient fondés tous les espoirs de progrès pendant deux siècles sont aujourd'hui mises en procès, souvent par les scientifiques eux-mêmes.»

Marie-Claude SMOUTS, AFSP.

La «soutenabilité forte», en revanche, fait de l'environnement une valeur intrinsèque, un état à préserver selon des normes minimales de sauvegarde. Elle réfute en effet la parfaite substitution entre capital physique et ressources environnementales. Comme la théorie de la soutenabilité faible, elle repose sur la volonté de préservation des options de développement pour le futur, mais lui impose un certain nombre de contraintes. L'univers n'est plus vu comme quelque chose de répétitif, d'immuable, obéissant à de simples déterminismes, connaissant des phénomènes d'irréversibilités et de seuil. Il s'ensuit que la croissance économique planétaire ne peut pas être illimitée. Plusieurs approches se cachent en réalité derrière la conception de «soutenabilité forte»:

- l'**approche conservationniste**: les préoccupations sociales et économiques peuvent être reléguées au second plan, au nom de la préservation des ressources naturelles existantes. L'idée est que certains services ou systèmes environnementaux sont irremplaçables, en tant qu'*inputs* dans certains processus de production (eau), en tant que système de support de vie (biosphère), en tant que symboles du bien-être ou de l'identité d'un groupe social (espaces naturels de détente, lieux naturels sacrés). Dans cette perspective, le DD est alors défini comme le développement pouvant être atteint sans décroissance des actifs du stock de capital naturel de la Nature, considérée au cours du temps, parallèlement au maintien des stocks de capital économique.

- le **maintien du capital naturel critique** : la «durabilité» commande l'introduction de normes ou de règles d'usage pour chaque ressource[1]. Plusieurs conditions d'usage du capital naturel doivent être respectées (le rythme d'utilisation des ressources naturelles renouvelables ne doit pas excéder celui de leur régénération, le rythme d'épuisement des ressources non renouvelables, celui du développement de substituts, la quantité de pollution de déchets, celle que peut résorber l'environnement, etc.). Il s'agit notamment de préserver le capital naturel critique, c'est-à-dire l'ensemble des actifs naturels qui, à une échelle géographique donnée, remplit des fonctions vitales et pour lesquelles aucun substitut, en termes de capital humain ou manufacturé, n'existe. La conception forte de la soutenabilité trouve donc son champ d'application premier dans le domaine des ressources naturelles non marchandes (biodiversité, sols, eau, air).

«Quelle que puisse être la diversité des interprétations du développement durable, allant de la durabilité très faible à la durabilité très forte il semble toutefois que la définition du développement durable, inscrite dans le rapport Brundtland, fasse socialement et politiquement consensus. «La notion même de développement durable semble condamnée à rester confuse, délicate et discutable pendant un certain temps encore. Un phénomène fréquent lors de l'apparition d'une idée nouvelle, forte et d'utilité générale.»

Thomas GLADWIN, *op. cité.*

PRINCIPES STRUCTURANT LA DÉMARCHE DES AGENTS ÉCONOMIQUES EN MATIÈRE DE « DURABILITÉ »

Comment concrétiser, matérialiser, le concept de DD? Toute démarche de construction d'un modèle qui soit durable doit s'efforcer de répondre aux

---

1. On retrouve cette idée dans la définition du développement durable proposée par l'école de Londres : la «soutenabilité» représente un vecteur d'objectifs sociaux désirables, une liste d'attributs que la société cherche à atteindre ou à maximiser.

principes fondateurs qui inspirent la conciliation entre les différentes ressources de l'activité humaine et leurs interdépendances fondamentales :

Responsabilisation des opérateurs économiques	Principe de responsabilité vis-à-vis des générations présentes et futures (idée d'un patrimoine collectif ou «biens publics planétaires»). Rendre compte des impacts des activités dans tous les domaines (transparence; évaluation). Prévenir plutôt que guérir (éviter les «irréversibilités»).
Principe de coopération de toutes les organisations humaines	Idée d'un bien commun ou d'un «intérêt collectif» collectivement recherché. Malgré une référence évidente à l'idée d'intérêt général, on constate que ce concept n'apparaît guère dans la littérature relative au DD (le passage à l'échelle planétaire aurait-il rendu le terme inapproprié?).
Principe d'intégration	Le DD est la recherche du cercle vertueux entre l'économique, le développement social et l'écologie. Ainsi, une stratégie de DD doit considérer ces trois dimensions, mais aussi considérer qu'il n'y a pas d'opposition, mais synergie entre elles.
Principe de rationalité	Pour être durable, le développement ne doit pas être porteur de ses propres limites, autrement dit, les orientations politiques choisies ne doivent pas aboutir à des impasses économiques, sociales et environnementales. Les décisions doivent donc prendre en compte toutes les conséquences qui portent sur ces trois dimensions du DD.

Principes d'action et de répartition des responsabilités par acteur du développement

Le programme d'action pour le XIXe siècle : «Action 21»

Action 21 (ou Agenda 21) est le programme commun d'action qui résulte d'un consensus entre États, déterminé lors du Sommet de Rio (1992). Y sont énumérés les problèmes critiques majeurs posés à la communauté globale : urbanisation galopante, pauvreté et analphabétisme persistants, détérioration des écosystèmes rendus de plus en plus fragiles par l'épuisement des ressources, désertification et divers types de pollution.

Action 21 identifie les enjeux et les défis des prochaines décennies et propose aux acteurs du développement (gouvernements, entreprises, ONG et individus) divers outils (mesures politiques, législations et stratégies) pour réaliser le DD aux niveaux international, continentaux, nationaux, régionaux et locaux.

Le texte d'Action 21 présenté lors de la conférence de Rio puis adopté après discussion et compromis, représente un consensus obtenu par des représentants officiels de 168 États. Action 21, en somme, constitue un effort pour institutionnaliser les 27 principes généraux énoncés dans la déclaration de Rio.

Parties	Les principales idées
Partie 1	Le programme insiste sur la nécessité d'une coopération internationale et intersectorielle pour accélérer la réalisation du DD dans les pays du Sud et du Nord. L'attention y est mise sur l'importance du commerce, sur le besoin de combattre la pauvreté et les comportements de surconsommation, de respecter la capacité de support des écosystèmes et de promouvoir la qualité des soins de santé. La priorité y est mise sur les efforts, en vue de créer des établissements humains viables, et sur l'intégration de la protection environnementale et des coûts de restauration dans les prises de décision.
Partie 2	Elle est consacrée à la protection des ressources, c'est-à-dire l'atmosphère, le sol, les forêts, les régions montagneuses, l'agriculture, la biodiversité, les océans et l'eau potable. Elle contient des chapitres sur les produits chimiques toxiques, les déchets dangereux, les matières résiduelles, les égouts et les déchets radioactifs.
Partie 3	Divers acteurs sociaux face aux gouvernements : femmes, jeunes, autochtones, ONG, autorités locales, syndicats ouvriers, commerçants et industriels, science et technologie, agriculteurs, etc.
Partie 4	Elle recense les moyens et données utiles aux premières décisions : ressources financières, transferts de technologie, recherche scientifique, éducation et motivation du public, création de capacités nationales, arrangements institutionnels internationaux, droit et mécanismes internationaux, partage de l'information.

Action 21 présente toutefois plusieurs faiblesses

Considérée comme un texte indigeste[1], la version finale du 14 juin 1992 a dû être condensée pour devenir intelligible et opérationnelle. Il faut également souligner sa faible valeur opérationnelle : les suggestions sont sans valeur légale contraignante et les actualisations sont confiées à plusieurs institutions internationales (Fonds pour l'environnement mondial ou la Banque mondiale, par exemple), ce qui est défavorable à un processus rapide.

Pour certains, enfin, les actions proposées reflètent en réalité le point de vue des pays développés sur les problèmes environnementaux, la liberté des marchés, la croissance démographique, la survie des espèces en voie d'extinction. De plus, le texte néglige les problèmes de la pauvreté, de la dette du tiers-monde et du militarisme[2]. Il est vrai que, pour arriver à un consensus unanime, les participants ont dû éviter plusieurs questions controversées et renoncer aux solutions les plus audacieuses.

L'entreprise dans le jeu des nouvelles inter-responsabilités

Les principes macro-économiques de DD se divisent en une kyrielle de sous-principes, règles et paramètres métriques pour l'application au niveau micro-

---

1. Jean-Guy VAILLANCOURT, «Action 21 et développement durable», *Vertigo*, vol. 3, n° 3, décembre 2002.
2. T. DOYLE, *Sustainable Development and Agenda 21 : The Secular Bible of Global Free Market*, Third World Quarterly, 1998.

économique, où chacun des acteurs a son rôle à jouer (territoires, entreprises, ONG, citoyen consommateur, médias). C'est dans ce cadre que l'entreprise est appelée à arrêter des principes de fonctionnement qui tiennent compte des intérêts externes et à assumer les conséquences de ses activités. À la fois centre de production et de consommation, l'entreprise est doublement concernée.

Ainsi, l'entreprise durable doit :	
Au plan écologique	Éliminer les rejets toxiques dans la biosphère. Réparer tout dommage environnemental résultant de ses activités. S'assurer que ses activités n'altèrent pas la biodiversité. Exploiter les ressources renouvelables comme les forêts, la pêche et l'eau douce à un rythme égal ou inférieur à celui de leur renouvellement. Puiser dans les ressources non renouvelables, comme le pétrole, à une vitesse inférieure à celle nécessaire pour créer des substituts renouvelables offrant des services équivalents. Prévenir et réduire constamment les risques et les dangers. «Dématérialiser» en remplaçant la matière par l'information. Concevoir ses process sous forme de flux matériels cycliques (réutilisation maximale des matières).
Au plan social	Contribuer le plus largement possible au développement de toute communauté accueillant ses opérations. Répondre de tout impact direct de ses activités sur la communauté dans laquelle elle opère. Informer les parties prenantes des activités et les lier à toute décision qui a un impact direct sur leur qualité de vie. Assurer le strict respect des législations et excéder leurs exigences dans la mesure du possible. Éviter toute perte nette de capital humain au sein de la main-d'œuvre et des communautés concernées.

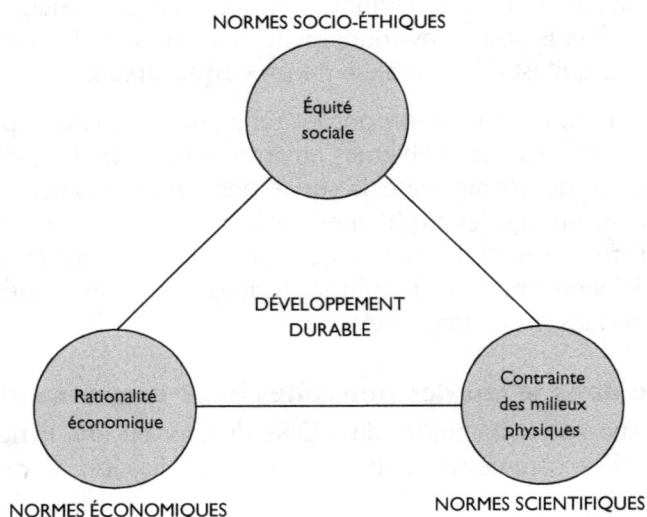

Source : Novethic, 2002.

Figure 3.3
Normes et DD

Les «inter-responsablités» se nouent globalement au niveau normatif. La «durabilité» trouve son équilibre sur trois piliers. L'entreprise, concernée par ces trois types de norme, participe pleinement à l'effort de «durabilité», si elle veut bien les prendre en compte.

Les principes à l'épreuve des pratiques économiques usuelles

Le «découplage» entre la production et les ressources

La dématérialisation de l'économie est l'enjeu de «durabilité» par excellence afin de produire le maximum de valeurs en prélevant le minimum de ressources rares. C'est l'un des points constitutifs de l'Action 21 posé à Rio :

> *«La nécessaire modification des modes de consommation passe par une dématérialisation de l'économie, c'est-à-dire une diminution absolue ou relative de l'utilisation de ressource naturelle par unité de fonction ou de service.»*
>
> Action 21, chapitre 4.

En 1997, l'Assemblée générale des Nations unies a précisé cette orientation en l'associant d'objectifs quantifiés : *«Il faudrait se pencher sur les études qui proposent une utilisation plus rationnelle des ressources et envisager notamment de multiplier par 10 la productivité des ressources à long terme et de quadrupler la productivité des ressources dans les 20 ou 30 prochaines années dans les pays industrialisés.»* Pour guider à la fois les décideurs et les consommateurs dans cette voie, il y a un fort besoin de méthodes et concepts pour :

- mesurer l'efficacité de l'utilisation des ressources dans nos économies, au travers d'indicateurs;
- définir des objectifs à atteindre en matière de dématérialisation.

Il faut néanmoins noter que différentes approches occupent les recherches en faveur d'un «découplage». La plupart de ces approches sont encore en cours de développement ou de recherche, notamment pour ce qui concerne l'efficience énergétique. Il convient en effet de s'assurer à la fois de leur solidité conceptuelle mais aussi de leur opérationnalité (faisabilité technique, disponibilité des données), de la capacité du grand public à se les approprier, et de leur utilité pour aider à la prise de décision et la formulation de politiques.

Selon les approches, l'efficacité des ressources est considérée sous deux angles différents, voire antinomiques :

- l'efficacité physique ou technique des ressources qui est évaluée, sur la base des quantités de matières requises pour produire une unité (de matière ou de service). Exemple : quantité de combustible nécessaire pour couvrir 100 km est, par, un indicateur permettant de mesurer l'efficacité d'utilisation du combustible dans les voitures. Quelques-uns des différents concepts proposés sont donnés dans le tableau ci-après[1] ;
- l'efficacité économique des ressources qui est évaluée, comme l'optimisation des coûts, en analysant à la fois le coût monétaire des ressources entrantes et celui des produits et services sortants du système économique[2]. Les objectifs de dématérialisation doivent trouver leur traduction par secteur économique, puis se traduire par une évolution des produits (approche du cycle de vie).

Description	Auteur principal	Signification
Facteurs 4 et 10 Bagage écologique (*Rucksack*)	Weizsäcker Lovins & Lovins Schmidt-Bleek	Facteur 4 : la productivité des ressources environnementales devrait être quadruplé, de manière à permettre un doublement de la richesse produite et une réduction de moitié des ressources utilisées. Facteur 10 : dans les économies des pays industrialisés on devrait réduire le volume des ressources utilisées d'un facteur 10 en 30 à 50 ans (soit une génération) ou augmenter la productivité des ressources d'un facteur 10 en moyenne dans le même laps de temps. Bagage écologique d'un produit : poids de ressources et d'énergies utilisées pour un produit, par unité de fonction ou de service[3]. Il se base sur l'indicateur MIPS (mesure de la quantité de Matières Indispensables Par unité de Service)

.../...

---

1. Tableau inspiré par la fiche «Dématérialisation de l'économie», établie par le ministère de l'Environnement et du Développement durable. Disponible sur le site www.environnement.gouv.fr.
2. Les approches suivantes proposent pour la plupart des indicateurs monétaires : Asset Balances for Environmental capital (Pearce & Atkinson, 1993), le Safe Minimum Standards (Randall & Farmer, 1995), la méthode Coût-Efficacité appliquée aux contrôles des pollutions, la méthode de comparaison des taux d'utilisation des ressources avec les optima économiques, la mesure «Y/e» (Pearce, 2001).

Description	Auteur principal	Signification
Espace environnemental	Weterings Opschoor	Espace mis à disposition de l'humanité pour à la fois fournir les stocks (de ressources) et (la capacité à assimiler les déchets) comme un puits
Empreinte écologique[2]	Rees Wackernagel	Charge qu'impose, à la nature, une population donnée, associée à son mode de vie, de consommation et de production. L'empreinte écologique prend en compte la capacité de support des activités humaines par la planète (*carrying capacity*) sous deux aspects : sa capacité à fournir et régénérer des ressources et sa capacité à assimiler les rejets humains.

Le succès du concept de DD ou la vulgate d'une espérance de prospérité plus qualitative

Aujourd'hui, on peut mesurer le succès du concept à l'ampleur de sa généralisation :

- adoption et diffusion du concept de DD dans le vocabulaire des institutions, des médias, des entreprises, des collectivités, du milieu académique, etc. ;
- existence d'initiatives de mise en œuvre par les différents acteurs : stratégies de pays, agendas 21 locaux, politiques d'entreprises, actions sectorielles, etc. ;
- poursuite des efforts au sein des institutions supranationales (Objectifs du millénaire posés par les Nations unies) et des organisations internationales (PNUE).

L'évaluation de la mise en œuvre du programme Action 21 : un indice du succès des principes de « durabilité »

Afin de mettre en œuvre Action 21, l'ONU a créé trois nouvelles institutions : la Commission du développement durable (CDD), le Comité inter Institutionnel sur le développement durable (CIDD), et le Conseil consultatif de haut niveau sur le DD. La CDD coordonne les programmes de l'ONU dans ce

---

3. À titre d'exemple, le sac à dos écologique d'une alliance de 5 g est de 2 tonnes. Il peut atteindre 32 kilos de matières et 8 000 litres d'eau pour un jean de 600 grammes. Il avoisinera plus de 70 tonnes pour une voiture d'1 tonne.

1. L'empreinte écologique moyenne d'un habitant des pays riches a été multipliée par 5 (passant de 1 ha en 1900 à 3-5 ha en 1995). Si toute l'humanité produisait, consommait et polluait comme le font les pays développés, il faudrait l'équivalent des ressources de quatre planètes supplémentaires.

domaine, alors que le fonds pour l'Environnement mondial, qui avait été créé avant le Sommet de Rio, finance des projets dans les pays pauvres. En décembre 1992, l'Assemblée générale de l'ONU a demandé à son Conseil économique et social (ECOSOC) d'établir la commission du Développement durable afin que celle-ci évalue les progrès dans la réalisation des recommandations et des engagements d'Action 21 et des autres documents de Rio 92, aux niveaux international, régionaux et nationaux.

La réalité des progrès accomplis par les entreprises dans le sens du développement durable

Beaucoup de grandes entreprises se sont penchées sur les caractéristiques de la démarche et considèrent leur application autour de points précis :

- **autorégulation :** codes de conduite et chartes déontologiques se sont répandus avec des modes opératoires définies dans le cadre de démarches éthiques de plus en plus intégrées aux démarches de bonne gouvernance. Des entreprises revendiquent aussi de nouvelles règles inspirées des principes de Sullivan et du CERES. Certains secteurs (industries chimiques, forestières et papetières) sont pionniers dans l'adoption de codes de conduite environnementale. Le secteur financier s'est aussi donné des règles spécifiques avec les *Equateur Principles;*
- **prise en compte de l'actionnariat :** sur 38 assemblées générales de grandes entreprises françaises : 27 % des interventions sont consacrées à la responsabilité environnementale et sociale[1] (CFIE, 2004). De façon plus large, comme le démontre le suivi établi par des acteurs de la démocratie acctionnariale, comme Deminor, Proxinvest, la prise en compte des intérêts des actionnaires s'amplifie par étapes;
- **actions concrètes :** l'intérêt pour les concepts liées au DD et développement se traduit dans les produits (bio, verts, etc., *cf.* rachat de Ben & Jerry par Unilever en avril 2000), dans le marketing et surtout dans les pratiques de management environnemental et social. La R & D intègre aussi de plus en plus le besoin de «durabilité».

Plusieurs champs d'action restent néanmoins problématiques. Les ONG et la société civile signalent les limites de la démarche, de leur point de vue. Ainsi, selon le collectif «De l'éthique sur l'étiquette» : *«Les conditions de travail des ouvriers dans les pays du Sud restent globalement inacceptables, notamment dans l'industrie des vêtements, des chaussures ou des jouets (heures de travail excessives,*

---

1. Citée dans le dossier ICC, *Pour que l'entreprise soit moteur du DD,* 13 mars 2003.

salaires insuffisants, répression du droit des travailleurs, violation de la liberté syndicale…).» De son côté, l'International Chamber of Commerce note que les 319 audits, réalisés à la demande de distributeurs dans 18 pays en développement, ont confirmé que les conditions sanitaires et sociales dans les usines de leurs fournisseurs étaient inférieures aux standards de l'Organisation Internationale du Travail (OIT)[1]. Enfin, l'ONG Transparency International souligne les lacunes existantes concernant la transparence financière et a émis trois recommandations pour 2004 en matière de législation :

- ajouter une condition à l'autorisation d'émettre un appel à l'épargne publique : les entreprises devront déclarer si elles travaillent dans des centres financiers off-shore ;
- obliger les entreprises à déclarer tous les transferts de fonds et leurs caractéristiques ;
- mettre hors-la-loi les pays et territoires non coopératifs (PTNC)[2].

Si les pouvoirs publics nationaux et locaux développent désormais des stratégies et favorisent la mise en place de réponses réglementaires aux besoins de régulation (mesures correctives, préventives, incitatives et répressives), la pression du consommateur citoyen (sans doute un puissant levier) demeure limitée, et souvent encore marginale au stade des comportements. En plus des critères habituels de choix des produits ou services (qualité, prix, fonctionnalité), les critères éthiques sont rarement pris en compte, exceptés dans des situations de crise ou sous l'effet de prescripteurs puissants. Le commerce équitable recouvre moins de 0,1 % des échanges commerciaux internationaux, malgré des éléments de progrès qu'il faut considérer :

- les déclarations des consommateurs : 90 % des Français sont favorables au fait d'acheter en priorité des produits à des entreprises qui respectent partout les droits sociaux et 76 % au fait de payer plus cher un produit importé d'un pays pauvre, s'ils sont sûrs que les travailleurs locaux sont rémunérés correctement[3] ;
- la progression sensible de la diffusion du concept : en septembre 2001, 24 % des Français avaient entendu parler de «commerce équitable» contre 9 % un an auparavant ;

1. ICC, Pour que l'entreprise soit moteur de DD.
2. La liste des PTNC établie par le groupe d'action financière sur le blanchiment de capitaux (GAFI) se compose des pays et territoires suivants : îles Cook, Égypte, Guatemala, Indonésie, Myanmar, Nauru, Nigeria, Philippines et l'Ukraine (novembre 2003).
3. Sondage BVA-CCFD, publié le 15 octobre 2002.

- sa croissance annuelle de 5 % en moyenne, avec de fortes différences en fonction du niveau de développement des pays (Suisses ou Néerlandais sont beaucoup plus gros consommateurs que les Français).

Entreprise et développement durable : un défi à long terme

«Il est important de reconnaître les obstacles énormes qui freinent son acceptation générale et sa mise en œuvre (pour une étude détaillée, voir "Northem Elite Mind") : la pensée mécaniste ; les valeurs traditionnelles axées sur la croissance ; la consommation et les shoots de technologie; les structures institutionnelles comme les systèmes d'imposition et les subventions gouvernementales perverses ; les forces d'inertie profondes, cumulée aux intérêts personnels et aux attitudes de refus. (…)

Aujourd'hui, je vois pourtant comme un signe extrêmement encourageant l'émergence d'un groupe de leaders visionnaires et avertis, qui sont décidés à orienter leur entreprise dans la perspective d'assurer durablement l'avenir humain. Ces managers de la transformation se rencontrent surtout dans des entreprises familiales, de jeunes entreprises axées sur les ressources renouvelables, des compagnies ayant tiré un enseignement des controverses publiques, des entreprises scandinaves dites "culturellement programmées", ou encore des sociétés qui quittent le secteur des produits de base pour s'orienter vers les sciences de la vie, plus axées sur la connaissance. (…)

"Entre l'idée et la réalité, entre la conception et la création, il y a l'ombre", disait T.S. Eliot. Les notions d'entreprise et de développement durable se situent dans cette zone d'ombre. Le rôle principal des dirigeants d'entreprise, au cours du siècle qui s'ouvre, sera de les amener à la lumière par l'aspiration et l'inspiration.»

Thomas Gladwin, *op. cité*.

L'AVANCEMENT DES PRINCIPAUX CHANTIERS DE MISE EN ŒUVRE DES PRINCIPES DE DÉVELOPPEMENT DURABLE

Après avoir examiné des questions sectorielles lors de ses sessions de 1994, 1995, et 1996, la commission du Développement durable des Nations unies a fait, en 1997, une évaluation d'ensemble de l'application d'Action 21, pour préparer une session spéciale de l'Assemblée générale de l'ONU. Son bilan est mitigé : les résultats sont inférieurs aux programmations, mais la commission estime qu'Action 21 sera utilisé davantage et même complété et amélioré dans les années à venir, à condition d'encourager plus fermement les applications locales et sectorielles. Trois principaux chantiers thématiques ont été ciblés :

- le défi énergétique ;
- la gestion des ressources naturelles, notamment en eau, avec deux objectifs : la gestion rationnelle, fonction de l'état des stocks de ressources (objectifs technique) ; la répartition équitable de ces ressources (objectif éthique) ;
- la gouvernance.

Le chantier le plus pressant, celui de la gestion responsable des ressources naturelles...

Il semblerait que la maîtrise des émissions de gaz à effet de serre soit entrée dans une phase de tension, même si les mesures tardent à être mises en œuvre (PNUE, GEO3). D'abord, l'intervention menée contre l'épuisement de la couche d'ozone stratosphérique est une victoire notable des institutions mondiales de protection de l'environnement. Ensuite, les progrès réalisés depuis la Conférence de Rio ont eu une portée limitée, dont témoigne la difficulté rencontrée par la ratification du Protocole de Kyoto, encore en attente de la décision déterminante des Russes et des Américains.

En ce qui concerne les ressources en eau, la politique de l'eau a commencé à s'écarter des droits des riverains, au sens strict, pour étudier une amélioration de l'efficacité et de la gestion des bassins. La gestion intégrée des ressources en eau est désormais un concept largement accepté dans les politiques de longue durée. Par ailleurs, une démarche plus synthétique de la gestion des terres, comme la gestion intégrée des systèmes de nutrition végétale et de lutte phytosanitaire, a été introduite, donnant des résultats positifs dans les écosystèmes agricoles de certaines régions. Enfin, le changement technologique a aidé à alléger certaines pressions qui s'exerçaient sur l'environnement :

- une moindre intensité de la consommation de matières premières dans la production industrielle ;
- un déplacement de l'activité économique de la production matérielle et de la production d'énergie vers celle de services ;
- une modeste progression des technologies utilisant les énergies renouvelables ;
- un nettoyage assez important, dans certaines régions, où les usines polluantes étaient nombreuses.

Reste à établir si ces résultats proviennent vraiment de la volonté d'un DD.

Le Protocole de Kyoto

Ce texte qui vise à instaurer un marché des droits à polluer. Chaque pays peut émettre une certaine quantité de dioxyde de carbone et ses droits peuvent être vendus si le taux d'émission du pays est inférieur à la norme en vigueur. Les pays du tiers-monde n'ont pas de restriction. L'effet attendu est le suivant : les pays développés vendent leurs droits aux pays du tiers-monde qui peuvent donc se développer selon la logique capitaliste sans avoir à se préoccuper de la pollution. Le fait de donner une valeur monétaire aux problèmes environnementaux («l'évaluation environnementale») permettra d'introduire une notion de coût environnemental, et peut-être une prise de conscience plus pragmatique des coûts de notre développement pour la planète. Cela risque de conduire à une inégalité de qualité de vie entre les pays, les pays développés ayant tendance à délocaliser toutes leurs industries polluantes dans les pays du Sud.

«Bien que notre vision du développement se soit élargie, deux des trois actifs dont les pauvres sont tributaires – le capital humain et le patrimoine naturel – reçoivent rarement l'attention nécessaire, surtout en temps de crise. Cette attitude semble elle-même se traduire par un certain immobilisme dans plusieurs domaines clés : la promotion de l'égalité des chances, la préservation du patrimoine naturel, la gestion des risques financiers à l'échelle mondiale, l'amélioration de la gestion publique et la lutte contre la corruption. En s'attaquant à ces questions, on contribue non seulement à l'accumulation des actifs, mais aussi au progrès technologique et à une plus grande productivité totale des facteurs.»

Banque mondiale, *Quality of Growth*, 2000.

La mise en œuvre progressive des nouvelles formes de gouvernance

Dans les faits, en matière d'environnement, on constate une volonté de mobiliser la société civile.

Toutefois, les résultats des expérimentations sont jugés plutôt décevants, autant du fait de la faible réponse des citoyens que de l'inertie des modes de gouvernance traditionnels. Les constats sont généraux :

- difficultés d'application des conventions internationales par les États ;
- lenteur des politiques d'incitation économique des comportements vertueux.

Difficultés à étendre le débat public aux décisions réellement majeures : politiques, plans et programmes à moyen terme, ou grands choix technologiques...

© Éditions d'Organisation

Sur le plan théorique, deux positions critiques de nature très différentes[1] s'opposent au sujet de la difficulté d'établir une nouvelle gouvernance. Certains soulignent qu'il est difficile de développer la participation démocratique, étant donné le temps d'acculturation nécessaire et la complexité des mécanismes d'adhésion aux protocoles favorisant un consensus. D'autres estiment qu'il existe une contradiction structurelle, voire une «incompatibilité radicale», entre démocratie d'opinion et prise en compte à long terme de l'environnement. C'est la thèse de Hans Jonas[2].

Il existe aussi des dérives propres aux processus de gouvernance. On constate fréquemment que le débat public est capté par une minorité de groupes d'intérêt ou d'experts. Malgré la progression considérable du nombre des ONG environnementales à l'échelle internationale ou locale, le bilan fait apparaître certains «dysfonctionnements» :

- l'ouverture des processus de la décision à la société civile ont jusqu'à présent surtout bénéficié à un nombre relativement limité de groupes d'intérêt bien organisés : représentants des grands lobbies industriels ou corporatistes (chasseurs…), propriétaires riverains, experts scientifiques reconnus, grandes ONG internationales, représentants des administrations… ;
- les acteurs civils critiquent la volonté évidente des institutions de garder la maîtrise sur les processus de participation.

En réalité, le débat public reflète la contradiction intrinsèque entre les populations «en place» et «à venir» concernant l'utilisation de l'espace, urbain et rural, objet de toutes les formes de démocratie participative ; cet enjeu propice à la politisation soulève la question complexe de la place des experts dans le processus de consultation et de décision. C'est pourquoi on parle fréquemment d'une «schizophrénie de l'action publique» quant à la gestion des questions de «durabilité» lorsque la collectivité s'interpose entre les intérêts des citoyens et ceux des entreprises. Trois difficultés restent à résoudre en général :

- la promotion des politiques délibératives, un réflexe qui n'est pas inné chez les hommes politiques ;
- la conciliation de la «durabilité» et du degré de participation avec l'efficacité court terme, sans dilution des responsabilités. Ce qui passe sans doute par une dissociation entre les consultations et les décisions, entre les déci-

---

1. Jacques THEYS, «La gouvernance entre innovation et impuissance : le cas de l'environnement», in *Revue Développement Durable et Territoires*, dossier 2 «Gouvernance locale et Développement durable», novembre 2003.
2. Hans JONAS, *Le principe de responsabilité*, 1990.

sions et leur mise en œuvre, entre les procédures formelles et les négociations informelles, entre les expériences de délibération et la démocratie
représentative.

La participation n'est pas non plus la panacée. Pour reprendre les termes de
Jacques Theys, il est fait un *«usage excessif des consultations informelles, des
contrats négociés, des réglementations flexibles, des incitations souples, des accords
volontaires, des engagements révisables sans objectifs clairs, sans mandats d'autorité
pour les appliquer, ou sans sanctions ou moyens de contrôles efficaces – ce que Jean
Leca a appelé "l'État creux"».*

Dix ambivalences de la gouvernance environnementale

(d'après Jacques Theys, «La gouvernance entre innovation et impuissance : le cas
de l'environnement», in *Revue Développement Durable et Territoires*, novembre 2003)

	D'une part...	... d'autre part
1	Le phénomène de la globalisation et ses effets en chaîne s'étendent. Les interdépendances entre phénomènes sont de plus en plus perceptibles.	Les outils et les instances de la régulation mondiale sont en crise. La diffusion des valeurs collectives reste faible.
2	Différenciation de plus en plus marquée de «sous-systèmes» environnementaux.	Les capacités d'intégration et d'action transversale se développent peu.
3	La connaissance scientifique et le développement de ses applications progressent de manière exponentielle.	Les risques et les incertitudes augmentent. Les expertises sont en crise. La culture scientifique reste faiblement diffusée.
4	Les enjeux collectifs à long terme apparaissent de plus en plus cruciaux.	La priorité est souvent donnée aux engagements et aux intérêts particuliers court terme.
5	La société de l'information et de la communication se généralise. Le volume d'information s'accroît.	La transparence ne progresse pas. Les possibilités de manipulation augmentent.
6	La demande de démocratie et de responsabilités individuelles s'accroît.	L'engagement social et la participation réelle diminuent. Les phénomènes NIMBY, de «free ridin» ou de «bouc émissaire» se développent.
7	Les revendications pour plus de liberté et de décentralisation s'accroissent.	La demande d'équité et de solidarité collective ne faiblit pas.
8	La légitimité et la capacité budgétaire des États s'affaiblissent.	Les pressions en faveur de l'intervention et de la redistribution publiques ne se réduisent pas. La légitimité des autres institutions (Union européenne, entre autres) reste contestée.

.../...

9	Les régulations par le marché sont considé-rées comme plus efficaces.	L'extension des mécanismes de tarification et d'internalisation se heurte à de nombreux obstacles pratiques.
10	Les thématiques environnementales et socia-les prennent une importance croissante auprès du public.	Les valeurs matérialistes sont montantes. L'articulation des mesures avec l'emploi et la croissance économique reste problématique.

Les questions posées à la démocratie par le DD n'ont sans doute pas de réponse simple dans le cadre participatif :

- Comment confronter des opinions sur des questions médiatisées aux-quelles la science est incapable d'apporter des réponses claires?
- Où débattre de problèmes d'environnement «transcendant» les frontières ou qui affectent des territoires qui n'ont rien à voir avec ceux des institu-tions traditionnelles?
- Comment rendre compatible le cycle court des politiques publiques avec la prise en compte des générations futures?
- Comment introduire plus de justice et de transparence dès lors qu'il s'agit de distribuer des risques ou des devoirs et non des avantages économi-ques ou sociaux?

CHAPITRE **9**

LES PREMIÈRES RÈGLES IMPOSÉES À L'ENTREPRISE AU TITRE DE LA RESPONSABILITÉ SOCIALE

Caractéristique de l'époque contemporaine, le développement des normes juridiques et non juridiques, *«soft law»*, s'est récemment accéléré sous l'influence de plusieurs besoins de différenciation, à la demande des entreprises, et de réassurance, à la demande des consommateurs. Derrière ces deux phénomènes se cache une forte attente sociétale, un besoin de sécurité et de repères [1], que semble garantir le recours aux outils juridiques ou aux standards : normes de qualité, normes techniques, normes comptables, etc. En matière de responsabilité environnementale et sociale, l'entreprise se trouve pour ainsi dire prise entre trois feux :

- la multiplication des textes juridiques contraignants ;
- le développement de nombreuses initiatives incitatives ;
- un mouvement de normalisation foisonnant qui met les standards au cœur du management.

Un cadre réglementaire de la RSE

Le nombre croissant de ces outils de régulation par la contrainte ou par l'incitation constitue un élément supplémentaire à intégrer par le management de l'entreprise, dont se nourrit la démarche de responsabilité. Les normes demeurent un mode de régulation commode pour les pouvoirs publics, d'où la mul-

---

1. *Cf.* chapitre 2.

© Éditions d'Organisation

tiplication d'un certain nombre de textes contraignants, de source nationale (lois et règlements) ou internationale (accords internationaux), concernant l'ensemble des domaines de responsabilité sociétale : gouvernance, environnement, droits individuels et collectifs, etc.

De ce point de vue, la plupart des normes édictées visent à encadrer les activités productives et soumettent notamment l'entreprise à de nouvelles obligations concernant la gestion de risques (sécurité de ses processus, traçabilité de ses produits, etc.) et d'information externe (reporting environnemental et social, transparence financière). Ainsi, selon l'OCDE, sur les 200 accords multilatéraux en vigueur en 2002 en matière de gestion de l'environnement, une vingtaine contiennent des dispositions restrictives pour les entreprises commerciales (interdiction du commerce d'espèce en voie de disparition, procédure d'agrément préalable pour les produits chimiques dangereux et les mouvements transfrontières de déchets, étiquetage des organismes vivants modifiés dans le commerce, etc.)[1]. Même si cela pèse sur la performance intrinsèque de l'entreprise, «l'efficacité économique dépend donc de la manière de compter les coûts, des règles juridiques qui déterminent ce qui doit être compté et comment»[2]. Dans un contexte d'inflation législative et de multiplication des sources du droit, la veille réglementaire et l'anticipation des contraintes normatives constituent désormais un véritable enjeu pour l'entreprise.

On constate à l'analyse de cette stratification réglementaire et normative que la régulation mise en place est essentiellement une régulation par le droit. La multiplication des dispositions, pour la plupart simplement correctives et localisées, vient renforcer la demande de régulation au lieu de l'apaiser. Faute de faire confiance à la volonté d'adaptation spontanée ou responsable de l'entreprise, on a rendu l'édifice du droit de plus en plus complexe et on a ainsi contribué à déplacer la régulation vers l'appareil de contrôle entre les mains des pouvoirs publics.

La prise de conscience que ce mouvement arrivait à son paroxysme, contre-productif, joue en faveur d'une inversion qui s'appuierait sur l'engagement de responsabilité et l'appel à la démonstration de sa bonne foi par l'entreprise, en faisant de l'opinion le juge nouveau et puissant de cette autorégulation. Certes, la prise de conscience par les industriels comme par les régulateurs est trop récente pour s'imposer encore. Le PNUD souligne

---

1. OCDE, *Développement durable : les grandes questions*, 2002.
2. Jean-Philippe ROBE, *L'entreprise et le droit*, coll. «Que sais-je?», éd. PUF.

que «les multinationales sont des éléments trop importants et prépondérants de l'économie mondiale pour que des codes volontaires puissent être crédibles (…). Ceux-ci doivent s'inscrire dans un cadre de gouvernance mondiale et pas seulement dans une mosaïque de législations et de réglementations nationales[1].

C'est cette gouvernance mondiale que certains organismes internationaux tentent de favoriser pour tirer les conséquences d'une mondialisation de l'économie, dont les règles échappent aux autorités locales, et que rien n'est prêt pour s'y substituer.

DES INITIATIVES INCITATIVES ONT VU LE JOUR À L'ÉCHELLE INTERNATIONALE

Dans le cadre de la gouvernance mondiale, les organisations internationales (comme l'OCDE) ou les structures supranationales (comme l'Union européenne) ont, conformément à leur rôle de prescripteur de règles nouvelles, développé certaines initiatives afin de répondre à la demande de régulation et à encourager l'adoption de nouveaux modes de production et de consommation. Ces initiatives, qui consistent en la formulation de recommandations ou de principes d'action, ne créent pas d'obligations pour l'entreprise et n'ont pas un impact direct sur son processus ou son organisation. Néanmoins, on peut considérer qu'elles anticipent certaines pressions à venir[2] et qu'elles reflètent l'état futur du corpus juridique auquel sera soumise l'entreprise. En outre, on ne peut pas exclure l'obligation morale que peut créer une recommandation vis-à-vis des sujets de droit concernés. Une marque exposée peut-elle se permettre d'ignorer des propositions qui traduisent les attentes sociétales? La question est d'autant plus pertinente que l'évolution prévisible tend vraisemblablement vers le renforcement des contraintes légales et réglementaires, en matière sociale et environnementale, tant que les démarches volontaires n'entreront pas dans le champ de la négociation publique. De ce point de vue, la gestion des permis d'émission de gaz à effet de serre, par l'incitation et les mécanismes de marché, constitue une inflexion intéressante afin d'encourager avant de contraindre.

© Éditions d'Organisation

---

1. Rapport sur le développement humain, 1999.
2. Les recommandations de l'OCDE en matière financière, par exemple, qui propose un certain nombre de règles applicables à l'ensemble des acteurs financiers.

Quelques dates dans la construction de dispositifs en faveur du DD en France

Janvier 1999 : création de la taxe générale sur les activités polluantes (TGAP).

Février 2001 : la nouvelle loi sur l'épargne salariale encourage le développement des fonds éthiques. De fait, le mécanisme de l'épargne salariale dégage des perspectives tant en matière de durée de placement (et de réduction de la volatilité des fonds) qu'en matière de nombre de souscripteurs potentiels. En encourageant le placement d'une partie de ces sommes dans les fonds éthiques, de même qu'en allouant une part du fonds de réserve des retraites dans cette direction, le législateur a envoyé un signal fort aux investisseurs.

Les investisseurs semblent partager la conviction que l'avenir de l'investissement socialement responsable se trouve dans l'épargne entreprise et l'épargne retraite qui pourraient jouer en France le rôle des fonds de pension aux États-Unis et au Royaume-Uni. *«La mise en place de l'épargne salariale en France va obliger les syndicalistes à réfléchir sur les critères éthiques et responsables et les moyens à mettre en œuvre pour faire en sorte que les fonds levés ne reposent pas uniquement sur la création de richesse pour l'actionnaire»* reconnaît aussi la CFDT.

Mai 2001 : loi adoptée sur les Nouvelles Régulations Économiques ; obligation d'information faite aux entreprises.

Les équivalents de la loi NRE dans les pays européens

Pays-Bas : nouvelle loi depuis 1998 instaurant l'obligation de publier un rapport annuel environnemental destiné à la fois aux autorités et au grand public.

Danemark : un rapport obligatoire destiné à l'administration pour les sociétés cotées en bourse présentant un risque environnemental.

Norvège : idem pour toutes les entreprises quelles que soient leur taille et leur activité.

Belgique : un rapport annuel interne, destiné à la direction et au conseil d'entreprise, doit être élaboré par les coordinateurs environnementaux des grandes entreprises. Divers rapports techniques obligatoires doivent aussi contenir une série d'informations et être transmis à l'administration.

L'opinion conforte les gouvernants dans ce nouvel encadrement (selon un sondage Ifop de 2003) : un quart des Français considère que l'entreprise responsable est celle qui s'implique dans l'intérêt général. Pour les autres, c'est d'abord sur le terrain de l'éthique professionnelle au quotidien que se situe la responsabilité de l'entreprise :

- respecter parfaitement la loi (22 %) ;
- savoir reconnaître ses torts et les réparer (48 %) ;

- 40 % du panel déclarent se méfier des chartes ou programmes éthiques développés par l'entreprise, considérés plutôt comme des arguments marketing et comme un engagement.

Les Français n'attendent donc pas de l'entreprise qu'elle se substitue à l'État ou aux acteurs caritatifs et associatifs en œuvrant pour le bien commun. Mais ils exigent qu'elle s'applique à elle-même un code de bonne conduite inspiré de la morale individuelle. Avides de pouvoir faire confiance à leurs entreprises, les Français privilégient ainsi une «morale qui rassure» à une «générosité qui séduit». Avec le même état d'esprit réaliste, l'opinion se montre sévère à l'égard de certaines pratiques :

- le fait de garder secret des problèmes sur des produits 91 % ;
- faire croire à ses actionnaires que la situation est meilleure qu'elle ne l'est réellement 90 % ;
- financer des associations ou des partis politiques pour s'attirer leurs faveurs 89 %.

Principales initiatives internationales en matière de RSE

Global Compact de l'ONU (Pacte mondial) www.unglobal-compact.com

Kofi Annan, a évoqué l'idée du Pacte mondial dans un discours prononcé au Forum économique mondial de Davos, le 31 janvier 1999. La phase opérationnelle du Pacte a été lancée au siège de l'Onu à New York, le 26 juillet 2000. Le secrétaire général a invité les dirigeants d'entreprise à se joindre à une initiative internationale – le Pacte mondial – qui rassemble les entreprises et les organismes des Nations unies, le monde du travail et la société civile autour de neuf principes universels relatifs aux droits de l'homme, aux normes du travail et à l'environnement. Un dixième principe sur la lutte contre la corruption est en cours de discussion. Les entreprises membres se retrouvent dans des sessions de travail «Policy Dialogue» pour échanger sur leurs démarches de progrès ou dans l'application de certains principes.

Global Reporting Initiative (GRI) www.globalreporting.org

La GRI propose un cadre pour le reporting DDdes organisations. Les *guidelines* de la GRI s'imposent comme le référentiel incontournable en matière de RSE pour les entreprises. Il contient des recommandations de reporting avec des indicateurs précis dans le domaine économique, environnemental, social et sociétal.

Principes de l'OCDE à l'attention des entreprises multinationales www.oecd.org

Les principes directeurs sont des recommandations concernant une conduite responsable des affaires adressées par les gouvernements aux entreprises multinationales opérant dans (ou depuis) les 33 pays membres de l'OCDE qui ont souscrit aux principes directeurs. Ils expriment les valeurs que partagent les gouvernements des pays qui sont source de la plupart des flux d'investissement directs et dont la majorité des entreprises multinationales sont originaires. Ils s'appliquent aux opérations des entreprises à travers le monde.

The Global Sullivan Principles www.globalsullivanprinciples.org

En 1977, le révérend Léon Sullivan lançait une série de principes afin de sensibiliser les entreprises américaines investissant en Afrique du Sud à un traitement équitable de leurs employés blancs et noirs. En 1999, les «*Global*

Sullivan Principles» sont refondus et deviennent des principes généraux de responsabilité sociétale des entreprises afin «d'encourager les entreprises à s'impliquer en faveur de la justice économique, sociale et politique dans l'ensemble des pays où elles opèrent».

WBCSD – World Business Council for Sustainable Development www.wbcsd.com

Le World Business Council for Sustainable Development (WBCSD) est un regroupement de 170 entreprises internationales engagées dans la promotion d'un DD et de ses trois composantes : croissance économique, équilibre écologique et progrès social. À travers la conviction que le monde de l'entreprise peut apporter sa contribution aux enjeux de DD, il fait la promotion de l'éco-efficience, de l'innovation et de la responsabilité sociétale des entreprises.

Livre vert de la Commission européenne europa.eu.int/ comm/employment_social/ publications/2001

En juillet 2001, la Commission publie un livre vert intitulé *Promouvoir un cadre européen pour la responsabilité sociale des entreprises.* Il visait à lancer un large débat sur la façon dont l'Union européenne pourrait promouvoir la responsabilité sociale des entreprises au niveau tant européen qu'international, notamment sur les moyens d'exploiter au mieux les expériences existantes, d'encourager le développement de pratiques novatrices, d'améliorer la transparence et de renforcer la fiabilité de l'évaluation et de la validation des diverses initiatives réalisées en Europe.

Equator Principles (Principes d'Équateur) www.equator-principles.com

Lancés par une dizaine de grands établissements financiers en 2003, les principes d'Équateur fixent un ensemble de dispositions pour la prise en compte des impacts environnementaux et sociaux dans les financements de projet dans les pays en voie de développement. Ils ont pour but de limiter les impacts négatifs pour les populations locales et l'environnement et seront appliqués à l'échelle mondiale dans tous les secteurs industriels, notamment l'exploitation minière, le pétrole et le gaz et l'exploitation forestière.
Les vingt banques actuellement signataires s'engagent à respecter certaines directives basées sur celles établies par la Banque mondiale et la Société Financière Internationale, qu'elles appliqueront à leurs financements de projet dans le monde entier. Les projets supérieurs à 50 millions d'euros sont, par exemple, classés en trois catégories, selon leur niveau de risque. Les principes abordent de nombreux thèmes, notamment la biodiversité, la sécurité et la santé au travail, les impacts socio-économiques et les énergies renouvelables.

UNEP Finance Initiative http://unepfi.net/

Le programme des Nations unies pour l'environnement possède une division spécifiquement chargée du secteur bancaire et financier : Finance Initiative.

© Éditions d'Organisation

Elle est notamment à l'origine d'une «déclaration des institutions financières sur l'environnement et le développement durable», en mai 1997, et anime des groupes de travail regroupant des entreprises et experts sur les thèmes de la finance et l'environnement parmi lesquels :
- *Asset Management* : réflexion et proposition sur la prise en compte de critères environnementaux dans les conditions d'investissement;
- *Sustainability Management, Reporting and Indicators* (SMRI) en commun avec la GRI : recommandations pour la gestion environnementale et le reporting extra-financier des entreprises des secteurs de la banque, de la finance et de l'assurance;
- Changement climatique.

DOSSIER

Quelques initiatives incitatives à destination des entreprises

Organisme	Initiative	Synthèse
Commission européenne	Communication sur la RSE : une contribution des entreprises au DD, 2 juillet 2002	Mise en place d'une nouvelle stratégie de la Commission en faveur de la RSE, dont les objectifs sont : - promouvoir les arguments économiques en faveur de la RSE afin de la rendre attrayante pour un nombre sans cesse croissant d'entreprises, en particulier les PME; - promouvoir l'évaluation externe et l'étalonnage des performances sociales et environnementales des entreprises pour rendre la RSE plus crédible; - organiser un forum plurilatéral européen en vue d'orienter le débat sur la RSE; - veiller à ce que les politiques communautaires soient compatibles avec la RSE.
OCDE	Principes directeurs de gouvernement d'entreprise	Deux préconisations principales : - respect des droits des actionnaires minoritaires et des actionnaires étrangers; - fonctionnement transparent des mécanismes de contrôle des sociétés.
	Principes directeurs à l'intention des entreprises multinationales	Accord international, juin 2000. Recommandation relative aux investissements directs réalisés par les firmes à l'étranger. Objectifs : - assurer une meilleure régulation internationale en introduisant des normes (social, environnement, lutte contre la corruption) ainsi qu'un dispositif de contrôle du respect de ces normes; - tenter de créer une sorte de tronc commun de normes reconnues par les entreprises.

Vers une normalisation du développement durable

À côté de la multiplication des textes normatifs à portée contraignante ou incitative, on observe le développement des standards et normes[1] de management, dont certains sont devenus des référentiels déterminants en matière de gestion des entreprises. L'obtention de certaines certifications fait désormais partie des éléments d'évaluation de la performance environnementale et sociale de l'entreprise pris en compte par les agences de notation et les investisseurs.

Ensemble de règles, de lignes directrices ou de caractéristiques pour des activités ou leurs résultats, dont l'objectif est d'optimiser la qualité des procédés et des produits, standards et normes sont élaborés par consensus d'experts techniques et/ou économiques. L'adoption du standard (processus de certification) relève, par principe, de la démarche volontaire[2] de l'entreprise. Or, la production de standards et de normes, se caractérise par son foisonnement du fait de la multiplicité des sources (organisme international, association professionnelle, groupement *ad hoc*, société d'audit ou de conseil, etc.) et de son extension à l'ensemble des champs économiques. À titre d'illustration, le principal organisme international de normalisation, l'ISO (International Standardisation Organisation) recense plus de 14 000 normes internationales techniques (relatives à un produit ou un procédé spécifiques) ou génériques (applicables à l'ensemble des entreprises).

L'attention se concentre sur l'émergence des normes de gestion (qui représentent en réalité une part mineure du travail des organismes de normalisation). Deux types d'initiatives ont rencontré un succès particulier : les standards Qualité comme l'ISO 9000 ou l'EFQM (European Foundation for Quality Management), ainsi que les standards relatifs aux responsabilités sociales (OHSAS 18001, SA 8000) et environnementales (ISO14001) de l'entreprise. Ces deux types de normes sont d'ailleurs parents : les démarches qualité et

---

1. La distinction entre standard et norme, spécificité française (la langue anglaise ne connaît qu'un seul mot), semble reposer sur le cadre de leur élaboration. La norme fait essentiellement référence aux travaux de l'ISO et de ses instances nationales (comme l'AFNOR en France), dont les processus de validation sont plutôt contraignants. Le standard est davantage assimilé à un processus réactif et consensuel du monde économique ou du monde technique. *Source :* ministère de la Jeunesse, de l'Éducation nationale et de la Recherche, www.educnet.education.fr.
2. Néanmoins, par exception à ce principe, l'application d'une centaine de normes a été rendue obligatoire en France, surtout pour des raisons de sécurité, de santé ou d'hygiène, de lutte contre la fraude et de loyauté des transactions, de rationalisation des échanges, ou encore de protection de l'environnement. *Source :* http://planete.afnor.fr

DD sont ainsi centrées sur la recherche du progrès continu[1], ce qui explique en partie que les initiatives en matière de qualité aient largement nourries la réflexion sur la normalisation du DD (schéma *infra*).

Dans le domaine des responsabilités environnementales et sociales de l'entreprise, la normalisation est un axe déterminant de la réflexion, l'objectif étant de favoriser la comparabilité des performances des entreprises et d'assurer une meilleure transparence de l'information qu'elles délivrent. À l'instar des travaux réalisés en matière d'harmonisation comptable[2] les efforts se focalisent sur la définition de règles unifiées de reporting et l'adoption d'un système normalisé d'indicateurs à l'échelle internationale. On peut citer le projet britannique SIGMA, qui cherche à fédérer les différents référentiels existants[3].

**Quelques exemples d'initiatives
de normalisation générique relative au DD [4]**

Sujet	Dénomination Source	Objet
Management environnemental	ISO 14001 International Standardisation Organisation	Standard le plus répandu de la série ISO 14000 (consacrée à la gestion de l'environnement) et le plus appliqué au monde. Processus : certification officielle après la mise en place dans l'entreprise d'un système de management environnemental (SME), à l'image de la certification ISO 9000 pour la qualité, c'est-à-dire d'un processus d'amélioration continue (boucle itérative) des principales activités de management. Étapes : - déclaration de la politique, des objectifs et des cibles; - planification/programmation; - mise en œuvre; - surveillance en vue de mesures correctives.
	EMAS Système européen de management environnemental	Voir mini-dossier *infra*

...../...

---

1. La démarche qualité consiste à organiser le travail de façon à être en progrès constant, afin d'améliorer la satisfaction de ses clients et sa propre satisfaction. Pour cela, il faut définir et appliquer des méthodes et des outils de travail et utiliser des indicateurs pour évaluer l'efficacité des méthodes et des outils, donc pour les corriger et les améliorer.

2. À la différence que les normes comptables applicables en France sont obligatoires, par effet du règlement du Parlement et du Conseil européens du 19 juillet 2002, sur l'application des normes comptables internationales.

3. Le projet SIGMA (Sustainability Integrated Guidelines for Management), placé sous l'égide du DTI (ministère britannique du Commerce et de l'Industrie), a été initié en 1999 par la British Standards Institution, Forum for the Future (ONG œuvrant en faveur du développement durable) et AccountAbility, organisation internationale d'audit, sous l'égide du DTI (ministère britannique du Commerce et de l'Industrie).

4. Déclaration universelle des Droits de l'Homme, Convention sur les Droits de l'Enfant, ainsi qu'une dizaine de conventions de l'OIT.

Sujet	Dénomination Source	Objet
Responsabilité sociale	SA 8000 Council on Economic Priorities Agency	Objet : s'appuyant sur plusieurs conventions internationales[1], la norme exprime différents critères en matière de responsabilité sociale : - travail des enfants; - travail forcé; - santé et sécurité au travail. - liberté d'association et droit à la négociation collective; - discrimination au travail; - pratiques disciplinaires; - heures de travail; - rémunération; - système de management. Dans sa mise en œuvre, l'organisation doit : - développer, maintenir et renforcer sa politique et ses procédures afin de gérer les domaines qu'il peut contrôler ou influencer; - montrer aux parties intéressées que sa politique, ses procédures et ses pratiques sont en conformité avec les exigences de cette norme.
Développement durable	SD 21000 AFNOR (Agence Française de Normalisation)	Objet : un guide proposant des règles complémentaires, des procédures de certification qualité et management environnemental. Un inventaire de recommandations méthodologiques pour aller dans le sens du DD, dans le cadre d'un mode de gestion linéaire de l'entreprise.
	AA 1000 S Institute of Social and Ethical Accountability	Objet : mise en place d'un processus visant à garantir l'efficacité et le contrôle externe de la démarche de DD. Principales étapes : - planification : définition de la mission et valeurs et identifications des acteurs et actionnaires; - comptabilité sociale : identification et analyse du processus d'affaires, des indicateurs de performance et d'informations; - audit et rapport : préparation des rapports de performance, d'audit et de communication aux actionnaires et propriétaires; - établissement et adaptation des systèmes dans le cycle d'affaires; - investissement de la part des cadres, actionnaires et propriétaires.
	Indicateurs GRI (Global Reporting Initiative)	Objet : établir des principes de comptabilisation du DD acceptés par tous. Contenu : principes guidant l'élaboration du reporting sur la performance globale (économique, environnementale et sociale) de l'entreprise.

À la suite de la conférence de Stockholm des 21-22 juin 2004, l'ISO adopte la résolution 35/2004. Basé sur les discussions et les débats pendant la conférence, ainsi que le rapport d'un groupe de travail *ad hoc*, l'ISO a décidé de développer un standard international pour la responsabilité sociétale des entreprises. Il prendra la forme d'un guide claire et compréhensible, à l'usage également des non-spécialistes, et n'aura pas pour objectif de déboucher sur une certification.

La normalisation en débat : de la confusion au consensus ?

Si la normalisation présente de nombreux avantages pour l'ensemble des acteurs économiques, elle n'apparaît cependant pas comme une panacée.

Point central, la comparabilité des données, argument majeur des experts favorables à la normalisation globale, n'est-elle pas une illusion ? On peut en effet se demander s'il n'est pas illusoire d'assimiler les informations environnementales ou sociales, éminemment qualitatives, à des données chiffrées comme les données comptables. L'édification d'un système de comptabilité environnementale réunissant l'ensemble des secteurs productifs semble encore vouée pour un certain temps à une complexité peu opératoire.

Par ailleurs, l'établissement même de la norme soulève plusieurs questions. Qui établit le consensus, et en vertu de quelle légitimité ? Si les spécifications s'imposent à d'autres que ceux qui les ont approuvées, sont-elles acceptables par tous ? Le problème, pour n'importe quel standard, est bien celui de son acceptation et de sa diffusion à l'échelle globale. Peut-on mettre dans un même panier les appareils productifs de tous les pays, quels que soient les priorités et les stades de développement de ces derniers ? Il y aurait donc quelque chose d'absurde à normaliser en matière de DD : là plus qu'ailleurs, les considérations de différenciation en fonction des caractéristiques de l'entreprise ou de son terrain d'opération s'imposent. L'élaboration d'une multitude de référentiels prive les efforts de leur objet même, l'unification des informations disponibles, sauf à s'en tenir à des paramètres fondamentaux.

Enfin, comment normaliser une évaluation qualitative ? Variation des progrès et prise en compte de l'appréciation des parties prenantes ne peuvent se normaliser aisément.

DOSSIER

Les avantages de la normalisation au plan international

Source : International Standardisation Organisation.

Pour les entreprises

Les fournisseurs peuvent baser le développement de leurs produits et services sur des spécifications qui bénéficient d'une large acceptation dans leur secteur.

Les entreprises qui ont recours aux normes internationales accèdent plus librement à un nombre croissant de marchés dans le monde.

Pour les clients

La normalisation des produits et des procédés permet la compatibilité des technologies.

La qualité des biens s'accroît du fait de la concurrence entre fournisseurs.

La conformité des produits et les services aux normes internationales fournit une assurance de qualité, de sûreté et de fiabilité.

Pour les gouvernements

Les normes internationales permettent de donner une base technologique et scientifique à la législation en matière de santé, de sûreté et d'environnement.

Pour les opérateurs du commerce international

La normalisation internationale permet de créer une «place de marché» équitable et ouverte à tous les concurrents. Des normes nationales ou régionales divergentes peuvent faire obstacle au commerce, même en présence d'accords politiques visant à bannir les quotas à l'importation.

Pour les pays en voie de développement

Les normes internationales, reflet de l'état de la technique, constituent une source importante de savoir-faire technologique et peuvent servir de référentiel pour guider les décisions d'investissement des pays en voie de développement.

Pour la planète

La diffusion des normes internationales sur la qualité de l'air, de l'eau et du sol, et sur des émissions de gaz et le rayonnement élève le niveau de protection de l'environnement.

L'avènement des normes internationales et privées pour attester les démarches de responsabilité

Les Anglo-Saxons sont les premiers à avoir proposé des normes privées consacrées à la mesure des standards de responsabilité sociale, en particulier la norme SA 8000, créée en 1997 sous la houlette de l'ONG CEP, association à but non lucratif a acquis une grande notoriété dans ce domaine. Ce fut aussi une association pionnière dans la notation sociale et environnementale des entreprises à destination des investisseurs, à travers son guide *Shopping for a better world* qui s'efforce de promouvoir la consommation responsable.

Très orientée sur les droits humains, la norme SA 8000 (SA pour Social Accountability, ou responsabilité sociale) est basée sur le système de gestion ISO 9000, des douze conventions de l'Organisation Internationale du Travail, la Déclaration universelle des Droits de l'Homme et la Convention des Nations unies pour les droits de l'enfant.

Au lieu de certifier la conformité de l'organisation d'une entreprise à des standards de qualité, il s'agit cette fois d'assurer que son fonctionnement est compatible avec les conventions de base du BIT : pas de travail des enfants, pas de travail forcé, sécurité et santé des travailleurs, droit d'association et de négociation collective, non-discrimination, discipline, horaires de travail, rémunération et management.

CEP déclare : «*Reçoivent le label SA 8000 les sociétés assurant des conditions de travail justes et éthiques et faisant appel à des instances de contrôle extérieures agréées pour contrôler le respect des dispositions de la norme. Fondée sur de grands textes de référence en matière de droits de l'homme (dont la déclaration universelle des droits de l'homme de l'ONU, les conventions du BIT et la Convention de l'ONU sur les droits de l'enfant), la norme SA 8000 est une garantie de transparence, d'évaluation et de vérification des engagements pris.*». Mais cette offre ne va pas sans soulever de débat sur la légitimité. «*Cette avancée américaine a suscité des interrogations en France et en Europe : faut-il simplement s'associer à l'initiative de cette organisation privée américaine et essayer de monter une structure européenne équivalente ou attendre et promouvoir un label public international? L'International Standard Organization (ISO) qui édicte les normes Iso 9000 voit d'un mauvais œil ce nouveau terrain prometteur lui échapper totalement*» souligne le mensuel Alternatives *économiques. Comme pour Iso 9000, ce sont des organismes indépendants qui réalisent des audits et délivrent un certificat.*»

Le poids croissant des normes environnementales

Deux approches complémentaires existent en matière de certification environnementale : certifier le système ou le process et certifier le produit.

Certifier le système

Le système, c'est-à-dire l'ensemble du processus de fabrication et de diffusion :

- ISO 14001 (norme internationale), plus récent référentiel, et aussi le plus développé en France et à l'étranger par les entreprises. Cette norme présente ses limites. Ainsi, le respect de la législation environnementale n'est pas pris en compte et il n'y a pas d'obligation de rédaction d'une déclaration environnementale, validée par un tiers avant communication au public ;
- l'Éco Audit (EMAS, norme Union européenne), dont on souligne ici les points essentiels et l'originalité : le respect de la réglementation environnementale, les objectifs d'amélioration fixés et vérifiables, la vérification par une tierce partie liée à une autorité publique, la rédaction d'une déclaration environnementale. La déclaration environnementale est souvent identifiée comme une étape complémentaire pour passer de la certification Iso à l'enregistrement.

Le système EMAS

Dans le cadre du programme « Vers un développement soutenable », présenté en 1993 par la Commission européenne, a été créé un outil de management environnemental.

Le système de management environnemental et d'audit et ses objectifs

Article premier du règlement du 19 mars 2001 permettant la participation volontaire des organisations à un système communautaire de management environnemental et d'audit :

1. Aux fins de l'évaluation et de l'amélioration des résultats en matière d'environnement des organisations, ainsi que de l'information pertinente du public et des autres parties, il est établi un système communautaire de management environnemental et d'audit, permettant la participation volontaire des organisations, ci-près dénommé EMAS.

2. L'objectif de l'EMAS est de promouvoir l'amélioration continue des résultats obtenus par les organisations en matière d'environnement, par :
- l'établissement et la mise en œuvre, par les organisations, de systèmes de management environnemental comme indiqué à l'annexe I
- l'évaluation systématique, objective et périodique du fonctionnement de ces systèmes, comme indiqué à l'annexe I
- l'information du public et des autres parties intéressées sur les résultats obtenus en matière d'environnement et l'instauration d'un franc dialogue avec ces derniers.
- la participation active du personnel dans l'organisation, ainsi que l'instauration de mesures adéquates de formation et de perfectionnement leur permettant une participation active aux tâches visées au point a). Lorsqu'ils le demandent, les représentants du personnel sont également associés.

La mise en place d'indicateurs d'évaluation concrets

En 2003, la Commission européenne recommande d'appuyer le système de management environnemental EMAS sur un système d'indicateurs répondant à plusieurs critères :
- donner une appréciation précise des résultats de l'organisation;
- être compréhensibles et sans ambiguïté;
- permettre de comparer les résultats d'une organisation d'une année sur l'autre;
- permettre des comparaisons par rapport à des résultats de référence sectoriels, nationaux ou régionaux;
- permettre des comparaisons avec les exigences réglementaires (indication de la valeur limite légale par exemple).

La Commission présente trois catégories d'indicateurs :
- les indicateurs de performance opérationnelle (intrants, installations permettant de concevoir les produits et services, déchets et émissions inhérents à la production);
- les indicateurs de conditions environnementales (qualité environnementale du milieu où opère l'organisation, situation locale, régionale ou mondiale de l'environnement);
- les indicateurs de performance de management (autres données permettant d'évaluer la gestion des performances : politique en matière de santé et sécurité, par exemple).

Source : recommandation de la Commission du 10 juillet 2003 relative à des orientations pour la mise en œuvre du règlement (CE) n° 761/2001 du Parlement européen et du Conseil permettant la participation volontaire des organisations à un système communautaire de management environnemental et d'audit (EMAS) concernant la sélection et l'utilisation d'indicateurs de performance environnementale.

Certifier le produit

On peut citer trois initiatives :

- la marque NF environnement (label officiel écologique français), créée en 1991, qui atteste qu'un produit est plus respectueux de l'environnement avec la même performance qu'un produit semblable;
- l'éco-label européen (label officiel écologique de l'Union européenne), créé en 1992;
- les éco-labels autoproclamés (initiatives privées).

Pour promouvoir les pratiques de commerce éthique, des labels originaux ont été lancés. Le collectif «De l'éthique sur l'étiquette», qui regroupe 43 organisations, organisations de consommateurs et syndicats, a lancé, fin 1995, la campagne avec deux objectifs : sensibiliser les consommateurs et imposer aux distributeurs français un code de conduite. Cette initiative a été suivie par Auchan, Carrefour, etc.

Le cas du commerce équitable

On recense également de nombreux labels de commerce équitable, notamment :

- labels CE qui utilisent la norme SA 8000;
- AlterEco (qui propose en complément la norme FTA200, un audit de commerce équitable des centres de production artisanaux et industriels réalisé par PriwewaterhouseCoopers);

- Max Havelaar (organisme de certification, pour soutenir les petits paysans);
- FLO (Fairtrade Labelling Organizations International, fédération des organismes certificateurs de CE qui labellise par filière sur sept produits alimentaires : café, thé, cacao, miel, jus d'orange, sucre et bananes et réalise 250 millions d'euros de CA).

Le commerce équitable s'attache à travailler en priorité avec les producteurs les plus défavorisés et les accompagner dans leur développement. Avec deux objectifs principaux :

- garantir les conditions de travail et de rémunération décentes pour les travailleurs et favoriser le développement des centres de production de manière autonome et durable;
- permettre au consommateur d'effectuer un achat fondé et responsable.

En effet, l'organisation actuelle du commerce mondial va bien souvent à l'encontre d'un DD avec un effet particulièrement déstabilisant pour les économies des pays en voie de développement. Il faut donc favoriser l'ouverture de nouveaux débouchés pour ces producteurs défavorisés pour lesquels le marché local ne peut garantir de perspectives de croissance suffisantes. Le commerce équitable est un élément de réponse. L'objectif est d'aider à la création de groupements de producteurs autonomes qui s'engagent progressivement dans la démarche qui garantit le respect des critères sociaux, éthiques, environnementaux et de développement tout le long de la chaîne de production et commercialisation des produits. Le nombre de centres est estimé à plus de 532 dans 59 pays, dont 91 sont membres de la fédération internationale de commerce équitable (IFAT). Vers l'Europe, ce sont l'Afrique et l'Asie qui sont les plus représentées. Les produits d'Amérique du Sud sont surtout tournés vers les États-Unis.

On dénombre plus de 100 organisations d'importation de commerce équitable dans le monde. Le chiffre d'affaires au niveau mondial du CE est évalué à 400 millions de dollars, soit un peu moins de 1 % du commerce mondial.

La demande du consommateur est très forte avec 90 % des consommateurs qui se disent prêts, à qualité de produit égale, à donner la préférence à un produit du CE. Une forte demande insatisfaite en raison de la faiblesse de l'offre et de l'atrophie du réseau de distribution. Les produits alimentaires labellisés sont distribués dans 45 000 points de vente dont 13 000 sous 40 enseignes de la grande distribution. En France, 7 hypermarchés sur 10 et 3 hypermarchés sur 10 ont référencé le café Max Havelaar, qui est devenu l'une des meilleures ventes de café de son distributeur historique en France, Monoprix.

CHAPITRE 10

L'INFLUENCE EXERCÉE PAR L'ISR

L'Investissement Socialement Responsable (ISR) a profondément évolué ces dernières années. Si certains critères éthiques persistent dans certains pays, ce sont les fonds de DD, qui évaluent la performance globale des entreprises qui sont largement majoritaires en Europe. Ils constituent un formidable levier en faveur de la responsabilité sociale des entreprises. Jean-François Théodore, président du directoire et PDG d'Euronext, confirme la croissance de ces produits : «*L'investissement socialement responsable gagne du terrain et constitue un outil complémentaire pour les gestionnaires de fonds et les analystes soucieux d'accroître la transparence et les nouvelles approches de l'analyse globale des risques. Dans ce contexte, cette évolution est positive et l'application de l'investissement socialement responsable est clairement en voie de s'imposer.*»

DIVERSITÉ DES FONDS ÉTHIQUES

Les fonds de première génération ont fait leur apparition, vers 1920, aux États-Unis pour les congrégations religieuses, notamment la communauté Quaker soucieuse de réaliser des placements en accord avec ses convictions. C'est ainsi qu'est apparu la sélection des titres faite sur des critères d'ordre purement moral, par un «*screening* négatif» c'est-à-dire l'exclusion des placements dans des sociétés liées à l'alcool, à l'armement, la pornographie, etc. C'est ainsi que se caractérisent les premiers fonds éthiques. Ce mécanisme de sélection a connu un renouveau dans la décennie 1960-1970 aux États-Unis, sous la pression des mouvements citoyens et militants qui établissent des critères d'exclusion essentiellement liés aux débats de sociétés du moment : énergie nucléaire, armement, droits de l'homme.

La culture anglo-saxonne d'exclusion sectorielle persiste, notamment aux États-Unis. C'est d'ailleurs pour cette raison que le recensement de l'ISR outre-Atlantique, réalisé par le US Social Investment Forum, a annoncé fin 2001 que

1 dollar sur 8 était investi avec un critère environnemental ou social (soit 2 340 milliards de dollars aux États-Unis, 12 % des actifs gérés!). En réalité, une grande partie de cette somme vient de fonds qui excluent un seul secteur (le plus souvent les industries du tabac, en raison des risques juridiques et financiers liés aux indemnisations croissantes qu'ont dû verser certains groupes du secteur ces dernières années). Cependant, l'exclusion est très souvent fondée sur une question religieuse, plus subjective. Certains investisseurs excluent, par exemple, les entreprises pharmaceutiques qui produisent des moyens de contraception, pilules ou préservatifs. Si bien que, par réaction, certains autres fonds (*«sin funds»*), proposent des placements composés de valeurs liées à la production d'alcool, à la pornographie, au jeu, etc.

D'autres types d'approches existent pour les investisseurs en quête de placements responsables : les fonds de partage et les produits financiers solidaires. Comme l'explique Novethic, site spécialisé : *«Les premiers rétrocèdent une part des bénéfices à des associations caritatives ou des ONG et sont en règle générale investis en obligations, dont la sélection peut faire l'objet de critères de responsabilité sociale. Les seconds financent des activités d'économie solidaire : ils sont investis dans des entreprises d'insertion, de micro-crédit ou d'autres projets solidaires, dont le rendement attendu est généralement inférieur au marché.»*

Les fonds de deuxième génération ont vu le jour, vers 1980, en Europe du Nord en privilégiant des entreprises qui investissent dans l'environnement, soit par leur activité même, soit dans leurs pratiques. Ces fonds verts commencent alors à proposer une convergence entre performances financières et engagement des investisseurs, car le fait militant n'est alors plus l'unique raison d'être de ces produits. C'est aussi (et surtout) le fait que les projets performants sur le plan environnemental sont souvent les mieux conçus, les plus profitables et moins risqués pour les investisseurs.

Enfin, des fonds de troisième génération, de DD, se fondent sur un *screening* purement positif : les entreprises sont sélectionnées en fonction de leurs performances au regard de critères économiques, environnementaux, et sociaux, caractéristiques de la notion. Ces fonds accompagnent de plus en plus ce filtre de la triple performance par un activisme actionnarial. Amy Domini gestionnaire d'investissements, pionnière de l'ISR aux États-Unis, confirme cette évolution : *«Aux États-Unis, nous avons évolué du puritanisme, vers une approche plus globale de l'investissement socialement responsable, autour du concept de développement durable. L'Europe est entrée de plain-pied dans cette seconde démarche, avec une sensibilité à sa dimension sociale plus prononcée qu'aux États-Unis.*[1] *»*

---

1. Amy Domini est fondatrice et présidente de Domini Social Investments.

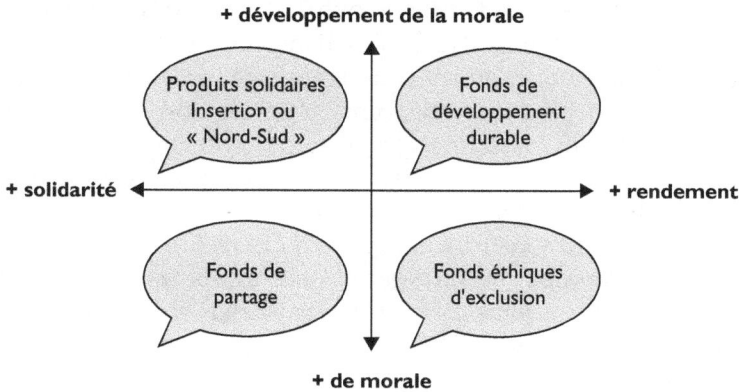

Source : *L'investissement socialement responsable*, Véga Finance, 13 juin 2002.

Figure 3.4
Repères : l'ISR, quatre grandes catégories de produits

UN LEVIER EFFICACE EN FAVEUR DE LA RSE

Les motivations des investisseurs sont un levier puissant du changement. Ils sont de plus en plus nombreux à intégrer des critères non financiers variés dans leur appréciation des entreprises. La mise en place de l'investissement socialement responsable repose sur l'idée qu'il est possible de conjuguer comportement vertueux avec plus-value et bénéfices. Des critères sociaux, environnementaux et éthiques orientent les choix d'investissements et s'ajoutent aux critères financiers habituellement retenus. C'est ainsi que de nouveaux acteurs conseillent les investisseurs et s'organisent, nationalement et internationalement, pour fournir des avis complémentaires aux seuls critères financiers observés : de nouvelles agences de *rating* sont nées, avec des critères environnementaux et sociaux, des critères de gouvernance d'entreprise, de la transparence, etc. Par ailleurs, dans la même mouvance, des outils de mesure se développent également : notation extra-financière et indices spéciaux. L'objectif est de permettre au monde financier d'apprécier la performance globale de l'entreprise cotée, à long terme, afin d'envisager ses potentialités autour d'un nombre plus grand de paramètres décisifs, comme la qualité environnementale, sociale et sociétale.

C'est, avec la gestion de l'image de marque, le deuxième levier de fond qui fait avancer le monde des entreprises sur cette voie de la «durabilité» et la responsabilité. La récente évolution du contexte sociétal n'est pas le seul phénomène qui devrait conduire les entreprises à modifier leur communication, si on veut bien considérer évidemment que les méthodes manipulatoires ou réactives ont fait leur temps, du moins dans des contextes où les acteurs médiatiques sont libres et exercent cette liberté, ce qui est loin d'être toujours le cas. Autre «partie prenante» de l'entreprise, et non la moindre dans la chaîne de décision, l'investisseur exprime des attentes nouvelles de nature à modifier le comportement des entreprises à leur égard. C'est ainsi que ces paramètres entraînent un changement de comportement des managers d'entreprises et groupes internationaux, comme le confirme Amy Domini : «*Il s'agit de faire pression sur les managers pour qu'ils gèrent leur entreprise comme ils gèrent leur propre vie et non uniquement comme une source de profit pour les investisseurs. Cela implique qu'ils reconnaissent leurs responsabilités à l'égard d'autres interlocuteurs.*» Elle ajoute : «*Les syndicats américains s'impliquent de manière croissante. Au début, c'était un moyen de pénaliser les entreprises qui s'opposaient à la syndicalisation, maintenant qu'ils ont constaté l'efficacité de cette forme d'investissement, ils se sont mis à l'utiliser de plus en plus pour peser sur la marche des entreprises; de la même manière que les associations de défense de l'environnement aux États-Unis se sont rendu compte qu'elles pouvaient utiliser l'actionnariat et le droit de vote en Assemblée générale pour soulever telle ou telle question.*»

LE POIDS CROISSANT DES INVESTISSEMENTS SOCIALEMENT RESPONSABLES

En janvier 2001, on pouvait recenser 64 fonds éthiques ou de DD français pour un volume qui s'élevait à près d'un milliard de francs à la fin du 1er trimestre 2001, selon le Forum pour l'investissement responsable, chargé de la promotion de l'ISR en France. Trois ans plus tard, au dernier jour de clôture de mai 2004, le site d'information spécialiste de l'ISR (isr-info.com) comptabilisait 162 fonds ISR commercialisés en France, représentant un encours de 4,8 milliards d'euros. Il précise que cet encours n'a cessé de progresser régulièrement depuis le début de l'année 2004 (+9,5 % en cinq mois!) avec la création de nouveaux produits (obligataires notamment), le basculement sous gestion socialement responsable de certains fonds préexistants et le marketing plus affirmé de ces produits que les grandes sociétés de gestion ont décidé de mettre en avant. Sur la base des statistiques mensuelles communiquées par l'Association Française de Gestion, la part de marché de l'ISR progresse sensiblement, son encours représentant, à la fin mai 2004, 0,49 % des encours totaux OPCVM et 1,24 % des OPCVM «Actions» et «Diversifiés» contre respectivement 0,47 % et 1,18 % à la fin janvier.

Ce recensement n'est cependant pas exhaustif : s'il comptabilise bien l'ensemble des fonds ouverts au public, il ne tient pas compte de la gestion dédiée, ou sous-mandat. Ces fonds, spécialement créés pour certains investisseurs sont fermés au public et les montants qu'ils représentent sont méconnus. Mais la croissance de ce marché est tout aussi fulgurante, elle constitue même la cible privilégiée des *asset managers* socialement responsables.

Les fonds socialement responsables sont encore mal connus, mais leur potentiel d'attractivité est important : lorsque 7 % seulement des Français pensent que les entreprises éthiques seront moins profitables que les autres, 43 % de la population et 45 % des actionnaires individuels pensent qu'elles seront, au contraire, sur la durée plus profitables. Enfin, 40 % des Français et 56 % des actionnaires déclarent que s'ils avaient de l'argent à placer, ils auraient envie d'investir dans des fonds socialement responsables.

Le potentiel de croissance de ces fonds est encore élevé. Le Fonds de Réserve des Retraites en France investira de manière substantielle (plus de 10 % des investissements) dans des produits de l'ISR. En Norvège, c'est le Norwegian Petroleum Fund, qui gère plus de 100 milliards d'euros qui vient de basculer vers une gestion ISR[1]. Il s'appuiera désormais sur deux principes majeurs du DD : l'obligation de s'assurer que les générations futures recevront une part équitable des richesses issues du pétrole et l'obligation de respecter les droits fondamentaux des populations affectées par les activités des entreprises dans lesquelles investit le Fonds.

---

1. Nathalie FESSOL, «Des lignes directrices éthiques pour le Fonds pétrole norvégien, qui bascule ainsi en totalité sous gestion SR», ISR-Info, 18 mai 2004, http://www.isr-info.com/library/fr/columns/752DQCk1M2nsllC19jIm.htm.

DOSSIER

Les multinationales sous le regard de leurs actionnaires

« *"On n'en a rien à foutre !"* avait hurlé un actionnaire de Total lors de la dernière AG du groupe, lorsqu'un intervenant avait publiquement mis en cause la compagnie pétrolière pour ses pratiques inacceptables en Birmanie. N'en déplaise à ce gentleman, l'actionnariat devient de plus en plus responsable, de plus en plus soucieux d'être un instrument efficace pour obliger les entreprises à respecter les droits (tous les droits) des populations concernées par leurs activités.

À cet égard, l'essor des placements éthiques (dans lesquels les fonds sont investis dans des entreprises "socialement responsables", c'est-à-dire répondant à des normes environnementales et sociales reconnues) est significatif. Ce développement – ancien dans le monde anglo-saxon, récent en France – repose sur trois éléments : d'une part, l'émergence d'un nouveau modèle de citoyenneté ; d'autre part, une nouvelle approche qui, outre l'action des pouvoirs publics visant à obliger les entreprises à respecter les normes internationales en matière de droits et d'environnement (modèle normatif), cherche à inciter les entreprises à améliorer spontanément leur bilan en la matière (modèle "volontariste") ; enfin, la perception croissante que marché et éthique ne sont plus forcément contradictoires. Si l'on considère la notion de citoyenneté, on constate une modification progressive et substantielle de son modèle.

Les instances élues sont en effet de moins en moins perçues comme étant l'ultime lieu de pouvoir, non étatiques – typiquement, les multinationales – qui, pour l'heure, ne font guère l'objet de contrôle démocratique. Dès lors, la citoyenneté se reconnaît de moins en moins dans une action politique au sens strict, pour se tourner vers la sphère économique et sociale, afin d'exercer une influence sur ces nouveaux centres de pouvoir. Aujourd'hui, être citoyen (tout au moins dans les pays industrialisés), c'est être consommateur et/ou actionnaire (presque...) autant qu'être électeur : il s'agit d'avoir une influence sur les pratiques des entreprises privées autant que sur les instances publiques (...). L'évolution des fonds éthiques témoigne de ce même souci de responsabiliser les entreprises, passant d'une approche négative à une approche positive. »

Anne-Christine HABBARD, secrétaire générale adjointe, FIDH (Fédération Internationale des Droits de l'Homme), extrait de l'article « Fonds éthiques », juin 2000, www.fidh.org.

© Éditions d'Organisation

Lutte contre la corruption : l'action de Transparency International

Depuis 10 ans, l'ONG Transparency International (TI) lutte contre la corruption. Elle veille et anlyse le phénomène (indice annuel de perception de la corruption, rapport mondial annuel sur la corruption, centre de ressources CORIS). Elle sensibilise le public et les décideurs économiques et politiques aux ravages de la corruption. Elle recherche des solutions concertées (*Business principles*, pacte d'intégrité, ateliers d'intégrité) et joue un rôle actif dans le renforcement du droit (conventions OCDE et NU).

Transparency International est aujourd'hui présente dans plus de 90 pays. En France, l'ONG choisit d'agir comme force de proposition (rapports centres off-shore, décentralisation, déclencheurs d'alerte), groupe de pression (PWYP, NCMP, etc.) et comme apporteur d'expertise (partenariats d'entreprise et collectivités territoriales).

En dépit du renforcement considérable du dispositif anti-corruption et anti-blanchiment au plan mondial :

– Foreign Corrupt Practises Act (1977);
– création du GAFI;
– convention OCDE contre la corruption (1997) transposée en droit français (2000);
– convention des Nations unies contre la corruption (2003);
– conventions régionales anti-corruption (UA, Conseil de l'Europe, etc.);
– Global Compact.

La délinquence financière internationale revêt une ampleur sans précédent. Le coût annuel de la corruption s'élève à 1 000 MDS $, le trafic de drogue à 500 MDS $/an; enfin, 50 % des flux financiers mondiaux transitent par les centres off-shore.

Les principes d'intégrité

Les principes de conduite des affaires pour contrer la corruption, ou principes d'intégrité, encouragent les entreprises à prévenir les risques de corruption au minimum dans les domaines suivants :

– versement et acceptation de pots-de-vin;
– dons aux partis politiques;
– dons aux organismes caritatifs et parrainages;
– paiements de facilitation;
– cadeaux, offres d'hospitalité et paiements de notes de frais.

L'action concertée

La crainte de distorsions de concurrence constitue un frein important à la lutte contre la corruption dans le secteur privé.

Pour contourner cet obstacle, les entreprises d'un même secteur doivent avancer ensemble (ex. : initiative de Wolfsberg en matière de blanchiment). Dans les territoires où les risques d'extorsion sont importants, il faut engager un dialogue avec les autoriés locales, de concert avec les autres entreprises présentes, les représentations diplomatiques et la société civile locale.

Les perspectives d'évolution de l'ISR en France

Depuis 2001, plusieurs dispositions législatives ont permis de mettre en place un cadre particulièrement favorable au développement de l'ISR sur le marché français.

La loi Fabius (février 2001) étend les dispositifs d'épargne salariale aux PME et aux mandataires sociaux (*via* le PEI) et instaure un nouveau dispositif d'épargne salariale de long terme, le Plan Partenarial d'Épargne Salariale Volontaire (PPESV). Cette loi entérine également la création de fonds solidaires d'épargne salariale, c'est-à-dire de fonds diversifiés détenant entre 5 et 10 % de titres émis par des entreprises solidaires.

La loi sur les Nouvelles Régulations Économiques (NRE) (mai 2001) impose aux sociétés cotées d'associer à leur rapport financier annuel un volet environnemental et un volet social *(triple reporting)*.

La loi définissant les modalités de fonctionnement du Fonds de Réserve des Retraites (FRR) (juillet 2001) précise que le directoire du fonds doit rendre compte régulièrement au Conseil de surveillance de la manière dont la politique d'investissement du fonds a pris en compte des considérations sociales, environnementales et éthiques.

Institué par la loi sur le financement de la Sécurité sociale de 1999, le FRR a pour mission de constituer des réserves au profit des régimes obligatoires d'assurance vieillesse. Les sommes mises en réserve commenceront à être utilisées à compter de 2020.

La loi Fillon (août 2003) sur la réforme des retraites instaure un mécanisme de retraite par capitalisation en créant deux nouveaux outils d'épargne retraite : le Plan d'Épargne Retraite Populaire et le Plan d'Épargne Retraite Collectif (PERCO). Dans le cadre du PERCO, les souscripteurs devront avoir le choix entre plusieurs types de fonds, dont au moins un investi dans des parts d'entreprises solidaires. À l'image de ce qui se passe dans les pays anglo-saxons, la mise en place par la loi de «fonds de pension» à la française comme le Plan d'Épargne Retraite Populaire (PERP) et le PERCO devrait favoriser l'accroissement du montant de l'épargne susceptible d'être investie dans des fonds socialement responsables.

Extrait «Dossiers thématiques du Crédit Lyonnais» sur l'ISR, mai 2003, mise à jour juin 2004, www.creditlyonnais.com.

CHAPITRE 11

COMMENT DÉFINIR L'ENTREPRISE DURABLE ET RESPONSABLE

La formalisation d'un cadre politique, économique et de démarches techniques, allant dans le sens des mêmes principes et objectifs, débouche sur une vision de plus en plus structurée de ce qu'est ou devrait être une entreprise qui fait de la responsabilité un axe de sa stratégie et qui veut s'inscrire par là même dans le sens du DD.

Le management durable commence à s'organiser autour de règles et de pratiques pionnières ici, reconnues là, en itération constante avec les acteurs publics, civils et financiers qui alimentent cette dynamique.

Quelle est l'incidence de l'émergence de ces nouveaux risques sur les pratiques de management de l'entreprise et l'incidence de la demande d'actions favorables au DD sur la logique gestionnaire de l'entreprise? Depuis les cinq dernières années de la prise de conscience du phénomène, il n'y a pas de vrais exemples d'inflexion stratégique dans ce sens. La première étape étant celle du diagnostic, on est encore largement dans cette période caractérisée par l'analyse des enjeux et la publication des premiers états des lieux, sous forme de rapports.

Certaines entreprises (ST Micro, Lafarge, Novonordisk, British Telecom, etc.) ont franchi cette étape depuis peu et sont désormais engagées dans des programmes de management et de progrès qui intègrent la préoccupation DD, sous certains aspects, au sein de leur management. Ces pionniers qui restent peu nombreux sont ainsi passés d'une démarche réactive à une démarche proactive. On observe ainsi l'émergence, pragmatique et pointilliste, d'un «*Sustainability Management Model*», en cours de formalisation, dont on peut d'ores et déjà identifier les principales orientations.

Le management durable se caractérise par l'addition de plusieurs démarches constitutives de la recherche d'une combinaison des performances économique, sociale et environnementale, en relation avec les enjeux généraux de l'environnement international, dans lequel l'entreprise est immergée. C'est donc une intégration complexe des démarches récentes d'amélioration de la conduite des entreprises : prospective stratégique, démarche qualité, gestion du risque, bonne gouvernance, à laquelle s'ajoute la responsabilité sociétale dont on a tendance à considérer qu'elle englobe désormais toutes les autres, tant elle résume par son intention l'objectif de satisfaction de tous les publics de l'entreprise : citoyens, consommateurs, capital et collaborateurs.

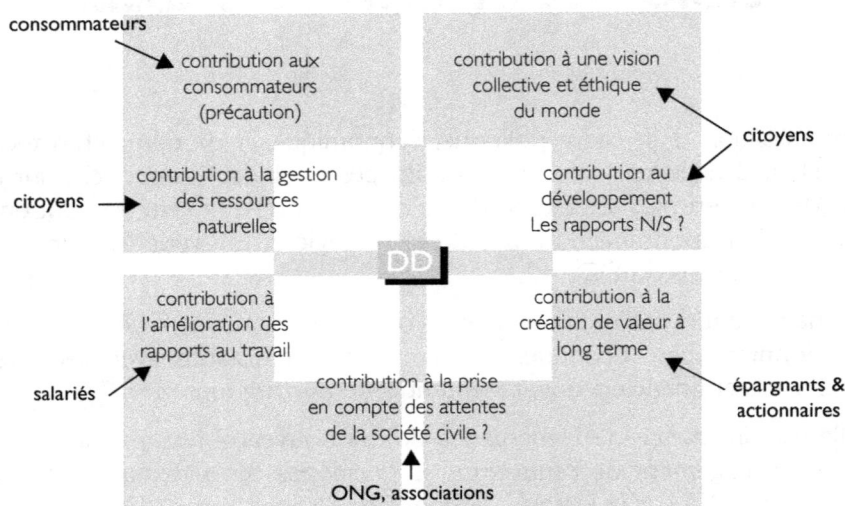

Figure 3.5
Les enjeux, les acteurs

En réponse aux nouveaux risques qu'encourt (ou que fait courir) l'entreprise dans le contexte géopolitique qui inspire la demande publique de «durabilité», la science du management a proposé certains ajustements correctifs. Par l'intégration de ces nouveaux paramètres, plus qualitatifs, s'esquisse une vision différente de l'entreprise, davantage tournée vers l'externe (son client, la communauté au sein de laquelle elle opère) et le long terme.

S'agit-il d'une réaction aux excès du court terme et à la dictature des bourses, qui ont des effets externes négatifs largement dénoncés dans la décennie précédente ? Ou bien est-ce la réponse aux besoins de placement d'une épargne longue, découlant de l'allongement de la durée de vie dans les pays développés? Toujours est-il que le mouvement d'intégration semble inéluctable, qu'il porte ou non le nom de management durable, que les entreprises s'y engagent pour se pérenniser dans leur intérêt propre ou qu'elles s'adaptent pour répondre à une demande externe devenue tangible!

Le management durable consacre, d'une certaine façon, une évolution des entreprises, sensible depuis 1980, qui, sous l'influence de nouvelles théories, a mis en exergue des considérations de performance de deux types :

- des critères qualitatifs, relatifs à la gestion des produits et des processus, répondant à la maturation culturelle des sociétés;
- des critères éthiques, relatifs à la conduite des affaires et des activités, répondant à l'exigence de considération et d'association des investisseurs et des marchés.

On retrouve, dans ces deux exigences externes, les leviers de la «durabilité» – le risque de réputation et l'information extra-financière –, qui inspirent désormais le management., dès lors qu'il se préoccupe d'une meilleure prise en compte du long terme et d'un pilotage de plus en plus systémique de la performance de l'entreprise. Mais c'est surtout la prise en compte d'une bonne gouvernance qui structure le pilotage des entreprises, pour mieux concilier les intérêts de ses actionnaires et de la société avec ceux de ses clients et salariés. Cette conciliation des intérêts, de manière transparente, est un exercice complexe du fait de leurs antagonismes. Paradoxalement, il est plus exigeant pour les instances de gouvernance que les instances de management car les premières ont un grand retard à combler dans leur mode opératoire, qu'il s'agisse de leur indépendance, de la profondeur de leur contrôle et de la transparence de leur action.

Le système de management durable est à la confluence de quatre dispositifs complémentaires :

- la gestion de l'éthique à travers la recherche de bonne gouvernance;
- la gestion du risque environnemental à travers le *risk management;*
- la gestion de la sécurité et de la satisfaction client à travers la maximisation de la qualité;
- la gestion des enjeux sociétaux (intégration locale et internationale) à travers la RSE.

Au cœur de ces quatre dispositifs, qui se nourrissent les uns les autres, il y a la volonté d'optimiser la valeur actionnariale et d'améliorer la capacité productive de l'entreprise, afin de générer les ressources qui permettront les autres progrès. La «durabilité» de l'entreprise procède de ce systémisme nouveau qui ne doit privilégier (ou laisser de côté) aucun public de l'entreprise.

La bonne gouvernance, clé de voûte du management durable

La responsabilité sociale de l'entreprise dépend avant tout de la qualité de sa gouvernance. Celle-ci doit désormais prendre en compte les parties prenantes de l'entreprise et pas seulement les intérêts des actionnaires majoritaires, comme l'a formalisé l'OCDE en 2004 à travers la révision de ses principes. Cette inflexion profonde qui inspire la nouvelle démocratie actionnariale, tant malmenée ces dernières années, par-delà les nombreux rapports des autorités de marchés, les lois de régulation (*cf.* loi Sabarnes Huxley aux États-Unis, loi Sécurité financière en France) et les accidents de contrôle (Enron, Worldcom, Parmalat, Vivendi, Alstom, etc.).

L'OCDE recommande aux entreprises d'inclure dans leur gouvernance la prise en compte des parties prenantes car la RSE et le DD entrent désormais dans les critères de la bonne gouvernance internationale. Approuvés pour la première fois en 1999, les principes de bonne gouvernance recommandés par l'OCDE ont été revus en 2004 pour tenir compte des évolutions de l'économie mondiale et des problèmes traversés, afin d'encourager «la stabilité des marchés de capitaux et le dynamisme de l'investissement», en générant une plus grande confiance des actionnaires dans le bon placement de leurs fonds de retraites tout particulièrement.

Il est rappelé que l'objectif de la gouvernance est de contribuer à la transparence et à l'efficience des marchés, en protégeant les droits des actionnaires et les fonctions des détenteurs du capital, en assurant un traitement équitable entre tous les actionnaires, dont les minoritaires et étrangers, de garantir la diffusion d'informations exactes, en temps opportun, sur tous les sujets significatifs concernant l'entreprise. Les principes révisés insistent désormais sur le fait que le gouvernement d'entreprise doit reconnaître le droit des différentes parties prenantes à la vie d'une société, tels qu'ils ont été définis par le droit et les accords mutuels. Ils doivent aussi encourager une coopération active pour créer de la richesse et des emplois et assurer la pérennité de l'entreprise : *«Le régime de gouvernement d'entreprise doit intégrer l'idée que reconnaître l'intérêt des parties prenantes et leur contribution à la réussite à long terme de l'entreprise est dans l'intérêt même de cette dernière.»*

Dans cet esprit, l'OCDE recommande notamment la prise en compte des éléments suivants :

- possibilité de réparation de tous les droits des parties prenantes dès lors qu'ils sont protégés par une loi ;
- reconnaissance et encouragement des mécanismes de participation des salariés à la performance de l'entreprise (représentation, rétribution, ...) ;
- information des parties prenantes sur l'état exact de l'entreprise en temps opportun ;
- possibilité de transmission aux instances de l'entreprise de leurs inquiétudes sur d'éventuelles pratiques illicites ou contraires à l'éthique (donc de la part des salariés) ;
- impératif de transparence et de bonne diffusion de l'information allant jusqu'à l'information du grand public sur les activités de l'entreprise, leur stratégie et leurs résultats en ce qui concerne les normes environnementales et éthiques ainsi que les relations qu'elles entretiennent avec la collectivité dans laquelle elles opèrent, en appliquant le principe dit de «l'importance relative» (c'est-à-dire les informations significatives dont la méconnaissance peut altérer la décision des utilisateurs). L'OCDE recommande à cet égard de se référer aux principes directeurs à l'attention des entreprises multinationales ;
- description détaillée des objectifs leurs stratégies dans les domaines tels que l'éthique commerciale, l'environnement, et la convergence avec ceux des objectifs affichés par les pouvoirs publics. Il s'agit d'aider à mieux appréhender les relations entre l'entreprise et la collectivité ;
- information sur les risques couvrant les facteurs significatifs et raisonnablement prévisibles pouvant concerner notamment les matières premières et les responsabilités environnementales ;
- politique de ressources humaines (valorisation, formation, taux de rétention des salariés, plans d'actionnariat) comme information sur les atouts concurrentiels de l'entreprise ;
- publicité sur les pratiques de gouvernance (code interne) ;
- intégration des éléments d'information dans les normes internationales reconnues, établies selon des processus ouverts. L'information extra-financière doit tenir compte de cette exigence de comparabilité.

Il est demandé aux administrateurs de se conformer à un haut niveau d'éthique et de veiller directement aux intérêts des parties prenantes de l'entreprise, conformément aux codes élaborés. L'OCDE précise que : «*Un cadre général en vue d'avoir une conduite éthique va au-delà de la question du respect de la loi qui doit néanmoins toujours rester une obligation fondamentale.*»

Il est notamment conseillé au Conseil d'administration de disposer de procédures internes pour s'assurer du bon respect des lois, règlements et normes applicables, en particulier pour ce qui touche la qualification pénale d'agents publics à l'étranger, selon la convention de l'OCDE sur la lutte contre la corruption, ainsi que sur la concurrence, les conditions de travail (référence aux principes de l'OIT) et la sécurité. Ceci devrait se traduire par des procédures d'incitation (récompenses et sanctions) et s'appliquer aux filiales dans la mesure du possible.

En outre, les principes de gouvernement de l'OCDE font une place régulière à l'information non financière complémentaire de l'information financière. C'est là une reconnaissance explicite de son importance pour le pilotage de l'entreprise. S'ils ne précisent pas clairement la liste des parties prenantes, ces principes explicitent bien la conviction nouvelle selon laquelle une entreprise en phase avec la société contribuera mieux au développement général et à la préservation de ses intérêts.

LA PRISE EN COMPTE DES DÉMARCHES QUALITÉ

Une politique qualité repose sur un processus objectivé d'amélioration continue, destiné à augmenter la conformité des produits et services aux spécifications des clients (internes ou externes)[1], à diminuer les coûts d'obtention de la qualité et, par là, accroître le bénéfice de l'entreprise. Elle s'établit en se conformant à des modes de mesure et à des référentiels qui sont à la fois des stimulants, à but interne, et des attestations opposables, à l'extérieur. De même que cette démarche qualité garantit mieux la satisfaction du client, la prise en compte d'un grand nombre d'indicateurs RSE et DD s'inscrit dans le processus spécifique de la démarche qualité.

---

1. Conformité aux spécifications : détermination des caractéristiques quantifiables des produits et services utiles aux différents acteurs de la chaîne clients-fournisseurs. Les besoins de chacun sont identifiés, quantifiés et négociés. Ils deviennent alors des spécifications servant à des mesures régulières de conformité du produit ou du service rendu.

DOSSIER

Récapitulatif des fondamentaux de la démarche qualité applicable à la RSE et au DD

Les quatre conditions	Les outils
Déterminer une stratégie globale	La direction générale s'engage à améliorer constamment les produits et les processus, à tous les niveaux de l'entreprise.
Mobiliser tous les niveaux de management et les fournisseurs	Système permanent de sensibilisation, de formation, d'évaluation et de reconnaissance des résultats obtenus[a], fondé sur : - l'organisation en groupes de travail dans le cadre d'un plan spécifique dit PAQ (Plan d'Action Qualité); - le renforcement des mesures d'auto-évaluation et l'autonomie individuelle; - la responsabilisation de tout prestataire externe dont l'action est déterminante pour la qualité du produit ou du processus.
Utiliser une méthodologie et des outils appropriés de manière rigoureuse et généralisée	Outils et méthodes permettant de faire bien du premier coup et d'atteindre les cinq zéros : zéro défaut, zéro panne, zéro stock, zéro délai, zéro papier.
Effectuer une mesure systématique	Outils de mesures des besoins des clients, de la conformité des produits et des services à des besoins[b], des coûts de la qualité et de la non-qualité[c].

a. Cet aspect est mis nettement en avant dans le concept de qualité totale. Résultant d'une évolution convergente des techniques de gestion de la qualité et du management participatif, la qualité totale se place dans une double perspective : le profit de l'entreprise (maîtrise des facteurs de qualité), mais aussi l'implication accrue du personnel en faveur de la qualité, qui, à terme, est source de satisfaction et d'efficacité.
b. Il s'agir de mesurer les écarts entre les spécifications et les réalisations à toutes les étapes, c'est-à-dire lors de la conception du produit (ou lors de son amélioration), des essais de fabrication, de la fabrication, de la vente et de la maintenance.
c. Le coût d'obtention de la qualité est essentiellement composé de quatre éléments : les frais de prévention (conception, aménagements, essais, formation à la qualité, etc.), les frais de contrôle (contrôle des fournisseurs, des procédés en cours, des produits finis, etc.), le coût des défauts internes (défauts, rebuts, retouches, déclassement, etc.), les coûts de défauts externes (retours de livraison, contentieux, créances douteuses dues à la non-qualité; perte de produits finis retirés de la vente, etc.). Obtenir la qualité revient surtout à mettre sous contrôle les coûts de la non-qualité (défauts internes et externes) grâce à un effort particulier de prévention.

Principale norme de qualité, la norme ISO 9001 connaît un incontestable succès qui témoigne de l'évolution du management contemporain dans le sens d'une meilleure prise en compte des aspects qualitatifs de la performance (voir développement de la normalisation).

LA PRISE EN COMPTE D'UNE MEILLEURE GESTION DES RISQUES

Les démarches qualité ne sont pas les seules traductions de la volonté de se différencier par une attention renforcée aux clients ou aux normes courantes : face aux risques qu'elle encourt, la grande entreprise industrielle met en place des systèmes de gestion du risque, de mieux en mieux formalisés. Ceux-ci vont incorporer progressivement les préoccupations soulevées par les exigences de DD, susceptibles d'engager la responsabilité de l'entreprise en cas de faute, de dommage, voire implication passive, sur l'ensemble de sa chaîne d'activité. Les contrôles de qualité et de sécurité ont tendance à se renforcer sous la pression législative. Si ces contrôles sont traditionnellement inclus dans la mission des pouvoirs publics, on observe depuis 1980 une responsabilisation des entreprises. Ces dernières prennent désormais en charge certaines procédures, allant du suivi de l'origine de leurs ressources de base à celui des modes de mise en marché (*cf. supply chain*). Ces procédures débouchent désormais sur la prise en compte de tout le cycle de vie du produit, de manière volontaire ou contrainte[1]., ne serait-ce que parce que les juges étendent au maximum le devoir de prudence, poussé à son paroxysme dans le principe de précaution.

Il est vrai que l'occurrence de certains risques, sociaux et environnementaux, en relation avec les valeurs culturelles du DD, largement médiatisés, peuvent mettre gravement en danger la réputation de l'entreprise et la confiance des investisseurs, sans parler de l'intérêt des actionnaires. Dans cette perspective, la gestion du risque (entendu comme tout élément susceptible d'affecter la réalisation des objectifs stratégiques et opérationnels) se présente comme un enjeu majeur.

Gérer les risques consiste à organiser un système de prévention des erreurs, des dysfonctionnements et autres perturbations susceptibles d'affecter la performance. Ce système est fondé sur un ensemble cohérent de processus d'identification et d'analyse des dangers potentiels et de procédures correctives. Même si elle est encouragée par le législateur, la mise en place d'une telle architecture répond d'abord à un impératif de gestion, à une conjonction de nécessités vitales pour la pérennité de l'entreprise qui se déclinent, depuis 1990, dans la pratique des grandes entreprises à travers divers outils.

---

1. En droit français, plusieurs dispositions imposent aux entreprises de mettre en place des moyens de contrôle interne permettant de veiller, à titre préventif, sur la qualité et sur la sécurité de leurs produits ou services.

© Éditions d'Organisation

DOSSIER

Gestion des risques : enjeux de l'entreprise et outils correspondants

Motivations	Outils
Tirer bénéfice des crises passées ou présentes	Plans d'urgence Financement des sinistres et des pertes (contrats d'assurance, instruments financiers) Mise en œuvre de normes et de certification auditées
Garantir la continuité des activités de l'entreprise	Prévention de risques spécifiques (relatifs aux produits, à la technologie, à l'environnement) Mise en œuvre de démarches transversales (qualité totale, etc.) Établissement de nouvelles pratiques de contrôle interne cohérentes avec l'évaluation préalable des risques
Minimiser les incertitudes pesant sur la réalisation de la stratégie	Cartographie des risques (identification des risques à l'échelle de l'entreprise selon une architecture spécifique) Évaluation financière de l'ensemble des risques, intégrée dans l'appréciation des performances des activités Mise en place des processus d'identification et de suivi des risques intégrés à la gestion des opérations

Si la cartographie des risques est un outil de plus en plus répandu, notamment dans les secteurs les plus exposés (industrie nucléaire, etc.), la démarche qui consiste à intégrer la gestion de risques dans la gestion opérationnelle et stratégique (mise en œuvre systématique de processus communs à toute l'entreprise pour l'identification, l'analyse, l'évaluation et le traitement des risques), est, elle, plus rare. Cela implique en effet :

- de construire une architecture de gestion globale des risques accordée aux autres processus de gestion opérationnelle et stratégique, outil de détermination des risques, de contrôle des processus et d'évaluation des résultats ;
- de créer une structure bénéficiant de ressources dédiées, porteuse du projet (équipe de gestion du risque) ;
- de faire évoluer les comportements internes par la diffusion d'un langage commun, le déploiement de mesures incitatives (intégration dans les objectifs et l'évaluation des performances des managers et du personnel) et la mise en œuvre d'une politique de formation spécifique[1] ;
- de maîtriser du circuit de l'information relative aux risques et d'élaborer un reporting.

Ces protocoles de gestion du risque entrent dans la panoplie des indicateurs de DD. Ils constituent un élément de réassurance précieux pour les entreprises qui décident d'afficher leur volonté de responsabilité. Elles se prémunissent mieux ainsi d'effets boomerang, résultant d'un écart entre leurs discours et la réalité de leur action. En cas de crise ou d'accidents, on jugera moins l'entreprise au regard de l'événement que sur sa capacité à avoir tout fait pour l'éviter et à tout faire pour le réparer. De ce point de vue, l'existence de dispositifs de crise, de simulations préventives sont des indicateurs probants. Compte tenu que les images se font et se défont désormais lors d'événements à fort retentissement médiatique, on fera de la gestion de crise le socle de la bonne réputation de l'entreprise, si on veut qu'elle puisse revendiquer une démarche RSE. La gestion de crise n'est, il est vrai, qu'une gestion du principe de responsabilité en contexte hyper émotionnel et en dehors de toute possibilité d'influence du système médiatique… C'est là qu'une culture RSE s'avère utile. Elle participe ainsi de la police d'assurance de l'entreprise.

---

1. Certains outils d'analyse, de mesure et de traitement de risques sont très élaborés. Par ailleurs, la formation joue un rôle déterminant dans l'acceptation et l'efficacité de la démarche.

LA PRISE EN COMPTE DE L'ÉTHIQUE DANS LE MANAGEMENT

Ancêtre de la *«corporate governance»*, valeur centrale des milieux libéraux préférant l'autorégulation et le bon fonctionnement des marchés à leur administration et à leur tutelle[1], l'éthique des affaires s'est diffusée en France sous l'influence des modèles de gestion anglo-saxons et de la démocratisation de l'actionnariat, et cela malgré une certaine réticence d'un capitalisme familial et patrimonial traditionnel[2]. Plusieurs facteurs concourent à raviver le débat sur les principes qui doivent présider aux modes de commandement de l'organisation entrepreneuriale.

D'abord, le recours croissant à l'externalisation place *de facto* les activités ainsi «déléguées» hors de portée du contrôle de l'entreprise, ensuite, la multiplication des fusions et des absorptions et l'extrême rapidité de changement stratégique, ont mis à mal l'identité et l'unité des entreprises. Celles-ci ont besoin d'être «ressourcées» en permanence par un rappel des valeurs fédératrices et une relance des projets, permettant aux collaborateurs de mieux entrer dans les schémas proposés.

À cette fin, l'éthique devient l'un des actifs virtuels cruciaux de l'entreprise, facteur de notoriété et de fidélisation (JD. Gardère)»[3] et fournit en quelque sorte «l'idéologie du changement» qui comble la perte de sens découlant du mouvement économique permanent.

Comme dans l'ensemble des organisations, l'entreprise a besoin d'établir un corpus de règles qui doivent régir les comportements individuels dans des firmes présentes aux quatre coins du monde et redevables de l'activité de centaines de filiales. Cette coagulation des comportements passe effectivement par des proclamations de principes et des systèmes de contrôle de leur application, que l'on promeut à travers des chartes et des codes exprimant l'intention au plus haut niveau.

---

1. La première version de la charte éthique de Johnson & Johnson date de 1943.
2. Dans la tradition française, influencée par la conception catholique de la morale, l'éthique des affaires relève de règles traitant de problèmes réservés à la conscience intime de chacun. GÉLINIER, *L'éthique des affaires, halte à la dérive,* 1991.
3. Quelles lectures pour le commerce international et le comportement des entreprises?, intervention lors du colloque «Entre éthiques et économie : enjeux, normes et acteurs – Synthèse», co-organisé par le CERI Sciences-po et la direction générale de la coopération internationale et du développement, Paris, 2001.

La synthèse des principales exigences managériales se fait au niveau du concept de RSE[1]

L'idée d'une responsabilité extra-financière de l'entreprise émerge lentement même si elle n'est pas encore répandue, ni même formalisée ou enseignée. Il y a une trentaine d'années, Milton Friedman insistait sur le fait qu'une entreprise est une création artificielle dont la seule légitimité est de dégager du profit pour ses actionnaires, tirant la conséquence qu'il lui était donc impossible de détenir une responsabilité de personne morale[2]. Fondée sur la théorie économique classique et néoclassique dans la lignée d'Adam Smith (pour qui le niveau d'avancement d'une société se mesure à la valeur quantitative du profit), l'entreprise est donc là pour s'enrichir et, par là même, contribuer indirectement à la prospérité des communautés qui accueillent ses activités.

Or, depuis 1970, il est apparu que la maximisation des profits ne pouvait pas garantir, à elle seule, la pérennité des entreprises, menacées par des considérations externes et dépendantes de l'autorisation de l'environnement de transformer un capital établi en ressources nouvelles. Le contrat qui relie le patrimoine productif à cette capacité de valorisation repose sur un système relationnel entre l'entrepreneur et la société, plus ou moins formalisé, que résume le concept de «Responsabilité Sociétale de l'Entreprise» (RSE)[3]. Selon le modèle de la RSE, l'entreprise doit évaluer les effets économiques, sociaux, environnementaux de son activité et de ses décisions sur l'ensemble de la société afin d'assurer au mieux son développement, l'idée étant d'atteindre un équilibre entre les intérêts des différentes parties prenantes aux activités de l'entreprise (actionnaires, employés, fournisseurs, collectivité locale, consommateurs, etc.).

Ce «contrat social» liant l'entreprise et la société, affectant des droits et des devoirs aux deux parties (la maîtrise des risques et des impacts de l'activité étant de la responsabilité de l'entreprise), structure ce que les Anglo-Saxons dénomment la relation *«Business Society»*, qui dépend du corps de valeurs culturelles et politiques propres à une société.

---

1. On trouve souvent l'expression *«Corporate Social Responsibility»* traduit par «responsabilité sociale de l'entreprise». Nous ne retenons pas cette option qui porte à confusion : en français, l'adjectif «social» se rapporte au capital humain de l'entreprise, tandis qu'en anglais, le terme se rapporte au corps social.
2. «The Social Responsibility of Business Is to Increase its Profit», *The New York Times Magazine*, 13 septembre 1970.
3. Astrid MULLENBACH, «La responsabilité sociétale de l'entreprise», in *Les cahiers du CERGOR* (Centre d'Étude et de Recherche en Gestion des Organisations et Ressources humaines), n° 02/01, mars 2002.

La gouvernance est relative aux processus et aux mécanismes, tandis que la RSE est relative aux valeurs et aux objectifs. (…) La gouvernance fournit un cadre juridique de gestion des relations entre les organes exécutifs, l'encadrement et les actionnaires d'une entreprise, tandis que la RSE fournit un cadre non juridique pour la gestion de ses enjeux environnementaux et sociaux. (…) Les deux concepts ont ceci en commun qu'ils peuvent avoir une incidence directe sur la survie de l'entreprise.

WBCSD[1], «Une approche critique de l'extension
de la responsabilité de l'entreprise», in *De la parole aux actes.*

Vers un management durable

Le management durable consistera à intégrer les exigences managériales en passant d'une approche réactive à une démarche proactive dans la relation qui unit l'entreprise et la société.

La prise en compte du contexte externe et à long terme au nom «du risque que l'entreprise court et fait courir» reste un acte volontariste et éminemment culturel. Il peut résulter d'une contrainte (crise, accident, condamnation, défiance, etc.), mais, dans tous les cas, il nécessite, de la part du gouvernement de l'entreprise et de son management, une sincérité et une conviction qui ne peuvent pas être feintes, si l'entreprise veut en tirer des conséquences pour son fonctionnement et afficher des preuves et des témoignages crédibles[2]. Dès lors qu'on est convaincu que le DD n'est pas une posture tactique, la recherche d'une stratégie volontariste repose sur l'identification des opportunités potentielles et des innovations porteuses :

- anticipation des contraintes et des risques (coût prévention < coût de correction);
- enjeu «marché» (avantage de marché, préserver les marchés existants, ouverture d'autres marchés);
- réduction des coûts de production;
- moteur d'innovation.

---

1. Cette citation s'inspire des débats ayant eu lieu dans le cadre du plan d'action pour la RSE, lancée par la Commission européenne en mai 2003 et disponible sur le site Euractiv : http://www.euractiv.com/cgi-bin/cgint.exe?204&OIDN=1507202&-tt=cs
2. P. D'HUMIÈRES, «La nécessité d'une démarche véridique», in A.M. DUCROUX, *Les nouveaux utopistes du développement durable*, éd. Autrement, 2002.

Le passage de l'analyse des risques à la recherche des opportunités de développement

Le management du DD est un cercle vertueux, créateur de valeurs pour l'entreprise et la société.

Risques primaires		Risques secondaires	Opportunités liées à une meilleure gestion du risque
Défaut dans le process de production	Mise en danger des personnes par les activités Pollutions sols, air, eau en phase de production Paysages Gaspillage d'énergie Déchets Installations mal protégées contre les risques naturels ou les actes de malveillance prévisibles	PERTE DE MARCHÉ Perte de confiance des clients et des consommateurs finaux	Fidéliser le client Renforcer sa confiance dans la qualité des produits
Risques associés aux produits ou services livrés	Qualité des biens ou services livrés Santé des consommateurs et usagers Rupture de service Non-respect des engagements clients	RETRAIT DE CAPITAUX Perte de confiance des investisseurs	Rassurer les investisseurs
Non-respect des actionnaires et des collaborateurs	Actionnaires (communication, information insuffisante, manque de transparence) Collaborateurs (mauvaise anticipation des attentes)	PERTE D'EFFICIENCE Démotivation des collaborateurs, voire conflits sociaux Difficultés de recrutement	Définir des projets qui sont sources de motivation et de paix sociale Attirer les talents et garder les meilleurs
Mauvaise anticipation des besoins futurs	RH (problèmes de recrutement, insuffisance de la formation) Investissements insuffisants, notamment en R & D et en formation	PERTE DE COMPÉTITIVITÉ	Mieux anticiper l'évolution du marché et de la concurrence
Non-respect de l'éthique	Non-respect des Droits de l'Homme Non-respect de l'éthique des affaires Non-surveillance des pratiques des sous-traitants et fournisseurs	CRISE D'IMAGE	Mieux maîtriser la communication de crise externe

Les expériences des entreprises pionnières, qui dessinent les contours d'un système de management durable, débouchent désormais sur l'avènement de la *«triple bottom line»*, ou de la triple performance, première étape construite de la notation extra-financière. La triple performance propose une approche qualitative du management (sans changement du paradigme de performance). Elle résulte de la recherche d'un modèle fédérant toutes les thématiques critiques pour l'entreprise. Elle exprime également l'incidence décisive du développement durable sur le management. C'est une autre manière de penser la gestion de risque, au-delà des impacts comptables, en allant jusqu'aux impacts patrimoniaux et à la valeur durable de la marque notamment.

Les grands principes de gestion de « la triple performance »

On veillera à faire figurer désormais aux côtés du rapport de gestion économique et financière un rapport qui établit la performance sociétale de l'entreprise tant sur les aspects sociaux qu'environnementaux (*cf.* le rapport DD). La mesure de cette triple performance permet de faire apparaître la capacité de l'entreprise à se mettre dans une attitude durable.

On pourra l'apprécier au titre de trois considérations fondamentales, caractéristiques d'une volonté de management explicite en ce sens.

La prise en compte des responsabilités de l'entreprise vis-à-vis de ses parties prenantes :

- rendre compte en trois dimensions ;
- tableau des parties prenantes et des responsabilités correspondantes ;
- le développement d'une logique partenariale avec les parties prenantes.

L'intégration de nouveaux paramètres de décision et d'évaluation :

- raisonner en termes d'impacts de l'activité sur les trois tableaux ;
- l'intégration des enjeux collectifs : enjeux sectoriels, enjeux locaux ;
- la prise en compte des coûts externes et sociaux ;
- le développement d'un programme de progrès long terme objectivé.

Une gouvernance «réelle» :

- le DD acte de gouvernance pris en compte par les administrateurs ;
- transparence accrue sur les enjeux à long terme ;
- prise en compte des avis des parties prenantes.

LA PRISE EN COMPTE DU DD DANS LE MANAGEMENT

Le DD est un acte stratégique au sein de la politique générale de l'entreprise, même si, paradoxalement, les directions de la stratégie ne s'en sont pas encore emparées. Peut-être que le diagnostic est encore trop controversé ou qu'il se situe dans un horizon trop loin des échéances boursières? Mais dans la mesure où il a un impact sur la capacité de l'entreprise à dégager des résultats dans le futur, le DD nécessite une méthode d'analyse et de mise en œuvre dans le prolongement des savoir-faire de management connu. C'est un savoir-faire de management en cours de construction, soumis à un premier défi d'organisation car la question la plus difficile à résoudre est bien : Qui est responsable et comment gère-t-on le déploiement dans le temps? Cette nouvelle discipline du management emprunte à l'analyse stratégique, à la politique de qualité, à la politique de communication, au *risk management* et à la finance. Elle a également à voir avec la politique sociale, de recherche et de développement, aux achats et au marketing… Aucune fonction de l'entreprise n'est laissée de côté, même si certaines sont plus directement concernées comme les ressources humaines ou les directions Hygiène, Sécurité, Environnement. On est, par nature, dans un sujet de gestion transversale qui est aussi un sujet qui se situe dans un calendrier très étalé, du court au très long terme et qui affecte à la fois l'entreprise sur des points mineurs et majeurs. Cette complexité doublée d'une imprécision sur l'appréhension du phénomène, de sa dimension politique à sa dimension économique et financière expliquent pourquoi le management du DD est aussi long à se mettre en place dans l'entreprise. Sa gestation, dépendante d'une compétition classique entre les grandes directions impliquées, fait émerger des lignes de forces qu'on peut proposer aujourd'hui au vu des premières années d'expérience et des réussites, mais aussi des nombreux échecs qui caractérisent l'historique à notre disposition, à travers les cinq premières années de construction de ce management DD.

CHAPITRE 12

L'IMPACT DU DÉVELOPPEMENT DURABLE SUR L'ÉCONOMIE DE L'ENTREPRISE

Analyser l'impact économique du DD pour l'entreprise, en termes de risques et d'opportunités, est une étape préalable à tout choix d'action et à tout engagement managérial, afin de s'inscrire dans une économie durable. De fait, toute entreprise est touchée, plus ou moins selon son secteur, par les enjeux de «durabilité» qui traversent l'économie mondiale. Ces enjeux reviennent en contrainte sur les entreprises, soit par la réglementation ou la demande du consommateur, soit du fait de la nécessité de réintégrer les coûts externes dans les prix, à un moment donné, dans un souci d'équité ou de bonnes allocations des ressources. Il importe donc que l'entreprise pose son modèle durable en adéquation aux enjeux auxquels elle est exposée : elle établira pour cela un bilan stratégique durable qui lui permettra de maîtriser sa criticité face aux divers enjeux et de déterminer ses modalités d'engagement et d'action.

À CHAQUE ENTREPRISE DE TROUVER SON MODÈLE

Il y a plusieurs façons d'entrer dans la problématique de responsabilité; cette confrontation dépendra de la criticité du secteur ou de l'activité *versus* les enjeux de DD et du degré d'exposition de l'entreprise, dans l'espace et dans le temps.

Le défi est bien ici d'identifier les impacts du DD et de les apprécier en termes économiques et financiers afin d'en faire des opportunités de croissance et de compétitivité. Ceci est envisageable de plusieurs façons :

- anticipation de la demande de progrès des marchés émergents et de biens sociaux ou qualitatifs dans les marchés plus mûrs ;
- augmentation de l'éco-efficience de la production (gains et découplage/ rejets) ;
- diminution drastique du bilan carbone (et GES) ;
- amélioration et sécurisation des achats ;
- sécurisation croissante des produits (consommateurs, riverains, salariés) ;
- attribution de valeur ajoutée vers les salariés comme facteur de bien-être au travail et de fidélité des *stakeholders* ;
- intégration des entreprises dans le tissu local ;
- meilleure qualité de gouvernance (respect des minoritaires…) et éthique ;
- respect des identités, prise en compte des valeurs culturelles dans les discours de marque ;
- Dialogue et véracité du «rendu compte» *versus* les parties prenantes ;
- etc.

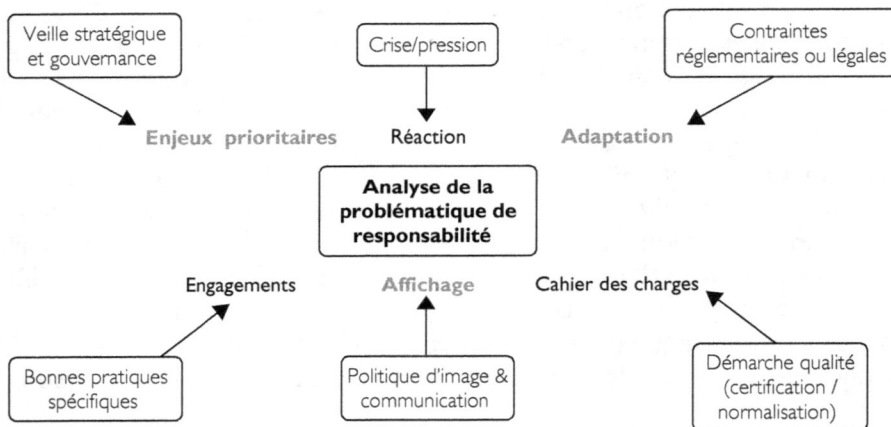

Figure 4.1
Analyse de la responsabilité

Pour l'inventaire de ces enjeux, on se référera aux textes fondateurs du DD et aux divers rapports d'évaluation des organisations internationales. On s'inspirera surtout de l'expression des *stakeholders* qui fait apparaître pour chaque secteur des demandes bien spécifiques. C'est à ce stade de l'analyse qu'on peut évaluer si le DD est un frein ou un accélérateur pour le progrès de l'entreprise. C'est le marché qui en décide, mais aussi (et surtout) la société dans laquelle il fonctionne qui génère des inflexions de la demande, de la part des actionnaires, des consommateurs, des salariés et des acteurs publics. Si les bonnes pratiques sont une première réponse, elles ne résolvent pas forcément les enjeux de durabilité qui vont avoir un impact sur l'entreprise, du fait de l'ampleur et de la dimension collective de certains enjeux.

Un reporting de bonne qualité constitue aussi un point de départ, s'il éclaire sur les problématiques de «durabilité» de l'entreprise. Il oblige toutefois à se poser à un moment la question de l'articulation coût/bénéfice à long terme pour l'entreprise des problèmes de durabilité qui se posent ici et là. Une démarche rigoureuse nécessite donc une étude en amont qui éclaire sur la chaîne stratégique :

Tendances des marchés

> Risques/opportunités

> Impact sur l'exploitation et le bilan

> Modification de la position concurrentielle

> Mesures opérationnelles intégrant le DD

> Différenciation et avantage compétitif perceptible

Le DD peut induire de nouveaux coûts, pourquoi pas de nouveaux revenus ?

À court terme, le DD engendre des surcoûts pour l'entreprise :

- mises aux normes/réglementations les plus exigeantes ;
- investissements de précaution et provisions volontaristes pour risque divers au titre du bon comportement social & environnemental ;
- prise en charge directe par l'entreprise d'exigences nouvelles qualitatives, attendues par les clients, les employés et les autorités publiques (coûts d'exploitation), programmes correctifs ;
- frais spécifiques de suivi et financement d'initiatives.
- Mais le DD consiste à créer des revenus nouveaux pour l'entreprise qui s'applique à les trouver :
- conquête de marchés à venir par adaptation de son offre (retour sur investissement dans les pays à croissance) ;
- mise sur le marché de produits rencontrant une demande «durable», avec ou non des encouragements publics ;
- économie de ressources par pratiques d'éco-efficience ou de fidélisation, voire modification de process, capables de générer des réductions nettes de coûts de production.

L'entreprise peut s'engager avant ses concurrentes ou attendre que la démarche sectorielle soit générale pour procéder à des inflexions, selon l'analyse coûts/avantages qu'elle pense en retirer. Mais, dans la mesure où la pression générale de la société, des régulateurs et des marchés s'exercera dans le sens d'une prise en compte croissante des exigences de durabilité dans l'économie de l'entreprise, celle-ci a le choix entre plusieurs stratégies :

- répercuter ces surcoûts sur le consommateur final, parce qu'il en est d'accord ou à l'aide d'une tarification différenciée qui est rendue possible de la même façon pour tous les opérateurs… ;
- intégrer ces surcoûts sous l'effet de la réglementation qui s'applique à toutes les entreprises. Optimiser cette intégration pour créer un avantage compétitif ;
- générer des nouveaux revenus en exploitant les attentes et les opportunités en termes de DD sur les marchés, par croissance et innovation.

L'entreprise doit trouver sa stratégie propre en combinant ces trois options selon son degré d'engagement et l'importance des enjeux financiers en question. Au final, l'entreprise qui définit sa propre stratégie au regard de la pression du développement durable, de son profil et des défis concurrentiels posés, a intérêt à affronter le bilan risques/opportunités pour déclencher une politique volontariste et tirer parti au mieux de ce mouvement structurant de cette «économie nouvelle».

Le DD modifie la politique d'entreprise

1. Il convient de valoriser une problématique économique à long terme car on ne peut résoudre simplement à court terme les enjeux du DD sans risque de confrontation avec les obligations de rentabilité (critère économique du DD) ; il faut donc se situer dans une perspective à moyen et long terme pour «intégrer l'impact DD» dans la croissance positive de l'entreprise, par étapes les moins sensibles possibles.

2. Il faut ensuite poser l'analyse en priorité au niveau des «directions de la stratégie» qui s'intéressent au moyen terme, avant de déclencher les transformations opérationnelles et commerciales qui s'imposent aux niveaux opérationnels et fonctionnels ; dans ce cas, la bonne pratique prend son sens, non en affichage mais dans la construction du modèle.

3. L'objectif doit être de rationaliser l'action : optimiser le résultat financier et/ou réduire les risques. Cette démarche de construction doit s'appuyer sur des analyses économiques et financières pour classer par priorité les enjeux à résoudre et dégager un solde positif des efforts à engager.

L'entreprise, de fait, peut adopter plusieurs attitudes face au DD : selon la criticité de son impact objectif; selon son engagement volontaire. En conséquence, on peut distinguer les entreprises fortement concernées, plus ou moins engagées, et les entreprises faiblement concernées, plus ou moins engagées. Le couple risque/opportunité en découle en termes de position de marché, de marque et d'influence.

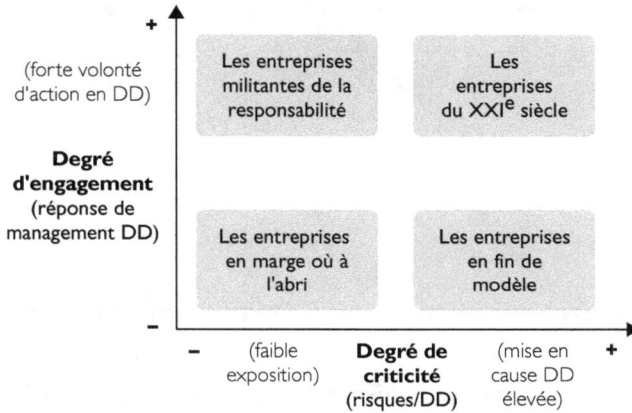

Figure 4.2
**Positionnement des entreprises en fonction de leur réaction
aux enjeux de développement durable**

L'ÉLABORATION DU BILAN STRATÉGIQUE DURABLE

Un bilan stratégique durable va permettre à l'entreprise d'effectuer le lien entre les trois étapes majeures : pression durable → impact de croissance → inflexion opérationnelle.

Cette analyse approfondie a pour objet d'aider l'entreprise à maîtriser sa criticité face aux divers enjeux et à déterminer ses modalités d'engagement et d'action.

Étape 1 : évaluation de la criticité de l'entreprise

L'exposition générale de l'entreprise au DD
Quatre paramètres déterminent le degré d'exposition de l'entreprise et donc la pression qui s'exerce sur elle :

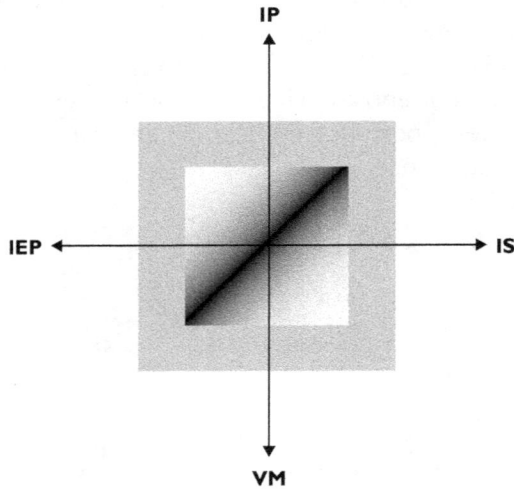

Figure 4.3
Paramètres mesurant le degré d'exposition de l'entreprise

1. L'implication dans les problématiques «planétaires» (IP) :

- liens aux enjeux sociopolitiques;
- présence au «sud» et dans les pays en voie de développement;
- rôle dans les besoins vitaux.

2. L'impact environnemental réel de la production au produit (IEP) :

- sécurité et santé/produit;
- rejets à travers les processus;
- éco-conception du produit.

3. L'impact social de l'activité (IS) :

- importance des effectifs et «bien-être»;
- besoin de mobilité/choix industriels;
- capacité à gérer les engagements à long terme.

4. La vulnérabilité de la marque (VM) :

- la confiance dans la bonne gouvernance;
- positionnement/attente d'opinion;
- capacité d'écoute et de réponse.

L'analyse de chaque enjeu

Les enjeux doivent ensuite être analysés en termes de criticité pour l'entreprise selon une grille précise :

- consolider les données opérationnelles pertinentes : volumes, organisation ;
- faire le point sur le poids des législations et taxations ;
- lister les risques et les opportunités ;
- produire tous les effets économiques de l'enjeu.

Voici quelques exemples d'enjeux à placer sur l'échelle de criticité :

- pollution de sites ;
- marchés émergents ;
- risques professionnels ;
- émission de gaz à effets ;
- consommation d'énergie.

Voici tous les éléments en notre possession :

- données et indicateurs (sources, quantités, efficience) ;
- tous les coûts, risques et opportunités mesurables ;
- informations (organisation, sites industriels, législations).

En revanche, tout ce que nous ne savons pas est à poser en hypothèses de travail :

- données manquantes ;
- hypothèses de risques, scénarios envisageables, réglementations possibles, etc.

Pour chaque enjeu clé de durabilité auquel l'entreprise est confrontée, il faut préciser l'horizon stratégique concerné : le DD peut remettre en cause, à plus ou moins court terme, la pérennité de l'entreprise. Il convient ainsi de sortir de l'horizon managérial pour envisager des enjeux à très long terme et voir en quoi les choix d'aujourd'hui peuvent en modifier l'occurrence future.

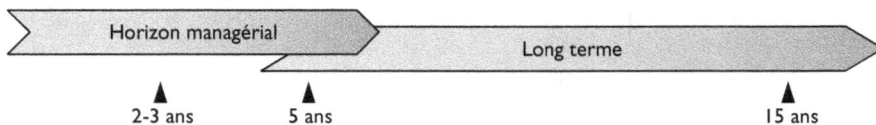

Figure 4.4

Projeter l'impact potentiel des enjeux de DD sur les résultats de l'entreprise

La méthode repose sur une construction raisonnée :

- faire un état des lieux des données (comptabilité analytique, études de marché) ;
- prendre un scénario d'évolution ;
- quantifier une projection des impacts sur les résultats.

On traduit ainsi définitivement les enjeux de DD en conséquences financières tant en termes de risques que d'opportunités, ce qui peut permettre d'aboutir ensuite à une projection sur les résultats de l'entreprise.

Classer par priorité les sujets les plus stratégiques

Ce classement doit venir après l'analyse des enjeux en fonction des critères suivants :

- impacts économiques ;
- évolutions dans le temps ;
- situation dans l'espace ;
- facteurs concurrentiels.

Étape 2 : détermination des modalités d'engagement et d'action

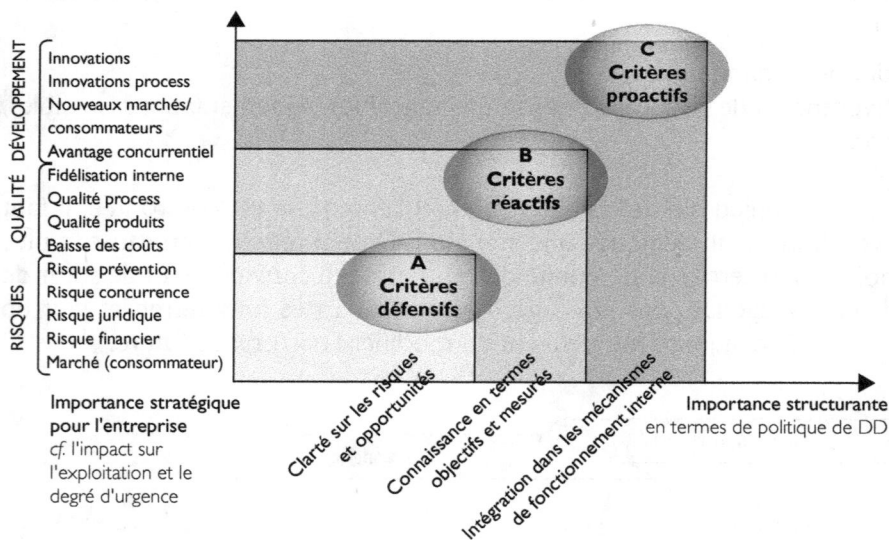

Figure 4.5
Modalités d'engagement et d'action

Réagir aux risques auxquels l'entreprise est exposée est la première attitude sur les fronts du DD, chercher les opportunités et les saisir est la seconde : offensive et proactivité.

Détermination des options stratégiques

Il convient donc pour chaque problématique de durabilité soulevée d'envisager les options stratégiques possibles afin de permettre un arbitrage dans les modalités d'engagement et d'action.

Exemples théoriques

Il convient donc pour chaque problématique de durabilité soulevée d'envisager les options stratégiques possibles afin de permettre un arbitrage dans les modalités d'engagement et d'action.

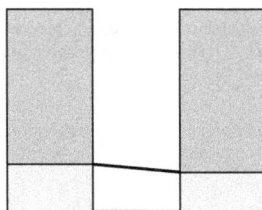

☐ Boissons alcoolisées
▦ Boissons non alcoolisées

Figure 4.6
Tendance du marché pour une entreprise de boissons alcoolisées

Paramètres de l'analyse :
   – évolution des comportements de consommation d'alcool sous l'effet d'une croissance des enjeux de santé et de la prise de conscience sociétale;
   – perspectives d'une nouvelle approche de la consommation plus large mais plus «responsable».

Options stratégiques :
   – concentration sur des segments stratégiques de consommateurs d'alcool par une valorisation de l'offre et une augmentation du prix?
   – élargissement des cibles à travers des nouveaux comportements mieux répandus et tolérés mais dispersés et plus faibles à l'unité
   – élargissement de l'offre sur des produits non alcoolisés?

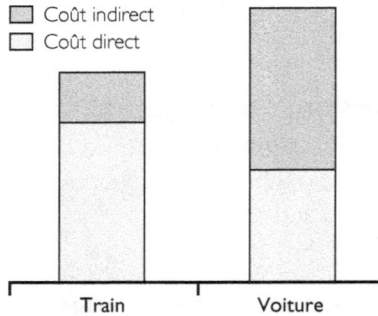

Figure 4.7
Exemple pour une entreprise de transport ferroviaire

Paramètres de l'analyse : ce secteur est caractérisé par une distorsion de concurrence entre les modes car la prise en compte du coût sociétal indirect (pollutions, congestion, ...) n'est pas intégré dans le prix payé par l'usager (coût direct). Ce phénomène profite largement au concurrent (la route).

Options stratégiques :
– faire payer les usagers des voitures par voie de réglementation?
– faire prendre conscience aux usagers de la valeur supérieure du train sur la voiture pour un même prix payé?

Plan d'action pour atteindre les objectifs liés aux intérêts stratégiques de l'entreprise

Le bilan stratégique durable permet de tirer des conséquences opérationnelles sur ce qu'il convient de faire pour infléchir un modèle économique qui tire parti au mieux de la demande de DD dans l'économie mondiale. L'outil doit aussi pondérer la réponse de l'entreprise :

• préciser l'objectif par enjeu stratégique ou problématique de durabilité ;
• éclairer sur le degré d'urgence dans le temps et dans l'espace ;
• déterminer les arbitrages réalisés en les justifiant ;
• développer les pistes d'action ;
• définir le niveau du positionnement de la responsabilité (de la direction générale au fonctionnel) ;
• rendre compte annuellement des progrès et de l'expérience acquise.

Le reporting n'est qu'un outil de mesure pour suivre l'évolution des enjeux dans le détail, pour rendre compte, communiquer et dialoguer en externe. C'est surtout un outil de réponse aux demandes normatives (lois, standards, etc.). Le rapport ne tient pas lieu de stratégie, mais se place en aval : il permet d'établir la mesure, de rendre compte, d'ajuster le plan de progrès annuel; enfin, il permet surtout aux parties prenantes de réagir.

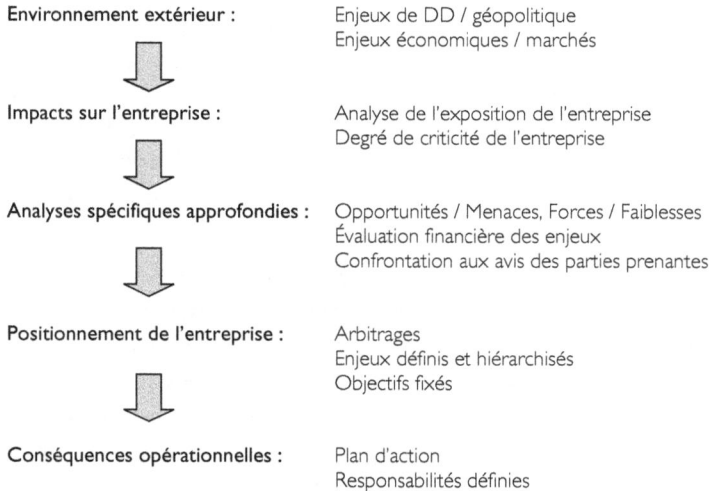

Environnement extérieur :	Enjeux de DD / géopolitique Enjeux économiques / marchés
Impacts sur l'entreprise :	Analyse de l'exposition de l'entreprise Degré de criticité de l'entreprise
Analyses spécifiques approfondies :	Opportunités / Menaces, Forces / Faiblesses Évaluation financière des enjeux Confrontation aux avis des parties prenantes
Positionnement de l'entreprise :	Arbitrages Enjeux définis et hiérarchisés Objectifs fixés
Conséquences opérationnelles :	Plan d'action Responsabilités définies

Figure 4.8
**De l'analyse stratégique des enjeux de DD
aux conséquences opérationnelles**

Contribuer aux orientations du bilan stratégique

Chaque direction de l'entreprise peut alors envisager sa contribution aux orientations du bilan stratégique durable :

- les achats : rechercher gains et bonnes pratiques avec fournisseurs;
- l'environnement : certifier, substituer, innover, pratiquer mieux;
- les RH : convenir de progrès en parité, dialogue, intégration et employabilité/prévisions;
- la finance : information sur les risques et provisions, la couverture des engagements, les gains liés au DD/coûts, avantages concurrentiels;
- le marketing : intégration des attentes nouvelles et pédagogie des marchés;
- la communication : partenariats d'intégration locale et signifiants en termes d'engagement (*cf.* interne);
- R & D : nouveaux produits et processus.

La direction générale et la direction de la stratégie pourront vérifier ainsi que le DD ne sera pas un élément de «décote» pour l'entreprise, mais un atout qu'elle sait saisir et utiliser pour progresser. Ce mouvement va conduire les

189

entreprises à se doter d'une matrice d'analyse «DD» de leur projet global, à des fins stratégiques. Dès lors, le DD appartient d'abord au champ de la gouvernance car il s'agit de piloter les intérêts à long terme de l'entreprise. Même si le management doit s'en saisir en termes de performance, les administrateurs sont les premiers acteurs concernés et ils doivent en référer aux actionnaires pour fonder leurs choix. Toute entreprise doit pouvoir éclairer son actionnariat sur les conséquences qu'elle tire d'une pression durable qui va la concerner dans les années à venir, pouvant la conduire à adapter ses produits, à modifier ses investissements et à déplacer sa zone d'expansion, à rechercher des produits et des services nouveaux et à infléchir, en conséquence, sa croissance externe.

Le bilan stratégique durable s'impose comme «la boussole» de l'entreprise qui subit des pressions multiples pour aller dans le sens du DD, de la part des publics externes, internes ou locaux qui veulent orienter les réponses dans leur sens, à court terme, chacun ayant ses préoccupations particulières qui ne correspondent pas forcément au projet global de l'entreprise à terme...

L'approche stratégique permet de remettre les enjeux de durabilité au centre du projet global de l'entreprise : optimiser la réponse à la fois aux actionnaires, clients, salariés et citoyens, dans une dynamique de fidélisation à long terme de ces publics, c'est-à-dire de création d'une valeur actionnariale et sociétale à la fois.

CHAPITRE **13**

L'INTÉGRATION MANAGÉRIALE
DU DÉVELOPPEMENT DURABLE

Le management du DD se révèle largement une technique de *«brand management»*, en raison du lien sensible qui s'établit entre la marque et les prescripteurs d'opinion. Le mouvement joue positivement quand il s'agit d'exploiter des tendances favorables et peut s'avérer négatif si l'opinion est agitée en sens contraire (*cf.* chapitre 5).

C'est autour de *«la marque entreprise que se catalyse d'abord la relation entreprise/ opinion, même si les investisseurs sont de plus en plus intéressés par les informations «extra-financières»* sur la «durabilité» d'une valeur. Ces derniers analysent ce degré d'exposition de la marque en termes de risque. C'est ce qu'on nomme le *«reputation risk»* et qui retient l'attention des financiers.

L'attractivité de l'entreprise est liée à la confiance qu'elle suscite au regard des enjeux qui se posent à elle. Les clients, les candidats, les salariés, les décideurs institutionnels sont de plus en plus sensibles à la réputation de l'entreprise, c'est-à-dire à son image de responsabilité, quant à sa prise en compte des enjeux de DD dans son management stratégique et opérationnel, pour ce qui la concerne.

LA MISE EN PLACE D'UNE DÉMARCHE DE PROGRÈS

Comment passer de la «non-responsabilité» perçue à la «logique de responsabilité» affirmée?

Il semble qu'il y ait quatre points de passage obligés :

- une prise de conscience de l'enjeu au niveau de la gouvernance afin d'en faire un axe de la «durabilité» de l'entreprise devant les actionnaires (approche risques, opportunités et progrès);
- une décision du management de mettre la responsabilité au cœur de la politique d'entreprise en en tirant les conséquences d'organisation et d'adoption de ses implications (mesure, dialogue, pratiques et compte-rendu);

© Éditions d'Organisation

- l'attribution de la mission de progrès à un comité réunissant tous les acteurs internes concernés par le DD (fonctionnels, opérationnels, pays) ;
- la mise en cohérence de la communication de la marque entreprise avec la politique de progrès en DD, autour d'une image de responsabilité *corporate*.

La prise en compte de ces étapes est un mouvement progressif qui peut prendre plusieurs années. Ce mouvement procède d'un cheminement par phases – la gouvernance, l'appropriation, l'organisation, le déploiement, la communication et les partenariats – et repose sur une analyse stratégique et prospective :

- il assume les applications en termes de politique d'entreprise ;
- il débouche sur une relation ouverte et constructive avec la société, exprimée dans le rapport de DD et l'intégration de la responsabilité au cœur de la communication de marque.

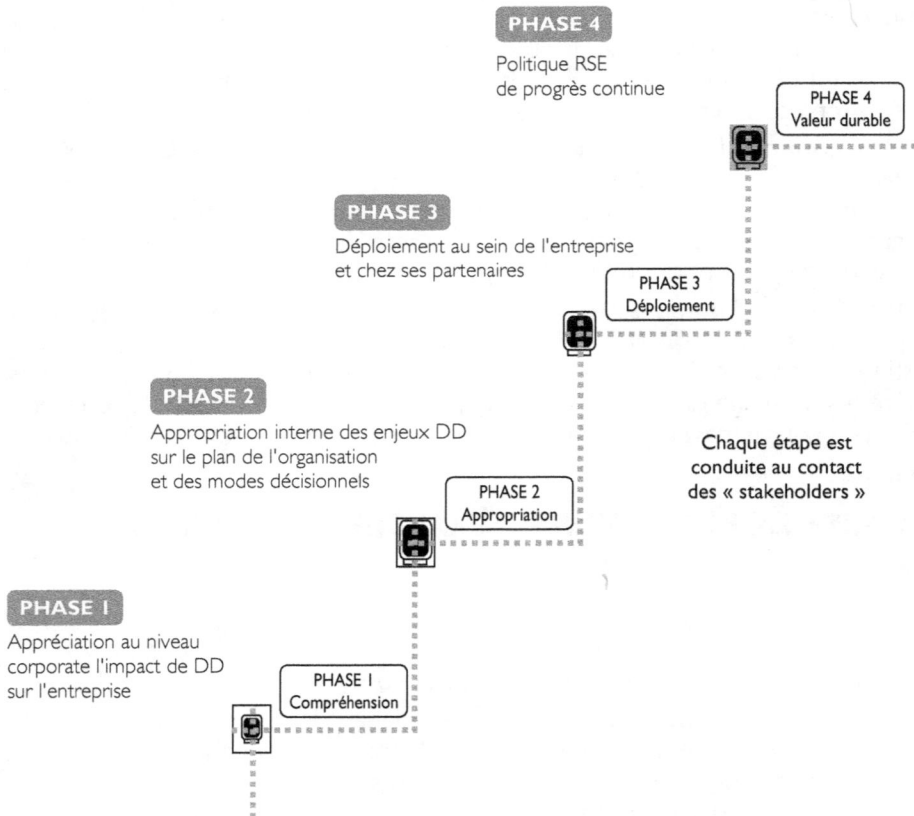

PHASE 4

Politique RSE
de progrès continue

PHASE 4
Valeur durable

PHASE 3

Déploiement au sein de l'entreprise
et chez ses partenaires

PHASE 3
Déploiement

PHASE 2

Appropriation interne des enjeux DD
sur le plan de l'organisation
et des modes décisionnels

PHASE 2
Appropriation

Chaque étape est
conduite au contact
des « stakeholders »

PHASE 1

Appréciation au niveau
corporate l'impact de DD
sur l'entreprise

PHASE 1
Compréhension

© Éditions d'Organisation

Figure 4.9
La démarche d'intégration de la RSE dans le management

Il n'y a pas, à ce stade, de modèle de management théorique pour imposer une construction linéaire et simple du DD dans la politique générale de l'entreprise. Le sujet est à la fois trop neuf, vaste et embryonnaire. Bien plus, du fait de l'approche volontaire du sujet, d'une part, et de la variété des situations concernées, d'autre part, il est clair qu'un management DD repose sur quelques grands principes dont les entreprises adaptent au cas par cas, le séquencement, l'intensité et la «priorisation». Ce management restera largement dépendant des problématiques de secteur, des circonstances locales elles-mêmes dépendantes de la criticité des enjeux au cas par cas et, bien entendu, de la dynamique interne, plus ou moins volontariste en termes éthiques, économiques et marketing.

Pour autant, le management DD se structure progressivement autour de deux considérants majeurs : des principes de base qui attestent au nom de la réalité d'une démarche de responsabilité, issus du cadre normatif en cours de formalisation, d'une part, et l'ordonnancement des phases dans un schéma volontaire et progressif, allant de l'intention affichée à l'intégration dans le modèle économique.

Le chemin de progrès vers le DD

Démarche DD	Dispositif d'engagement et de décision	Dispositif d'organisation et de management	Dispositif d'écoute et de négociation	Dispositif de mesure et d'information	Produit de valeur durable
Phase 1 Compréhension stratégique	Souscriptions aux chartes Volontés affichées	Analyse des impacts pour toutes les directions	Inventaire des interpellations Relation *stakeholders*	Analyse des enjeux Choix des indicateurs	État des lieux DD (premier rapport) Reporting de base consolidé
Phase 2 Appropriation	Axes de progrès (programmes) Identification de partenariats à envisager	Comité DD Fonction d'animation déléguée et relais internes	Relations suivies avec les *stakeholders* Formation et stimulation interne	Reporting Confrontation avec les analystes et benchmarks	Présentation d'une évaluation extra-financière
Phase 3 Déploiement managérial	Présentation au Conseil d'administration Lien avec les *Public Affairs*	Intégration dans les sites et marques Évaluations internes	Systématisation des dialogues Écoute au niveau des sites locaux	Indicateurs et secteurs Vérification externe	Présentation du rapport actualisé Rapport sociétal®
Phase 4 Valeur durable communiquée	Le Conseil d'administration s'implique Discours de marque	Optimisation de la notation des agences et insertion dans les indices	Un progrès annuel «produit» Une journée annuelle «DD»	Appréciation économique (coûts et avantages) Recherche de gain	Intégration de l'évaluation extra-financière dans le bilan

Entre la prise en compte des enjeux, l'affichage des intentions, l'établissement des premiers diagnostics, la définition de modes d'organisation internes, la décision d'engagement de programmes et la construction systématisée de modes de dialogue, de reporting, de recherches et de partenariats, on se situe dans un processus de management particulier. Ce processus nécessite une période de 2 à 5 ans de pilotage déterminé, avant d'arriver à un résultat bien communicable et pertinent aux yeux des observateurs aguerris de la société civile et de la communauté financière, susceptibles d'établir la capacité de maîtrise du sujet par l'entreprise.

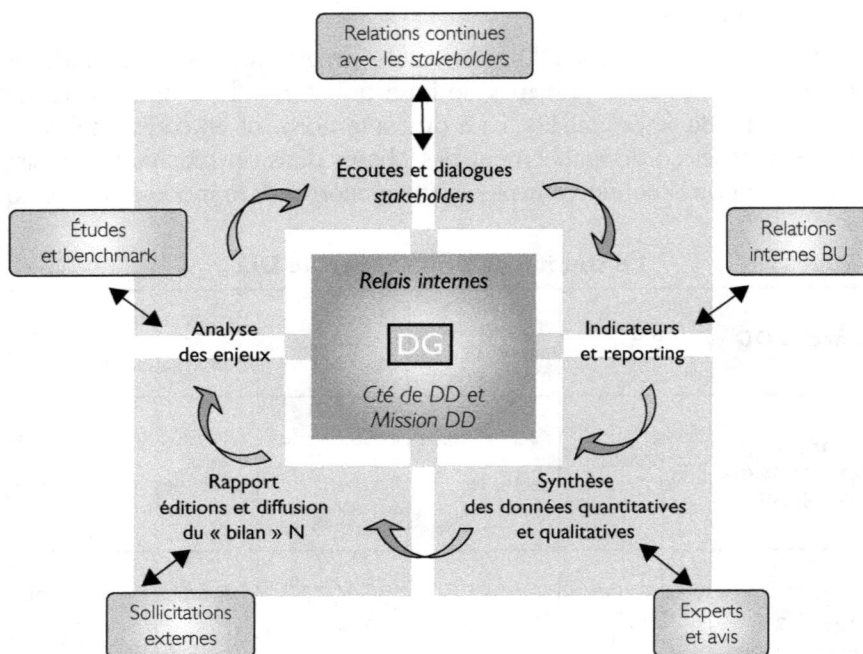

Figure 4.10
Mettre en œuvre une démarche continue de management du DD

L'important n'est pas la vitesse de mise en œuvre et de déploiement, mais bien son appropriation culturelle et technique au sein de l'entreprise, d'où l'intérêt majeur de principes de base qui tracent les objectifs et de repères de travail qui marquent les étapes, avec des outils adaptés au processus.

Les dix outils du management du DD intégré

Charte interne	Grille de décision et d'engagement Discours de marque
Tableau d'impact	Identification des enjeux de DD et des risques courus ou que fait courir l'entreprise (*cf.* exposition)
Comité DD	Programme, évalue et stimule
Matrice des indicateurs DD	Critères sélectionnés à partir de référentiels pour établir le tableau de bord DD
Tableau de bord DD	Consolidation informatique des données
Dispositif d'écoute *stakeholders*	Modes d'écoute et de consultation des parties prenantes qui permet un inventaire à jour des attentes (veille sociétale)
La conduite des programmes internes; «cap durable»	Journée annuelle, expression et valorisation interne, formation, progrès accomplis
Évaluation extra-financière	Indicateurs de performance complétant l'information financière
Vitrine Internet/Intranet interactive (reporting)	Sollicite et rend compte des avis des publics intéressés (rapport DD et *best practices*)
Communication sur les partenariats	Présentation ouverte des résultats des partenariats

LES 21 STANDARDS DE LA MÉTHODE GRM 21

Global Responsible Management 21 (GRM 21) est une méthode de management d'une démarche de responsabilité sociale de l'entreprise, qui favorise une intégration réelle du DD et qui débouche sur la construction du rapport sociétal® (ou rapport de DD qualifié).

La démarche GRM 21 consiste à donner à la marque entreprise un contenu en termes de «responsabilité sociétale», crédible et reconnu à l'extérieur du fait de l'attestation de son rapport. Elle construit les bases d'une notation extra-financière de l'entreprise qui réponde aux besoins d'information de la communauté financière. De fait, la CSR/RSE ne se réduit pas à une politique de qualité ou d'éco-efficience uniquement, ni à un management «appliqué» ou «pointilliste». Ce management part de l'analyse des enjeux, de la mesure objective et de l'écoute externe pour déboucher sur des progrès tangibles. La méthode préconisée permet de structurer ce management, étape par étape, en faveur d'une entreprise qui fait de la confiance en sa marque un axe majeur de son développement, quels que soient les circonstances et les obstacles rencontrés.

Dans cette progression, 21 standards sont recommandés pour aller dans le sens d'un management de plus en plus responsable.

21 attitudes pour l'entreprise durable

Les quatre comportements de gouvernance

1. Le DD est posé en acte de gouvernance : un administrateur est saisi du rapport annuel et fait des recommandations au conseil d'administration à ce sujet; il situe le DD dans le cadre de la bonne gouvernance et de la pérennité de l'entreprise, au regard de ses grands risques.

2. L'état DD est présenté en assemblée générale par l'administrateur devant les actionnaires afin de les informer et de les sensibiliser aux enjeux et aux solutions, en matière de DD, concernant l'entreprise.

3. L'engagement au sein de GC, avec un progrès annuel évalué et présenté (importance du point focal annuel).

4. L'appréciation du «gain» dû au DD pour l'entreprise est détaillée dans le rapport et présenté aux parties prenantes, en particulier la communauté financière.

Les trois comportements de reporting

1. L'entreprise présente dans son rapport ses réflexions prospectives et prévisionnelles sur son activité, au regard des évolutions du contexte mondial et des exigences du DD, notamment en termes de risques.

2. Les indicateurs retenus sont les plus pertinents au regard des enjeux de l'entreprise, dans un périmètre de suivi global, partant des référentiels GRI et des grandes agences de notation sociale ainsi que ceux recommandés par les ONG et le Global Compact.

3. Les sources techniques sont validées par des tiers experts, s'agissant des mesures, pour garantir leur vérification et accessibilité; le process de collecte et de consolidation globale est explicité et validé dans le cadre de la démarche.

Les quatre comportements de dialogue

1. Un panel de *stakeholders* est consulté en amont du rapport sur l'état des lieux de l'entreprise, afin de le faire connaître et de susciter des réactions des parties prenantes *via* DVA.com.

2. La démarche s'inscrit d'abord dans une analyse explicite des enjeux straté-giques (mise à jour).

3. Le reporting est soumis pour avis aux partenaires sociaux (groupe et filia-les).

4. La gestion du risque doit faire apparaître une réduction des risques, parmi les risques liés aux grands enjeux du DD et aux pressions sociétales et réglementaires autour de ces questions, que court et fait courir l'entreprise.

Les six comportements de management

1. Le comité de DD se réunit trois fois par an pour faire le point sur l'implica-tion des directions opérationnelles et fonctionnelles ; il se réunit au moins une fois avec le président dans le cadre d'un comité annuel d'évaluation générale de la démarche.

2. L'entreprise dispose d'une politique d'achats et de relations fournisseurs qui accompagnent et aident ses partenaires en faveur du DD.

3. L'entreprise a une politique d'information et de formation de ses cadres et salariés, ainsi que de ses consommateurs, pour les sensibiliser aux enjeux.

4. Le discours de communication et de publicité prend en compte les valeurs du DD.

5. La tarification de l'entreprise prend en compte les coûts externes afin de tendre vers une logique de prix responsable et incitatrice.

6. Les dirigeants et les cadres sont rémunérés en fonction de leur engage-ment dans le sens du DD.

Les quatre comportements d'engagement

1. L'entreprise collabore avec les institutions publiques pour aménager les règles du DD qui la concernent, au sein d'organismes professionnels, nationaux et internationaux ; elle fait état des conclusions qu'elle en tire et les met en place avec ses partenaires.

2. Les réclamations internes ou externes qui portent sur le comportement de l'entreprise en DD sont portées devant le Comité qui se prononce sur les mesures correctrices.

3. La R & D développe des programmes dans le sens du DD afin de propo-ser des innovations produits et process.

4. L'entreprise prend en compte les règles sectorielles en faveur du DD et les encourage à progresser pour tirer son secteur dans un sens dynamique.

Les prérequis pour l'action

L'intégration appelle l'acquisition conceptuelle de certains prérequis fondamentaux. L'appropriation de ces prérequis par le management (direction générale et opérationnelle) est une étape nécessaire à la prise en compte du DD au sein d'une politique d'entreprise. Quatre règles résument ces pré-requis.

Règle 1 : replacer le DD dans le cadre de la mission de l'entreprise pour dégager plus de valeur

L'économie d'entreprise doit intégrer désormais la «durabilité» à l'intérieur du modèle actuel, qui a fait ses preuves, pour l'allocation efficace des ressources et la diffusion de la richesse et du progrès.

La capacité de l'entreprise à créer de la valeur pour ses parties prenantes – clients, employés, société – est la base de la création de valeur pour l'actionnaire.

La pression sociétale et la réalité géopolitique donnent du poids aux parties prenantes qui pèsent sur les différents marchés.

La prise en compte des parties prenantes doit être créatrice de valeur pour l'actionnaire dans une vision à moyen terme.

Règle 2 : la performance durable s'inscrit dans le cycle de vie des produits

La «durabilité» englobe toutes les conséquences à travers le cycle de vie du produit. Ces externalités comprennent les dommages éventuels à long terme, indirects et globaux. Un produit (ou service) requiert quatre performances :

- il vise à obtenir une satisfaction ;
- il nécessite un temps d'obtention ;
- il nécessite l'emploi de ressources ;
- il entraîne des conséquences externes à la satisfaction apportée.

La performance totale se mesure en prenant en compte ces quatre volets, qui ont tous une valeur économique et un coût : coût de non-qualité, de retard, de non-compétitivité par les coûts et risques de non-durabilité.

Règle 3 : La performance durable doit viser à améliorer les résultats économiques

La performance durable est une démarche de réduction de tous les risques. La réduction de risques économiques entraîne d'abord moins de coûts cachés :

- moins de risques non provisionnés ;
- moins de risques de sortie ;
- moins de risques de perte de marchés.

Mais c'est aussi un gain de compétitivité :

- pour répondre aux besoins – effets sur l'offre ;
- pour répondre aux attentes qualitatives – effets sur la marque ;
- par l'amélioration du management – effets sur le process ;
- par le développement des innovations – effets sur la demande.

Règle 4 : rechercher les synergies *top down/bottom up*, internes/externes

Tout le management a son rôle à jouer dans le progrès DD :

- impulsion donnée par le top management et le conseil d'administration vers les équipes ;
- lier l'évaluation financière et l'évaluation extra-financière (concerner les actionnaires) ;
- entraîner les directions fonctionnelles et opérationnelles pour relier le DD avec le produit et la marque ;
- s'inscrire dans des relations pour «négocier» les efforts collectifs et se montrer le plus compétitif *(benchmarker)* ;
- passer de la défensive à l'offensive vis-à-vis des parties prenantes et étant une force de proposition.

C'est par les équipes internes que le DD se met en œuvre réellement et pratiquement. C'est le tout premier public à mobiliser. Une démarche de progrès durable ne réussit pas, si elle est isolée ou «faite en chambre». Elle doit être impulsée de l'intérieur et de l'extérieur, en prenant en compte le rôle des conseils et des *stakeholders,* des *raters* et ONG.

LA MÉTHODE D'ORGANISATION DES TRAVAUX

Le déploiement d'une stratégie d'intégration se déroule en quatre grandes étapes successives.

1. L'étape d'analyse stratégique et prospective (*cf.* le bilan stratégique durable).

2. La construction du système de reporting.

3. Du reporting à la conception d'un rapport DD.

4. La nécessité d'une animation transversale et proactive, au travers de la marque entreprise, débouchant sur des progrès.

Parallèlement, il faut intégrer les parties prenantes dans le processus d'élaboration (consultation d'un panel propre ou utilisation du panel ONG, session-dialogue thématique comprenant aussi les partenaires sociaux) ainsi que l'analyse de la satisfaction des clients et salariés.

Le reporting doit permettre le passage de l'analyse stratégique au management opérationnel

Il s'agit de mettre en place un système de reporting DD qui :

- parte de l'analyse stratégique du DD pour l'entreprise;
- réponde aux attentes externes légitimes (*guidelines,* standards et attentes *stakeholders*);
- soit adapté aux besoins de chaque utilisateur a posteriori (ciblage des propositions).

La difficulté qui réside dans la mise en place du système de reporting de DD vient de la multitude et la diversité des utilisateurs finaux de l'information. Chaque type de *stakeholder* attend des informations spécifiques, comme le montre la figure ci-dessous.

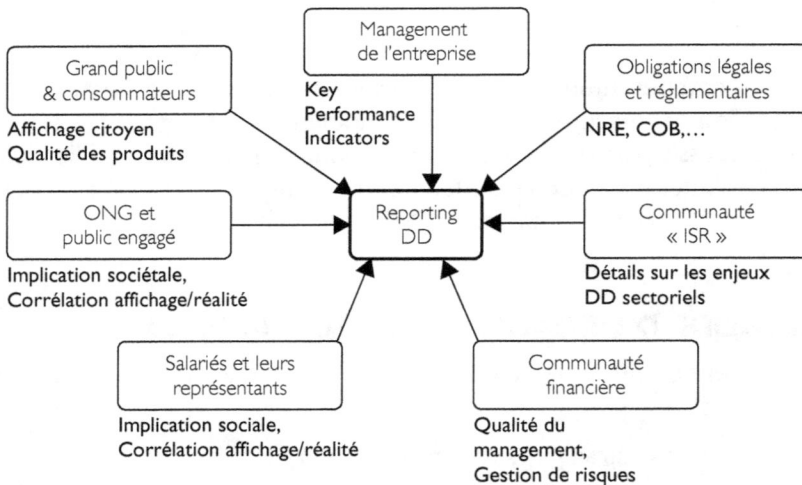

Figure 4.11
Reporting DD

Or, chacun de ces utilisateurs d'informations attend des qualités différentes du reporting de DD.

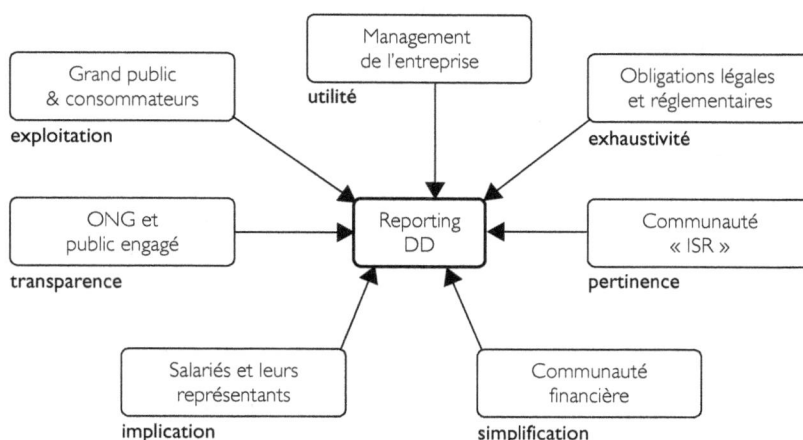

Figure 4.12
Reporting DD bis

Il convient donc de structurer en trois étapes la réalisation du système de reporting DD interne avant de passer aux étapes ultérieures.

1. Établir la matrice stratégique de DD : indicateurs issus de la réflexion du bilan stratégique durable de l'entreprise.

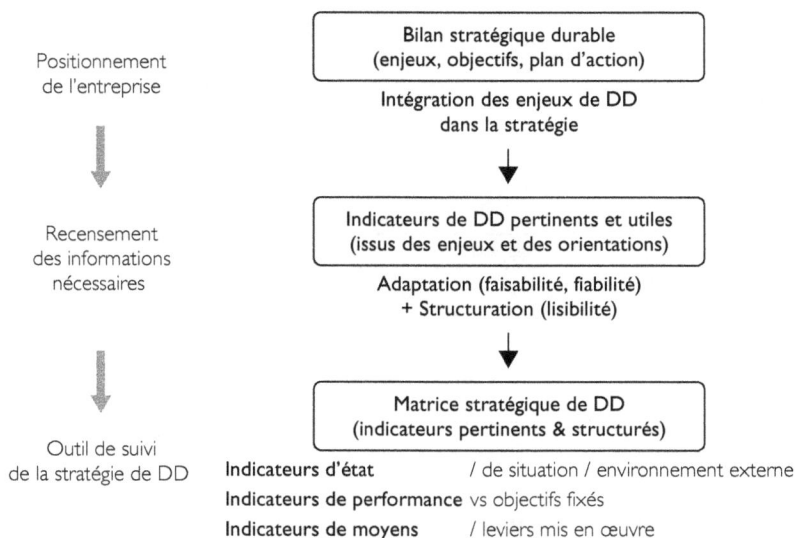

Figure 4.13
Indicateurs issus de la réflexion du bilan stratégique durable de l'entreprise

2. Mettre en place un système d'information qui permette aussi de répondre aux attentes externes légitimes.

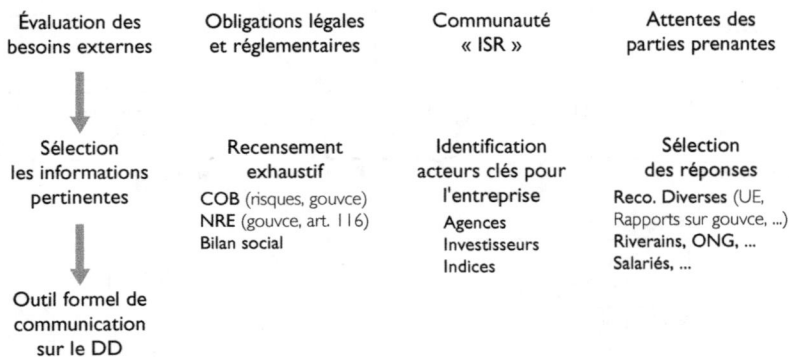

Évaluation des besoins externes	Obligations légales et réglementaires	Communauté « ISR »	Attentes des parties prenantes
↓			
Sélection les informations pertinentes	Recensement exhaustif **COB** (risques, gouvce) **NRE** (gouvce, art. 116) **Bilan social**	Identification acteurs clés pour l'entreprise **Agences** **Investisseurs** **Indices**	Sélection des réponses **Reco. Diverses** (UE, Rapports sur gouvce, ...) **Riverains, ONG, ...** **Salariés, ...**
↓			
Outil formel de communication sur le DD			

Figure 4.14
Informations formelles de DD
(ensemble des informations de DD nécessaires)

3. Mettre ensuite en place des communications du reporting DD qui soit adaptées aux attentes de chacun des utilisateurs.

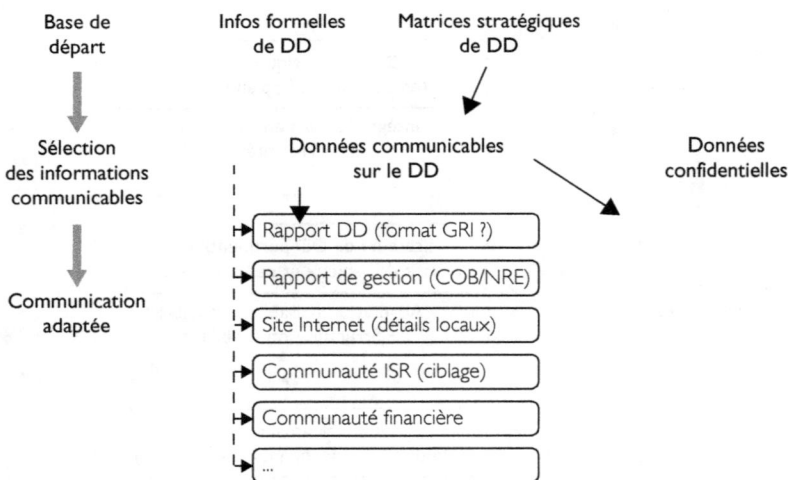

Figure 4.15
Des communications du reporting de DD

Le dispositif d'organisation

Le comité DD doit être le pilote de la démarche. Ce comité transversal, intégrant toutes les fonctions concernées (achats, RH, communication, environnement, recherche, stratégie, etc.), rattaché au niveau DG qui le préside et le suit, propose, débat, évalue et relaie la démarche auprès des opérationnels (sites et pays).

Il est le garant du plan de progrès, qu'il propose et qu'il évalue. Il suit les évolutions sectorielles *(benchmark)* et s'intéresse à l'évolution de la problématique (actualités, innovations, tendances et écoute des *stakeholders*). Il recherche la cohérence entre toutes les décisions afin de dégager une vision commune. Il est animé par un coordonnateur/délégué au DD, choisi par la direction générale pour faire fonctionner le comité et faire le lien entre toutes ses composantes (constitution du réseau interne, acteurs et relais) sous la direction duquel se réunit par trimestre (de trois à quatre réunions par an).

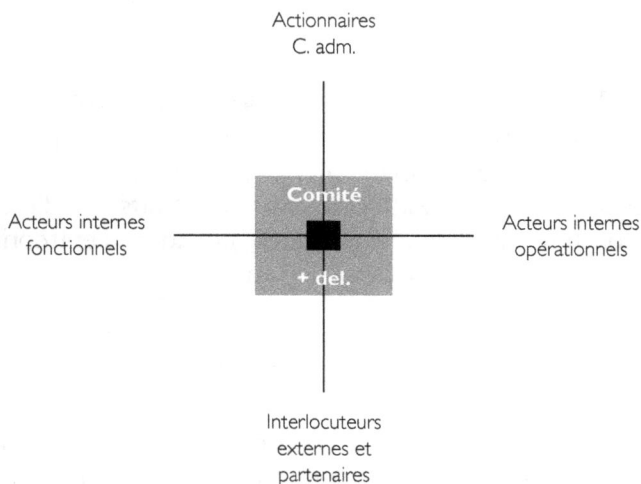

Figure 4.16
Le management DD

Le management DD est une mobilisation interne organisée qui débouche sur un programme de progrès, proposé et réalisé par toutes les directions de l'entreprise :

- financières, relations actionnaires, stratégie ;
- politiques fonctionnelles (RH, achats, etc.) ;
- processus de production (industrie, HSE) ;

- éco-conception produit (R & D) ;
- relations institutionnelles (com.).

Une coordination opérationnelle continue et assumée

Il ne suffit pas de «lancer» l'entreprise dans le DD, il faut définir, répartir et canaliser les tâches concrètes du progrès durable. C'est le rôle du délégué au DD qui anime le comité, appuyé si possible d'un conseil qui stimulera l'entreprise. Ce délégué a au moins cinq missions :

- incarner la démarche, à l'extérieur et dans les réseaux d'acteurs et de partenaires ;
- administrer le durable (indicateurs, mesures, audits, reporting, plus conseil) ;
- manager le durable (relations internes, animation des projets, des équipes, formations) ;
- faire fonctionner les outils de gestion et assurer le retour d'expérience ;
- piloter et coordonner les projets, conduire des actions de progrès, innovations, éco-efficience.

Le point focal annuel, au cœur du plan de progrès

Chaque année, l'entreprise se dote d'un axe de progrès principal qui est décidé et suivi au sein du comité DD. Il est sélectionné en fonction des impacts et des attentes externes. Il concentre les efforts des directions opérationnelles et constitue une vraie avancée de politique d'entreprise. Il donne son sens particulier au rapport sociétal de l'année.

L'organisation de la démarche de management DD et la RSE, qui s'en occupe ?

C'est le débat le plus paralysant pour la mise en place des politiques RSE; les entreprises hésitent sur le choix des responsabilités et leur articulation avec les autres directions. Est-ce une fonction technique qu'on laissera rattachée à l'environnement ou est-ce une fonction d'information qu'on adossera à la communication? Est-ce une fonction de gouvernance qu'on situera donc au sein de la direction générale, voire financière, ou est-ce encore une fonction autonome qui aura son propre périmètre d'intervention aux côtés des autres directions? Aucun schéma ne s'impose vraiment aujourd'hui. Il est évident que le choix du positionnement politique du DD reflète, dans chaque cas, l'importance et le sens de la mission attribuée à cette orientation au sein de la politique d'entreprise. C'est pourquoi deux tendances devraient l'emporter demain :

- la fonction RSE rattachée à la direction de la communication ;
- la fonction RSE rattachée à la direction générale.

Lorsque la fonction RSE est rattachée à la direction de la communication, elle représente une aile avancée de la gestion de la marque, en termes de discours et d'écoute. Ce peut être à la fois une excellence approche si la fonction communication en tire toutes les conséquences pour se poser en trait d'union actif entre l'entreprise et la société. Mais ce peut être un risque de «superficialisation» de la RSE, si on se contente de rapporter et de justifier, dans un esprit de communication unilatérale. Dans ce cas, on parlera d'un bloc *«corporate affairs»*.

Lorsque la fonction RSE est rattachée à la direction générale, elle a sa propre reconnaissance. Ses attributions vont alors de l'animation de l'éthique interne à la représentation externe, en passant par des rapports de service et d'appui auprès des autres directions en vue de générer un progrès collectif opérationnel. Dans ce cas, elle doit être très proche de la direction financière (*cf.* gestion de la notation extra-financière) et faire partie du bon processus de gouvernance. Dans ce cas, on parlera d'un bloc *«corporate governance»*.

Chacun de ces deux schémas a des avantages et des inconvénients :

- le bloc *«corporate affairs»* (communication et DD) peut être défensif et trop promotionnel, voire mal considéré par l'interne, mais il peut être plus visible et plus engageant vis-à-vis de l'extérieur que tout autre formule ;
- le bloc *«corporate governance»* (direction générale et DD) peut être plus exigeant, plus stratégique, avoir plus d'impact en interne aussi. Mais il peut être plus limité aussi dans son expression et moins mobilisateur en externe car trop financier et pas assez opérationnel.

Ces schémas correspondent aussi à des degrés d'exposition différents. Les grandes marques auront nécessairement des approches *«corporate affairs»* et les holdings ou les entreprises industrielles plutôt des approches *«corporate governance»*.

Ce débat devait se clarifier assez vite car, une fois le reporting accompli, les entreprises ne peuvent progresser et se définir des actions que si elles ont résolu ce délicat problème de l'intégration de la RSE dans la structure de management du groupe, aux côtés des unités opérationnelles ou «pays», au service des filiales et des composantes métiers qui décident des relations directes entre l'entreprise et son environnement.

Le DD, une démarche nécessairement ouverte et appuyée sur l'extérieur

Il s'agit de faire des *stakeholders* les partenaires de la recherche de durabilité de l'entreprise.

La RSE et le DD présentent une caractéristique de management; ces démarches ne peuvent pas et ne doivent pas se conduire «en vase clos», l'entreprise fermée sur elle-même et accomplissant en autarcie son rapport et son plan de progrès. La RSE se nourrit d'un rapport critique avec l'extérieur et d'une stimulation de la part de l'environnement de l'entreprise qui lui objecte ses insuffisances et projette ses attentes. Si l'entreprise se protège dans une «bulle culturelle» fermée, comme on le voit souvent, elle peut accomplir une bonne démarche technique, mais celle-ci n'aura pas d'impact «politique» et s'éteindra rapidement sous forme d'une procédure d'autosatisfaction. En revanche, si l'entreprise s'associe à un conseil extérieur, à une ONG ou à un partenaire indépendant qui lui apporte son regard, sa distance mais aussi son intransigeance, elle aura une plus grande capacité à se remettre en question et à vouloir s'engager vers l'extérieur pour corriger les modes de fonctionnement qui l'aideront à aller vraiment dans le sens du DD. Ce point est capital à deux titres :

- l'utilisation du partenaire externe indépendant traduit le degré d'ouverture culturelle de l'entreprise; il garantit que la démarche RSE ne sera pas totalement protectrice de l'entreprise, mais qu'il y aura débat, questionnement et volonté d'ouverture vers la société. Cela atteste que l'entreprise accepte de se mettre en position ouverte dès le départ, ce qui est le sens même de la démarche RSE!
- la relation avec le partenaire extérieur permettra de construire les mécanismes de crédibilité de la démarche, soit pour attester le travail de management, le reporting, soit pour compléter la présentation. C'est un accompagnement qui apporte une certaine caution à l'entreprise, proportionnelle à la réputation d'indépendance propre au partenaire choisi.

Ainsi, il faut définir les règles de management de la démarche en exposant ce qui se dégage du rôle des acteurs internes et celui des partenaires externes. Chacun doit savoir ce qu'il attend de l'autre.

L'interne a une responsabilité d'écoute et d'approfondissement, mais aussi d'engagement. L'externe a un rôle de proposition, de dialogue et d'explication, mais aussi d'accompagnement. L'expérience montre que les «partenaires» externes doivent assumer ce rôle, c'est-à-dire d'apparaître partie liée avec l'entreprise, vis-à-vis de l'extérieur. Sans se confondre, leur rôle s'en trouve solidarisé et ils deviennent comptables, d'une certaine manière, des progrès de l'entreprise et de la façon dont elle se comporte sur ce sujet.

Le rôle des acteurs internes d'une démarche DD

Les acteurs d'impulsion

Le Conseil d'administration, le PDG et le DG évaluent la démarche (*cf.* rapport d'activité) et fixent les objectifs (programme d'action annuel).

Le comité DD assure la dynamique de la démarche et sa réalité managériale. Le délégué/coordonnateur de la démarche DD assure le pilotage du comité, l'exécution du programme, le lien avec l'extérieur et sa qualité technique, ainsi que la cohésion et la coordination entre tous les intervenants.

Les acteurs d'intégration

Les directions fonctionnelles proposent, relaient et suivent l'accomplissement de la démarche (DF, DRH, environnement, achats, communication).

Les directions opérationnelles initient et engagent les actions de progrès (R & D, industrie, marketing)

Les acteurs d'exécution

Les cadres (relais «engagés»).
Les équipes internes «volontaires».

DOSSIER

L'apport spécifique
des partenaires externes

Le conseil en management DD

Aide la direction générale à concevoir le plan, évaluer la situation, construire la démarche, son calendrier (apport technique et méthodologique) et la présenter (évaluation extra-financière au contact des analystes).

Appuie le délégué dans la mise en place, l'animation, la réalisation des outils et la proposition des axes de progrès (apport managérial).

S'assure de l'écoute et de la réalité de l'ouverture sur l'extérieur, de l'intégration des référentiels et des vraies préoccupations externes, de la bonne analyse des enjeux tels que posés par les *stakeholders* notamment (apport politique).

Le conseil ou l'auditeur qui atteste

Qualifie les documents pour les auditeurs externes et les agences de notation dans la logique de l'évaluation extra-financière (co-signe la démarche et implique sa signature à cet effet). Selon sa compétence et la mission qui lui a été confiée, il publie son avis, soit sur le processus de management (conseil en management), soit sur la réalité des données (vérificateur).

L'auditeur légal (commissaire aux comptes)

Vérifie la qualité des données accompagnant le rapport d'activité et présentées aux actionnaires ainsi que les systèmes d'information (données techniques et financières ayant un impact sur la valeur). Il garantit l'information extra-financière qui accompagnera la publication du bilan : il vise notamment les informations de la loi NRE, comme toute information incluse dans le rapport annuel de gestion.

L'agence de notation

Elle établit son propre diagnostic de la situation, selon sa méthodologie d'enquête et fournit son jugement à partir des données fournies et collectées. Elle les met à disposition des investisseurs qui attachent un intérêt à cette notation. Certaines d'entre elles proposent des «notations sollicitées» qui relèvent en fait de l'établissement d'un état des lieux pour le compte des entreprises elles-mêmes; elles jouent alors le rôle d'un conseil ou d'un auditeur qui donne un avis indépendant de la situation.

Les partenaires militants (ONG et représentants des *stakeholders*)

Ils proposent, suivent, co-organisent des actions, en toute indépendance, en apportant leur propre expertise et leur audience, tirant les exigences de l'entreprise.

© Éditions d'Organisation

CHAPITRE 14

LE RAPPORT DD, OU RAPPORT DE RESPONSABILITÉ SOCIALE

Informer pour dire ce qu'on a fait et ce qu'on veut faire est la première preuve tangible de son engagement en faveur du développement durable. Mais la manière de rendre compte soulève une série de problèmes quant à l'objectivité et à l'utilité des données transmises à l'opinion. De façon pragmatique, un esprit commun aux actions de reporting s'est imposé progressivement afin de constituer une sorte de structure de base des rapports de DD ; elle est en train de s'imposer comme la norme requise.

LES ENJEUX D'UN RAPPORT DD

Un rapport au DD

Les rapports DD des entreprises reflètent l'état du rapport qu'elles entretiennent avec ce phénomène, nouvelle revendication de l'opinion pour une croissance mondiale planétaire, mieux maîtrisée, mieux partagée et à long terme ! Les rapports illustrent l'attitude *corporate* de groupes plus ou moins confrontés à ces enjeux, plus ou moins engagés et désireux d'en parler… S'il n'existe pas de figure imposée, le rapport DD obéit néanmoins à des principes en cours de formalisation et d'universalisation qui ne cesse d'évoluer… On est passé de la lente genèse des rapports environnementaux à un concept de plus en plus structuré de rapport développement durable, affichant une attitude de responsabilité de l'entreprise. On se dirige vers des rapports sociétaux répondant à un cadre certifié afin d'être opposable et de servir à la nouvelle communication extra-financière de l'entreprise.

Une justification nécessaire face aux pressions croissantes

De façon continue depuis vingt ans, les ONG, les médias, les gouvernements ou les consommateurs accusent les entreprises de leur faire courir des risques ou de mettre en cause des intérêts et des valeurs particulières à travers leur démarche commerciale : *«too much corporate power»*. Les entreprises sont donc conduites à dire ce qu'elles sont et ce qu'elles font réellement pour se justifier et réagir aux diverses accusations dans la société, pour ne pas subir, pour réagir et prévenir ! Elles produisent pour cela des «dossiers à décharge», répondant à ces mises en cause.

Une logique de preuve

Mais les déclarations ne suffisent pas. Le discours de communication des entreprises reste promotionnel et unilatéral, souvent contredit par les faits (même en matière financière !). La logique *corporate* reste un sous-produit de la logique médias (*cf.* l'assimilation au «hors médias»), elle ne correspond pas à la culture critique de la société civile qui va de plus en plus voir par elle-même, vérifier et contrôler. On ne sort de la défiance que par la preuve : *«Don't tell me, show me.»* Il faut inventer une autre façon de rendre compte sur laquelle *stakeholders* et entreprises peuvent s'accorder !

Une logique d'analyse des risques et des progrès

Les informations courantes des entreprises s'avèrent insuffisantes ou partielles au regard des enjeux du DD, s'agissant des données attendues en matière environnementale, sociale, sociétale, voire économique. Les obligations actuelles de la comptabilité sont limitées (*cf.* flux annuels et non données patrimoniales et engagements à long terme). Elles ne décrivent pas les impacts sociétaux. Les *raters* sociaux et les fonds éthiques soulèvent des questions sur les risques réels et les progrès accomplis ou non dans le champ du DD, c'est-à-dire le risque que court et que fait courir l'entreprise du fait de son activité, de ses pratiques et de ses projets.

Une base pour le dialogue *stakeholder*

Les acteurs civils et éthiques, militants ou financiers jugent sur les actes et prennent les entreprises au mot (*cf.* procès Nike). Le «rendu compte engage». Il est comparé et suivi ; il nourrit les bases de données. C'est le point de départ d'une observation et de comparaisons. Les dialogues constructifs se fondent sur un état des lieux mesuré, quantifié et engageant qui permet de (re)construire des relations. C'est tout l'intérêt des rapports et du reporting.

Un rapport est ainsi fait pour dialoguer et avancer ; le rapport DD doit dépasser sa fonction justificatrice et défensive pour être un outil du dialogue entre le public et le privé sur la résolution des enjeux communs. Il vaut aussi par la qualité de sa diffusion et de son utilisation, afin d'en tenir compte pour l'élaboration du prochain rapport et la poursuite du processus de progrès :

- *vs* le management, pour dégager des progrès ;
- *vs stakeholders,* pour nourrir le dialogue ;
- *vs* l'interne, pour améliorer l'adhésion ;
- *vs* les *shareholders,* pour les associer.

Un bon rapport de responsabilité et de DD atteste d'une démarche sociétale de l'entreprise qui prend en compte, dans son modèle, les enjeux collectifs de l'environnement global actuel et futur. De façon générale, il vaut mieux diffuser et présenter le rapport dans une logique d'écoute, de dialogue et non de justification et de promotion. Plusieurs raisons motivent cette attitude :

- s'agissant d'une relation à la société, la recherche d'un «retour» s'avère plus consensuelle et créatrice d'une empathie ;
- la démarche contient nécessairement des controverses et des choix qu'il convient de défendre de façon pédagogique ;
- le rapport présente forcément un compromis entre les points forts et les points faibles, entre les résultats et les intentions qui appellent une dialectique ouverte et non une communication unilatérale, purement déclarative.

Pour ces raisons très fondamentales, le rapport comportera toujours une ouverture vers le lecteur ou l'interlocuteur lui permettant d'exprimer à son tour son avis et l'assurant que cet avis sera pris en compte. On introduit ainsi des mécanismes interactifs (coupons-réponse ou *via* Internet essentiellement) qui donneront une réalité à cette attitude d'ouverture recherchée à l'occasion de la présentation des rapports CSR. La publication de ces avis apparaîtra ensuite comme une vraie démarche d'écoute de la société. Le rapport offre ainsi des occasions nouvelles et intéressantes de relation à la société et à ses publics actifs qui sont une de ses raisons d'être, dans l'intérêt mutuel des deux parties.

La première qualité d'un bon rapport : être opposable à l'extérieur

L'opposabilité dépend de la crédibilité du document, c'est-à-dire de sa qualification par un expert, extérieur à l'entreprise. Pour cela, il doit répondre à des caractéristiques précises qui s'imposent de plus en plus comme les critères standard du reporting international.

La qualification du process de management par un conseil expert et indépendant se fait à travers une grille d'évaluation servant à l'appréciation du process par le conseil. On appréhendera dès le départ les critères les plus importants :

- approfondissement stratégique des enjeux et du cycle des produits ;
- culture d'écoute et de réceptivité interne aux attentes sociétales ;
- implication des directions opérationnelles et fonctionnelles dans la démarche et le comité de DD (risques et gains) ;
- volonté de confronter le reporting aux référentiels reconnus et dans le cadre d'un périmètre complet ;
- souci de comparer les données avec la concurrence et le secteur ;
- intégration d'une forme de consultation *stakeholder* en amont ;
- désir d'engagement de bonnes pratiques et d'innovations ;
- attention à la véracité du discours et à la cohérence entre action et communication (souci de responsabilité) ;
- réalité de la prise en compte au meilleur niveau (CA et DG), c'est-à-dire en termes de gouvernance ;
- participation aux instances collectives et débats institutionnels.

Plus qu'un bilan, le rapport est un acte de politique d'entreprise

Le rapport DD s'impose au final comme un acte de bonne gouvernance de l'entreprise ; il est au cœur de l'interpellation stratégique sur la responsabilité de l'entreprise et sa meilleure réponse à l'égard de tous les publics qui comptent pour sa croissance. C'est un document qui engage l'entreprise. Il est destiné à :

- affiner une vision stratégique au regard des enjeux du contexte ;
- formuler ses objectifs pour diminuer les risques que court et fait courir l'entreprise ;
- faire le bilan des efforts et progrès accomplis dans le sens de la RSE ;
- montrer la gestion des impacts de son activité, en faisant prospérer ses affaires, réduire les risques, démontrer sa conformité à la loi, répondre aux attentes de ses clients-citoyens, dialoguer avec les riverains et la communauté, intégrer ses salariés dans sa politique, informer les médias et ONG des engagements ;
- rendre compte de son triple bilan, destiné à fournir aux tiers des informations sur trois performances : économique, l'impact des activités sur l'environnement et sur la société au sens large (éthique et intégration sociétale) ;
- afficher la réalité de la bonne gouvernance de la société qui commande l'ensemble de ses comportements.

Un rapport poursuit toujours deux finalités, interne et externe : connaître et mieux gérer les performances des sites et de l'entreprise et communiquer avec la société civile. Il s'adresse à plusieurs cibles, plus ou moins concernées par un aspect de la démarche de l'entreprise :

- public interne (personnel) ;
- public externe (actionnaires, fournisseurs, clients et consommateurs, autorités publiques et locales, banques, assureurs et investisseurs, riverains et ONG, médias).

Un bon rapport n'est pas statique, au contraire ! Le rapport est le moyen pour l'entreprise de se doter d'outils et d'objectifs en matière de progrès CSR. S'il permet d'afficher des résultats, il est surtout une façon de stimuler une politique et d'aller au-devant des *stakeholders*. C'est donc bien un outil de management autant que d'information.

Il y a un processus à respecter pour y parvenir, dont la confrontation aux référentiels et aux *stakeholders* est la partie la plus engageante, alors que la collecte des données constitue la partie technique, même si elle peut être parfois la plus lourde en interne. Cette consolidation des données extra-financières (triple performance) obéit à un processus de «système d'information» comparable à celui de l'information comptable.

Dans un premier temps, il se fait à partir des états existants : rapport de gestion, HSE, bilan social, analytiques par fonction, bilans de sites, etc. Dans un second temps, il met à jour les enjeux majeurs du groupe, les points forts et les axes de progrès engagés ou à engager. Il est ensuite construit sur la base d'indicateurs sélectionnés. Son élaboration doit viser une parution pour l'assemblée générale, en complément du rapport d'activité afin que les progrès annuels, économiques et financiers soient aussi lisibles en termes de performance sociale, environnementale et sociétale.

L'ÉLABORATION DU RAPPORT DD

Informer pour dire ce qu'on a fait et ce qu'on veut faire est la première preuve tangible de son engagement en faveur du DD. Mais la manière de rendre compte soulève une série de problèmes quant à l'objectivité et à l'utilité des données transmises à l'opinion. De façon pragmatique, un esprit commun aux actions de reporting s'est imposé progressivement afin de constituer une sorte de structure de base des rapports de DD ; elle est en train de s'imposer comme la norme requise.

Éléments préalables à l'engagement des travaux

Bien s'approprier sur quoi sera évalué le rapport DD

Cette nouvelle forme de communication qu'est le rapport DD doit **être informative avant tout** et s'inscrire dans plusieurs registres :

- analyse des enjeux la plus objective possible (avec recours conseillé à des tiers experts) ;
- présentation des points forts et des points faibles, au regard des engagements pris et la mesure des résultats *versus* les référentiels reconnus ;
- établissement de la relation aux acteurs internes et externes qui constituent «la communauté de l'entreprise».

La communication durable est une expression de la responsabilité de l'entreprise, de plusieurs façons. Elle doit :

- être véridique, loyale et respectueuse des faits et des situations par-dessus tout ;
- chercher à développer des relations et non à servir la publicité commerciale.

Enfin, la communication durable procède d'une volonté de dialogue direct. Elle est le fruit d'une écoute des acteurs civils, dans le cadre d'un processus de relation aux *stakeholders* qui fait toute la spécificité de la démarche :

- «Dites-moi ce que vous pensez, ce que vous voulez…» ;
- «Voilà ce que nous faisons…» ;
- «Sur quoi pouvons-nous progresser ensemble?» ;
- «Comment continuer à nous parler, sans nous confondre?»

Elle procède par itérations, à partir des opinions de la communauté et se concrétise dans des partenariats de progrès. Les rapports de responsabilité sont ainsi jugés sur trois éléments :

- l'objectivité des données de base qui fondent le discours de responsabilité ;
- la mesure des réponses aux attentes exprimées et leur adéquation ;
- la qualité du dialogue engagé avec les acteurs de la communauté (parties prenantes).

Cette spécificité, réclamée par les investisseurs les agences de notation, les ONG et les gouvernements, pourvu qu'il s'agisse d'un processus de progrès à faire valoir et non d'une projection idéale des réalités, plaide aujourd'hui pour des rapports autonomes, distincts des rapports financiers mais simultanés et en parfaite cohérence, afin de compléter le processus d'information légale.

Bien définir ce qu'il veut être et ce qu'il doit contenir

Le rapport est d'abord un document qui fait un état des lieux factuel et précis de la situation de l'entreprise au regard du DD :

- sur l'exercice N, comparé à N - 1 et en amont, en fonction des données disponibles ;
- sur le périmètre groupe (mondial) ou précisé, si en dessous ;
- sur tout le champ du DD – gouvernance, produit, HSE, social, sociétal (éthique, communication) ;
- à partir d'une sélection pertinente d'indicateurs (base NRE et GRI) constituant un tableau de bord de performance DD.

Un rapport explicite aussi la politique et les engagements de l'entreprise en DD :

- il donne les analyses et réflexions sur les enjeux de l'entreprise au regard du DD (sécurité, santé publique, urgence, transparence, éthique, etc.) ;
- il justifie les réponses déployées à travers les politiques en cours, dans tous les domaines (à partir d'entretiens qualitatifs de direction) ;
- il contient une série d'exemples précis constitutifs de preuves de comportements DD (bonnes pratiques) et débouche sur l'expression des objectifs à moyen terme.

La forme du rapport est liée à son contenu. Un bon rapport doit être cohérent dans son esprit et sa conception. La tentation de la valorisation ne doit pas l'emporter sur le souci d'objectivité. Ce n'est un pas un document de communication, mais un outil de relation et un bilan engageant et opposable ! Il doit donc posséder des qualités bien précises :

- sobriété du ton ;
- un «rendu compte» et non une plaquette promotionnelle ;
- authenticité, en acceptant de commenter et de poser les points faibles ainsi que les engagements différés, les priorités en cours, les dilemmes et les controverses.

Des questions de principes se posent toujours en amont de l'élaboration d'un rapport car ce sont les points d'exigence qui obligent à trouver des réponses :

- Peut-il comporter des avis extérieurs à l'entreprise (*cf.* associations, personnalités, partenaires) ?
- Peut-il être soumis en projet à des parties prenantes pour faire état de leurs avis ?
- Doit-il être certifié ? Par un auditeur, une ONG, un conseil spécialisé ?

- Peut-il aller très loin dans les engagements ou en rester à l'explicitation des démarches en cours?

La réponse à ces questions est en général «oui». Il faut donc prévoir, dès le départ, la façon de conduire le processus d'élaboration pour intégrer ces phases aux bons moments, ce qui nécessite de «penser» sa diffusion au préalable et d'identifier toutes les cibles qui seront touchées à l'issue du processus. En conséquence, il faut préparer l'édition papier et surtout le site Internet le plus complet possible, avec un questionnement et une possibilité de dialogue interactif :

- pour la communauté institutionnelle, médicale, économique et ONG;
- pour les agences de *rating* et présentations aux investisseurs;
- ainsi qu'en interne, *via* l'Intranet (avec interactivité poussée).

Le rapport est une synthèse, à un moment précis d'une démarche, qui exprime les avis du management à l'issue du processus de travail et de débat au sein du comité de DD. La qualité d'un bon rapport DD est d'assumer une démarche de relation sociétale, en abordant de front les interpellations, les dilemmes et les controverses. Le bon rapport DD est celui qui, au terme de ce processus de travail collectif ouvert vers l'extérieur, affiche une volonté d'être à l'écoute du monde, un désir de se projeter à moyen terme, une capacité à se confronter à un état des lieux mesuré objectivement et une aptitude à aborder ses points faibles pour dégager des réflexions, des propositions et déboucher sur une démarche de progrès à moyen terme. S'il s'inscrit dans ce processus, le rapport DD aura vraiment valeur d'un rapport sociétal®, c'est-à-dire d'un document exprimant l'intention de l'entreprise de créer une relation de progrès avec la société et non uniquement de se justifier!

L'organisation des travaux

La mise en place d'une *task-force* opérationnelle, au sein du comité de DD, est recommandée. Elle associe l'équipe consultant à un (ou des) responsable(s) de l'entreprise :

- elle suit l'exécution du chantier; réunion bimensuelle et chaque fois que c'est nécessaire;
- elle sert d'interface entre les «correspondants», auprès desquels le consultant peut collecter et vérifier l'information au sein de chaque direction (avec double information à la *task-force*);
- elle rend compte de l'élaboration du projet en direction générale et arrête la liste des personnes à interroger en interne et en externe.

De qui est-ce la responsabilité dans l'entreprise? Certes, il faut une coordination en charge du processus, qui planifie la démarche d'élaboration du rapport dans le cadre de la politique générale. C'est forcément le secrétaire-coordinateur du Comité DD/RSE :

- il rapporte idéalement au «responsable de la marque entreprise» qui est dépositaire de la qualité de la relation entreprise/société, c'est-à-dire direction de la communication ;
- il valide avec la DG qui préside les comités de DD/RSE ;
- il fait le lien avec les directions opérationnelles et fonctionnelles en charge de l'une des composantes du DD ;
- il peut être accompagné d'un conseil en management du DD qui l'appuie dans la réflexion, la préparation, la rédaction et l'expression ainsi que dans l'animation. Il peut ensuite «qualifier» la réalité du processus de travail interne accompli.

Il faut bien séparer, dans l'élaboration, les trois composantes d'un rapport :

- le volet reporting : mise à plat des référentiels, définition des indicateurs, collecte des données, validation et consolidation ;
- le volet «politique» : réflexion sur les enjeux, sélection des indicateurs, analyse des politiques et présentation des éléments de progrès ;
- le volet technique : rédaction des textes, élaboration des graphiques, présentation des exemples, entretiens internes et externes.

DOSSIER

Les principales étapes techniques d'élaboration du rapport

Phase 1 : état des lieux des données (voir référentiels et données disponibles en interne).

Phase 2 : organisation de la recherche interne des mesures quantitatives et indicateurs choisis.

Phase 3 : consolidation générale des indicateurs de performance (contrôle technique).

Phase 4 : réflexion sur la problématique et les enjeux de fond (*cf.* comité de DD).

Phase 5 : sélection des indicateurs présentés et choix des points forts.

Phase 6 : entretiens internes et externes avec les *stakeholders;* formalisation des exemples de bonnes pratiques réussies; analyse des dilemmes et des points faibles.

Phase 7 : corrections et validations des textes avec les directions opérationnelles et fonctionnelles concernées.

Phase 8 : élaboration du prérapport, soumis au comité de DD pour qu'il s'engage sur le projet.

Phase 9 : validation interne générale, juridique, financière et de politique d'entreprise afin de s'assurer de l'opposabilité du document et de le faire assumer par la direction générale.

Phase 10 : formalisation définitive du rapport avant édition et recommandations formelle pour l'édition et la diffusion.

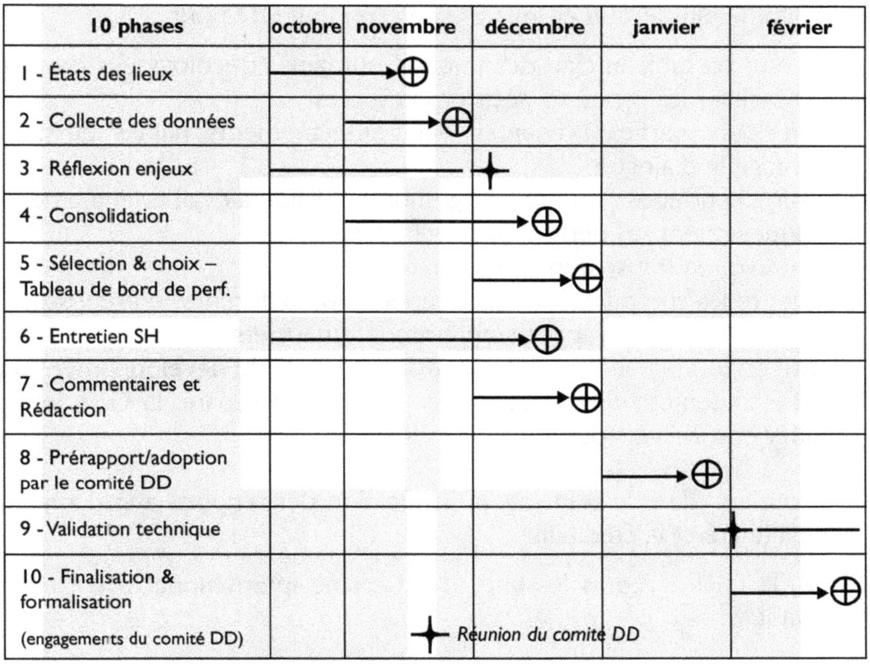

10 phases	octobre	novembre	décembre	janvier	février
1 - États des lieux		⊕			
2 - Collecte des données		⊕			
3 - Réflexion enjeux			✚		
4 - Consolidation			⊕		
5 - Sélection & choix – Tableau de bord de perf.			⊕		
6 - Entretien SH			⊕		
7 - Commentaires et Rédaction			⊕		
8 - Prérapport/adoption par le comité DD				⊕	
9 - Validation technique					✚
10 - Finalisation & formalisation (engagements du comité DD)					⊕

✚ Réunion du comité DD

Figure 4.17
Exemple de planning d'élaboration du rapport

Le cadre structurant apporté par la Global Reporting Initiative (GRI)

La GRI a acquis une légitimité incontestable, en raison de son mode de fonctionnement multipartite et de sa reconnaissance institutionnelle et internationale. Ses propositions sont aujourd'hui un cadre de référence incontournable et utile.

La GRI a regroupé la participation d'entreprises, d'organisations non gouvernementales, de cabinets de consultants, de cabinets comptables, d'associations professionnelles, d'universités et autres parties prenantes autour d'un processus volontaire multipartite basé sur le consensus. Depuis ses débuts en 1997, la GRI travaille à élaborer et faire accepter un cadre commun pour l'établissement des rapports sur les trois aspects intimement liés du DD : l'aspect économique, l'aspect environnement, et l'aspect social. . Ces lignes directrices ont fait l'objet de test pendant trois ans, par 31 entreprises. Parmi elles, quatre firmes françaises : Gaz de France, Renault, TotalfinaElf et Vivendi. La GRI a édité des lignes directrices en juin 2000. Ces lignes directrices constituent le cadre international le plus abouti en matière de reporting DD pour :

- présenter un tableau clair des impacts humains et écologiques des activités et faciliter les prises de décisions éclairées ;
- donner aux parties prenantes des renseignements fiables et susciter davantage le dialogue ;
- fournir à l'entreprise un outil de gestion qui l'aide à évaluer et à améliorer continuellement ses performances et progrès ;
- promouvoir la transparence et la crédibilité ;
- permettre les comparaisons entre rapports de différentes entreprises ;
- compléter les autres rapports notamment financiers ;
- mettre en lumière le lien entre les trois éléments du développement durable. Le traitement de ces éléments est d'abord séparé, la GRI souhaite évoluer ensuite vers des indicateurs intégrés.

La GRI soutient, dans le principe, la vérification des rapports afin d'améliorer la qualité, l'utilité et la crédibilité.

En 2002, la GRI a acquis le statut d'organisme international permanent et indépendant.

Sujets abordés par la GRI	
Principes méthodologiques	Transparence Intégration des *stakeholders* Contrôle Exhaustivité Pertinence Contexte de durabilité Précision Neutralité Comparabilité Clarté Temporalité
Thématiques à aborder	Vision et stratégie Profil de l'entreprise Gouvernance et management GRI index Indicateurs de performance
Indicateurs de performance précis (essentiels et additionnels)	Indicateurs économiques (EC) Indicateurs environnementaux (EN) Indicateurs sociaux (LA, SO et PR)

Site vivement conseillé : www.globalreporting.org

Les principaux travaux

Les indicateurs

La confrontation des indicateurs utilisés aux principaux référentiels (NRE, GRI, agences de *rating* et *guidelines* sectoriels, etc.) est l'une des phases techniques majeures lors de l'élaboration du rapport. Cette phase de confrontation des indicateurs a trois objectifs :

- souligner le gap entre l'existant et ce qui est requis par ces référentiels, afin de vérifier qu'il n'y a pas d'omission grave ;
- s'assurer qu'aucun thème de débat n'a été écarté et que les attentes des *stakeholders* sont bien prises en compte, dès la sélection des indicateurs ;
- évaluer le niveau des efforts encore à fournir au regard de ces référentiels pour produire l'information attendue et rectifier la présentation en conséquence.

Les sources d'indicateurs essentiels à prendre en compte sont les référentiels suivants (*cf.* codex ou textes fondateurs) :

- les textes normatifs fondamentaux et les réglementations : OIT, OCDE, lois (NRE en France, Sabarnes-Oxley aux États-Unis, etc.) ;
- les recommandations des autorités de marché (*cf.* AMF) ;
- la GRI (dernière version avec recommandations sectorielles) ;
- les critères des grandes agences de notation (Vigeo, SAM, Siri Group, Ethibel, etc.) qui servent notamment à l'élaboration des indices de notation sociale ;
- les engagements volontaires, entre autres, Global Compact, Equateur Principles (financiers).

On distingue trois types d'indicateurs de la situation de l'entreprise au regard du développement durable. L'entreprise puisera au sein de ces référentiels, obligatoires, recommandés ou reconstitués, pour établir sa propre matrice d'indicateurs la plus pertinente possible, en cohérence avec ses enjeux spécifiques.

Le fait que de nombreuses données figurent déjà dans les rapports de gestion, au titre des obligations légales ou des pratiques commerciales et financières des entreprises, n'enlève rien à la nature spécifique de l'exercice, dès lors que l'entreprise a choisi de publier un «compte-rendu» à part de son engagement dans le sens du DD et de la RSE (CSR).

Les indicateurs obligatoires :

- sont des indicateurs spécifiques d'origine légale ou réglementaire, comme ceux imposés en France par la loi NRE, ou dans d'autres pays par les législations nationales relatives au reporting obligatoire. On inclut dans cette catégorie les obligations légales en matière de gouvernance, de respect des réglementations de base, environnementales et sociales notamment, ainsi qu'en termes d'information économique ;
- certains éléments contraignants se dégagent des conventions internationales ratifiées et inscrites dans le droit : charte des Nations unies, conventions OIT, convention OCDE, convention d'Aarhus, etc. On rendra compte de leur application le plus précisément possible.

Les indicateurs recommandés :

- sont issus des référentiels internationaux qui proposent des listes de points à renseigner, selon les enjeux et les secteurs concernés. La GRI est la première source, et la plus complète, en la matière à ce jour. C'est la source la plus commode pour étudier tous les sujets à couvrir de manière générale ;
- sont sollicités par les agences de *rating* et les ONG qui ont formalisé des éléments de suivi les intéressant particulièrement ; il leur plaira de les retrouver bien identifiés à ce titre, surtout les approfondissements sur des points sensibles ou des «dilemmes» ;
- retracent les processus de normalisation et de qualité auxquels l'entreprise s'est astreinte et qui attestent de la réalité de ses pratiques : ISO, EMAS, entre autres.

Les indicateurs proposés :

- se dégagent des travaux sectoriels qui sont conduits au sein d'organisations internationales ou de fédérations professionnelles et qui permettent une bonne comparabilité des données (*cf.* travaux de l'Unep, du WBCSD, etc.) ;
- propres à une entreprise et qui procèdent soit d'une analyse de pertinence interne, soit d'une négociation avec des *stakeholders,* conduisant notamment à des ratios précis, éclairant comme il convient des évolutions caractéristiques d'une situation.

Tous les indicateurs n'ont pas le même intérêt pour les utilisateurs. À ce sujet, on se référera aux principes de reporting édités par la GRI qui définissent les considérants auxquels doivent répondre ces indicateurs, notamment des données :

- pertinentes *vs* les enjeux de DD, avant tout;
- comparables entre entreprises, au sein d'un même secteur;
- s'inscrivant dans un historique et un suivi statistique;
- mesurées en termes universels;
- mesurées de façon objective et incontestable;
- significatives d'un comportement particulier;
- communes aux divers référentiels;
- etc.

Indicateurs demandés	Indicateurs utilisés			Résultat de la confrontation			
GRI, NRE ou Raters	Rapport annuel	Rapport social	Rapport HSE	À poursuivre	À améliorer	À mettre en œuvre	Analyser la pertinence
P. économique							
Clients	X			X			
Fournisseurs							X
Employés		X			X		
Investisseurs	X				X		
Secteur public						X	
P. environnementale							
Matières premières						X	
Énergie			X		X		
Eau			X		X		
Biodiversité							X
Déchets			X		X		
Émissions, effluents						X	
Fournisseurs			X	X			
Produits et services						X	
Compliance	X				X		
Transport						X	

Figure 4.18
Tableau d'analyse des indicateurs, exemple d'analyse

Une analyse rigoureuse, pour chaque indicateur, entre le disponible et ce qui est proposé par les référentiels (GRI, *raters,* etc.) définit les efforts de reporting à fournir. Toutes les données collectées sont étudiées pour être soumises au travail de sélection et de consolidation définitive, avec un double objectif :

- assurer la fiabilité exigible par les auditeurs;
- proposition d'un «tableau de performance» à valider.

Il s'agit là d'un investissement majeur pour l'avenir, afin de disposer d'une base de données homogène propre à l'entreprise.

Les entretiens qualitatifs

Sélection des personnes qualifiées à interroger, dans et hors de l'entreprise, concernant «les politiques et pratiques» de l'entreprise et les exemples et preuves d'engagement en termes de «responsabilité» et de développement durable.

Préparation, interviews, consignation des avis.

Validation formelle par les intéressés afin de publication.

Réunions de groupes homogènes et interrogations par Internet de panels de *stakeholders,* etc.

Cette mission doit être assurée par un tiers expert conseil qui effectue la médiation, garantit l'objectivité de la démarche et sa bonne restitution.

Le prérapport

Les éléments corrigés et validés permettent de formaliser un prérapport qui contient l'essentiel du document, notamment :

- la vision du DD par l'entreprise ;
- sa réflexion sur ses enjeux d'aujourd'hui ;
- les résultats des actions entreprises (performances) ;
- les politiques conduites et les choix de progrès ;
- les avis externes sur l'entreprise et sa politique DD.

Le prérapport, soumis au comité de DD et adopté, peut être transmis en direction générale pour une validation formelle et politique :

- direction juridique et financière, communication (*cf.* cohérence *versus* rapport de gestion) ;
- président – entretien de synthèse à restituer afin de donner le sens général de la démarche ;
- c'est à ce stade que le rapport peut être également soumis à l'administrateur en charge du DD, afin qu'il se prononce sur le document, du point de vue qui le concerne, c'est-à-dire de la pérennité et de la valeur à long terme de l'entreprise. L'insertion de son avis, aux côtés de celui du président, garantit que l'entreprise intègre le DD dans la gouvernance de l'entreprise ;
- il peut aussi être la version soumise à l'appréciation de certaines parties prenantes ou expert extérieur (qui témoigneront publiquement dans le rapport final ou non).

Ce «retour» permet à l'entreprise d'améliorer son processus de reporting et d'engager des actions de progrès qui lui permettront de bien se présenter devant ses *stakeholders,* avec un «premier rapport publié» qui montrera où elle en est, mais surtout ce qu'elle veut faire, attestant de sa tendance rassurante…

Les agences de notation ont développé le concept de «notation sollicitée», qui est une notation zéro faite pour l'entreprise uniquement, dans cet esprit de «préparation» préalable à la publication d'un rapport. Outre le fait que les agences de notation prennent le risque en la matière de se poser en même temps en conseil, c'est-à-dire d'être juge et partie à la fois, on remarquera que l'expression «notation sollicitée» procède d'un abus de langage et qu'il faudrait mieux parler d'audit (confidentiel), si on veut retracer la réalité d'une situation pour le compte de l'entreprise uniquement.

Il n'empêche que cette situation ambiguë reflète le manque de maturité du marché, où les offres et les rôles se chevauchent encore, entre ce qui est la mission :

- de l'agence de notation (qui devrait être totalement extérieure à l'entreprise, ne travaillant que pour les investisseurs) ;
- de l'auditeur ou de l'attestation (assurant un contrôle technique externe) ;
- du conseil qui accompagne et qui peut dire, ou non, ce qu'il voit et ce qu'il fait, sans plus.

Il est probable que l'avenir apportera une clarification totale entre le conseil, l'auditeur et l'agence de notation.

Les dix questions auxquelles il faut répondre lors du processus d'élaboration d'un rapport DD

1. A-t-on pris en compte l'ensemble des attentes de mes parties prenantes, cibles, utilisateurs, lecteurs...?
    Les agences et fonds ISR.
    Les salariés, l'interne.
    Les étudiants et futures recrues.
    Les actionnaires et investisseurs.
    Les ONG, associations et riverains (société civile au sens large).
    Les pouvoirs publics.
    Les partenaires économiques (fournisseurs et sous-traitants notamment).
    Le grand public et les consommateurs.
2. Est-il plus pertinent de réaliser un rapport spécifique ou une partie intégrée au rapport annuel?
    Les conséquences sur l'interprétation du message par les publics ne sont pas les mêmes!
3. Quels référentiels doit-on utiliser?
    GRI, comme base de travail, pour la méthodologie plus que pour les indicateurs en tant que tels.
    Les travaux sectoriels comme complément quand ils existent (*cf.* UNEP, WBCSD).
    Les agences de notation et fonds ISR (référentiels pas toujours publics).
    Les attentes des *stakeholders*!
    Via des sessions de dialogue spécifiques.
    Via des experts sur certains sujets.
    Et l'interne (partenaires sociaux, questionnaires aux employés, etc.).
4. Quelle place pour la réflexion, l'analyse stratégique et la prospective?
5. Quels apports extérieurs intégrer?
    Qui? Experts, *stakeholders*, etc.
    Pourquoi faire?
    Réflexion sur les enjeux.
    Choix des indicateurs.
    Travaux sur les progrès et actions.
    Avis de personnalités dans le rapport.
    Avis d'un panel d'experts avant publication.
    Comment?
    Sessions de dialogues.
    Entretiens personnalisées.
    Enquête Internet (*via* les panels comme DonnezVotreAvis.com).
6. Quelle responsabilité sur le contenu?
    Responsabilité juridique du document, vis-à-vis du rapport annuel?
    Obligation de moyens, obligation de résultats?

Etre transparent sur les périmètres, les méthodes de calcul utilisées et les processus de contrôles en place.

Ne pas afficher plus d'intentions que de réalisations.

7. Quelle contrôle/vérification?

La précision et la nature de la vérification externe dépendent du degré d'assurance recherché et de la crédibilité de l'entreprise et de celle de son auditeur.

8. Quelle forme, quelle fréquence?

Faut-il un document papier systématique?

Fréquence annuelle?

Quelle forme pour les sites Internet dédiés?

9. Quel intérêt interne et managérial?

Le rapport «DD», véritable outil de communication interne, est trop souvent un rapport de la direction générale alors que l'appropriation interne pourrait être un levier de cohésion sociale.

Vecteur de la stratégie générale d'entreprise.

Sensibilisation aux enjeux de DD pour l'entreprise.

Outil de motivation des équipes autour d'une vision plus globale de l'entreprise.

Il ne doit pas y avoir de dissonance entre le vécu et le discours – oser aborder les dilemmes, voire les échecs, corriger les insuffisances... Le rapport «DD» doit impliquer l'interne dès sa conception :

– mobilisation en amont;
– mobilisation en aval;
– plus les partenaires sociaux.

10. Comment optimiser la diffusion et l'utilisation du document?

Doit-on faire des extractions du rapport DD répondant mieux aux besoins de chaque public cible pour l'entreprise?

La problématique du contrôle et de la vérification

Le DD en quête de preuves

La banalisation du DD entraîne une profusion de démarches incantatoires et superficielles qui ne reposent pas sur une vraie recherche de responsabilité sociétale :

- les rapports accumulent souvent les chiffres sans pertinence;
- très rares sont les démarches qui intègrent l'écoute des parties prenantes et qui en rendent compte;
- l'essentiel récapitule des pratiques de qualité sans approfondir la problématique des risques que court et fait courir l'entreprise au regard des enjeux contemporains.

Au bilan, **«crédibilité et objectivité», tel est le défi que doit relever un rapport DD,** si l'on en croit les résultats de deux enquêtes :

- enquête auprès des analystes financiers (SFAF[1], mai 2003, Donnez-VotreAvis.com) : pour 81 % d'entre eux, les entreprises «peuvent mieux faire»;
- enquête auprès des ONG (décembre 2003) – pour 70 % d'entre elles, les entreprises «ne jouent pas le jeu de l'information et de l'échange»; 76 % pensent que les entreprises ont un discours sur le DD «pas du tout» (12 %) ou «pas très» (64 %) crédible.

Or, la véracité de l'information est un élément constitutif du DD qui nécessite une objectivation et, dans la mesure où la CSR n'est pas une communication au sens promotionnel, sa crédibilité dépend de son objectivation. L'information doit :

- être démontrable car on recherche la confiance;
- être comparable et donc accepter la comparaison;
- faire sa place aux parties prenantes librement;
- reposer sur des diagnostics reconnus et ouverts;
- être opposable et engager l'émetteur.

On peut donc légitimement se demander si un rapport autodéclaré ou «fait en chambre» est un rapport qui respecte l'esprit du DD.

Mais qui peut contrôler qui et sur quoi?

La question reste difficile en l'absence d'une normalisation universelle qui ne sera jamais que partielle et qu'il faudra encore vérifier (*cf.* logique de certification *vs* des engagements de procédure et de résultats mesurables – débats en cours, ISO, UE, etc.) :

- S'agit-il de dire qui est durable et qui ne l'est pas?
- Comment consolider une réalité d'entreprise complexe?
- Pourquoi se limiter à tels critères plutôt qu'à d'autres?
- Comment apprécier le mouvement de progrès lui-même?

La problématique du contrôle est donc très vaste et ne se limite pas à l'audit des données ou à l'avis des «militants».

Le champ du contrôle dépasse les données chiffrées

Le contrôle pose d'abord la question du champ observé parmi ce qui constitue la démarche CSR et DD, c'est-à-dire :

- les mesures techniques *stricto sensu* (résultats);
- les données financières, liées à la comptabilité;

---

1. Société française des analyses financières.

- les méthodes et les procédures de travail;
- les engagements éthiques et proclamés;
- les comportements effectifs au sein des entreprises;
- la réalité des opinions extérieures et des avis.

Il faut aussi distinguer la spécificité des types de contrôle

De nombreux acteurs peuvent intervenir auprès de l'entreprise :

- les vérificateurs HSE contrôlent les données techniques;
- les auditeurs comptables éclairent les impacts financiers;
- les *raters* classent en fonction de leurs critères;
- les ONG disent le bien et le mal par rapport à elles;
- les experts établissent la pertinence de leur point de vue;
- les entreprises elles-mêmes commentent leur bilan.

Faut-il un seul juge? Plusieurs juges? Et si l'opinion était le seul juge?

En fait, il y a trois niveaux d'appréciation d'un rapport DD

Un rapport s'analyse sur trois plans qui se complètent, mais qui n'appellent pas les mêmes procédés ou contraintes :

- la sûreté des données utilisées (*cf.* les chiffres);
- la réalité de la démarche pratiquée (*cf.* le management);
- l'engagement de fond dans le sujet (*cf.* les valeurs).

Le contrôle du reporting DD

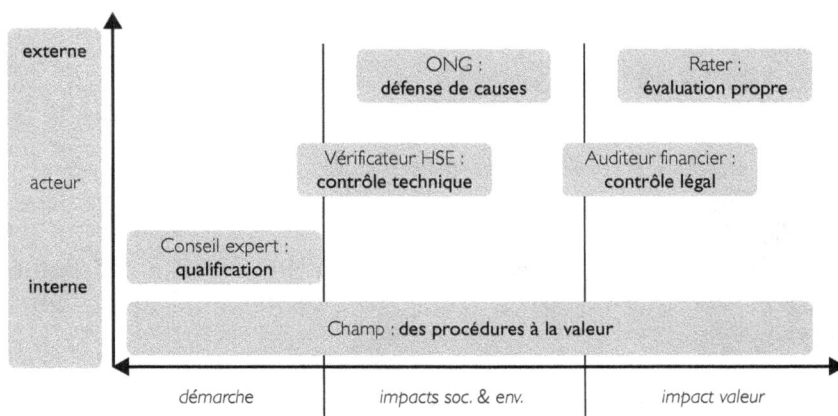

Figure 4.19
Le contrôle de reporting DD

La question du contrôle des données n'est pas nouvelle

Pour toute entreprise cotée, le contrôle des données techniques et financières ne se discute plus. Les règles légales, les obligations d'assurance et les éléments d'information engagent civilement et pénalement les dirigeants, en raison des conséquences possibles sur la valorisation. Les vérificateurs HSE sont là pour établir des données, si on veut les crédibiliser par un tiers expert, tandis que les auditeurs financiers (commissaires aux comptes) sont là pour assurer la valeur des conséquences financières des éléments évoqués.

Le rapport «DD» est un acte impliquant juridiquement, comme toute information pouvant avoir un impact sur la valeur! Ses données doivent donc être sûres.

La qualité de la démarche est complexe à évaluer

Élément très délicat à juger, car fortement soumis à la subjectivité, l'appréciation porte avant tout sur la qualité de la démarche. Elle peut s'apprécier de deux points de vue :

- l'une, exposée par l'entreprise (ou son conseil), est la réalité du management déployée en interne pour avancer dans le sens du DD ou de la responsabilité sociétale ;
- l'autre est celle du tiers engagé qui donne sa vision du respect de certaines valeurs, à partir d'un corpus d'analyses : agences de *rating* ou les ONG et acteurs de la société civile (médias, etc.).

Chacun propose alors un jugement selon son angle propre.

L'introduction du jugement de valeur militant peut avoir son intérêt

L'avis de l'analyste délivrant la note ou de l'ONG est un point de vue militant extérieur à l'entreprise avec lequel elle ne doit pas avoir partie liée du tout :

- elle ne doit pas interférer mais en tenir compte dans l'appréciation ;
- ce jugement ne vaut qu'à travers l'indépendance de la démarche et sa crédibilité ;
- il y a un «marché» de ceux qui accordent un intérêt à ce jugement tel qu'il est construit (à chacun sa méthode, selon ses origines culturelles et ses objectifs).

L'évaluation indépendante est indispensable à la crédibilisation de la démarche de DD. Il faut donc l'encourager et l'utiliser.

Reste la question de la qualification du travail de management en DD

Le processus de management déployé en interne sera plus ou moins probant, selon la façon dont l'entreprise le décrira. Elle peut :

- le faire par elle-même et faire témoigner ses responsables ; tout dépend de sa compétence en la matière et du degré de crédibilité qu'elle recherche ;
- demander à un tiers expert de le décrire et de s'engager sur ses observations.

C'est ce que peut effectuer, par exemple, un conseil spécifiquement connaisseur du DD et de la responsabilité sociale.

Les critères de la qualification, ou d'assurance, du processus par le conseil

Ces critères sont déterminants car ils distinguent le conseil expert, engagé dans le DD, du prestataire de l'entreprise (agence de communication, éditeur ou indépendant). Il doit :

- disposer d'un contrat qui reconnaît la spécificité de son apport unique à la démarche de conseil en DD de l'entreprise et qui fixe les clauses d'une rupture possible ;
- avoir ses critères de responsabilité et éthiques ;
- être expert dans le management de la CSR et DD ;
- signer sa contribution pour en assumer la réalité.

Le conseil expert fait de sa signature un élément de qualification du processus de travail de l'entreprise. L'intérêt de qualifier le rapport sociétal de l'entreprise se démontre de plusieurs façons. La qualification ne complique pas l'élaboration du document. Ce n'est pas un jugement qui note le processus. Au contraire, c'est une :

- explication approfondie, détaillée et justifiée sur la façon dont l'entreprise conduit sa démarche DD ;
- garantie qu'elle a été vue par un tiers expert reconnu qui s'engage sur ce qu'il dit à ce sujet ;
- façon de faciliter l'investigation du *rater* ou de l'ONG et de leur préparer l'étude de la partie processus et management du DD ;
- contribution à l'objectivation du rapport sociétal, lequel doit être un acte véridique et non un document de communication.

Le concept de rapport sociétal® qualifié

Le rapport de responsabilité et de DD est un exercice d'information, par voie numérique ou d'édition, qui rend compte de la situation en matière de responsabilité et de DD d'une organisation à un moment donné, dans l'esprit attendu par les parties prenantes et selon un corps de normes de plus en plus universelles. C'est d'abord le résultat expliqué et commenté du reporting effectué, en conformité avec les référentiels choisis. Toutefois, tous les rapports ne se valent pas et l'on peut déterminer un niveau de qualité dépendant du fond et de la forme choisis, révélateur de l'attitude d'engagement de l'entreprise et de sa crédibilité en termes de DD et RSE. La qualité des rapports se mesure à travers des critères spécifiques :

- la qualité du reporting : largeur du périmètre, historique et comparabilité des données, sélection des indicateurs pertinents, respect des référentiels (GRI, etc.) ;
- la qualité de l'analyse stratégique : la présentation des enjeux, leur analyse, la réponse à ces enjeux ainsi que le lien entre la problématique de DD de l'entreprise, ses choix, ses résultats économiques et sa situation financière ;
- la qualité de la présentation, favorisant l'accessibilité et s'attachant à la véracité des données plus qu'à leur mise en valeur, distincte de toute prétention promotionnelle et visant à servir à chaque public ses centres d'intérêt (financiers, institutionnels, société civile).

Si le reporting fait désormais partie des éléments du rapport d'activité (*cf.* la loi NRE pour les entreprises cotées et recommandations des autorités de marché à ce sujet), l'utilité d'un rapport spécifique s'impose pour créer une relation avec les publics de l'entreprise dans le champ des débats de société où elle est impliquée, du fait de ses activités. Tourné vers ce double objectif d'expliquer la performance extra-financière de l'entreprise et de développer une implication responsable dans la société, le rapport sociétal® incarne par excellence la relation entre l'entreprise et la société dans le contexte mondial qui l'entoure en apportant deux contributions attendues :

- l'analyse des enjeux de responsabilité et de DD qui la concernent ;
- la présentation de réflexions et propositions qui structurent l'action institutionnelle et internationale de l'entreprise dans ce contexte.

Au-delà de ces deux contributions, le rapport doit aussi inclure deux restitutions :

- la description des bonnes pratiques et des démarches de progrès qu'elle a su faire apparaître, en y travaillant et en collaboration avec des partenaires (termes des partenariats) ;

- la présentation de ses résultats, c'est-à-dire les données pertinentes et significatives en termes d'impact et de progrès, l'ensemble des données détaillées restant disponibles sur le site Internet.

Un rapport ne doit jamais être un exercice autodéclaratif. Pour être opposable, il doit être «qualifié» de l'extérieur, de façon à lui conférer la crédibilité qui est la clé de ce type d'exercice.

Si on veut se situer au plus près des attentes sociétales, quatre principes d'action permettent d'aller vers la «qualification» du rapport, par un tiers expert :

- la relation client-conseil est fixée dès le départ dans le cadre d'un contrat qui engage les deux parties en termes de relations éthiques. Le conseil appuie l'entreprise à pousser le plus loin possible ses exigences et ne peut être amené à déroger à sa charte, quant au respect de la vérité transcrite. Ceci garantit une vraie impulsion ;
- le conseil conduit l'entreprise à effectuer son reporting en visant à satisfaire les normes GRI, les engagements internationaux majeurs et les critères des grandes agences de notation sociale, afin de satisfaire à la pertinence du reporting attendu ;
- l'entreprise rend compte des avis des parties prenantes sur sa pratique, soit à travers une consultation directe, soit à travers la consultation d'un panel de *stakeholders* qui lui est propre et qu'elle entretient régulièrement (*cf.* relations parties prenantes et rôle des administrateurs sociétaux) ;
- le conseil incite aussi l'entreprise à prendre en compte les 21 recommandations de management responsable dans le processus de travail qui accompagne la conception et la réalisation du rapport (conformité à la méthode GRM 21) ;
- au bout du compte, lorsque le résultat le permet, l'entreprise peut alors demander à un conseil spécialisé (auditeur, conseil indépendant, expert reconnu, etc.) d'attester dans le rapport le niveau d'engagement constaté et la réalité du process de travail qui a été effectué pour aboutir à ce travail (*cf.* rapport HSBC et CCF, 2003).

Ces cinq principes sont les piliers de la «qualification» du rapport sociétal®, à ne pas confondre avec l'authentification des données que réalise le commissaire aux comptes ou l'auditeur et qui se prononce en tant que tiers de confiance indépendant sur l'impact sur la valeur de la situation sociétale de l'entreprise. L'objectif de cette procédure est de rassurer les agences, les investisseurs et les acteurs institutionnels sur la valeur du travail proposé et les inciter à en tenir compte. Le conseil qui atteste se pose en co-responsable de la proposition délivrée, et non pas en simple facilitateur pour le compte de l'entreprise.

Les modalités de qualification du rapport DD

1. Travail sur pièces et par entretiens directs.
2. Prise en compte des notations et avis externes disponibles.
3. Analyse des dix critères fondamentaux.
4. Proposition d'une appréciation.
5. Argumentation échangée sur l'appréciation.
6. Appréciation définitive.
7. Intégration ou non dans le rapport.

Attention! Une qualification n'est ni un audit des données utilisées (*cf.* rôle du commissaire aux comptes), ni un jugement de valeur sur la crédibilité de l'entreprise en termes de DD (*cf.* rôle de l'agence de notation ou d'une ONG), ni un soutien apporté à l'entreprise en tant que «caution». Elle est seulement un descriptif de la démarche de DD en termes de management, une aide à la compréhension du process de management, voire une appréciation de la qualité de la démarche managériale appliquée au DD, destinée aux tierces parties, afin de les éclairer sur ce point.

Au final, le rapport sociétal®, qualifié ou attesté, est le produit visible de la démarche de management abordée globalement, de l'appropriation des prérequis à l'attestation du document final. À cet effet, l'intérêt d'une conduite méthodologique (de type GRM 21) est double. Cette démarche intègre nécessairement une consultation des parties prenantes; elle peut être réalisée grâce à un panel exclusif de *stakeholders,* une «communauté» d'interlocuteurs externes qui suivent l'entreprise et s'intéressent à elle. Par ailleurs la diffusion du rapport sociétal® vise des publics spécifiques qui s'intéressent aux démarches de DD et cherche leur satisfaction :

- présentation extra-financière pour les investisseurs (note, rapport, *one to one* avec les analystes, assemblée générale, etc.);
- présentation-dialogue devant des *stakeholders,* par communautés spécialisées de préférence, en fonction des centres d'intérêt;
- présentation devant les riverains ou des publics institutionnels lors d'événements;
- «*Business case CSR*» mis à disposition des publics étudiants très intéressés et mise à disposition des bases de données CSR.

CHAPITRE 15

EXEMPLES D'APPLICATION : POLITIQUES DD D'ENTREPRISES DU SECTEUR DE L'ÉNERGIE

Le secteur de l'énergie est pris au sens large pour ce benchmark : une dizaine de producteurs d'énergie, certaines entreprises d'*utilities* ainsi que Renault et Lafarge dont les enjeux de DD sont liés à ceux de l'énergie. Il s'agit ici d'une synthèse illustrant les tendances d'intégration managériale du DD dans les entreprises de ce secteur exposé.

Le secteur de l'énergie, élargi à quelques grands acteurs industriels, a été passé au crible des six critères suivants, à partir des rapports 2002 de quinze grandes entreprises :

- stratégie et engagement ;
- organisation et management ;
- bonnes pratiques ;
- communication et reporting ;
- relations avec les parties prenantes ;
- avis externes.

Toutes ces entreprises sont très impliquées dans des enjeux majeurs de DD : appauvrissement des ressources naturelles, changement climatique, biodiversité, émissions et déchets dangereux, etc.

NIVEAU D'ENGAGEMENT DANS LE DÉVELOPPEMENT DURABLE

La plupart sont membres du Global Compact et ont développé des outils d'engagements : chartes, codes, etc. Shell dispose de *Business Principles* depuis 1976 (le DD est intégré depuis 1997). Total cumule une *charte Sécurité, Environnement, Qualité* et un *Code de conduite,* tandis que Suez propose plusieurs chartes thématiques.

Parmi les «bons» documents, on peut retenir : *Codice di Comportemento* d'ENI, *What We Stand For* de BP, l'Agenda 21 d'EDF et celui de GDF, les *Corporate Guidelines on sustainability* de RWE et la *Charte éthique, Conviction, Responsabilité* de Veolia.

Mais seulement quelques-unes impliquent leur Conseil d'administration. Très peu ont un Comité d'éthique : BP, Total, Veolia, EDF. Celui de BP est le seul à être expressément chargé de superviser les questions environnementales *(Ethics & Environmental Assurance Comittee).*

PRATIQUES DE MANAGEMENT DU DD ET DE LA RSE

Les modalités d'implication de la direction générale sont très diverses :

- le Comité exécutif est pleinement chargé du sujet : BP, Shell ;
- le responsable HSE ou DD est membre du Comité exécutif : ENI Group, Norsk Hydro ;
- le responsable DD est directement rattaché à la direction générale : Veolia, Total ;
- le directeur général préside le Comité transverse sur le DD : Veolia, Lafarge.

Divers «outils» d'implication des équipes et salariés sont mis en place :

- EDF a créé les Trophées du DD, en 2003, pour récompenser les démarches de salariés ;
- BP propose les programmes «Traction» et «Advanced Safety Audits» de *knowledge management* pour faire progresser les pratiques HSE, en mobilisant les acteurs internes ;
- Shell évalue une grande partie de ses collaborateurs au regard de leurs performances HSE.

Gestion des questions environnementales

Toutes ont un système de management environnemental et un plan de certification des sites en cours :

- les standards utilisés sont l'ISO14001 systématiquement et l'OHSAS (ENI), BS7750 (Norsk Hydro) et EMAS (Norsk Hydro et Endesa) ;
- les objectifs de déploiement et plans de certifications sont parfois clairement exposés. C'est le cas chez EDF, Endesa, Total, Veolia et Suez ;
- BP certifient ISO14001 ses sites en Angola.

Certaines ont des outils spécifiques de management environnemental :

- ENI utilise le programme «Zero Gas Flaring» *(flaring)* et le projet «Replat» (reconversion de plates-formes offshore) ;
- Renault fait appel à l'indice Eco des emballages, l'indice de Recyclabilité à la Fonction automobile, au logiciel OPERA sur le recyclage ;
- Veolia a recours à l'Institut de l'environnement urbain, centre de formation du groupe ;
- Norsk Hydro utilise l'intégration des standards HSE dans les relations avec ses partenaires.

Reporting et indicateurs de DD

Le reporting DD est largement présenté

Toutes ces entreprises sont en mesure de rendre compte de leurs indicateurs de DD au niveau de l'ensemble du groupe. Renault permet, sur son site Internet, un accès aux données environnementales et sociales pour chaque site industriel. Une grande partie des systèmes de reporting de DD ou HSE sont certifiés par des auditeurs indépendants, comme des cabinets d'audit (BP, Norsk Hydro, Renault, Veolia, Suez, …) ou spécialisés en HSE (ENI).

Les indicateurs de DD utilisés sont très différents d'une entreprise à l'autre

Shell, EDF et Suez Environnement ont des matrices d'indicateurs bien adaptées et détaillées.

La GRI a inspiré de nombreux rapports, ceux d'Endesa et de Gaz de France suivent particulièrement ses lignes directrices.

BP, Shell et Suez affichent des indicateurs vraiment transparents (contribution à des partis politiques, amendes payées pour non-respect de la législation, plaintes, cas de corruption recensés, etc.).

Les rapports DD/HSE

Les rapports dédiés sont quasi-systématiques, en complément mais distincts des rapports de gestion :

- Norsk Hydro a publié son premier rapport environnement en 1989 ;
- Electrabel, Shell et BP proposent des rapports de DD spécialement pour certains sites ;
- Shell, BP et Suez produisent des rapports dans de nombreuses filiales pays, notamment dans les zones sensibles (Angola, Brésil, Colombie, mer Caspienne, etc.).

Parallèlement, le reporting DD est de plus en plus intégré au rapport annuel (Renault, Suez et EDF). Peu d'entre eux comportent les avis de personnalités externes à l'instar de Lafargue. Certains publient d'autres documents complémentaires :

- Lafarge publie des exemples de ses actions sous forme de «cas» dans un rapport «Lafarge et l'environnement» spécifique ;
- RWE réalise des rapports d'analyse des enjeux de DD *World Energy Report 2003* et *Responsibility action : Renewables Energies today and tomorrow*.

EDF envoie un dépliant à ses clients pour rendre compte de certains impacts environnementaux.

L'utilisation d'Internet

Les sites Internet sont le vecteur principal de la communication DD pour les grands groupes. Certains groupes ont mis en place des sites dédiés au DD, comme Peugeot ou Veolia, ou de larges parties du site Corporate comme pour Shell, BP, Total, etc. Pour RWE et Norsk Hydro, le site permet d'approfondir l'analyse des enjeux et proposer des dossiers sur des thèmes spécifiques. Total a créé un site dédié à la problématique de ses activités en Birmanie. L'information au niveaux des unités, filiales ou sites de production, rendue possible par Internet, n'est pas réalisée, mis à part par Renault. C'est un objectif affiché pour EDF.

Les sites Internet permettent aussi de cibler les *stakeholders* et d'organiser le dialogue :

- pour Shell, il permet de gérer un Forum de discussion en ligne sur les sujets de DD ;
- BP propose une rubrique spécifique aux investisseurs socialement responsables dans la section «Relations investisseurs».

RELATIONS AVEC LES PARTIES PRENANTES

Peu d'entreprises rendent compte de sessions dialogues avec leurs parties prenantes au niveau du groupe (à part Veolia, Lafarge, RWE et EDF qui a fait de son Agenda 21 un acte de concertation avec des experts et ONG).

Des dialogues locaux, autour de sites, sont néanmoins relatés :

- Total/Atofina : programme «Terrains d'entente» d'enquête des inquiétudes autour des sites;
- fréquents dialogues locaux pour Shell, BP et Lafarge.

Certains Partenariats institutionnels sont cependant à relever :

- Veolia : partenariat de Type II avec l'UNITAR;
- Lafarge : partenariats avec WWF, CARE et Habitat for Humanity;
- Norsk Hydro : partenariat avec «The Carter Center» en Afrique;
- Suez : soutien à l'UNEP dans la réalisation d'outils pour les collectivités de pays en développement et aux United Nations Volunteers.

Des actions auprès des communautés locales sont exposées. C'est le cas pour EDF avec son programme ACCESS, d'accession à l'energie et au service dans certains pays en développement (Madagascar entre autres).

L'exemple de la politique d'une grande entreprise : PSA (Peugeot Citroën)

Témoignage de Madame Thérèse Martinet, déléguée au développement durable de PSA Peugeot Citroën.

Le concept de DD est une analyse lucide des performances économiques, environnementales et sociales de chaque entreprise. Il passe par une identification claire de ses responsabilités, de l'impact de ses activités et de ses enjeux pour la société. C'est également une démarche de progrès basée sur la transparence et un dialogue régulier avec tous les acteurs qui y participent, que ce soient les clients, les salariés, les actionnaires, mais aussi nos partenaires comme les fournisseurs, le réseau de distribution, les associations de consommateurs, les institutionnels, les ONG. C'est enfin un engagement volontaire.

Les défis à relever concernent en priorité l'impact de l'usage de l'automobile, qui interpelle les sociétés. Il s'agit de proposer aux clients de Peugeot et de Citroën des voitures dont les qualités répondent à leurs aspirations en matière de style, de sécurité et d'agrément de conduite, tout en leur permettant d'être des citoyens responsables face aux enjeux d'environnement et de société. C'est pourquoi les actions que je conduis sont articulées autour de trois défis que nous identifions clairement : l'effet de serre, la sécurité routière et la mobilité urbaine. Pour autant, en interne, nous agissons pour permettre à chaque salarié de réaliser son projet professionnel et de se développer. Le goupe est également soucieux de préserver l'environnement et la qualité de vie autour de ses sites industriels, et de répondre aux besoins des populations locales.

Dans le cadre de sa stratégie à long terme, PSA Peugeot Citroën fonde sa contribution au DD sur :
- des innovations technologiques utiles pour le plus grand nombre, grâce aux compétences des équipes ;
- une pratique rigoureuse des ses responsabilités économiques, sociales et environnementales ;
- des relations avec l'ensemble des partenaires sur des valeurs d'éthique et de dialogue confiant.

La délégation au DD est là pour alerter, puis impulser et structurer l'ensemble de nos actions ; les directions opérationnelles restent responsables de leurs objectifs, de leurs moyens et de leurs résultats. L'objectif commun est de prgresser dans le cadre de notre stratégie de croissance visant quatre millions de véhicules vendus à l'horizon 2006.

La consommation moyenne des voitures vendues par Peugeot et Citroën continue de se situer à des niveaux très bas, ce qui permet des émissions de CO_2 (gaz à effet de serre) les plus faibles du marché français avec 149 g de CO_2/km en 2003. Et nous allons bientôt commercialiser sur la Citroën C2 la technologie «stop and start» qui fait gagner encore 5 à 8 % de consommation en ville.

En matière de sécurité, la Peugeot 407 ou la future Citroën C4 offrent des équipements issus des dernières innovations technologiques du groupe, comme l'appel d'urgence ou le suivi de ligne blanche.

Avec l'IVM (Institut pour la Ville en Mouvement) que le groupe soutient, nous contribuons aux réflexions et expérimentations pour une meilleure mobilité dans les grandes agglomérations et l'accès à la mobilité de populations exclues, comme facteur déterminant d'insertion. Notre objectif est de progresser sur tous ces sujets et l'ensemble de nos domaines de responsabilités.

Selon une méthode bien éprouvée au sein du groupe, on a construit avec chaque responsable concerné un plan d'actions prioritaires comprtant des objectifs et un calendrier de réalisation. Ce plan vise naturellement les progrès sur les trois défis majeurs, mais aussi cinq autres thèmes : l'environnement industriel, la solidarité locale, la politique sociale, les achats, la sous-traitance et la transparence financière.

PSA compte aussi beaucoup sur la publication, en juin dernier, de notre premier rapport DD sous la forme d'un site Internet, pour progresser avec l'ensemble de nos partenaires : www.developpement-durable.psa.fr

RATP Savoir-Faire n° 50, 2004.

PARTIE 5

LA RSE CHANGE
LA COMMUNICATION
DE L'ENTREPRISE

«Finalement, un mouvement de fond est en train de saisir le monde des marques : l'impatience croissante du public face à des comportements non éthiques. L'opinion n'admet plus que son développement se fasse hors préoccupation environnementale, ou sans contrepartie équitable avec les pays d'accueil et leur développement durable. La «marqu'éthique» deviendra-t-elle une facette nécessaire si ce n'est essentielle du management des marques ? Rappelons-le en effet, pendant des décennies, le management n'a eu de cesse de bien séparer les deux au point qu'il y avait un directeur de la communication corporate et des directeurs des marques. Pour le public, il a une porosité totale entre les deux, a fortiori si l'entreprise a pris le nom de sa marque la plus connue pour bénéficier de l'effet de halo. La marque sert alors de vitrine à l'entreprise.»

Jean-Noël KAPFERER, «L'art du Management»,
in *Les Échos*, 4 novembre 2004.

L'enjeu est la gestion du risque d'image. L'entreprise doit faire en sorte que sa valeur d'image et sa marque soient des actifs optimisés, face aux risques que lui font courir la mondialisation et l'évolution de la société, dans un contexte de plus en plus médiatisé.

RAPPELS SUR LE CONCEPT DE MARQUE ENTREPRISE

Le concept d'image de marque n'est pas nouveau quand on l'applique aux produits de consommation. Cela fait près d'un demi-siècle qu'on a appris à construire des images commerciales, essentiellement à l'aide de la publicité et des médias. On sait aussi que ces marques ont une valeur qui peut fluctuer selon leur audience à un moment donné et que ce capital fait partie des acquis les plus intéressants des groupes qui ont su les développer. Leur mesure peut être sujette à débat, mais les modes d'évaluation sont reconnus.

Il n'en est pas de même pour les images d'entreprise, lesquelles ne se confondent pas forcément avec celles de leurs produits, surtout dans les cas où la firme développe des gammes, des secteurs d'activité différents et où elle est reconnue plus à travers la réputation de son titre en bourse, le nom de ses dirigeants et ses savoir-faire que ses produits de détail. Dans ce cas, l'identification d'une valeur de marque propre, indépendante des produits, pose un débat théorique qui tourne autour de la séparation des actifs industriels par rapport aux actifs immatériels.

Ce débat est en passe d'être clos. Les faits l'emportent ainsi que les tendances de l'époque. De fait, il existe une réalité autonome des images qui s'applique autant aux produits qu'aux organisations et dont la valeur économique s'impose, quels qu'en soient l'origine et le support. On constate, à l'époque de la communication, que les produits mais aussi les entreprises ont une dimension d'image qu'on peut désormais apprécier sur le plan comptable et dont le principe de «séparabilité» d'avec les actifs matériels n'est plus discutable, pour autant qu'on veuille bien considérer que tout se vend et que la valeur d'usage d'un bien est distincte de sa valeur d'image. Bien entendu, la facilité à séparer les deux notions a un impact direct sur la valeur d'image en question. Mais n'en doutons pas : les «images» sont devenues, pour l'essentiel, aussi cessibles et transférables que les biens physiques ; les exemples de Citroën à Virgin, en passant par Moulinex ou Whirpool, suffisent à le démontrer !

Une notion s'impose donc par analogie avec l'image de marque des produits. C'est l'image de marque d'entreprise, qui est la résultante d'une somme de paramètres de communication pure qu'on apprécie dans le champ d'activité de l'entreprise, qu'il s'agisse de l'univers industriel, financier, voire grand public. Il s'agit de la notoriété du nom de l'entreprise, la connaissance de ses activités et de ses qualités, l'appréciation de ses points forts et la capacité de prescription de ces attributs psychologiques associés. La somme de ces données, si elle est très favorable, peut aller jusqu'à constituer une réalité de marque : la «marque entreprise®».

Cette réalité de marque ne dépend pas que des données objectives qui la sous-tendent, c'est-à-dire les résultats financiers, économiques, technologiques et sociaux de l'entreprise. Elle a une dimension de communication en soi, qui est son lien aux valeurs d'image de la société dans laquelle elle évolue : valeurs d'empathie, de modernité, de *corporate governance,* de protection de l'environnement, d'attention à la société. Bref, ce que l'on dénomme désormais la valeur partenariale de l'entreprise *(the stakeholder value)* et qui est le produit d'une gestion autonome de communication, plus ou moins en phase avec les dynamiques d'opinion.

La finalité des politiques de communication d'entreprise est de développer des stratégies qui valorisent au mieux cette composante d'image de la marque entreprise, ce qui vient ainsi équilibrer les autres éléments de perception résultant des dimensions financières ou technologiques de la vie de l'entreprise.

L'affirmation d'une dimension sociétale propre à l'image d'entreprise se matérialise dans le concept de valeur d'image de marque. Elle est caractéristique de la relation entretenue entre l'entreprise et la société et distincte des autres images spécialisées, notamment financières ou industrielles. Cette valeur résulte d'une relation de confiance entre l'entreprise et ses publics, assise sur la façon dont ces derniers estiment que la firme assume ses responsabilités globales et s'efforce de leur donner satisfaction, notamment en prenant en charge la demande sociale du moment, affective tout particulièrement.

Partant de ce constat, il est aisé de mesurer de façon précise, c'est-à-dire quantifiée, la réalité de cette relation auprès d'un échantillon de publics. Cette mesure, si elle est régulière et cohérente, présente la même fiabilité que les autres enquêtes pratiquées à des fins sociales ou marketing. On peut ainsi établir, de façon fiable, le taux de reconnaissance, d'agrément et de prescription d'une marque d'entreprise à un moment donné, marché par marché. Ce tableau de bord de l'audience sociétale d'une marque, partant de sa relation partenariale au grand public, est un bon indicateur de sa valeur d'image propre.

Le lien entre cette mesure et sa valeur financière se fait à travers l'application d'une grille d'analyse qui inclut des considérations objectives (secteur, sociologie de l'audience, etc.). Elle consiste pour l'essentiel à appliquer la théorie du coût de remplacement médias, c'est-à-dire le montant de l'investissement média utile pour atteindre des scores comparables sur une cible de dimension équivalente, s'il fallait recréer de toutes pièces cette audience en un espace temps réduit.

La valeur d'image de la marque entreprise peut donc être appréhendée pour ce qu'elle est : une réalité tangible, génératrice d'une capacité de relation plus ou moins dynamique entre l'entreprise et la société, en amont des images spécialisées financières, sociales, commerciales. Elle est le produit d'un pur savoir-faire de communication et joue totalement sur cette connaissance des valeurs sociales qui structurent l'état de l'opinion à un moment donné. Vivendi constitue le meilleur exemple de cette construction, construite par son président en peu d'années sur un socle largement dépassé. Sans doute son président s'est-il adjugé une relation sociétale trop forte, originale et moderne, mais agressive parfois et synonyme d'accompagnement de l'époque, en phase avec l'attente des catégories les plus dynamiques. Mesurer cette réalité n'est pas sans intérêt, dès lors qu'elle a aussi vocation à soutenir des produits et à porter des démarches de développement.

À ce stade, l'intérêt de l'entreprise qui s'est dotée d'une valeur de marque est double. Il est d'abord de poursuivre l'évolution positive de ce capital marque en tirant parti des évolutions de son environnement et de se créer des occasions d'améliorer son positionnement. Toute l'intelligence de ce savoir-faire sera d'investir le moins possible pour obtenir les impacts maximums, en jouant des opportunités, des médias, de la tactique et de son acquis pour rester à un haut niveau partenarial. L'autre mission est de protéger ce capital par un dispositif de précaution qui va mettre la marque à l'abri des conséquences possibles d'une crise d'image, toujours possible, en raison des risques d'accidents, d'attaques et d'événements imprévus qui peuvent surgir, malgré les efforts de l'entreprise.

Les entreprises savent désormais que la communication *corporate* n'est plus une contrainte fonctionnelle et qu'elle est beaucoup plus qu'une addition de communications séparées. Elles observent la formation d'une marque entreprise®, aux côtés de la marque commerciale : tous les publics de l'entreprise associent désormais les deux représentations !

LA FORMATION DU CAPITAL MARQUE

Comment faire de la responsabilité *corporate* l'actif qui donnera de la valeur à la communication d'entreprise ?

La formation du capital marque est un processus d'accumulation historique des messages. Au départ, il y a la communication du produit, suivie par la communication sur la vie sociale de l'entreprise et rejointe par la communication sur le capital, conformément au processus de développement de l'entreprise.

Si la marque financière a recouvert largement, ces dernières années, le discours de la marque produit, c'est pour des raisons de rééquilibrage du rôle de l'actionnaire dans la vie des marchés, compte tenu du besoin de capital pour assurer le développement. Alors que la dimension sociétale (c'est-à-dire le rapport de l'entreprise à la société) a été sous-estimée, voire absente de cette construction, sauf depuis l'émergence des *community relations* et du mécénat d'entreprise comme lien justificateur, on assiste à un puissant rappel avec l'émergence de la demande de responsabilité, face à l'interrogation sur la «durabilité» du modèle de croissance contemporain. C'est ce mouvement de rappel qui introduit la dimension sociétale dans le discours de marque.

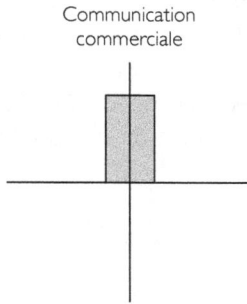

Figure 5.1
À l'origine, une communication commerciale

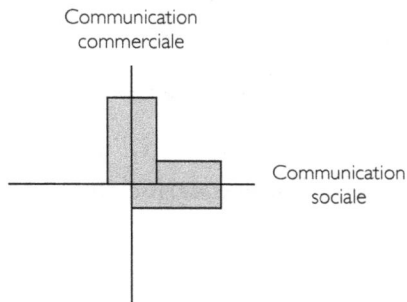

Figure 5.2
Phase 2 : communication commerciale/sociale

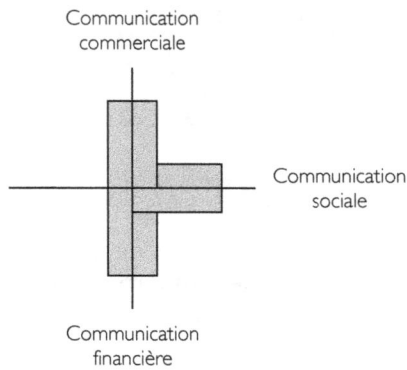

Figure 5.3
Phase 3 : communication commerciale/sociale/financière

La formation du capital marque devient un exercice d'équilibre entre toutes les composantes attendues de la communication d'entreprise. On parlera même d'image idéale, dès lors qu'elle donne le sentiment de tenir compte de ses quatre publics de façon équilibrée et d'avoir résolu ainsi les tensions et contradictions inhérentes à la gestion de ces quatre problématiques.

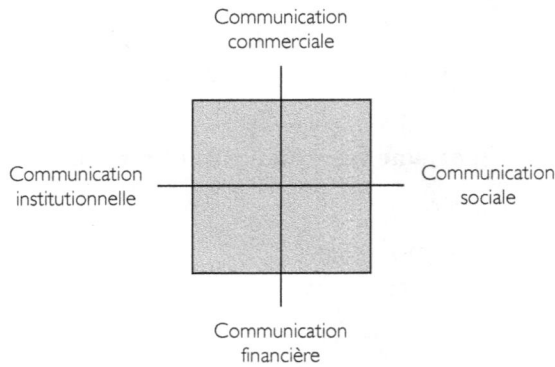

Figure 5.4

Phase 4 : communication commerciale/sociale/financière/institutionnelle

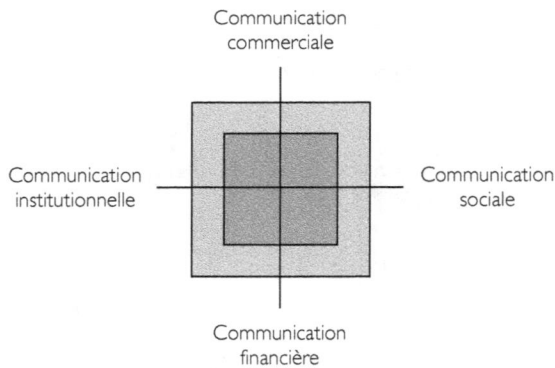

Figure 5.5

Phase 5 : la marque-entreprise unifie toutes les communications

Chapitre 16

LA PRISE DE CONSCIENCE DU RISQUE D'IMAGE, L'ENGAGEMENT D'UNE DÉMARCHE RSE

«La mondialisation, telle qu'elle prend forme actuellement, est caractérisée par l'organisation mondiale de la production par les grandes entreprises privées, la globalisation financière, l'interdépendance des économies. La mondialisation a conféré aux sociétés transnationales une puissance inédite. Elles sont désormais devenues un lieu de pouvoir auquel ne correspond pas un niveau équivalent de responsabilité juridique, sociale, politique et morale. Il importe donc que pouvoir et responsabilité coïncident et que les activités des grands groupes qui affectent par le monde des millions d'individus, fassent l'objet d'un contrôle démocratique accru.»

Fédération internationale des Droits de l'Homme.

L'ENGAGEMENT DE L'ENTREPRISE

L'engagement de l'entreprise dans le sens du DD n'est pas un acte spontané, ni une démarche morale, même si l'éthique peut être une inspiration pour les dirigeants au regard de l'idée personnelle qu'ils se font de leur position dans la société. Au-delà des nouvelles réglementations environnementales et sociales qui découlent du besoin de protection de la nature et des hommes dans un cycle de croissance mondiale important, comme celui qui caractérise ce début de siècle, il existe deux leviers majeurs en faveur d'un management responsable. Ces deux contraintes essentielles sont, d'une part, le risque d'image, découlant de la force nouvelle de l'opinion, et, d'autre part, la demande de bonne gouvernance des investisseurs, à travers la mesure de la performance globale ou extra-financière.

Le DD concerne certains secteurs plus que d'autres, mais tous sont concernés

Les financiers ont des enjeux de *corporate governance,* de comportements et de placements éthiques, de gestion sociale, de mécénat.

Les industriels ont des enjeux d'investissements dans les pays émergents, l'écologie et la sous-traitance.

Les assureurs ont des enjeux de gestion des risques et des investissements financiers.

Les enjeux des hautes technologies concernent les rejets, les sous-traitants et l'emploi externalisé.

Les enjeux services concernent l'identification et l'internalisation des marques.

La valeur sociétale des marques s'impose

À court terme, les marques ne pourront pas ne pas afficher une forte valeur sociétale :

- cela devient un élément de différenciation parmi des publics sensibles à ces paramètres ;
- c'est un élément de comparaison entre la réalité et le discours des firmes (enjeu de crédibilité de la communication) ;
- c'est aussi par là que les attaques pourront être portées (enjeu de vulnérabilité *vs* les ONG) ;
- c'est aussi à travers cela que les entreprises peuvent se créer des alliés et des références, au-delà des publics commerciaux qu'ils ont l'habitude de suivre.

Le DD requiert une démarche de communication

Cette démarche comporte quatre dimensions :

- la veille sur tous ces sujets pour nourrir l'action de l'entreprise (identification des enjeux et des acteurs et prévention des risques) ;
- l'écoute et la relation suivie avec les *stakeholders* dans un cadre structuré : sessions-dialogues régulières, réunions d'experts, partenariats avec des associations, etc. ;

- l'information sur la démarche et les résultats, à travers le rapport, la base de données (matrice de suivi des indicateurs) et le système de management interne ;
- la gestion des partenariats, cadre contractuel engageant, à la base des évaluations.

Quel rôle pour la direction de la communication ?

La direction de la communication a un rôle de coordination auprès des autres directions et de surveillance de la démarche de développement durable, au nom de la marque :

- au sein du comité de suivi : coordination du comité d'animation du DD (CADD, avec DF, DRH, DHSE/Qualité, etc.) ;
- en gérant l'interface avec les *stakeholders* et les partenariats, l'écoute et le dialogue avec les publics critiques ;
- à travers le pilotage de l'expression et du discours sur le sujet, en assurant la prise de parole et la présentation des résultats et des mesures ;
- à travers la gestion de la cohérence du discours global (rapport engagements/réalité), en veillant à ce que les expressions environnementales, sociales et stratégiques ne divergent pas des engagements pris !

La communication joue un rôle moteur

La fonction communication joue un rôle prédécisionnel, en amont, au nom des engagements de DD. Il s'agit de :

- prendre en compte les risques d'opinion, préalablement à une décision ;
- pouvoir consulter des alliés ou partenaires ou de négocier en fonction des réactions attendues au sein de cette communauté institutionnelle, chaque fois que des décisions importantes peuvent remettre en cause la compréhension des positions de l'entreprise ;
- démontrer le sens général des décisions pour remettre en cohérence économie et durabilité dans le cadre de la politique générale d'entreprise.

Le DD devient le nouvel axe structurant des «marques entreprises» pour améliorer leur réputation.

RÉPONDRE À UNE DÉMARCHE D'OPINION

Les grandes marques entreprises ne peuvent plus aller contre le mouvement sociétal de demande de responsabilité générale. Si on s'y prend de façon appropriée, il est possible de retourner la contrainte en contenu de communication, à condition de se donner des engagements réels et de les mettre en œuvre. Le processus d'intégration progressif des exigences du DD permet de valoriser la relation de la marque avec ses publics actuels et de se lier avec d'autres, potentiellement adverses et d'anticiper ainsi les tendances et les attentes.

Ce mouvement n'existe que parce qu'il existe une demande en ce sens de la part du grand public. De nombreuses études montrent en effet que la pression du public sur les entreprises, à jouer un rôle plus positif dans la société, est en train de croître de manière significative ces dernières années. On se référera à une synthèse de ces études publiée en 2003 (UNEP) :

- 49 % de 1 000 habitants dans 23 pays, sur chaque continent, citent la citoyenneté d'entreprise comme le premier critère de leurs impressions sur une entreprise, même si 32 % sont plus marqués par les critères financiers ;
- 1/3 des personnes demandent aux entreprises de construire une meilleure société pour tout le monde et aller au-delà des profits.

En Europe du Nord (étude PricewaterhouseCoopers, mars 2000, France) :

- plus d'1/3 approuve les sociétés prenant une position intermédiaire entre leur rôle traditionnel et un rôle plein tourné vers la responsabilité sociale ;
- 62 % : plus de la moitié suit avec attention le comportement social des entreprises et pense que le commerce équitable sera une nouvelle base ;
- 39 % des Européens du Nord sanctionnent une entreprise non socialement responsable dans la dernière année, selon un sondage d'opinion de CEP 2000* ;
- 77 % pensent que les pratiques du commerce mondial entre le Nord et le Sud sont «inéquitables» ;
- 90 % donneraient leur préférence, à qualité égale, à un produit issu du commerce équitable.

Selon le sondage IPSOS, réalisé en octobre 2000 :

- 66 % souhaitent connaître les conditions de fabrication des produits qu'ils achètent ;
- 62 % seraient prêts à payer un produit offrant des garanties sociales.

Le consensus d'opinion est aussi porté par les syndicats. Ainsi, la CFDT n'hésite pas à déclarer : «*La notion de développement durable, son utilisation par une grande variété de groupes sociaux, d'acteurs, montre qu'elle est porteuse de valeurs et de projets. Elle représente une référence universelle, qui reste encore à cons-truire. Pour cette raison, le DD contient l'idée d'un renouvellement de la démocratie. Une évolution des modes de vie ne sera possible que si elle est crédible et acceptée par l'ensemble des citoyens. Elle nécessitera la mise en place de processus participatifs encore inédits.»*

Mais le passage d'une prise de conscience des risques d'image à l'étape d'orga-nisation d'une politique nécessite d'abord une écoute externe et plusieurs éta-pes préalables d'analyse d'opinion, en amont des choix (mesure des attentes externes et internes, c'est-à-dire de la pression) qui permettront d'incorporer ce phénomène dans le fonctionnement et l'économie de l'entreprise.

Les principales étapes de la démarche – Rappel

1. Inventaire des interpellations et des questionnements internes/externes à l'égard de l'entreprise, de son secteur, autour de tous les enjeux de déve-loppement durable.

2. Avis d'un comité de direction transversal (CDD) pour envisager la gestion des obligations nouvelles d'information et la coordination des réponses aux interpellations inventoriées (*cf.* questionnaire des agences de *rating*).

3. Étude interne sur l'état des réponses à apporter à ces interrogations et ana-lyse des problèmes posés (points forts/points faibles). Analyse des contraintes en vue du rapport, avec les responsables opérationnels et fonc-tionnels concernés dans l'entreprise.

4. Approfondissement de l'investigation en termes de risques/opportunités. Articulation économique entre ces exigences et les possibilités invento-riées et l'économie à moyen et long terme de l'entreprise (*cf.* impact de la durabilité sur le modèle économique et bilan stratégique).

5. Évaluation en DG d'une politique DD d'ensemble, comportant plusieurs volets afin d'apprécier jusqu'où pourrait aller l'entreprise dans ses engage-ments éthiques et sociétaux, environnementaux, sociaux, de dialogue structuré et de communication «véridique».

Ce travail d'étude permet de dégager des orientations de progrès et de définir un processus de mise en œuvre d'un mode d'avancement en plusieurs étapes :

- répartition des responsabilités internes, dont la gestion de la communica-tion pendant le processus ;
- *stakeholder session :* écoute des parties prenantes dans la vie et le fonction-nement du groupe ;

- collecte des attentes et propositions internes (enquêtes/entretiens) ;
- sélection des informations disponibles au vu des indicateurs de base figurant dans les référentiels universels (prendre la GRI de préférence) ;
- réalisation d'un prérapport (rapport zéro) qui sert de base à la direction générale pour évaluer le positionnement possible de l'entreprise dans le champ de la notation sociale. Ce prérapport sert aussi à envisager l'ampleur des progrès à réaliser ainsi que les améliorations indispensables pour publier un premier rapport de responsabilité et de DD qui ne soit pas seulement intentionnel.

Le prérapport (à usage interne *stricto sensu*) constitue, à cet effet, un acte de prise de conscience et d'objectivation qui est un bon point de départ pour s'avancer dans le sens d'une politique affichée.

CHAPITRE 17

LA RSE EST UNE RÉPONSE À LA CRISE DE CONFIANCE DANS LES ENTREPRISES

Il est paradoxal de constater que les bénéfices économiques de la mondialisation sont largement effacés aujourd'hui par la contestation du pouvoir que les grandes entreprises ont acquis et la peur que suscite le mouvement. Ceci traduit l'échec de la relation qu'entretiennent les entreprises avec les opinions et leurs principaux porte-parole. Certes, l'émergence récente d'une demande de «développement durable» par les grands acteurs internationaux a été fortement reprise par de nombreuses entreprises et secteurs de l'économie qui s'y sont intéressés avec sincérité. Mais cette remise en question du paradigme de croissance est encore en gestation lente. Elle suscite à ce stade un intérêt d'opinion plus qu'une modification de comportements. C'est néanmoins une chance à saisir par les entreprises pour rebâtir une relation de confiance avec la société, à travers les potentialités du concept de responsabilité sociétale. Ce défi a un impact direct sur la bonne allocation des ressources et la performance des marques de nos entreprises, face à la défiance grandissante que suscitent leurs discours.

C'est pourquoi ce défi est aujourd'hui celui de la fonction communication qui joue son autorité dans sa capacité à piloter cette mutation dans les relations de fond entre l'entreprise et la société qui caractérise les nouvelles années 2000.

LE CYCLE DE CONSTRUCTION DE LA COMMUNICATION
CORPORATE

Le cycle de construction de la communication *corporate* des années 1980-1990 a atteint ses limites. Si les entreprises ont bâti des marques mondiales, celles-ci suscitent encore une très grande défiance de l'opinion.

Les deux décennies précédentes se caractérisent sur le plan économique par l'émergence de leaders mondiaux dans leurs secteurs qui ont su lever des capitaux importants, en se créant une identité forte sur les grands marchés financiers. Le plus souvent à travers des fusions-acquisitions, ces groupes ont absorbé des grandes marques commerciales qu'elles ont chapeauté d'une «marque-entreprise» servant à porter à la fois leur communication financière, institutionnelle, interne et à dégager des synergies autant qu'à fédérer les comportements. Dans cette construction identitaire, les entreprises se sont souciées par-dessus tout de leur cohérence propre qu'elles ont nourri d'un discours de premier degré autour des valeurs simples et répétées de performance, de technologie et de réussite. Il n'y a pratiquement pas d'exemples de discours *corporate* conçus sur le registre de la relation vraie et du réalisme nuancé, comme si les fantassins de la mondialisation ne pouvaient s'envisager autrement que sur le ton du triomphalisme et de la surpromesse. On a ainsi accumulé en une décennie une idéologie de la grande entreprise, corne d'abondance et incarnation prométhéenne, servant à justifier toutes les OPA, toutes les restructurations, tous les conglomérats, sans considération suffisante de ce que pouvaient en penser ceux qui les subissaient. Premier public choyé, les actionnaires, qui a fini par délaisser le contenant au profit des chiffres et des opérations proposées.

C'est toute la politique de communication des entreprises qui est remise en cause par cette évolution fondamentale, tant dans sa mission que dans ses méthodes. La fonction communication doit tirer les conséquences de cette révolution et animer le management de la démarche de responsabilité sociétale au nom de la marque entreprise.

L'autoglorification des marques entreprises a accompagné effectivement l'asymptote récente du capitalisme financier alors que, dans le même temps, le rapport entre l'économie et la société commençait à s'inverser. De fait, le doute sur les avantages du progrès s'est approfondi, en même temps que la vertu des dirigeants d'entreprise était parfois prise en défaut et que leur motivation semblait délaisser son lien avec la réalité humaine et sociale. La vie des grands groupes s'est enfermée dans une bulle idéologique, ne voyant plus l'incrédulité et l'indifférence qu'elles suscitaient dans la société civile. Bien plus, elles n'ont pas vu venir la montée parallèle d'un anti-modèle et d'acteurs critiques qui ont fédéré autour d'eux les suffrages des inquiets et des révoltés, dans un climat où la libéralisation des règles de l'échange et de la production accélère les remises en cause, les déceptions et les inégalités voyantes.

Au lendemain d'une période d'euphorie inconsciente, les marques entreprises se sont réveillées avec une perte de crédibilité et des oppositions radicales à ce qu'elles représentaient. Bref, leur modèle est épuisé et leur capacité d'entraînement semble se limiter à ceux dont les intérêts sont directs et qui n'ont pas envie d'en perdre l'avantage. C'est ce que montrent les sondages récurrents sur la crise d'image des marques entreprises, sur la peur de la mondialisation associée aux entreprises par-dessus tout.

Plus les entreprises se mondialisent, plus on attend d'elles des démarches responsables

L'émergence du DD entraîne une nouvelle relation entre l'entreprise et la société. Sans qu'on puisse y lire une relation de cause à effet, la conquête de nouveaux marchés par nos fleurons industriels redynamisés, en Asie et dans l'hémisphère Sud, s'est faite alors que l'Occident commençait à s'interroger sérieusement sur son modèle de croissance. Les valeurs éthiques et les principes de conduite se sont affirmés dans le sillage du consumérisme et de la génération morale. Le mouvement trouve son socle dans l'angoisse écologique, celle de voir la planète incapable de supporter plus longtemps nos gaspillages et nos insouciances. Marginal lors du premier sommet de Rio, le mouvement s'est imposé vingt ans après, à Johannesburg, au point que Greenpeace et les représentants du business s'y sont mis d'accord pour réclamer une autre façon de produire. L'année suivante, au G8, la France tente de rassembler les grandes puissances autour du concept «d'économie responsable de marché», les dirigeants prenant conscience du danger que la globalisation s'emballe en dehors de toutes règles de régulation, pour le plus grand profit des prédateurs qui en accroissent l'insécurité. D'où la prégnance du concept de responsabilité, parmi les nations qui entendent conserver leur niveau de vie et au sein des institutions internationales et non gouvernementales dont l'influence ne cesse de s'imposer à travers les médias et la conscience publique. La *corporate social responsibility* est passée d'un statut académique respectable à un stade d'assurance managérial ; elle est revendiquée par les entreprises soucieuses de mettre de leur côté les opposants et de se prémunir des crises d'opinion, comme s'il s'avérait utile de combiner, selon la bonne formule de Shell, *business and principles*.

Leader dans ce retour aux sources vers la société, Shell invente la formule «*planet, people, profit*», titre d'un rapport de responsabilité et de DD qui fera école parmi les multinationales. L'intention résume le nouveau syncrétisme par lequel l'entreprise perçoit son intérêt à concilier «le projet économique et le projet social», sociétal dirait-on maintenant. La conciliation d'objectifs sociaux, économiques et environnementaux, jugée jusqu'ici impossible parce qu'antagonistes, est apparue comme une aubaine idéologique et une voie salvatrice pour la grande entreprise en quête d'un consensus indispensable. Le DD a profité formidablement de ce besoin de convergence entre les projets économiques des uns et les attentes politiques des autres.

Ce qui n'était au départ qu'une analyse économique sur les coûts externes du progrès, indûment laissés à la charge des contribuables ou des générations futures, s'est vite imposé comme une vulgate de la mondialisation, vue par le bon côté. De fait, un nouveau paradigme de la croissance est en train de s'inventer à travers les principes de la durabilité. Aucune grande entreprise ne conteste son intérêt de voir réussir ce modèle, encore volontaire et informel à ce stade. Elles sont déjà un millier à signer aux côtés du secrétaire général des Nations unies un pacte qui proclame le respect de grands principes universels. Cela n'est pas sans lien avec les tentatives chaotiques de réformer la gouvernance des groupes, suite aux ruptures de confiance qui ont marqué tous les marchés financiers du monde. La plupart ne prennent-elles pas des mesures pour réduire leur rejet de gaz carbonique, considérant qu'il faudra affronter inéluctablement le réchauffement climatique, d'une façon qui reste à trouver entre un marché de permis qui s'expérimente et un accord mondial qui agonise?

De succès en contestations et de ruptures en synthèses, le modèle de relation entre l'entreprise et la société évolue considérablement, sous la poussée de la société de communication qui s'impose aux entreprises, ne serait-ce que parce que celles-ci vivent plus que jamais de la bonne image de leurs offres! Ce levier de la réputation institutionnelle qu'on méprisait au temps du marketing triomphant, n'est pas prêt de s'affaiblir. Mais, plus fondamentalement encore, notre époque se caractérise par le poids grandissant des enjeux collectifs qui ne peuvent plus être résolus par les États seuls. Les opinions demandent aux entreprises de prendre en charge la part de ces enjeux qui les concerne, en contrepartie de la liberté qu'on leur attribue, pour inventer les produits, employer les hommes et forger les cultures, tant qu'elles sont efficaces et responsables! Aucun acteur privé ne peut plus ignorer l'intérêt public auquel il est confronté. On lui demande de concilier sa légitime capacité à prospérer avec le respect global du présent et de l'avenir, qu'on soit aux États-Unis, en Europe ou ailleurs. Les contre-pouvoirs citoyens ne sont plus extérieurs à l'entreprise, ils sont au cœur même des motivations d'achat et d'organisation de la société. Ils sont autant l'affaire des salariés que des consommateurs et des élus, dans un combat qui vient de sortir de la marginalité et d'imposer son sens.

C'est toute la communication des entreprises qui est remise en cause par cette évolution, tant dans sa mission que dans ses méthodes. Communiquer, dans la société de consommation, c'est vendre et s'imposer. Communiquer dans la société durable, cela devient négocier, convaincre et s'entendre. La confiance devient l'objectif majeur alors que tout était jusqu'ici question de puissance et de notoriété. Alors que le monde cherche une façon de décupler le niveau de vie de la moitié de la planète en une génération, en conservant ses équilibres «durables», les grandes entreprises ne pourront à la fois porter ce défi et faire prendre des risques à leurs actionnaires, surtout quand c'est la génération qui veut en profiter qui doit s'assurer de la solvabilité de la génération qui suit. S'ils veulent retrouver une audience, les discours d'entreprise doivent participer pleinement de cette réassurance dans le monde qui vient et créer du lien entre les générations et, au final, du consensus entre des communautés plus éclatées et diverses que jamais.

La fonction communication ne peut plus se contenter de transmettre, d'exprimer et de projeter ce que veut l'entreprise. Sa mission *«broadcast»* (émettre ou propager) ne devient qu'une étape seconde dans la légitimité du communicant, non la moins importante, mais la plus facile.

La mission de la fonction communication, confrontée à cette pression, devient plus que jamais d'organiser l'écoute et la compréhension du monde extérieur afin de faire rentrer la société dans l'entreprise. La gestion du contact avec les publics de la société les plus critiques, voire radicaux, ceux qui anticipent et provoquent les évolutions du monde, est justement l'affaire d'une direction de la communication; en effet, ni le marketing, ni les affaires publiques ne le font. La nécessaire gestion du dialogue avec ces publics actifs, comme le suivi des tendances d'évolution générale de la société, devient préalable à toute réflexion sur les attentes et les conditions d'acceptation du discours de la marque entreprise, à sa réceptivité et à sa compréhension sociale, en amont de tout exercice d'expression.

Mais la mission d'écoute ne suffit pas, si elle ne débouche pas sur le management du changement. La réactivité de l'entreprise aux évolutions sociales, la mise en résonance de son organisation avec la vitalité sociétale, sont les missions modernes d'une fonction de communication qui doit se concevoir d'abord comme la courroie de transmission entre l'entreprise et la société, entre les opinions externes et les fonctions internes de l'entreprise. On est à mille lieux de l'instrumentalisation d'une fonction qui se justifie trop par sa capacité d'influence sur les médias et sa rapidité à produire des images, quand elle ne se limite pas à être le relais unilatéral des directions. Réussir l'intégration sociétale de la marque entreprise et donc de l'entreprise n'a plus grand-chose à voir avec la seule perspective de faire reproduire et répéter son discours, comme on s'y habitue depuis vingt ans. De ce fait, cette mission, qui part de la société et non plus de l'entreprise, voit aussi ses méthodes reconsidérées.

La panoplie des moyens ne consiste plus à utiliser les instruments de fond d'orchestre pour créer du bruit et recouvrir les autres. Elle ne se juge plus à la sacro-sainte part de voix qui donne la prime au plus dépensier. Elle consiste à créer des relations signifiantes entre toutes les parties, enrichissantes par l'échange des différences et audacieuses par leur envie de dépasser les frontières du commerce. C'est le cas des partenariats qui constituent le premier vecteur de communication d'une démarche durable ; partenariats avec d'autres communautés engagées, avec d'autres acteurs méritants, associations et ONG qui acceptent de partager des objectifs communs tout en laissant chacun dans son rôle. C'est parce qu'ils sont complexes à instaurer et fragiles à maintenir que les partenariats sont puissants socialement et qu'ils créent des démarches intéressant le public.

Puis il y a la preuve qui reste le support le plus efficace de la communication durable. La preuve résulte d'un engagement vécu et constitue un acte qui communique lui-même sa vérité. La construction d'une démarche probante est l'exigence même d'une communication durable ou elle n'existe pas long-temps. L'action devant précéder la communication en matière de durabilité, l'œuvre suffit donc à établir la foi. Avec ou sans grâce, l'entreprise qui croit dans sa contribution sociétale doit planifier ses réalisations plutôt que les médias et elle aura de surcroît le mérite public. Pour aller jusqu'au bout de l'analogie, on se situe là dans un autre rapport au monde, où l'objectivité l'emporte sur l'émotionnel et la démonstration sur l'incantation. Si les modes opératoires ne sont pas encore ceux-là dans les processus professionnels en usage, il n'en demeure pas moins que la mécanique de fonctionnement de nos sociétés donne raison progressivement à ces approches distillées et construites autour d'actes forts, qui de communautés alliées en cercles prescripteurs, établissent des fidélités et des associations en profondeur, ayant force d'exemple, mieux que toute campagne achetée à prix d'or.

Enfin, la méthode de l'alliance, c'est-à-dire des accords public-privés, est au cœur des approches nouvelles qui régissent les nouveaux rapports avec les gouvernements et les acteurs publics. Elles se substituent aux modes d'influence ou de lobbying classiques qui cherchent à circonscrire les décideurs et à les entraîner dans des jeux d'intérêts particuliers. Elle cherche la définition d'un intérêt public commun, puis à répartir la charge des responsabilités afin de trouver des solutions à des enjeux cruciaux. La communication durable favorise l'édiction des règles à partir d'accords publics privés et d'une logique gagnant-gagnant, où chacun s'efforce de prendre une part de l'intérêt commun.

Les directions de la communication ont épuisé leur crédit dans leur rôle technicien poussé à outrance. Elles ne retrouveront une position que dans un rôle managérial de gestion du rapport à la société, afin de mettre les marques entreprises au centre de la relation constructive et «durable» avec le monde, en s'efforçant d'adapter les cultures, les méthodes et les objectifs en place. C'est ce qui maximisera son résultat et son rôle politique par excellence.

CHAPITRE 18

LA FONCTION COMMUNICATION, AU CŒUR DE CETTE MUTATION

Les professionnels de la communication doivent prendre en charge le management de la démarche de responsabilité sociétale, au nom de la marque entreprise dont ils ont la charge.

La mutation du rapport de fond qui s'opère entre l'entreprise et la société interpelle la fonction de communication de l'entreprise, en charge de l'image de la marque entreprise. La communication ne peut plus se contenter de proclamer l'esprit de responsabilité, elle doit veiller à ce que l'entreprise progresse dans sa démarche de responsabilité sociétale. La RSE est désormais le cadre de travail imposé à toute fonction communication, comme si l'institutionnel était en train de prendre le pas sur les composantes traditionnelles (financière, commerciale, interne) qui ont nourri le discours *corporate* jusqu'ici. Cinq grandes conséquences opérationnelles s'imposent aux directeurs de la communication confrontés à ce changement d'époque.

LA FONCTION COMMUNICATION ASSUME LA DYNAMIQUE DE LA POLITIQUE RSE

Cinq raisons justifient le rôle moteur qui revient à la direction de la communication en termes de politique RSE.

La responsabilité devient l'axe structurant des politiques *corporate*

L'attractivité de la marque entreprise dépend de sa capacité à être toujours en phase avec les attentes de la société globale. Comme le démontrent les études récentes, parmi toutes les valeurs qui structurent un discours institutionnel, la plus attractive n'est plus la performance ou la technologie, le rêve ou l'imaginaire, c'est la responsabilité. Cette valeur garantit que l'entreprise assume sa promesse, mais aussi qu'elle prend en compte les intérêts publics supérieurs aux siens et qu'elle respecte la demande sociétale. Ce basculement récent des valeurs, concomitant avec la prise en charge du DD dans les politiques publiques, ne laisse indemne aucune communication. Elle se juge surtout dans les crises où les intérêts de marché sont opposés aux attentes de la société. Si l'entreprise accorde une valeur à sa marque, elle ne peut plus prendre de risque de réputation, car elle perdra toujours en légitimité contre les médias, les institutions et les prescripteurs d'opinion. La valorisation du capital marque confère désormais une priorité à l'intégration de la responsabilité sociétale dans l'expression globale de l'entreprise. Cette vulnérabilité et cette puissance d'attraction de la marque entreprise justifient une direction de la communication puissante pour veiller à ce que cette responsabilité, attente suprême de nos contemporains, ne soit jamais sous-estimée, ni prise en défaut, tant elle compte à leurs yeux.

Une nouvelle vocation pour la fonction communication

La fonction communication a vocation à animer le comité de DD pour veiller à la crédibilité du discours de responsabilité de la marque entreprise La prise en compte du DD par l'entreprise soulève un problème d'affectation de compétence. Qui doit faire quoi ? Du fait du caractère transversal de la démarche, les directions générales hésitent entre la création d'une responsabilité *ad hoc* ou son attribution à une direction particulière. Dans de nombreux cas, on a conféré ce rôle aux directions de l'environnement, réduisant par là la démarche à une volonté d'éco-efficience. Les entreprises qui y voient une problématique technicienne la confie à la direction de la qualité, niant ainsi la dimension géopolitique et sociétale du sujet.

En réalité, la direction du DD ne peut être que l'affaire d'un comité intégrant toutes les fonctions et présidé par la direction générale. Seul le travail collégial peut déterminer une vision volontariste et créer une dynamique d'entreprise. C'est aussi la condition pour fournir au conseil d'administration et donc à l'assemblée générale l'état des lieux complet qui lui permet de gouverner le devenir de l'entreprise à long terme et d'apprécier les grands risques.

Certes, l'animation du comité peut être l'affaire d'un cadre spécialisé, en liaison étroite avec la direction de la communication qui doit organiser l'écoute des attentes de la société et proposer au comité les actions conséquentes afin que la marque exprime une réalité d'engagement. Si les démarches de communication et de responsabilité sont déconnectées, on court un risque majeur : la perte de crédibilité du discours *corporate*.

La fonction communication en charge de l'écoute et du dialogue

La fonction communication est investie de la gestion de l'écoute et du dialogue avec la société, afin de nourrir la démarche de responsabilité sociale. Dans l'ancien modèle, le discours est tourné vers un public privilégié; dans le modèle RSE, tous les publics sont traités équitablement.

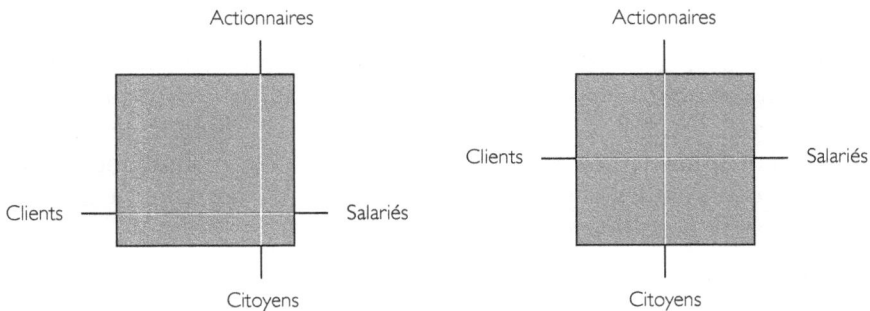

Figure 5.5
D'un modèle à l'autre

Jusqu'ici les entreprises ont tenté d'améliorer leur communication avec leurs consommateurs, leurs actionnaires et leurs salariés, sans chercher vraiment à communiquer avec l'opinion, à travers ces acteurs critiques et dérangeants au sein de la société civile que sont les associations, les ONG et les prescripteurs qui la font bouger et évoluer. Bien plus, comme on a observé son évolution historique, la communication s'est limitée pour l'essentiel à la justification des messages de l'entreprise. L'esprit du DD inverse cette attitude en faisant du dialogue avec toutes les parties prenantes la base d'une nouvelle relation, ne cherchant pas à convaincre mais à se comprendre, ne voulant pas justifier mais anticiper. L'objectivation de ces dialogues continus nécessite une capacité d'écoute et d'attention. Les formules de session-dialogue, les consultations d'experts de la société, les relations continues entretenues avec des panels spécialisés et, surtout, le suivi des communautés extérieures qui s'intéressent à l'entreprise, deviennent une source prodigieuse d'information. La direction investie de cette fonction de trait d'union devient un levier de progrès interne.

Le rapport sociétal® s'impose comme l'acte principal de construction de la crédibilité de la marque entreprise

Les rapports DD se multiplient car les entreprises ont compris le bénéfice qu'elles peuvent tirer d'une communication qui établit la réalité de leur performance environnementale et sociale. Les Anglo-Saxons qui ont lancé le concept ont imposé des critères intéressants, objectivant les résultats et intégrant les attentes de la société. La première génération de rapport dérive parfois, au dire des utilisateurs, dans une approche trop valorisante qui ne présente que des justifications favorables et s'accommode de conclusions de convenance. Les certifications ne changent en rien cet état de fait, si ce n'est qu'elles valident les données sélectionnées.

En réalité, un rapport de responsabilité n'est pas uniquement une annexe extra-financière au rapport d'activité. C'est le bilan d'une démarche de responsabilité au regard des enjeux du développement durable, c'est-à-dire des risques que court et fait courir l'entreprise pour l'ensemble de la société, aujourd'hui et demain. C'est aussi le compte rendu de sa contribution positive, en termes économiques, d'engagement sociétal et d'intégration à la communauté, comparée à d'autres, dans son domaine.

On parlera plutôt de rapport sociétal, si on veut que le document traduise une vision. Ce concept a l'avantage de penser le document comme un résultat d'ensemble, comme un acte d'analyse stratégique et de proposition institutionnelle aussi. C'est à partir de là que le dialogue se réorganise pour servir de plate-forme à une nouvelle démarche de progrès en direction de la société. Il nécessite un comportement véridique qui en fait son intérêt.

La fonction communication retrouve son rôle de médiateur

La fonction communication retrouve son rôle au cœur des affaires publiques à travers le management de la responsabilité sociale. Les entreprises gèrent dans le secret la défense de leurs intérêts institutionnels lorsqu'elles les considèrent insuffisamment légitimes pour les mettre sur la place publique. Mais il est rare que, dans nos démocraties, ces dossiers restent confidentiels. Il s'ensuit des contradictions permanentes entre les discours devant les élus et les discours auprès des consommateurs et de l'opinion. En conséquence, la plupart des entreprises et des secteurs gèrent des conflits d'image et des confrontations sociales qui nuisent à leur réputation, lorsqu'ils ne savent pas intégrer leur lobbying dans leur démarche de responsabilité. Cette schizophrénie de la communication d'entreprise contribue à sa perte de crédibilité.

Or, l'intérêt du DD est de poser justement les grands enjeux de société de façon collective et de faire participer tous les acteurs concernés à l'édiction des normes. C'est l'occasion pour les entreprises de remettre en cause les règles pour y substituer des accords volontaires, de proposer des expériences et de nouveaux diagnostics. Ceci suppose une cohérence à trouver entre la juste revendication d'une régulation équitable et une communication qui assume la contribution sociétale de la marque. Confrontée à la puissance des médias et des acteurs de la société civile, l'entreprise qui gère ses affaires publiques en dehors de cette logique nouvelle de responsabilité, court les plus grands risques pour son image.

LA VALEUR PARTENARIALE DE LA MARQUE ENTREPRISE, CRITÈRE DE RÉSULTAT

La performance de la fonction communication s'appréhende à travers trois paramètres :

- le niveau de confiance perçu dans la marque entreprise/principaux publics de l'entreprise ;
- le ratio investissement/valeur d'image dans le temps ;
- l'audit qualitatif de la fonction.

L'optimisation d'une marque entreprise, c'est-à-dire son taux de confiance, s'obtient à travers la prise en compte de quelques éléments de base :

- une bonne adéquation entre les valeurs de la marque entreprise et les valeurs de la société (le discours de marque)
- l'équilibre entre l'ensemble des messages de la marque entreprise (le management de la production de la valeur d'image) ;
- la crédibilité des supports utilisés (président, actes institutionnels, information, etc.), soit la gestion des programmes/objectifs imputés à la création de valeur d'image.

✓ Le système d'écoute (veille et relation)
✓ Le système d'information (optimiser les flux)
✓ Le système d'image (+ valeur d'image)
✓ Le système de management de la fonction

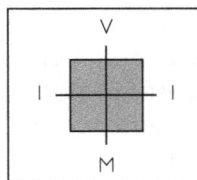

Figure 5.6
Modèle d'analyse de marque entreprise optimale

Il existe un modèle d'analyse de marque entreprise optimale, partant d'une posture de bonne gouvernance *vs* les attentes sociales et en se donnant un objectif de maximisation de la valeur d'actif de la marque entreprise. La performance de la communication consiste à gérer les quatre systèmes structurant de la fonction :

- le système d'écoute (veille et relation) ;
- le système d'information (optimiser les flux) ;
- le système d'image (plus valeur d'image) ;
- le système de management de la fonction.

Le système d'écoute mesure la capacité d'intégration et de réponse de l'entreprise à ces demandes pour les exploiter.

- observer le marché sociétal dans sa dynamique, notamment concurrentielle (*cf.* recours aux études et aux mesures objectives [tableau de bord, relation *stakeholders*]) ;
- collecter/stimuler les demandes d'expression et de retour, notamment sur la marque (la critique est une ressource) ;
- identifier tous ses *stakeholders* et se mettre en relation avec eux ;
- restituer en interne la demande sociétale.

Le système d'information met l'entreprise en fonction d'une «agence d'information» qui s'insert dans le système média pour tous les publics en même temps : internes, externes, avec des porte-parole disponibles et médiatiques et des prises de position au nom de la marque. Il importe d'accepter le fait que, plus l'information est diffusée, plus elle prend de la valeur, ce qui conduit à se mettre en position d'offre maximale et d'interactivité avec tous les publics et intégrer l'économie de l'information moderne dans ses mécanismes propres : instantanéité (numérique), cohérence, actualité, crédibilité (*cf.* modèle de *news agency*).

Le système d'image pose le fait que la valeur d'image de la marque entreprise est le socle des communications spécialisées, ce qui passe par une construction de fondamentaux :

- un système de marque (identité) lisible, signifiant, mémorisable (nom, logotype et déclinaisons, etc.) ;
- un territoire/discours qui établit le message de la marque en termes de vérité économique et de pertinence sociétale (l'engagement de la marque entreprise) ;
- des programmes d'expression et de valorisation qui explicitent et prouvent (annonces, partenariat) ;

- une mesure régulière de la valeur d'image perçue de la marque entreprise, *versus* ses concurrents.

Le système de management repose sur la nécessité d'une fonction transversale, participant à l'intégration des données d'opinion dans les décisions amont et en charge du capital marque de l'entreprise :

- une direction pleine et entière responsable de l'information, de la marque et des relations avec tous les *stakeholders*, ce qui inclut les rapports aux pouvoirs publics, aux ONG;
- une gestion collective avec les autres fonctions à travers un comité de DD ou RSE;
- un comité de marque et une évaluation (reporting).

Les directions de la communication s'adaptent désormais pour prendre en compte cette transformation profonde de leur mission en assumant le pilotage de la délégation au DD. De nombreuses directions d'entreprises ont réalisé l'importance de la RSE comme message central attendu par l'opinion en termes de communication ces dernières années, ainsi que le montre l'enquête UDA (Union des Annonceurs) réalisée pour la première fois auprès des directions de la communication sur ce sujet, en novembre 2003.

CHAPITRE 19

LES PUBLICS DE L'ENTREPRISE ATTENDENT UNE COMMUNICATION PARTENARIALE

Les responsables d'entreprise entrés dans le sujet perçoivent assez clairement qu'il y a, à travers ce phénomène, une forte interpellation de la communication des entreprises. Ils reconnaissent qu'il leur faut intégrer cette dimension et cette pression sociétale, dont ils s'estiment déjà assez maîtres pour une bonne moitié d'entre eux, d'après l'étude UDA effectuée dans ce secteur. (Enquête Donnezvotreavis.com, novembre 2003.)

De fait, en peu d'années, le DD s'est installé dans les politiques de communication des entreprises. L'enquête conduite par l'UDA révèle un consensus élevé au sein des directions d'entreprise sur l'importance prise par le DD dans la gestion de la relation avec la société.

LES ENSEIGNEMENTS DU PREMIER DIAGNOSTIC SUR LES DIRECTIONS DE LA COMMUNICATION CONFRONTÉES À L'IRRUPTION DE LA RSE

Une prise de conscience de la réalité du phénomène du DD

Le DD n'est plus un sujet marginal ou une lubie de militants. Il est devenu un volet à part entière de la relation entre l'entreprise et la société dans l'esprit des responsables de la communication.

L'enquête réalisée en novembre 2003, un an après le Sommet de la Terre, révèle une «maturité» du thème du DD au sein de la communauté économique, qui en perçoit l'intérêt et non plus seulement les inconvénients et souhaite s'en saisir. Ni apeurée, ni critique, l'attitude est proactive. Affichage ou vraie compréhension des enjeux? Toujours est-il que les communicants interrogés ont compris qu'il y avait là en gestation un nouveau rapport au monde.

L'étude UDA[1] relève une étonnante prise de conscience sur la dimension géopolitique du phénomène. Elle est d'autant plus inattendue que cette dimension est née d'une approche critique, voire agressive, à l'égard des entreprises dans les décennies précédentes. Le DD apparaît comme un phénomène majeur, dont les responsables d'entreprise perçoivent qu'il fait le lien direct entre l'activité économique et la marche des choses sur la planète, à laquelle ils sont partis liés plus que jamais!

Une envie de jouer le jeu de l'ouverture vers la société

Si le DD est désormais dans l'esprit des responsables de la communication, presque comme une évidence pourrait-on dire, cela peut s'expliquer par le fait que les entreprises interrogées ne semblent plus le redouter ou en avoir peur. Elles l'interprètent comme une nouvelle dimension, sinon une pression, de la société et du marché, une sorte de globalisation des idées et des comportements qui va de pair avec la globalisation des marchés. De plus en plus rompues aux analyses sociologiques, ces entreprises attribuent cette évolution, en premier lieu, aux représentants de la société civile.

L'enquête semble dire que, pour ces entreprises, il ne devrait pas être plus difficile d'affronter la société mondialisée, dans sa dimension médiaticopolitique que d'intégrer les exigences croissantes des consommateurs, comme elles l'ont fait dans les décennies passées avec un succès certain.

Le DD est certes le produit de l'avènement de la société civile et il s'agit d'aller au-devant de ces acteurs. Aveu de rattrapage ou excès de confiance? Toujours est-il que les communicateurs l'envisagent désormais dans le prolongement de leur action actuelle.

Professionnels de la communication et développement durable

Autre révélation : pour les directions de la communication interrogées, le DD est une expression de la société de communication moderne qui donne la

---

1. Dominique CANDELLIER, «Communication et développement durable : les responsabilités des annonceurs», étude UDA, 2004.

parole à tous les acteurs sociaux et qui facilite l'expression publique et sociétale.

Le DD serait-il aussi un jeu de communication? Au-delà de son rôle de relais, la communication peut l'utiliser comme levier d'action et de réflexion. Après tout, entre opportunité et responsabilité, le choix n'est pas nécessairement à faire! Les ONG ont d'ailleurs ouvert la voie, utilisant les armes des lessiviers. On est désormais en pays de connaissance.

Ce sentiment croissant qu'il y a une dimension d'orchestration médiatique dans le développement durable, de la part de tous les acteurs, n'est plus un fait que l'on peut contester, même si les puristes peuvent regretter que cette dimension ait pris une telle ampleur. C'est un terrain de communication en soi dans lequel il «faut» jouer. Ce n'est pas un hasard, si les acteurs centraux du DD (les organisations internationales) ont placé la publicité et la modification des modes de consommation au centre de leurs enjeux d'étude, pour faire avancer les thèmes de la «sobriété», de la diversité culturelle ou de la transparence dans leur combat.

Les directeurs de la communication semblent avoir compris le message et être dans un registre familier où ils peuvent s'investir, sûrs de leurs bons arguments. Il faut dire que les enjeux de citoyenneté ne sont pas nouveaux et que, si les mots et les acteurs ont évolué, cette demande plus pressante ne les choque, ni ne les inquiète à ce stade de l'enquête. On peut aussi expliquer cette confiance par le fait que les politiques environnementales et sociales des entreprises sont très élaborées et qu'elles ne cessent de progresser, du moins le pensent-ils. Il est vrai que si l'on parle beaucoup des «accidents graves», l'action courante se déroule de façon plutôt pacifiée et constructive!

Après tout, il n'y a rien d'étonnant à ce que les professionnels de la communication soient pénétrés par la logique de progrès continu, pour laquelle on doit beaucoup à l'entreprise et à son management.

Méprise du phénomène DD ou volonté de l'intégrer?

Il faudra voir à l'analyse si cette appréhension très confiante, voire immodeste, du DD par les responsables de la communication, procède ou non d'une bonne vision du phénomène et de ses exigences en profondeur? Signe important qui révèle cette hypothèse de sous-estimation du phénomène: la remise en cause stratégique qui peut en résulter ici et là n'est pas une direction retenue à ce stade de l'étude.

On n'en déduit pas forcément que les entreprises nient les implications et les changements que le DD va provoquer. En tout cas, si on veut bien «jouer le jeu», on ne voit pas encore en quoi il faudrait changer les règles! Les entreprises ont, pour l'instant, un discours de bienvenue, mais elles ne voient pas l'utilité de communiquer sur leurs erreurs ou leurs insuffisances. Elles font avant tout montre de leur empathie envers ce nouveau monde qui se prépare…

Ces avis convergent fortement au sein de groupes internationaux, investisseurs substantiels en communication et professionnels aguerris aux mouvements des opinions. La vague du DD les a tous touchés, inégalement. Ils essaient ici et là, chacun à sa façon, d'en tirer des conséquences opérationnelles : écouter plus les associations, être attentifs aux exigences sociétales et en tenir compte dans les discours et les offres.

La fonction communication n'a pas d'état d'âme et s'engage à son niveau dans le DD, telle est la leçon principale de cette enquête. Derrière cette évolution des esprits, il y a la défense des marques, la crainte de la mise en cause médiatique et le refus de se trouver en porte-à-faux politique. L'entreprise veut être «aimée» et en phase avec la société pour se développer. La société et le marché ne font plus qu'un, chacun le sait! Si on ne pose pas encore le DD en termes d'inflexion stratégique, c'est un terrain de communication accepté.

Le dialogue entre entreprise et société ne sera plus comme avant

Maintenant reste à voir si les exigences du DD vont être aisément intégrables par les entreprises et si la période qui vient ne posera pas de problèmes plus complexes, auxquels on ne pourra pas répondre seulement par une bonne communication.

Si le temps accusatoire, mal perçu, est derrière nous, le temps actuel est celui de l'intégration du DD dans l'entreprise, qu'il faudra aborder de façon de plus en plus volontariste, surtout s'il devient un champ de différenciation et de compétition, au regard des investisseurs, des consommateurs, des jeunes diplômés et des décideurs publics!

Mais que sera le temps à venir, quand il faudra durcir les obligations environnementales et rendre des comptes pointilleux sur toutes les pratiques sociales de par le monde? Dès qu'on devra passer de l'empathie à la preuve attestée, il est à craindre que le consensus se fissure… La communication suffira-t-elle à rendre les entreprises durables? On sait bien que non. Mais le fait que les entreprises sont désormais dans une attitude ouverte, voire libérée pour l'essentiel, sur ce sujet, laisse augurer une meilleure capacité de réaction et une plus grande capacité à s'investir, à négocier et à innover pour inventer le durable des années à venir.

Par cet aveu positif et constructif en faveur du développement durable, les communicants ouvrent la voie à une nouvelle époque de relations entre l'entreprise et la société : le temps n'est plus de refuser les évolutions, mais d'en faire un levier de progrès et de développement, de quitter la défensive au moment même où ils se cherchent des éléments de discours qui intéressent le public.

L'avenir de l'entreprise et l'avenir du monde ont partie liée, cela ne se discute plus. Certes, c'est au contact des associations et des ONG, dans leur diversité, qu'on verra vite la capacité des communicants à rendre crédible et solide le discours durable et à tirer toutes les conséquences en interne de ce nouveau dialogue. Cette pratique du dialogue est nouvelle et perturbante pour les entreprises, notamment les plus sûres d'entre elles, bardées de certitudes techniques et parfois dominatrices. Il faut dire que les associations qu'elles entendent ne sont pas toujours enclines à les reconnaître pour ce qu'elles sont, c'est-à-dire perfectibles mais indispensables. Elles ne sont pas sûres de déboucher sur des compromis acceptables, ne se sentant à juste titre, pour les meilleures d'entre elles, ni coupables, ni répréhensibles. Le monde est à bâtir ensemble, mais pas contre les entreprises, veulent-elles s'entendre dire.

En conséquence, s'approprier l'enjeu de «durabilité» est une attitude qui redore le blason d'une communauté professionnelle qu'on a souvent accusé ces dernières années d'avancer masquée, niant les réalités et forçant la nature des arguments. Mais cette prise de conscience est loin d'être achevée.

Si le DD est une nouvelle frontière pour la communication des entreprises, c'est d'abord un territoire d'exigence, remettant la discipline au centre de sa responsabilité : la relation à la réalité, non comme on la voudrait mais comme elle est perçue par la société.

L'état de la communication sur le développement durable vu par les parties prenantes

Synthèse de la Session-dialogue communication et DD, « Quelle responsabilité de la part des entreprises ? »

Session-dialogue organisée par l'Union Des Annonceurs, février 2004.
L'introduction d'une « philosophie de la responsabilité » dans le discours des entreprises correspond aux attentes nouvelles des publics de l'entreprise. C'est ce que révèle un débat conduit avec les parties prenantes, à l'initiative de l'UDA, sur leur vision de la communication actuelle des entreprises.
Les positions des parties prenantes (ONG, associations de consommateurs, associations de défense de l'environnement et personnalités du monde de la recherche et intellectuels spécialistes) sur la communication des entreprises et leur engagement dans le développement durable, font apparaître les conclusions suivantes, autour d'une problématique centrale : la crédibilité de la démarche des annonceurs lorsqu'ils communiquent sur le DD ou de leurs engagements doit être primordiale.

L'action précède la communication[1]

Une communication purement opportuniste est très risquée dans un domaine où les entreprises sont encore balbutiantes et dans un contexte où leurs activités suscitent une vraie défiance[2]. L'entreprise peut paraître « récupérer » un thème porteur, elle s'expose alors aux critiques des ONG, voire une campagne de dénigrement (facilitée par le réseau Internet).
Sur le sujet du DD, l'opportunisme est d'autant plus inapproprié que les valeurs portées par ce concept et le sérieux de certaines problématiques s'opposent à ce type d'attitude. Certaines entreprises préfèrent d'ailleurs la discrétion et ne communiquent pas sur tous leurs engagements[3].
Le fait qu'aux débuts du concept de DD certaines entreprises se soient saisies du thème de manière opportuniste n'est pas étranger à la suspicion qui peut aujourd'hui animer certains consommateurs ou ONG à l'égard des messages sur le thème du développement durable. La plupart des entreprises engagées dans une démarche de DD ont en effet réagi à une pression externe : risques de procédure judiciaire à leur égard pouvant avoir un retentissement public dom-

---

1. Comme l'a utilement précisé l'un des experts présents, tout type de communication est concerné : message commercial, *reporting corporate*, mécénat, etc.
2. De ce point de vue, l'intitulé du Forum économique mondial 2003 est éloquent : « *Restaurer la confiance* ».
3. Ainsi, Sodexho n'affiche pas sa politique de refus des marchés pénitentiaires dans les États où la peine de mort est en vigueur.

mageable (Adecco, Ikea entre autres), exposition aux critiques du fait d'une activité ayant de forts impacts environnementaux ou sociaux (chimie, automobile). Les engagements que prennent ces entreprises sont alors susceptibles d'apparaître comme une démarche de façade (*greenwashing*, ou volonté de se racheter une conduite). Dès lors, on peut mettre en doute le bénéfice qu'une entreprise peut retirer sur le long terme d'une campagne de communication réactive. Autrement dit, une réaction ponctuelle ou l'expression de simples intentions ne sont pas suffisantes pour restaurer la confiance perdue ou pérenniser la confiance acquise.

La communication doit reposer sur une démarche solide et sur des actes significatifs

Pour être crédible, la communication doit se fonder sur des actes, mais pas n'importe lesquels. Selon certaines parties prenantes, si l'entreprise doit parler de ce qu'elle fait vraiment, ce qu'elle fait doit avoir une large portée au regard de l'ensemble de ses activités et de son processus (recherche et développement, achats, *packaging*, transports, commercialisation).

Par exemple, l'une des parties prenantes a estimé que, pour pouvoir communiquer sur l'agriculture biologique, un distributeur devrait proposer davantage que 300 références de produits issus de ce type de cultures sur plus de 40 000 références (soit moins de 0,75 % des produits proposés).

De même, pour se prévaloir légitimement d'une action en faveur de l'énergie éolienne, EDF devrait sans doute investir significativement dans cette technique. De l'avis des parties prenantes présentes, seule une démarche qui intègre véritablement des considérations de DD dans l'ensemble du processus de production (depuis la conception jusqu'à la fin de vie du produit) permet de développer ensuite une communication crédible.

Toutefois, une autre partie prenante pense que communiquer en indiquant qu'on est au début d'un processus peut avoir un effet positif et être considéré comme la promotion d'un choix alternatif. Par ailleurs, la solidité et la crédibilité de cette démarche se mesurent également au degré de cohérence globale de la politique de communication.

Communication commerciale sur les produits/services et communication *corporate* sur la démarche de DD doivent être en phase.

Il est très dommageable pour une entreprise de tenir un discours environnemental fort et, par ailleurs, de promouvoir des comportements en contradiction avec l'objectif de DD : les constructeurs automobiles qui offrent deux ans de carburant gratuit pour l'achat d'un véhicule, EDF qui promeut la climatisation et le chauffage électrique, le secteur de la téléphonie mobile qui pratique le «surpackaging», etc.

Le message délivré doit être transparent et pédagogique

Le message doit être véridique et porteur d'information. Or, comme l'a fait remarquer l'un des intervenants, cela ne correspond pas à la tradition française du message publicitaire, dont le contenu est peu informatif.

Ce point est d'autant plus crucial qu'il existe un risque de confusion de la part des destinataires du message. En effet, le concept de DD s'est progressivement élargi à une dimension extra-environnementale et ses fondements ne sont pas encore maîtrisés par la masse des consommateurs : la consommation responsable est encore le fait d'une minorité en France et sa diffusion passe par des efforts de pédagogie.

Face à cette nécessité d'informer et de sensibiliser le grand public aux questions de DD, l'ensemble des intervenants ont reconnu que l'entreprise avait bien un rôle à jouer, aux côtés des autorités éducatives «naturelles» que sont la famille, l'école et les pouvoirs publics.

De ce point de vue, les annonceurs ont donc une réelle responsabilité, à travers leur communication produit et le pouvoir de leurs marques, et cela à l'échelle globale : le message publicitaire est un vecteur essentiel de diffusion des modes de vie et des comportements (dans les pays en développement, les choix de consommation sont notamment influencés par la publicité occidentale).

En conséquence, la communication des entreprises, qu'elle soit institutionnelle ou commerciale, doit valoriser certains comportements mais aussi respecter une éthique de véracité des informations délivrées.

Du point de vue du consommateur se pose donc le problème de la garantie de cette véracité : il faudrait mettre en place des outils, des référentiels, permettant de faire vérifier les éléments communiqués par les entreprises par des tierces parties indépendantes.

Cet enjeu de transparence est d'autant plus important dans le contexte actuel de radicalisation de la contestation et de la construction d'un mouvement anti-publicité de plus en plus présent : une communication qui ressemble à une tentative de «récupération» d'un thème porteur peut attiser la défiance au lieu de susciter la confiance. À ce propos, les affirmations d'une entreprise ont récemment fait l'objet d'une plainte déposée devant la justice sur le fondement d'une «publicité mensongère» (affaire Kasky *vs* Nike).

Certaines parties prenantes demandent aux entreprises d'aller plus loin dans l'authenticité du message. L'entreprise ne devrait pas seulement présenter honnêtement le contenu et la portée de ses engagements : comme l'a demandé une des ONG présentes, la communication des entreprises devrait refléter la réalité évoquée (réalité de la diversité ethnique française dans le casting d'une publicité par exemple).

Mettre en place une démarche de communication environnementale et sociale respectant ces recommandations

Selon un expert présent, l'entreprise ne peut prétendre maîtriser tous ses processus et ne peut donc pas délivrer une information fiable et complète sur tous les sujets soumis à la demande sociale de transparence.

La plupart des opérations de révision des processus internes, comme la mise en place d'un système d'audit social des fournisseurs dans l'industrie textile par exemple, sont très complexes et coûteuses. Or, l'entreprise n'est pas une entité philanthropique : toutes ses actions sont commandées par l'impératif de rentabilité. Autrement dit, en l'absence d'un intérêt clair à agir (gain financier, restauration de la réputation), l'entreprise engagera peut-être une réflexion sur les sujets brûlants, mais pas d'actions concrètes.

Certaines parties prenantes vont jusqu'à considérer que, si le public et les ONG veulent faire évoluer la situation, il faut qu'ils exercent une pression sur les entreprises, pour qu'elles réagissent, mais pas qu'ils attendent d'elles une autodiscipline ou un mouvement éthique spontané. Par ailleurs, puisqu'il s'avère que les entreprises ne tiennent pas forcément leurs engagements, il faut aussi que soient mis en place les outils et critères qui permettent de vérifier que les engagements pris par une entreprise sont tenus, car on ne peut pas systématiquement compter sur l'effet vertueux de l'exposition aux critiques (l'entreprise cherchera à préserver sa réputation et tiendra ses engagements).

DOSSIER

Les principaux axes du débat communication et DD

Enseignements de la session dialogue UDA.
La discussion entre entreprises et «parties prenantes» a été marquée par la convergence des appréciations portées par les différents intervenants sur un grand nombre de points, même si certains sujets ont suscité des réactions multiples. Il existe une vision convergente sur les attitudes de l'opinion.

Existe-t-il un marché pour les produits de consommation «responsable»?

Les associations de consommateurs notent un intérêt croissant des consommateurs pour les questions environnementales et sociales. Cependant, les connaisseurs, ceux qui cherchent à savoir systématiquement ce qui se cache derrière le produit, ne représentent encore que 10 à 15 % de la population; les jeunes générations, mieux éduquées, sont les plus averties.

Autrement dit, un vrai travail d'éducation reste à faire, sur les chances de réussite duquel les avis sont partagés. Une des parties prenantes a rappelé à quel point la tâche était difficile : il s'agit de changer les mentalités, de restaurer le sens de la solidarité et de l'effort consenti au nom de l'intérêt général, ce qui relève de l'exploit dans un contexte économique difficile.

Comme les associations de consommateurs, les entreprises constatent la marginalité du phénomène et soulignent la dichotomie entre les intentions exprimées par les consommateurs français et la réalité de leurs actes d'achat. Certains produits se sont ainsi révélés des échecs, car lancés trop en avance par rapport à la maturité du marché (lessive compacte il y a quinze ans, plus récemment les écorecharges de détergents). Plus qu'une dichotomie, un des experts a évoqué une schizophrénie du consommateur, qui, d'un côté, se déclare prêt à payer le surcoût d'un commerce équitable et, de l'autre, plébiscite le hard-discount alimentaire.

Néanmoins, de nombreuses actions de sensibilisation se sont révélées fructueuses. Certaines initiatives proposées par les entreprises sont porteuses d'espoir pour l'avenir. À la suite de la campagne de communication initiée par Monoprix, le café équitable Max Havelaar est devenu la deuxième meilleure vente du rayon café de l'enseigne.

Autre exemple, les actions de sensibilisation aux pratiques plus économiques en ressources naturelles; les efforts menés conjointement par les fabricants et les ONG ont permis de baisser significativement la consommation de détergents en 5 ans; la campagne en faveur d'un étiquetage des appareils électroménagers en fonction de leur éco-efficience initiée par les Trois Suisses, il y a quelques années, a été un indéniable succès (le système s'est généralisé).

Ce qui conduit à penser que l'entreprise et les associations ont bien le pouvoir de faire surgir la consommation responsable et de rendre populaires des modes de consommation alternatifs.

Le message publicitaire est-il un vecteur adapté à la RSE?

Quel type de discours l'entreprise peut-elle utiliser pour diffuser ces modes alternatifs de consommation? Comme cela a été souligné par l'un des médiateurs du dialogue, pour les annonceurs, la question est en effet de réussir à communiquer de manière à la fois attractive et crédible.

De ce point de vue, on peut se demander si le message publicitaire, qui va dans le sens de la satisfaction immédiate des besoins et de l'accumulation quantitative de biens, est un vecteur adéquat pour des thématiques qui s'inscrivent dans le long terme et l'économie de ressources. Comment le langage commercial, elliptique et fugace peut-il évoquer la complexité du DD? Comment encourager des modes de consommation différents, en utilisant les mêmes supports de communication?

Ces questions ont divisé les participants : plusieurs entreprises ont souligné, par exemple, la force du message véhiculé par la campagne Carrefour (*« Mieux consommer c'est urgent »*), tandis que certaines parties prenantes ont insisté sur le fait que la forme du message entrait en contradiction avec le contenu, affectant ainsi sa vertu pédagogique.

À cet égard, certaines entreprises ont développé des outils plutôt confidentiels et hors du circuit du discours publicitaire, en réponse à une demande de non-confusion entre le domaine commercial et pédagogique (kits pédagogiques, kits de sensibilisation). Mais, tout comme le *reporting corporate*, ce type d'outil de communication ne permet pas vraiment de toucher un vaste public.

D'autres formes de message restent donc à inventer pour que les annonceurs donnent à la majorité des consommateurs, de manière crédible et attractive, de l'information sur les actions qu'ils mènent ou pour qu'ils réussissent à susciter leur intérêt pour les modes alternatifs de consommation. Ainsi, la campagne menée récemment par le constructeur automobile Kia, au Royaume-Uni : il offrait un vélo pour l'achat d'un véhicule et accompagnait son offre d'un discours encourageant la rationalisation des transports.

Certaines entreprises et parties prenantes de noter également que le sérieux et l'urgence des enjeux de DD n'impliquent pas forcément une communication rébarbative. Le nœud du problème réside dans la créativité, la capacité des annonceurs et des agences à développer une communication qui interpelle ses publics.

Jusqu'où va le rôle pédagogique/éducatif de l'entreprise?

Si le rôle pédagogique de l'entreprise a été reconnu par l'ensemble des participants, en revanche, l'étendue de cette responsabilité éducative a suscité le débat.

Une communication sur le mode autoritaire (l'entreprise interpelle les consommateurs pour qu'ils changent qualitativement leur mode de consommation) semble choquante à l'un des experts présents : *« Avant d'éduquer le consommateur, les entreprises doivent s'éduquer elles-mêmes »*. Ce type de campagne serait, selon lui, le parfait exemple de ce qu'il ne faut pas faire en matière de communication sur le sujet du DD.

Il faut prendre garde à des opérations qui peuvent transmettre un message ambivalent, qui tout en prônant le DD, encourage finalement l'achat plus qu'il n'éduque.

L'entreprise doit-elle devancer les attentes du consommateur? Bousculer ses représentations? Concrètement, une entreprise doit-elle ainsi refuser la production et la vente de produits qui correspondent à une demande du consommateur quand celle-ci est incompatible avec les critères d'une consommation responsable? Du point de vue des parties prenantes présentes, une entreprise responsable devrait s'interdire de développer certains produits, pourtant porteurs (portions individuelles, lingettes, etc.) et expliquer au consommateur sa démarche.

Enfin, l'entreprise a un rôle déterminant à tenir, en fournissant le soutien financier que les pouvoirs publics ne peuvent accorder aux initiatives associatives[1] de sensibilisation.

L'une des parties prenantes, considérant que le DD est une cause d'intérêt général qui impose la coordination de toutes les volontés, a proposé que ce dialogue se formalise dans le cadre d'une fondation dédiée au DD, rassemblant associations et entreprises. La neutralité de ce lieu d'échanges et de travail commun garantirait l'absence de récupération par l'une des parties au dialogue. Cette solution serait aussi susceptible de permettre aux observateurs (ONG entre autres) d'obtenir des informations d'entreprises qui souhaitent conserver une communication discrète sur ces sujets.

Le meilleur gage de qualité «développement durable»: est-il un signe distinctif ou la marque de l'entreprise?

Pour plusieurs intervenants représentant les consommateurs, un signe distinctif ou un «label» présenterait l'avantage de proposer un langage commun et de permettre au consommateur de faire la différence, dans la masse de produits disponibles sur les rayons, entre ceux qui sont durables et ceux qui ne le sont pas.

Le label FSC connaît ainsi un réel succès, grâce à la mobilisation des industriels et à des alliances intelligentes sur le sujet de l'exploitation forestière. Néanmoins, même les défenseurs du label reconnaissent que ce système présente de sérieuses faiblesses.

Il faut d'abord résoudre les problèmes, d'une part, de l'établissement de critères homogènes et incontestables, d'autre part, du foisonnement des labels, parmi lesquels un certain nombre de labels autoproclamés jouxtent les labels officiels (« Trop de labels tuent le label »). Or, le consommateur considère tout label comme un gage de qualité supérieure.

Par ailleurs, l'initiative européenne d'un éco-label officiel n'a pas été suivie de l'effet escompté : le volume des ventes des produits labellisés stagne.

Enfin, aucun label ne peut être attribué à une entreprise en soi, d'où la nécessité d'une démarche complémentaire, la certification des process de l'entreprise, par un tiers indépendant.

D'un autre côté, le développement de certaines entreprises est essentiellement fondé sur celui de leur identité de marque, leur valeur de capitalisation étant essentiellement concentrée sur la valeur de leur marque. Dès lors,

---

1. Ainsi, à l'initiative d'Alain Chauveau, le livret co-édité par l'UNEP et le ministère de l'Écologie et du Développement durable à l'occasion de la Semaine du développement durable 2003 (*Protégeons notre planète*, sur les conseils de la famille Durable).

l'engagement qualité sur les produits de la marque est déterminant pour la pérennité de l'entreprise. Ce qui a fait dire à la majorité des entreprises présentes que la marque pouvait être un gage de qualité au moins identique à celle d'un label.

La marque a cette vertu qu'elle oblige l'entreprise à conserver l'image qui y est liée. Elle est synonyme d'un certain standard sur lequel repose la réputation et les ventes et que les entreprises ont intérêt non seulement à entretenir, mais encore à accroître continuellement.

Les entreprises ne veulent pas être enfermées dans le carcan d'un label et de son cahier des charges préétabli. Elles veulent être libres de progresser et de communiquer différemment.

Les conditions d'évolution de la qualité des produits d'une marque sont nettement plus souples que celles de révision des critères d'attribution d'un label. Autrement dit, la marque peut être un vecteur fiable de qualité globale (conditions de conception, de fabrication, de distribution), notamment tant que le système des labels manquera de visibilité et de clarté.

Comment réussir un partenariat entreprise *vs* acteur de la société civile? (*cf.* chapitre 6)

L'établissement d'un partenariat comprend certains risques, contre lesquels il est possible de se prémunir en clarifiant les règles du jeu, notamment de la communication sur les actions communes et de l'utilisation du nom du partenaire (afin d'éviter les tentatives de récupération).

Selon les ONG présentes, dans un partenariat, l'ONG devient, malgré elle, la caution morale de l'entreprise. Pour préserver sa propre crédibilité, elle doit s'assurer que les valeurs qu'elle porte sont bien prises en compte par l'entreprise et que sa propre marque ne peut pas être utilisée sans son autorisation.

Par ailleurs, le partenariat n'impose pas à l'entreprise l'obligation de consulter son partenaire pour toute action qu'elle entreprend. Mais, comme l'a fait remarquer l'une des parties prenantes, dans le cas d'une opération de grande envergure, l'entreprise aurait tort de se priver de l'avis de ses partenaires.

Comment vérifier l'authenticité des messages des annonceurs en matière de développement durable?

À l'image de la notation sociale qui éclaire les choix d'investissement, une ONG a proposé la mise en place d'un système de notation (éléments vérifiés) permettant de valider la véracité des messages sur le sujet et d'aider le consommateur à faire son choix. Cette proposition a retenu l'attention de plusieurs entreprises participant à la session; les annonceurs présents y ont vu le moyen d'établir une claire distinction entre les entreprises qui développent une communication fiable et celles qui ont un discours moins authentique, voire celles qui s'abstiennent de tout discours sur la question.

Il ne faudrait pas que l'immobilisme ou l'attentisme de certains acteurs soient «récompensés» par une «prime au silence», ou que certaines entreprises bénéficient d'une «impunité» médiatique comme c'est parfois le cas. Prendre position, pour une entreprise, c'est s'exposer, se rendre plus visible et donc se mettre plus en danger, c'est risquer les effets boomerang au moindre manquement. La pratique du reporting constitue toutefois l'une des conditions de la transparence et de la confiance.

© Éditions d'Organisation

Comment développer une éthique en communication commerciale et faire évoluer les messages publicitaires?

Si les entreprises ne s'engagent que si elles ont intérêt à le faire, il faut alors qu'elles revendiquent, de façon pragmatique, leur intérêt, à moyen et long terme, à s'impliquer dans des démarches de DD et dans la communication responsable qui l'accompagne.

Initier une démarche de DD et le faire savoir constitue déjà un engagement : les entreprises qui s'exposent ainsi savent qu'on va leur demander des comptes. La spécificité du domaine du DD, sa sensibilité et sa complexité, d'une part, et la nécessité de développer un langage commun et réaliste sur ces questions tout au long de la chaîne, d'autre part, justifient que les annonceurs, responsable de leur communication, réfléchissent à la manière dont il pourraient initier des actions de sensibilisation auprès des «créatifs».

Selon une ONG présente, aucune agence publicitaire n'a jamais sollicité son conseil et que ces structures n'ont visiblement pas le réflexe de s'appuyer sur l'expertise qu'elle pourrait leur fournir. Il y a là une piste à explorer.

Comme l'UDA l'a souligné, il faut faire connaître et respecter la recommandation du BVP en matière de publicité et DD, qui constitue un code de conduite de la communication commerciale sur ces sujets, incluant des règles fondamentales en termes de contenu (non-promotion des comportements de consommation irresponsables, communication sur des engagements clairs et vérifiables). Des progrès peuvent être ainsi être faits pour asseoir l'éthique de la communication sur des fondations solides, qui engagent l'ensemble des acteurs de la communication (annonceurs, agences, médias).

CHAPITRE **20**

QU'EST-CE QU'UNE COMMUNICATION DURABLE ?

La fonction communication des années 2000 est confrontée à une double exigence au regard du contexte mondial dans lequel elle doit se déployer : il lui faut s'intégrer dans un périmètre d'action élargi, d'une part, et satisfaire de nouvelles demandes d'opinion, d'autre part.

Si le professionnel de la communication se doit ainsi de contribuer au DD de son entreprise et d'y introduire cette dimension dans la pratique et le discours de marque, plus que jamais solidaires, ne doit-il pas aussi infléchir en conséquence le fonctionnement de son métier propre ? Ne doit-il pas rendre l'action de communication plus durable en elle-même ? Ne se doit-il pas d'agir autrement ?

Cette réflexion, légitime, découle de l'interrogation de base sur la dimension durable globale de l'entreprise. De fait, il ne peut y avoir de «communication durable» que dans le cadre d'une politique d'entreprise qui intègre elle-même les objectifs du DD. L'inverse ne pourrait fonctionner tant il est vrai que, si les bases et les fondamentaux du DD ne sont pas établis, la fonction communication ne peut induire ce changement à elle seule. En revanche, au sein d'une entreprise engagée dans le DD, la pratique de la communication doit s'en ressentir et elle ne peut plus être tout à fait la même.

Mais qu'est-ce qu'une communication d'entreprise qui s'appliquerait à elle-même les objectifs du DD ? Cette réflexion de fond bat son plein au sein de plusieurs instances professionnelles. L'UNEP a conduit plusieurs sessions-dialogues sur le sujet (*cf.* l'intervention de Gérard Noël, directeur général de l'UDA lors du *«policy dialog»* de Paris). À ce stade, plusieurs lignes directrices s'imposent déjà et l'on peut tracer quelques axes de définition et de proposition de ce que devrait être une «communication durable», répondant aux principes d'une vision responsable de l'économie dans le monde qui vient. La recommandation du BVP concernant la publicité et le DD représente, de ce point de vue, une contribution concrète à cette réflexion, à laquelle elle apporte une première réponse. Mais, de façon plus large, on peut dire que la responsabilité de la communication d'entreprise, confrontée aux enjeux de «durabilité», tels qu'ils découlent du corps idéologique, normatif et économique qui se forge depuis Rio et que reprennent les États et les acteurs publics et sociaux, devrait obéir à cinq grands principes comportementaux.

CINQ PRINCIPES DE «DURABILITÉ» APPLICABLES À LA COMMUNICATION D'ENTREPRISE

1. Le principe de bonne finalité

La communication d'entreprise, «durable» dans sa pratique, doit d'abord répondre à sa fonction utilitaire, au service d'une entreprise elle-même durable. Ceci exclut a priori des comportements de gaspillage, d'autonomie et de dérive à des fins spécifiques, injustifiables du point de vue de l'intérêt des actionnaires de l'entreprise, de ses clients, de ses employés et de son environnement social. C'est le principe de bonne finalité qui est un principe de bonne économie avant tout. Elle s'intègre ainsi au modèle économique de l'entreprise et se garde de s'en affranchir à des fins extérieures, quelles qu'en soient les justifications.

2. Le principe de respect universel

En pratique, la communication durable doit assumer des exigences éthiques : respect du droit dans l'esprit et la lettre (conformité aux règles édictées), mais aussi loyauté et véracité, quant aux propos et aux arguments exposés. Le souci de la forme et de l'efficacité ne peut empiéter sur l'obligation de respect des faits, mais aussi de respect des cultures, des identités, des valeurs, des minorités, de l'image de la femme, de la lutte contre la violence, des différences, des préoccupations sociales telles qu'elles existent dans la société et telles qu'elles sont vécues par ses composantes les plus diverses. C'est le principe de respect universel auquel elle doit veiller positivement.

3. Le principe d'engagement actif de partenariat

La communication durable se mesure aussi à son engagement en faveur du développement durable, c'est-à-dire sa volonté d'inclure dans ses discours la

© Éditions d'Organisation

pédagogie, la formation et l'incitation en faveur des acteurs et des pratiques du DD. Il ne s'agit pas de récupérer le sens du mouvement à des fins commerciales, mais plutôt d'une intention de collaborer au progrès du mouvement et à sa meilleure diffusion et compréhension, en faisant en sorte que chaque annonceur apporte sa contribution relative, dans le respect des autres acteurs et en y associant au maximum les autres partenaires de la société civile qui œuvrent dans ce sens. C'est le principe d'engagement actif et de partenariat.

4. Le principe d'influence positive

La chaîne de valeur (qui va de la définition à la fabrication du message) induit une série d'actes économiques et sociaux. Dès lors, elle est soumise à un degré de durabilité important, qui se mesure à une double aune : d'une part, dans les comportements contractuels à l'égard des employés et des fournisseurs et, d'autre part, dans le souci de s'assurer que cette chaîne, notamment dans les pays émergents, respecte bien les règles sociales et éthiques qui s'imposent désormais. Le poids de l'économie de la communication et le rôle des annonceurs peuvent exercer ainsi un rôle puissant sur les fabricants, les médias et les réseaux qui animent ce secteur. C'est le principe d'influence positive qui trouve notamment tout son fondement dans la protection des petites entreprises, l'attention aux bonnes règles de marché, la lutte contre la corruption et les relations honnêtes avec le secteur public.

5. Le principe d'écoute et d'attention

La communication d'entreprise exerce enfin un rôle particulier sur les comportements sociaux, qu'elle peut rapprocher ou éloigner des préoccupations d'intérêt général, avec des conséquences plus ou moins positives sur la santé, l'équité sociale et la prise en compte des risques divers. Dans ce cadre, elle doit intégrer le principe de précaution et anticiper les conséquences de son action. Elle ne peut s'exercer sans considération des grands enjeux de DD et de l'intérêt des générations futures, sans avoir procédé à des investigations préalables et écouté l'ensemble des parties prenantes qui ont un avis légitime dans le discours qu'elle promeut. C'est le principe d'écoute et d'attention qui la conduit à intégrer dans son action les intérêts de la société et à ne pas s'en abstraire unilatéralement en abusant de sa force économique.

La communication d'entreprise intégrant le DD sera à définir avec les professionnels et leurs interlocuteurs externes au sein de la société. C'est un chantier important pour les organisations professionnelles dans les années à venir. Si quelques principes fondamentaux s'imposent d'ores et déjà, au vu notamment des reproches exprimés à la profession ici et là, c'est une chance pour elle d'accroître son utilité sociale et d'améliorer son bon usage économique, au service du développement planétaire. Elle devrait trouver là une partie des réponses à la crise d'identité qu'elle traverse.

LA COMMUNICATION « DURABLE » PASSE PAR DES PARTENARIATS

La marque entreprise crédible sera celle qui sera reconnue comme un trait d'union sociétal. Les professionnels de la communication sont conscients de l'importance des évolutions sociologiques en cours. Si le DD constitue une pression nouvelle de l'opinion à l'égard de la grande entreprise, les profession- nels le vivent positivement et se sentent près à relever le défi. L'enquête réali- sée par l'UDA l'a confirmé, même si la pratique de la communication ne démontre pas encore une appréhension large des conséquences.

Les directions de la communication se penchent résolument sur cette transfor- mation de la société, aux prises avec des angoisses sur son avenir et confron- tée à l'inéluctabilité d'un partage de l'emploi, des revenus, des cultures aussi, avec de nouveaux acteurs. Ces conséquences humaines et psychologiques de la mondialisation sont le principal levier de changement qu'on ait connu depuis la période de reconstruction qui s'est épanouie dans la société de consommation occidentale. Celle-ci est désormais en quête d'une nouvelle légitimité et d'une évolution plus ouverte de son modèle. De fait, nous som- mes entrés dans la recherche d'une croissance durable, plus généreuse, plus écologique, plus collective. Les motivations changent, mais aussi les acteurs et ceci ne peut pas laisser indemne le modèle de communication utilisé jusqu'ici.

Les professionnels concernés en conviennent, mais ils ne voient pas forcément où cela les conduit, la posture qu'il convient d'adopter et la façon concrète avec laquelle ils doivent communiquer l'entreprise du XXIe siècle. L'envie d'avancer existe mais la perplexité sur le «comment faire» semble les paralyser! L'invention d'un nouveau monde n'ira donc pas sans l'invention d'une autre façon de communiquer l'entreprise dans la société.

Des divergences d'appréhension encore sérieuses entre les acteurs

Le dialogue conduit avec ces nouveaux acteurs, les représentants engagés de la société civile, issus des associations, prescripteurs d'opinion et aiguillons cri-

© Éditions d'Organisation

tiques de notre vie sociale, le démontre. La communication d'entreprise est suspecte aux yeux de ces *stakeholders,* pour deux raisons au moins :

- c'est une communication commerciale sans conteste, à l'efficacité parfaite, mais qui ne leur donne pas le sentiment de s'intéresser à autre chose qu'à sa finalité immédiate et aux rêves des consommateurs. En tout cas, pas assez à ce qui existe autour de cet univers marchand, disent-ils ;
- la consommation n'est pas un acte neutre pour eux et chacun a des valeurs, des arguments, des préoccupations qu'il souhaiterait voir pris en compte par ceux qui ont la puissance et la capacité de formater nos univers quotidiens.

Apparaît immédiatement un débat de fond, quasi philosophique entre les deux familles d'acteurs. Pour les professionnels, la communication de l'entreprise trouve sa limite dans la fonction productive et financière, tandis que, pour les associations, cette activité possède une fonction sociétale, c'est-à-dire une responsabilité directe dans la marche du monde, au nom de ces mêmes valeurs et des indignations, révoltes ou revendications qui les animent.

La suspicion l'emporte encore sur les encouragements

Il s'ensuit un malentendu, voire une accusation frontale : la communication bien intentionnée qui se hasarde sur les chemins du DD est encore très suspecte. Ne serait-elle pas un alibi pour continuer de faire comme avant ? À plus produire sans mieux produire ?

Ne donne-t-on pas le change en s'habillant d'attitudes précautionneuses pour l'avenir du monde, sans rien faire de fondamental pour «changer les choses» ? La sincérité, ou la crédibilité des déclarations des entreprises engagées en faveur du DD, qu'elles soient convenues, timides ou militantes, se heurtent à une problématique de lisibilité, voire plus de confiance. Comment voir derrière les mots si les process, les offres et surtout les méthodes sont en phase avec ce déclaratif d'un nouveau genre, plus altruiste ici, plus vert là et plus généreux en apparence ? On attend encore pour se faire un jugement et l'on est en plein dans la période interrogative. Les entreprises se tournent vers «la durabilité», mais les parties prenantes demandent à ce qu'on leur prouve ce qui change et ce qui va changer. Le doute s'oppose à l'efficacité. On se contredit, faute de confiance réciproque !

Chacun est dans son rôle

Certes, les acteurs de la société civile ne sont pas insensibles aux évolutions, aux inflexions et aux symboles qui marquent le paysage de la communication d'entreprise, plus attentive aux demandes de qualité, de moralité et d'environnementalité surtout, que les *marketers* ressentent dans la plupart des segments de la population et «exploitent» très naturellement.

Mais la prise de responsabilité en matière de DD est un acte plus engageant. C'est pour les associations une autre vision du monde, plus sobre, plus contraignante aussi, plus culpabilisante parfois, qui induit souvent des valeurs à contre-courant des encouragements faciles de la publicité des beaux jours. Comment concilier l'incitation au désir de consommer des uns et l'invitation à la sobriété des autres, chacun étant dans son rôle, dans sa mission propre?

De fait, peut-on inventer un discours de communication efficace alliant le désir et le respect, l'onirique et le réel, la fuite et la responsabilité, faisant le lien entre la création qui attire et le message qui prévient? Si c'est possible, on n'y est pas encore. Et chacun de se renvoyer les arguments, de se confronter autour d'objectifs encore inconciliables. Il y a un débat sur les limites de la création, mais aussi sur le rôle des marques, sans parler du débat sur l'opportunité ou la légitimité de la lingette et du 4 x 4! La déontologie ne suffit pas à régler la question au fond, car il ne s'agit pas de moduler la forme ou de nuancer l'expression! Certes, le business ne doit pas se prendre pour la charité, mais la société doit-elle et peut-elle se réduire au marché? Les communicants réalisent qu'on ne parle pas et qu'on ne décrit pas un monde durable aussi facilement qu'une promotion d'anniversaire, tandis que les parties prenantes continuent de penser que les meilleures campagnes sont les plus désintéressées. Chacun campe sur ses positions. On accepte volontiers le dialogue, mais on voit bien que la compréhension de l'autre est absente. À chacun son rôle.

Peut-on dépasser les mises en cause?

Loin d'être stérile, la confrontation des modèles s'avère stimulante. Les deux parties ne se l'avouent pas vraiment, mais elles perçoivent un indicible intérêt à s'exprimer, se justifier et s'opposer, au-delà des positions qu'elles s'attribuent. On se croirait revenu aux premiers temps du marketing, quand les entreprises découvraient les études consommateurs, les groupes qualitatifs et l'étude des attentes du marché. *Mutatis mutandis*, les entreprises sont dans le même processus d'apprentissage des opinions, catégories laissées aux politiques et qui, si elles ne viennent pas à eux, viennent d'elles-mêmes à l'entreprise, sans ménagement aucun. Les parties prenantes ont des choses à dire, pas seulement à redire. Elles demandent aux entreprises de prendre en charge une société plus économe des ressources rares, plus respectueuse des droits humains, plus attentive aux tensions sociales et aux identités culturelles. À considérer leurs valeurs aussi et pas seulement les leurs!

En fait, elles aimeraient que les entreprises adoptent leurs thèses et promeuvent le DD dans leur communication. Mais le moindre paradoxe n'est-il pas de voir aussitôt la société civile reprocher à l'entreprise de se prendre pour une ONG, dès qu'elle va trop loin, trop vite, dans le sens de la durabilité? De ce fait, les mises en cause sont souvent théoriques, de principe, de part et d'autre. Nous vivons dans le même village planétaire, mais nous sommes loin de penser, parler et rêver de la même façon.

Quel modèle de communication durable?

Au-delà de l'intérêt de comprendre les tendances critiques, d'anticiper les idées qui montent et de se préparer aux évolutions sociétales, le dialogue de l'entreprise avec ses parties prenantes peut-il faire avancer la mutation nécessaire du vieux modèle de communication? Ce dernier a effectivement du plomb dans l'aile, car ses canons promotionnels et provocateurs, suscitent des insatisfactions, des contradictions et trouvent une limite physique dans l'inéluctable loi des rendements décroissants. Jamais on a autant dépensé dans la défense et l'illustration de l'entreprise et jamais la défiance n'a été aussi élevée. Pour une science du management, c'est un comble! La communication doit s'interroger sur cette rupture qui fait de «la COM» un synonyme de dérision et de superficialité aux yeux de la plupart des gens!

Plusieurs leçons ressortent à l'évidence de cette remise en cause sociétale.

Leçon 1

En priorité, l'entreprise est attendue sur des preuves, voire des intentions véridiques. Il lui faut nourrir son discours d'actes probants dans le champ de la durabilité. C'est le résultat d'une maturité de l'opinion qui a les moyens de comparer aujourd'hui le fait et la proposition et qui permet au citoyen de répondre au consommateur, plus librement.

Leçon 2

L'entreprise doit rester modeste et prudente; ne pas confondre un acte nouveau et une révolution radicale! À trop prouver ou trop dire… La crédibilité s'instille et ne se déclare pas. C'est là le résultat du scepticisme ambiant qui a vu toutes les valeurs et tous les superlatifs remis en question. Il n'y a plus de vérité que relative, chacun le sait!

Leçon 3

Ne pas confondre non plus un produit et une démarche *corporate,* une offre spéciale et toute une industrie ou encore une réussite dans un pays avec une attitude dans le reste du monde. C'est là aussi le résultat de l'élargissement du spectre spatial et temporel de l'opinion qui situe son jugement dans plusieurs dimensions et non plus dans l'immédiat uniquement, comme on voudrait le croire, tant la communication reste impulsive.

Leçon 4

La récupération commerciale doit être laissée à l'attention du consommateur. L'action devant précéder la communication, en ce domaine plus qu'en d'autres, on sera très attentif à ne pas faire du DD un argument de vente. Il doit rester une inspiration, une volonté stratégique portée par les faits et constatée de l'extérieur. C'est à ce prix que le regard de l'autre sera ouvert, attentif et peut-être reconnaissant. La communication durable, d'une certaine manière, c'est de «l'anti-pub»! L'opinion a trop appris à décoder les intentions…

Responsabilité et développement durable

La logique de DD s'imposera t-elle demain à nos sociétés développées qui veulent garder leur niveau de vie et dans les pays émergents qui veulent consommer par-dessus tout? Difficile à prédire. Il n'est pas évident que nous devions ou puissions changer de modèle, tant que la pression planétaire ne nous y contraint pas. Toutefois, il est probable que des valeurs montantes (respect des droits humains, santé, préservation des matières non renouvelables, respect des identités locales) nous conduisent à faire évoluer les pratiques de production et de consommation, pour lesquelles le consensus et le bon sens démontrent qu'il faut le faire. Cela va concerner un certain nombre d'acteurs et peut s'avérer un bien, d'autant que cela est souvent possible si on gère le processus de façon progressive et innovante.

Tel est le défi. Il n'est pas seulement l'affaire des ONG ou des organisations internationales, mais c'est aussi celui des entreprises dans la société moderne. L'opinion s'en est emparée pour partie, n'acceptant plus certaines attitudes et certains discours, s'ils sont trop indifférents ou trop opposés aux problèmes graves de ce monde. Et les ONG peuvent se charger de dire très fort ce qu'elles pensent tout bas. De fait, l'opinion apprécie de plus en plus les valeurs collectives. Ce signe des temps correspond à la demande de responsabilité sociale, qui devient une valeur dominante pour les marques mondiales confrontées aux enjeux collectifs et non plus seulement aux désirs individuels. Et l'on sait, si on veut bien les voir, qu'il y a de vraies raisons objectives qui s'imposent derrière tout cela.

L'intégration de ce discours de responsabilité dans la communication est incontournable. C'est le grand changement de paradigme que les professionnels doivent accepter, qu'ils l'aiment ou non. On ne peut plus faire contre et si on fait pour, il faut faire bien. Il faut y aller par des voies inhabituelles aux praticiens de la communication, qui ont plus l'envie de proclamer que de prouver, de convaincre que de témoigner, d'acheter que de s'associer. L'époque n'est plus seulement au discours du «je», ni tout à fait au «nous», non plus, mais elle entre dans un «singulier pluriel» assez complexe à conjuguer aux premières personnes !

Où va ce nouveau modèle de communication responsable

Les entreprises ont conquis une telle place dans la société qu'elles ne peuvent plus ni s'en excuser, ni s'en retirer. Elles doivent l'assumer clairement, trouver les mots pour occuper ce rôle positif qui leur est dévolu. Bien plus, chacun convient de l'hypocrisie, pour ne pas dire de la schizophrénie, qui nous habite : «*Oui les entreprises sont indispensables, oui on apprécie leurs progrès, mais on ne veut pas qu'elles en abusent et que ces progrès nous nuisent quelque peu ; à elles de tendre vers la perfection et de nous rassurer sur cette attention responsable qu'on attend d'elles.*»

Cet aveu non-dit est le cœur de l'opinion sur l'entreprise. Il cumule l'ambivalence avantages/risques dans un jeu psychologique qui veut ne retenir que le couple bénéfice/précaution. C'est ainsi et le progrès n'en sort pas affaibli, quoi qu'on dise et quoi qu'on craigne. Au contraire ! À une condition, bien entendu : que l'entreprise ait compris ce protocole psychanalytique des sociétés évoluées et qu'elle joue le jeu au lieu de s'enfermer dans la vertu outragée ou la vaine défensive. C'est là qu'intervient le magistère du professionnel de la communication qui doit aider son entreprise à comprendre ce que veut dire cette pression, non pour qu'elle s'offusque mais pour qu'elle la retourne dans une vision de progrès, pour prendre en charge cette attente en attendant de trouver les réponses réelles, à sa mesure, qui transformeront ce nouveau consensus en économie productive pour tous.

Une nouvelle ère de la communication d'entreprise arrive, qui n'a plus rien à voir avec cette fausse assimilation de «l'institutionnel» au «hors médias», qui aura dévoyé des générations de professionnels dans le jeu publicitaire. On n'est plus non plus dans le «packaging» des idées simples qui arrangent, fussent-elles un peu fausses !

On entre dans la communication non plus seulement *corporate*, entendue par opposition à la communication commerciale, mais dans la communication sociétale, vécue comme une dimension incontournable de la marque et qui plus est de la marque entreprise. Elle se fait avec l'opinion, au contact des acteurs de la société, les plus dérangeants qui soient, pour les clients qui sont aussi citoyens, salariés et actionnaires. Bref, la boucle se boucle et c'est plus intéressant et plus vrai ainsi. C'est le fruit de la mondialisation et de la complexité des choses, avec ses avantages aussi.

Reste à inventer les outils, à changer les comportements et à expérimenter les démarches. Reste surtout à trouver, avec les acteurs de la société, un dialogue de fond pour rendre crédible cette attitude sociétale, utile au développement de tous et pour longtemps, car n'est-ce pas, après tout, ce que tout le monde souhaite?

Et qu'on ne dise pas que la «société durable» ne serait qu'une société où la communication étant devenue à la fois jeu et action, on ne pourrait plus jouer sans agir et agir en jouant? Qu'on ne dise pas qu'on doive être triste parce que réaliste, ennuyeux parce que sobre! En vérité, «la société durable» n'est que celle qui n'oppose pas le progrès des uns à l'intérêt des autres, dans le temps et l'espace. Plus que jamais, on demande aux entreprises de tout faire, dès lors qu'elles assument ce principe et le font ouvertement.

On va résoudre par là une crise profonde de la communication d'entreprise : le fait qu'elle n'a plus rien à dire depuis qu'elle a épuisé tous les registres formels de la performance quantitative et tous les attributs faciles de la puissance, messages qui n'intéressent plus le consommateur et le citoyen. Il faudra toutefois clarifier rapidement trois questions difficiles qui freinent le passage à l'acte du management :

- comment se situe la fonction communication dans le processus de pilotage et d'animation du DD au sein de l'entreprise? Une parmi d'autres ou bien celle qui tire le sujet, au nom de la marque entreprise, comme c'est son rôle;
- comment convaincre le reste de l'entreprise, en particulier le marketing et la recherche, les ventes et les achats, que la responsabilité de la marque est aussi une valeur d'actif dont ils sont solidaires, par-delà leurs contraintes propres?
- comment établir des partenariats avec les acteurs externes qui concilient l'indépendance des rôles de chacun, tout en se liant autour d'objectifs sociétaux communs? Comment s'allier sans se confondre, dans le respect mutuel?

On a franchi, depuis quelques années, l'étape conceptuelle qui renouvelle le sens de la communication de l'entreprise, passant d'une démarche unilatérale (de l'entreprise vers la société) à une démarche dialectique (de la société vers l'entreprise et de l'entreprise vers la société conséquemment). Reste à en tirer les conséquences sur le plan du management, de la création et de la relation avec les acteurs. On peut prédire que cela coûtera en tout cas moins cher, car on gaspillera moins, on s'extériorisera moins, mais on devra payer plus de son temps, de son écoute et de son engagement personnel. Il est vrai que cela ne fait pas l'affaire de la chaîne de production telle qu'elle fonctionne aujourd'hui et ce n'est pas la moindre des raisons qui explique l'inertie constatée dans certaines entreprises, grands annonceurs par excellence.

La capacité de l'entreprise à concilier son message économique propre avec la marche de la société est la clé de l'attention que lui portent les acteurs extérieurs. C'est là que se joue le nouveau modèle, appelant de nouvelles façons de dire et donc de faire, qui doivent être crédibles par excellence, sans porter atteinte à la créativité pour autant. C'est une question d'intention ! La communication responsable ne fait pas qu'élargir son champ d'action, du *corporate* à la marque entreprise : elle devient aussi action, sur l'entreprise et la société, si elle veut impliquer et être considérée. Ce défi va nous occuper quelques années, le temps de résoudre les enjeux collectifs qui en sont la cause. La communication n'est décidément plus une technique qui se suffit à elle-même. Elle devient responsable de la compréhension de la société par l'entreprise et de l'entreprise par la société !

Recommandation
«Publicité et développement durable»

Recommandation adoptée par le Conseil d'administration du BVP (Bureau de Vérification de la Publicité) du 11 décembre 2003.

Préambule

Le rôle de la recommandation du BVP est d'établir des règles d'autodiscipline en matière de publicité faisant référence au DD, sachant que le BVP a pleinement conscience de l'ampleur et de la complexité du sujet (chaînes de responsabilités, manque d'indicateurs fiables et harmonisés, priorités différentes selon les secteurs, etc.) et de son caractère évolutif.

La définition du DD a été donnée en 1987 par le rapport Brundtland, lors de la Commission mondiale sur l'Environnement et le Développement, puis adoptée au Sommet de la Terre de l'Onu, à Rio, en 1992. C'est *«la capacité des générations présentes à satisfaire leurs besoins sans compromettre l'aptitude des générations futures à couvrir leurs propres besoins»*.

Le DD concerne l'ensemble des pratiques des entreprises et leurs conséquences internes et externes, dans trois grands domaines :
- environnemental (impact des activités sur l'environnement);
- social/sociétal (conditions de travail des collaborateurs, politiques d'information, de formation, de rémunération, sous-traitance, existence et qualité des relations avec la société civile);
- économique : relations avec les clients, les fournisseurs et les actionnaires.

Une politique de DD s'efforce de concilier ces dimensions en respectant les intérêts mutuels des différentes parties prenantes et en tenant compte du présent et de l'avenir. Les entreprises qui s'engagent dans le DD se placent dans une démarche de progrès et se fixent des objectifs d'amélioration. C'est à la lumière de ces objectifs de progrès et d'effort que seront appliqués à la publicité les principes déontologiques inscrits dans cette recommandation.

Le concept de responsabilité sociale (ou sociétale) des entreprises (RSE) recouvre les mêmes domaines que le concept de DD. La recommandation s'applique donc également aux entreprises qui s'en réclament. Cette recommandation s'applique lorsqu'une publicité :
- utilise le thème général de DD;
- utilise une seule des composantes du DD mais renvoie au concept général;
- ne fait pas référence au DD, mais risque de présenter des éléments peu compatibles avec les objectifs de celui-ci.

Publicité faisant référence au développement durable
Principes généraux

Outre les dispositions législatives, réglementaires et déontologiques en vigueur, toute publicité, sous quelque forme que ce soit, qui intéresserait les trois domaines du développement durable, doit respecter les principes généraux de véracité, d'objectivité et de loyauté.

1. Véracité

La publicité ne doit pas tromper le public sur la réalité des actions de l'annonceur en faveur du DD, ni sur les propriétés de ses produits et services en la matière.

L'utilisation d'un signe ou d'un symbole dans la publicité ne doit pas prêter à confusion avec des labels officiels.

La publicité ne doit pas attribuer à ces signes, symboles ou labels une valeur supérieure à leur portée effective.

La publicité ne doit pas reproduire ou faire état d'attestations ou de témoignages qui ne seraient pas véridiques ou rattachés à l'expérience de la personne qui les donne.

Toute allégation ou représentation publicitaire, comme toute utilisation d'un signe ou d'un symbole dans la publicité, doivent pouvoir être justifiées par l'annonceur.

2. Objectivité

L'ampleur de la revendication d'une action en faveur du DD doit être proportionnée à l'étendue des actions entreprises. Si l'effort de l'annonceur ne porte que sur un produit/service ou sur un ou des éléments limités, la publicité ne peut pas exprimer un engagement global.

La publicité doit exprimer exactement l'action d'un annonceur ou les propriétés de ses produits et services, en adéquation avec les éléments justificatifs dont il dispose.

Les actions des entreprises et caractéristiques de leurs produits ou services dans ce domaine doivent être significatives pour pouvoir être revendiquées. Elles ne sauraient être présentées de façon excessive.

Toute exploitation d'un argument fondé sur des chiffres, sondages, etc., doit pouvoir être justifiée par la détention, chez l'annonceur, de documents vérifiables, objectifs et actualisés.

La publicité ne peut pas recourir à des démonstrations ou à des conclusions scientifiques non conformes à des travaux scientifiques reconnus.

3. Loyauté

La publicité ne doit pas attribuer à un annonceur l'exclusivité d'une action, alors que celle-ci est analogue ou similaire à celle d'autres annonceurs.

De même, une publicité ne peut attribuer exclusivement à un produit ou service des vertus au regard du DD alors même que celles des concurrents seraient identiques.

Un annonceur ne peut se prévaloir de certaines actions à titre exclusif alors que celles-ci seraient imposées à tous par la réglementation en vigueur.

Ce principe n'exclut pas qu'une publicité, dans un but pédagogique, puisse informer de l'existence d'une réglementation, afin d'en promouvoir la mise en œuvre ou d'inciter le public à y souscrire.

4. Utilisation du thème général de «développement durable»

Pour une entreprise, communiquer sur le thème général de DD sous-entend qu'elle est engagée dans ses trois composantes : environnementale, sociale et économique. C'est une démarche complexe à appréhender, mais dont elle doit être capable de rendre compte dans un souci de transparence (conformité de la revendication avec une charte, un rapport, des résultats d'audits en matière de DD, etc.).

Principes spécifiques aux thèmes du développement durable

Une entreprise peut être conduite à communiquer plus spécifiquement sur l'une des composantes (environnementale, sociale, économique) du DD, soit à travers l'un de ses produits ou services, soit à propos de l'une de ses actions, soit parce qu'elle estime avoir atteint des objectifs qu'elle s'était fixés dans le cadre de la démarche de progrès qui caractérise le DD, ou dans tout autre contexte. Deux situations sont à envisager.

1. L'annonceur utilise l'un des thèmes en faisant référence au concept général de DD :
   - sa publicité doit respecter les principes généraux énoncés ci-dessus;
   - il doit être capable de justifier de la conformité de ses engagements dans les autres domaines du DD;
   - sa publicité ne doit pas abusivement présenter ce seul élément comme constitutif d'une politique générale de DD de l'entreprise.
2. L'annonceur ne communique que sur l'un des thèmes du DD, mais sans se réclamer de ce concept. Cette forme de publicité :
   - n'entre pas directement dans le champ de la présente recommandation, qui vise plus précisément la revendication «développement durable»;
   - trouve toutefois sa place dans le champ de la présente recommandation, en tant que l'une des composantes du DD, mais ne doit pas suggérer que l'action qu'elle promeut est assimilable à une politique générale de DD de l'entreprise;
   - doit respecter les règles déontologiques générales de véracité, objectivité et loyauté.

Dans les deux cas, les règles spécifiques à respecter sont les suivantes. Pour l'environnement :
- la publicité ne doit pas donner ou paraître donner une garantie totale d'innocuité dans le domaine de l'environnement, lorsque les qualités écologiques du produit ne concernent qu'un seul stade de la vie du produit ou qu'une seule de ses propriétés;
- le choix des signes ou des termes utilisés dans la publicité, ainsi que des couleurs qui pourraient y être associées, ne doit pas suggérer des vertus écologiques que le produit ne posséderait pas;
- dans le cas où il serait impossible, compte tenu des difficultés rencontrées en la matière, de justifier de formulations globales, la publicité utilisera de préférence des formulations telles que «contribue à la protection de l'environnement par...», «contribue à protéger votre environnement par...», en ajoutant les précisions nécessaires sur les éléments concernés;
- on se reportera plus généralement à la recommandation «Arguments écologiques», ainsi qu'à l'article 17 du Code des pratiques loyales de la CCI.

En matière sociale et sociétale, on se référera notamment à la Déclaration universelle des Droits de l'Homme, aux conventions de l'Organisation internationale du travail, aux textes de l'Onu, de l'Union européenne, aux droits nationaux en vigueur, ainsi qu'aux principes directeurs, normes sociales, codes de conduite, recommandations, etc., émanant des organismes nationaux et internationaux qui font autorité en la matière, notamemnt la recommandation «Image de la personne humaine» du BVP.

Dans le domaine économique, l'annonceur qui souhaite faire état de la viabilité de son activité, de la transparence de sa gestion, des différentes notations ou classements dont son entreprise fait l'objet, ou de la qualité de ses relations avec ses clients, ses fournisseurs ou ses actionnaires, doit pouvoir en apporter la justification. Il doit également veiller à ce que l'utilisation de certaines expressions soit en adéquation avec la réalité et l'ampleur de son action. À titre d'exemple :

– l'emploi de notions comme celles de «placements éthiques», «investissements responsables», «bonne gouvernance» ou tout autre renvoyant à des pratiques commerciales ou financières se réclamant de l'éthique, doit pouvoir être justifié par le respect de critères précis;
– l'utilisation de l'expression «commerce équitable» implique des échanges commerciaux avec des producteurs de pays moins développés, qui leur garantissent des conditions de travail et de rémunération décentes et favorisent le développement de centres de production autonomes et durables.

Implications en matière de développement durable du contenu publicitaire

Toute publicité doit s'inscrire dans un contexte de responsabilité sociale. Sans qu'il soit fait référence au concept de DD, certaines publicités peuvent présenter des comportements ou des représentations contraires à ses principes. À titre d'exemple, la publicité :

– doit bannir toute évocation ou représentation de comportement contraire à la protection de l'environnement et à la préservation des ressources naturelles (gaspillage et/ou dégradation des ressources naturelles, pollution de l'air, de l'eau et des sols, changements climatiques, etc.), sauf dans le cas où il s'agit de le dénoncer;
– ne saurait inciter, directement ou indirectement, à des modes de consommation excessive ou au gaspillage d'énergies et ressources naturelles. Elle ne saurait suggérer ou cautionner des agissements manifestement inconséquents ou irresponsables;
– doit éviter, dans son discours, de minimiser les conséquences de la consommation de certains produits ou services susceptibles d'affecter l'environnement;
– doit proscrire toute représentation ou évocation de comportement contraire au recyclage des produits ou à leur méthode spécifique de traitement;
– ne doit pas sembler avaliser des conditions de travail contraires aux droits sociaux et humains.

À ce titre sont exclues les publicités semblant cautionner le travail des enfants, toute forme de discrimination, de harcèlement moral, des conditions d'hygiène et de sécurité insuffisantes.

Le respect de ces principes doit s'apprécier selon la sensibilité du corps social à un moment donné. Enfin, la publicité doit proscrire toutes les déclarations ou les représentations visuelles susceptibles de générer des craintes irrationnelles ou infondées.

PARTIE 6

LA RELATION AUX *STAKEHOLDERS*, LEVIER DU PROGRÈS EN DÉVELOPPEMENT DURABLE

*«The most important thing about people
is not what is contained in them but what transpires between them.»*

Edward SAMPSON, 1993, in *Minu* HEMMATI, 2002.

On dénomme *«stakeholders»* ou «parties prenantes» l'ensemble des publics internes et externes de l'entreprise, incluant les *«shareholders»* ou actionnaires, c'est-à-dire les salariés, les fournisseurs, les clients, les décideurs institutionnels, les représentants de l'opinion et les prescripteurs qui suivent ou s'intéressent à l'entreprise et à son secteur. Ce concept pose en fait le lien, non plus dans le sens d'une cible à toucher ou à convaincre, mais comme une catégorie de la société, au sens du marché social de l'entreprise, avec laquelle il s'agit d'établir une relation de confiance et constructive à long terme. En raison de leur poids dans l'opinion internationale, les ONG se sont imposées comme les représentants les plus emblématiques et les plus complexes à la fois de la société, aux yeux des entreprises. Leur puissance a obligé ces dernières à les considérer et les respecter alors qu'elles avaient voulu les ignorer jusqu'ici.

On ne rappellera jamais assez, dans un contexte traditionnel d'entreprises habituées à définir leur offre par elles-mêmes, que cette «méthodologie *stakeholders*» est constitutive de la démarche DD et que seul le résultat de dialogues internes/externes permet de fixer les niveaux idéaux d'engagement et de performance que l'entreprise doit se fixer, par-delà les normes et les principes posés.

CHAPITRE **21**

POURQUOI ET COMMENT DIALOGUER AVEC LA SOCIÉTÉ CIVILE ?

L'EXPÉRIENCE DES SESSIONS-DIALOGUE ENTREPRISES/*STAKEHOLDERS*

Plusieurs raisons conduisent désormais les entreprises à sortir de leur univers commercial *stricto sensu* pour s'intéresser à ce que pensent et disent d'eux des acteurs qui ne sont ni leurs clients, ni leurs actionnaires et auxquels ils s'intéressaient peu jusqu'à ce jour :

- gestion de risque : anticipation de risques à venir en sondant les attentes, préoccupation et intérêts des *stakeholders* à création d'un lien de confiance qui permet d'éviter certains risques (*reputation risk*, notamment) ;
- gestion de crise : elle s'en trouve facilitée lorsqu'un lien de confiance a été établi de longue date, que les intérêts communs, positions, enjeux, efforts et difficultés de chacun ont été clarifiés ;
- acceptabilité (*licence to operate*) : elle repose également sur la confiance instituée au travers du dialogue ;
- appréciation des zones de progrès ;
- aide à la définition d'une stratégie et d'engagements opposables aux tiers en vue de se doter d'une dimension extra-financière (conception du reporting) ;
- sonder des tendances nouvelles qui peuvent être intégrées dans les pratiques commerciales, la conception de nouveaux produits.

Identification des *stakeholders* de l'entreprise

Qui sont vos publics sociétaux ? Cette interrogation est complexe car, à l'exception des publics qui sont repérés par leurs accusations, les publics «constructifs» ne sont pas aisément identifiables. S'il ne faut exclure a priori aucune association et aucune personnalité, notamment parce qu'elles peuvent déplaire ou déranger, l'inventaire, le contact, la médiation et l'invitation sont les rares façons d'aller au-devant de ces acteurs de la société qui s'intéressent à l'activité de l'entreprise, à son secteur. Cet inventaire obéit à des critères objectifs :

- il y a d'abord les publics qui ont un impact, ou subissent un impact, dû à la réalisation des objectifs de l'entreprise, pouvant avoir des relations avec l'entreprise à deux niveaux : *corporate* (international et par grand pays) ou local (autour des sites).

Il y a ensuite les publics qui décident de s'intéresser d'eux-mêmes à l'entreprise, pour des raisons idéologiques le plus souvent et qui se posent en acteur ou «contre-acteur» dans le marché de l'entreprise qu'ils contribuent à orienter.

Typologie des *stakeholders*

Internes et «propriétaires» :

- clients et représentants organisés, employés, managers, actionnaires, fournisseurs et banques, autorités régulatrices, syndicats et institutions représentatives du personnel, riverains des sites, etc.

Stakeholders externes ou sociétaux :

- *stakeholders* directs ou activistes (ONG militantes, syndicats, etc.) ;
- *stakeholders* silencieux ou indirects (Instituts de recherche, organisations internationales, experts et enseignants, etc.).

Les *stakeholders* figurant en haut à gauche de la matrice (fort niveau d'influence et fort niveau d'intérêt) doivent être les premiers visés par la consultation.

La prudence est de mise dans la détermination des niveaux d'influence (une ONG activiste peut s'avérer être moins importante pour une entreprise qu'une minorité indigène située loin du siège social) et des niveaux d'intérêt. Ils sont soumis à une certaine subjectivité et sont susceptibles d'évoluer dans le temps.

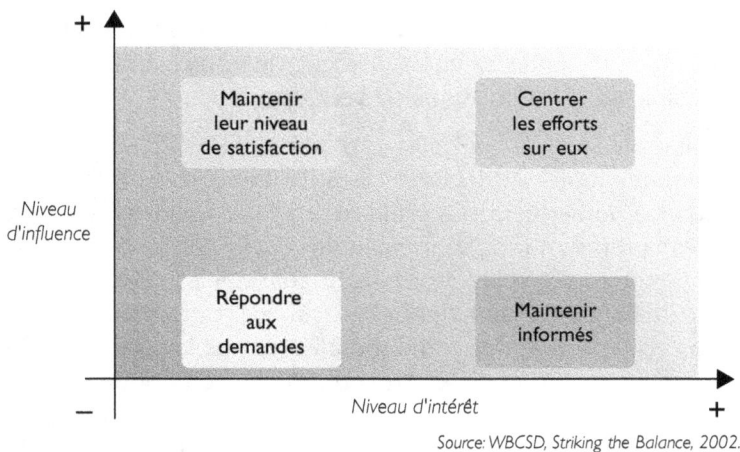

Source: WBCSD, Striking the Balance, 2002.

Figure 6.1
Matrice *stakeholders*

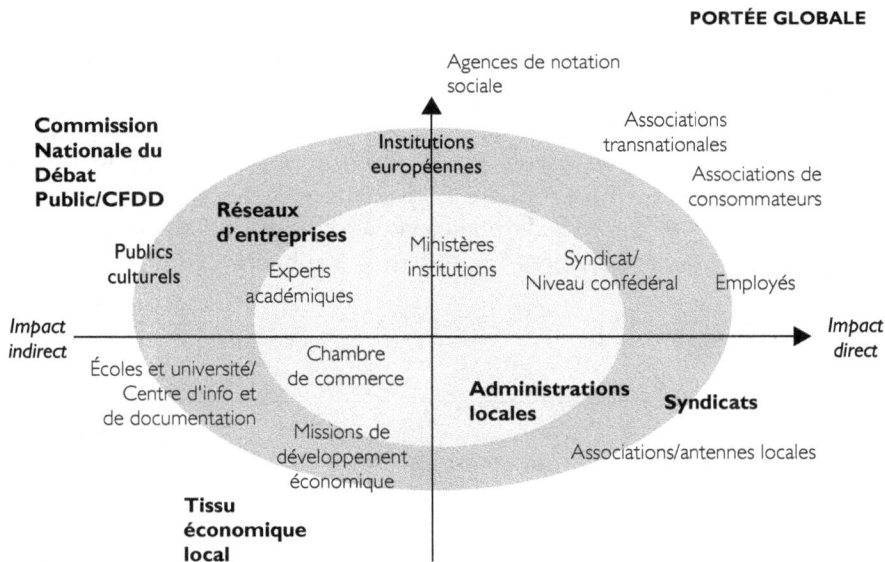

Figure 6.2
Paysage des *stakeholders*

LES MODALITÉS DU DIALOGUE *STAKEHOLDERS*

Les modes de consultation utilisables pour organiser le dialogue peuvent être très variés et leur choix dépend des attentes liées à la consultation et du degré de flexibilité possible dans les positions de l'entreprise

Toute consultation implique *in fine* la création d'un lien de confiance qu'il s'agit de nouer, alimenter et préserver. Les éléments constitutifs de cette relation de confiance ne tiennent pas seulement à la réputation de l'entreprise ou des personnes la représentant, mais également à la nature de leurs attentes et de leur engagement et la manière de les manifester et de les formaliser. Une démarche de dialogue unidirectionnelle – un discours «auto-promotionnel» de la part de l'entreprise, un discours moralisateur de la part des *stakeholders* – ne peut pas être constructive et ne pourra pas contribuer à créer de la confiance. Il est donc important de bien définir au préalable les attentes que l'on a dans une démarche de dialogue, et de cerner (préparer) celles de ses interlocuteurs *stakeholders,* afin de ne pas créer de frustrations et déboucher sur une opération contre-productive. Chaque acteur doit pouvoir optimiser cette relation, en toute indépendance et en toute transparence.

La consultation des *stakeholders* permet, en tant qu'outil de management, la réalisation de deux types d'objectifs :

- l'identification des enjeux DD de l'entreprise, d'aujourd'hui et de demain, qui constituent autant de zones de progrès sur lesquelles elle sera amenée à travailler et éventuellement communiquer ;
- la consultation sur des points précis (crise/accident, émissions, nouvelle technologie, etc.). Une première consultation «générale» sur les enjeux sociétaux permet souvent de dégager quelques grands sujets polémiques qui pourront faire l'objet, par la suite, de consultations ciblées.

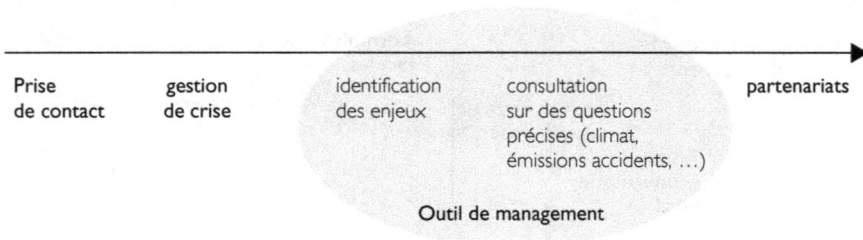

Prise de contact — gestion de crise — identification des enjeux — consultation sur des questions précises (climat, émissions accidents, ...) — partenariats

Outil de management

Figure 6.3
Ce que l'entreprise peut retirer d'un dialogue avec les *stakeholders*

Les *stakeholders* ont des attentes vis-à-vis de l'entreprise, d'autant plus importantes à prendre en compte qu'ils sont de plus en plus sollicités – en dépit d'effectifs parfois réduits – et donc de plus en plus exigeants. Ils doivent de ce fait pouvoir optimiser le temps passé dans cette relation de dialogue :

- dégager une information utile à leur prise de décision ;
- influer sur la politique même de l'entreprise.

La concrétisation du dialogue avec les *stakeholders* est en grande partie liée à la capacité à générer une véritable relation d'échange et au degré de flexibilité que l'entreprise peut leur proposer.

Le partenariat ne constitue pas une fin en soi, il est une manifestation possible d'un dialogue réussi. Il représente un partage des risques et des bénéfices dans lesquels tous les *stakeholders* ne souhaitent pas s'engager. C'est la raison pour laquelle il convient d'insister sur le fait qu'il ne constitue qu'une issue possible du dialogue et l'engagement, parmi d'autres. Certaines ONG peuvent avoir une vision biaisée du dialogue et rechercher, *in fine,* un partenaire mécène plus qu'un partenaire de dialogue. Il nous appartient, en tant que conseil, de déterminer les bons interlocuteurs de l'entreprise et de cadrer avec eux la palette d'attentes possibles.

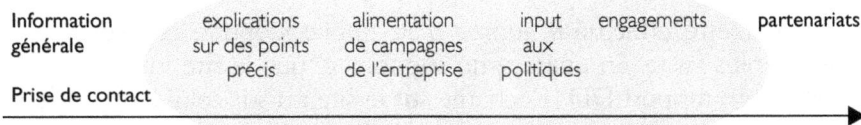

Figure 6.4
Ce que les *stakeholders* peuvent retirer d'un dialogue avec les entreprises

Ces différentes possibilités, allant de l'entretien individuel à des partenariats engageants, en passant par des réunions collectives d'échange, manifestent la grande palette d'initiatives que peut prendre une entreprise pour aller au-devant des attentes de ses *stakeholders,* s'agissant strictement des enjeux sociétaux.

De fait, il faut veiller à ce qu'un dialogue *stakeholders* reste bien dans son objet précis et ne vienne pas empiéter sur les modes de relations institutionnalisés existants, comme le dialogue avec les syndicats ou les entretiens clients ou internes.

© Éditions d'Organisation

307

Quelques modes de consultation des *stakeholders*

Plusieurs techniques sont envisageables ; elles ne sont pas exclusives les unes des autres.

Les préétudes

Il s'agit de tester le dialogue sur un public indirect – étudiants entre autres –, de manière à délimiter les contours d'un dialogue poussé, des enjeux et des positions qui pourraient y être abordées et, par conséquent, du type de *stakeholders* qui pourrait être conviés.

Les études

Les études sont menées *via* DonnezVotreAvis.com, un outil Internet qui nous permet d'adresser des questionnaires (questions ouvertes et fermées) aux différents publics du secteur (fédérations), de l'entreprise ou du site. Elles permettent de faire remonter les attentes et préoccupations d'un public vaste et international, de mesurer leur importance, de les répertorier par zone géographique, par type de public, etc. Elles permettent également d'interroger les *stakeholders* sur des points précis (accident survenu, questions locales, émissions, etc.), ou sur des enjeux sociétaux globaux.

Elles peuvent être effectuées auprès d'un public identifié et sélectionné ou d'un public plus vaste, en utilisant un support tel que le site Internet (DD) de l'entreprise, son rapport DD téléchargé sur le site ou sur celui d'un autre organisme, à l'instar du portail du Comité 21.

Les sessions de dialogue

Voici les cinq principes généraux du dialogue pour garantir sa réussite.

1. Soutien interne préalable

Il s'agit de s'assurer du soutien des *top* et *middle managers* avant d'entamer le dialogue : sessions d'information sur les objectifs du dialogue, ce qu'il peut apporter et la manière de l'aborder.

2. Transparence suffisante

Sur les procédures d'organisation de la session.

Sur la définition de l'agenda.

Sur les objectifs de la consultation.

Sur les positionnements respectifs.

Sur l'utilisation des informations issues de la consultation.

3. Indépendance-neutralité de l'organisation

Médiateur à utiliser (conseil expérimenté).

Neutralité du lieu (suscitant une convivialité *ad hoc*).

Présence d'experts externes (bien identifiés comme tels, de commun accord).

4. Non-médiatisation/non-récupération de l'initiative *ex post*

Engagement de l'entreprise à ne pas récupérer le dialogue à des fins de communication.

Engagement des *stakeholders* à ne pas utiliser les occasions de dialogue comme tribune politique/médiatique.

Pas de présence de médias durant la session (pas d'objectif journalistique).

Pas de citation de noms, de propos, sans l'accord des parties concernées (respect strict des identités et des propos des participants dans la synthèse).

5. Le processus de préparation et d'organisation des dialogues *stakeholders*

Il consiste à se mettre d'accord en préalable sur les règles du jeu que chacun respectera, sur les thèmes qu'on veut traiter et de clarifier les attentes respectives de chacun afin de lever les malentendus, s'ils existent. C'est tout le sens du travail de médiation et de préparation, confié au tiers expert. C'est ainsi que, au moment où la session va commencer, elle est cadrée pour l'essentiel, dans sa forme comme sur le fond. Un certain nombre de procédures sont utilisées à cet effet :

- agenda défini en amont ;
- questions posées par les *stakeholders* à l'entreprise ;
- questions posées par l'entreprise aux *stakeholders* ;
- transmission en amont d'informations factuelles, comparées, aussi neutres que possible qui serviront de base de travail aux *stakeholders* ;
- transmission en amont d'informations par les *stakeholders* sur leurs campagnes en cours, leurs projets, leurs réflexions ;
- accord de libre expression de chacun des participants, écoute et respect des positions et sensibilités divergentes ;

- définition du dialogue comme échange d'informations réciproque *versus* unidirectionnel ;
- apport d'informations factuelles, claires, directes, précises. Il s'agit d'informer et de créer de la confiance sur les objectifs et les process, non de convaincre ;
- choix de l'équipe intervenante, réduite de manière à ne pas «écraser» le SH (même nombre de part et d'autre de préférence) ; formation *ad hoc* des représentants du côté des entreprises pour s'assurer qu'ils ont compris l'exercice (acceptation de la critique et du débat sans devoir se justifier) ;
- animation confié à un acteur expert, neutre et facilitateur (accord préalable).

Les sessions individuelles : entretiens directs avec des personnes

Ces contacts en face-à-face permettent de focaliser la consultation sur un thème précis *vs* sur une vision générale des enjeux sociétaux, de créer des liens privilégiés avec ces publics et d'éviter un éventuel positionnement public du SH, la création d'une logique collective qui pourrait entraver le dialogue.

On pratique pour cela une démarche spécifique :

- identification des *stakeholders* clés ;
- informations transmises en amont ;
- dossier d'information, informations précises demandées par le SH ;
- questions posées par l'entreprise ;
- campagnes en cours ;
- *position papers*.

Les sessions collectives ou dialogues avec plusieurs stakeholders

Elles présentent l'avantage de favoriser une discussion plus approfondie, contradictoire et dynamique, poussant le plus loin possible la volonté de compréhension réciproque. Elles sont à privilégier car elles permettent de générer un véritable débat sur un enjeu, ou sur l'ensemble des enjeux DD de l'entreprise, de confronter les arguments entre eux et de mesurer l'importance des différentes questions soulevées. Elles permettent également d'organiser un travail de réflexion de fond sur les thèmes retenus et de rassurer par rapport à un entretien individuel qui peut susciter une certaine méfiance.

Cette démarche originale est aussi la plus productive car elle permet de :

- faire de l'organisation de la session elle-même un effort *«multistakeholders»* en soi;
- rassemblement d'un petit groupe de *stakeholders* représentatifs, coordonné par ecodurable® ;
- effort multilatéral de définition de l'agenda ;
- intégration des principes de démocratie, égalité, transparence, représentativité, flexibilité dans la conception même de la session ;
- s'obliger à en tirer des conséquences en vue d'une prise de décision ;
- informer sur les processus de mise en œuvre et de feed-back ;
- transparence sur la prise en compte et l'utilisation des éléments issus de la consultation ;
- d'élargir l'identification des questions à traiter ;
- agenda clair et déterminé multilatéralement, définitions précises ;
- possibilité de partir d'une question posée par un *stakeholder* expert, soumise aux autres participants ;
- passer en revue l'ensemble du champ d'intérêt concerné, de manière à avoir une vision claire des discussions possibles, centrales et périphériques, avant d'identifier une question clé qui sera alors la colonne vertébrale de la session de dialogue ;
- assurer la transparence tout au long de ce processus, notamment communiquer l'évolution des discussions sur les thèmes potentiels ; clarifier l'agenda de cette étape d'identification des thèmes dès le départ ;
- aider les *stakeholders* à identifier les questions d'intérêt lorsque cela s'avère nécessaire (accès à l'information, contacts).

Voici quelques clés pour préparer une session-dialogue :

- utiliser l'animation et un appui organisationnel pour aller au bout du débat ;
- responsabilités : définition claire des rôles de chacun
- flexibilité qui doit se traduire chez les *stakeholders,* dans les objectifs fixés, la structuration de la session ;
- neutralité : du lieu, de l'animation ;
- préparation avec les équipes internes (sensibilisation, mobilisation) ;
- rencontre avec les intervenants (travail sur le contenu et la forme des réponses, sur la base des informations remontées auprès des *stakeholders*) ;

311

- validation avec les *stakeholders* (délimitation des contours de la session, des attentes possibles, accès aux informations demandées) ;
- échange de *position papers* des participants, sur la base d'un format convenu, transmis suffisamment en avance de manière à ce que les autres participants aient eu le temps de les étudier. La production de ce type de documents permet une consultation en amont des *stakeholders* et de faire progresser des réflexions et des points de dialogue ;
- analyse par le conseil des différentes positions (matrice, ou mapping cognitif afin de mettre en relief les points de convergence et de divergence, et de comprendre l'ordonnancement des priorités).

Pour identifier et sélectionner les *stakeholders,* voici les critères à respecter :

- diversité : la qualité primant sur la quantité (sens de leur présence, couverture du champ sociétal, respect des équilibres – des expertises, experts *vs* novices, etc.) ;
- choisir des participants ayant des positionnements différents pour une consultation de qualité ;
- éviter l'effet *groupthink,* qui mènerait un leader *stakeholder* à dominer le processus et entraver le dialogue et l'implication des autres participants ;
- ouverture, définition de critères clairs et transparents, volontariat.

L'architecture du dialogue à conduire est la suivante :

- composition du groupe selon les critères évoqués ci-dessus ;

- définition des objectifs de la session et des attentes possibles ;

- définition de l'agenda, suite aux échanges et aux accords intervenus en amont (quelle est la question directrice ? quels seront les problèmes soulevés et dans quel ordre seront-ils traités ? etc.) ;

- échéancier qui répond aux demandes de tous les *stakeholders*.

Les apports ou les ingrédients nécessaires au succès sont les suivants :

- règles de la communication : rechercher à créer un espace de dialogue, une atmosphère qui cultive l'égalité, le respect, l'humilité et l'ouverture, afin de favoriser une interaction qui clarifie les points de convergence et de différence entre les acteurs et permette de continuer à explorer des voies de réflexion et de coopération possibles ;
- communiquer clairement sur ces principes d'expression et de dialogue ;
- faire de la consultation un moment d'apprentissage et de réflexion pour l'ensemble des acteurs.

La conduite du dialogue lors des sessions *stakeholders*

1. Les canaux de communication

Leur choix est fonction de la nature de la consultation, des *stakeholders* présents, leurs préférences culturelles, entre autres. Par exemple, l'échange électronique atténue les différences de poids des *stakeholders* et tend à refléter une plus grande diversité des caractéristiques idéales pour une consultation *brainstorming*. En revanche, il ne permet pas de construire un consensus.

Ces canaux sont les réunions collectives ainsi que les sites Web interactifs.

2. L'animation

Les animateurs doivent avoir été impliqués dans le processus de mise en place de la consultation.

Présence d'un expert extérieur qui présente les différentes positions et les contours de la discussion telle qu'elle a été préparée en amont.

Animateur coordinateur de l'ensemble de la session.

Co-animation possible par des *stakeholders,* après accord de l'ensemble du groupe.

Les animateurs ont un rôle essentiel dans le maintien d'une certaine égalité tout au long de la discussion. C'est à eux de guider et encourager les participants à appliquer les principes de discussion et de communication mentionnés plus haut. Ils créent une atmosphère positive qui encourage l'écoute et le respect.

Ils encouragent des approches *problem solving,* et découragent les jugements.

Ils encouragent les réponses factuelles qui permettent de s'éloigner de propos biaisés ou trop émotionnels.

Ils font le point, à chaque fois que cela s'avère nécessaire, sur les questions soulevées et les positions manifestées, les points d'accord.

La session peut inclure un moment de réflexion, en ateliers ou tables rondes, permettant de faire remonter des points de réflexion et de débat, et de s'assurer que tous les participants se sentent impliqués dans le processus de dialogue.

Synthèse des réponses et des engagements de l'entreprise et des *stakeholders*. Il s'agit également de clarifier les étapes du suivi.

3. Le suivi ou l'utilisation du résultat (synthèse)

Publication des minutes de la session réservée aux participants et transmission de l'analyse qui l'accompagne à l'ensemble des participants.

Rappeler la méthodologie de définition et de mise en œuvre de la session.

Informer systématiquement les participants des suites données aux suggestions faites, de la mise en œuvre des engagements pris. Le relevé de décision devant engager l'organisateur, c'est à lui de dire expressément les conclusions qu'il tire de l'échange. Ce travail utilitaire donnera son vrai sens à la démarche et lui permettra de passer de la communication à l'action.

Les grandes phases de la médiation qui mène à un dialogue *stakeholders* constructif – synthèse des opérations confiées au tiers expert.

1. La démarche			
Conception	Identification des thèmes	Identification des *stakeholders* *	
2. Ossature			
Composition du groupe	Objectifs	Agenda	
3. Apports			
Préparations *Stakeholders*	Accord sur les règles et les procédures	Compensation des déséquilibres	*Capacity building*
4. Session-dialogue			
Canaux de communication	Animation Présidence de la session	Rapporteur	Prise de clôture Décision
5. Résultats/suivi			
Documentation	Plan d'action Mise en œuvre	Poursuite du dialogue	
6. Tout au long du processus			
Communication en direction des *stakeholders* non participants			

* *partie prenante ou public concerné par l'activité de l'entreprise*

UN NOUVEL OUTIL POUR CONDUIRE LE DIALOGUE AVEC LES PARTIES PRENANTES

Le comité de dialogue sociétal®

Ou comment l'entreprise peut intégrer la société dans sa bonne gouvernance.

L'entreprise contemporaine découvre que la société existe par-delà le marché et qu'elle doit s'y adapter de plus en plus rapidement. Bien plus, le DD repose sur la théorie des *stakeholders* qui fait de ce dialogue la méthode de détermination des exigences de progrès. On constate qu'il existe une peur du dialogue avec les activistes dans les milieux d'entreprises et l'on observe que la sollicitation des bénévoles et des ONG a ses limites : problème de disponibilité, d'intérêt et de répartition des rôles. Certes, la forme courante de partenariat à travers le comité de *stakeholders* est une première réponse, mais on peut en imaginer une autre, plus institutionnalisée. C'est le concept du Comité de Dialogue Sociétal® qui promeut une gouvernance intégrant la société civile de façon organique.

Le CDS a trois vocations :

- émettre un avis sur le rapport de responsabilité et de développement durable de l'entreprise ;
- faire connaître au Conseil d'administration et à l'assemblée générale son point de vue sur la démarche sociétale de l'entreprise ;
- servir de lien entre l'entreprise et la société en se penchant sur ses enjeux et en conviant des acteurs extérieurs à s'exprimer sur des sujets en débat.

La difficulté à faire vivre le dialogue sociétal

Le dialogue avec les représentants de la société est une composante constitutive des démarches de DD. Il pose le fait que les objectifs de progrès dans le sens du DD doivent se définir en partenariat avec les représentants et les acteurs de la société civile qui expriment mieux que d'autres les attentes à l'égard des entreprises.

Pour cela, il existe plusieurs méthodes dont les rencontres avec les ONG et les «sessions dialogues» sont les plus usitées. Ces échanges formels sont irremplaçables et ils font toujours émerger des questions de fond et des propositions d'avancement utiles aux entreprises en quête d'avancées générales au contact des publics militants ou des acteurs critiques.

Pour autant, la consultation de ces *stakeholders* institutionnels est de moins en moins aisée. Les ONG sont extrêmement sollicitées, mais ni leur disponibilité, ni leurs ressources, ne leur permettent de suivre ce mouvement autant qu'il le faudrait. Ce sont souvent les mêmes organisations qu'on interroge. De plus en plus, les grandes associations et les ONG sont conduites à sélectionner leurs interventions et beaucoup se plaignent du surcoût que cela engendre. Elles font valoir le déséquilibre qui peut se creuser entre des entreprises qui tirent avantage de leur avis et des bénévoles qui prennent sur leur temps pour répondre à leur sollicitation, sans garantie de voir leurs préconisations retenues.

La justification d'une instance spécialisée

Ce phénomène d'usure conduit à proposer une forme complémentaire de dialogue, au travers d'une mission d'étude et d'observation définie, confiée à des personnalités indépendantes, incarnant par leur expérience et leur engagement une expression de la vie sociale, dans des conditions définies de façon équilibrées.

Ces personnalités expérimentées, reconnues dans leur parcours militant ou professionnel pour leur capacité à avoir su révéler et exprimer des mouvements de la société, peuvent ainsi apporter à l'entreprise un regard de fond sur ce qu'elle est et ce qu'elle fait. Elles sont réunies, à l'initiative d'une entreprise et sous la présidence de l'un d'entre eux, au sein d'un comité de dialogue sociétal, qui est chargée d'évaluer et de stimuler sa politique développement durable.

Un cadre contractuel précise les cinq conditions de base de leur intervention :

- l'acceptation d'une mission d'étude pour donner un avis motivé sur la démarche de DD de l'entreprise, examinée sur pièces et sur place;
- un engagement de réserver cet avis à l'entreprise qui reste libre de ne pas l'utiliser ou de convenir ensemble la forme sous laquelle il est rendu public;
- la façon de faire connaître aux administrateurs, aux actionnaires et aux partenaires de l'entreprise la réalité de cette étude dans le cadre de sa démarche RSE et DD;
- la durée de cette mission, l'échéancier et la rémunération de cette expertise, en toute transparence;
- l'exclusivité qui encadre la mission, compte tenu des autres engagements pris, ainsi que le règlement du comité auquel il participe.

L'expert, membre du CDS, acquiert ainsi un statut original, qualifié de conseil sociétal. Participant à étapes régulières aux débats de l'entreprise, proposant ses conclusions et recommandations formelles, en toute liberté, il exprime au sein du CDS ce que devrait faire l'entreprise, de son point de vue, pour améliorer sa triple performance économique, environnementale et sociale.

Il est ainsi conseillé aux grandes entreprises de mandater trois à quatre conseils sociétaux au sein de ce comité qui encadrera sa démarche de DD, pour l'évaluer, pour en débattre et pour l'améliorer, en toute indépendance.

Exemple d'une pression sociétale nouvelle qui fait évoluer l'entreprise ci-après.

DOSSIER

Propositions de l'Institut Montaigne en faveur de l'égalité positive dans l'entreprise

La maximisation de la valeur de l'entreprise requiert la prospérité de l'environnement dans lequel elle opère. Cette prospérité repose notamment sur la co-existence pacifique des individus et une certaine cohésion de la société.

Une réflexion en profondeur sur la nature des pratiques de ressources humaines de l'entreprise sous l'angle de l'objectif de non-discrimination est le cœur d'une pratique ambitieuse de l'«égalité positive». Cette réflexion doit couvrir l'ensemble des pratiques de recrutement, de formation et de promotion. Elle contribuera à ouvrir l'entreprise à des publics qui en sont aujourd'hui écartés, par le fait d'habitudes et de préjugés. Loin d'être à l'avantage exclusif des minorités visibles, elle bénéficiera ainsi à tous les salariés ou candidats.

Les entreprises en France pourraient s'inspirer des expériences étrangères pour mettre en place les politiques d'«égalité positive» que le droit et l'efficacité imposent de manière croissante. Elles ont à cet égard fait preuve d'une relative timidité jusqu'à présent, qu'explique selon nous la sensibilité particulière de l'environnement français sur le sujet de la différence visible, même si des avancées récentes retiennent l'attention :

Accord sur la diversité et la cohésion sociale dans l'entreprise PSA.

PSA Peugeot Citroën et les organisations syndicales CFE/CGC, CFDT, CFTC, CGT-FO, GSEA ont signé le 8 septembre 2004 un accord sur la diversité et la cohésion sociale dans l'entreprise (…).

L'accord prévoit notamment :

– la mise en place d'outils et de procédures permettant de garantir l'égalité des chances et de traitement, notamment dans l'accès à l'emploi et dans les processus de formation et d'évolution professionnelle;
– le développement de démarches d'insertion en particulier le recrutement de jeunes diplômés issus de zones urbaines sensibles :
– La création d'un observatoire paritaire de la diversité chargé de proposer, si nécessaire, des plans d'actions complémentaires;
– une campagne de communication auprès de l'ensemble des collaborateurs sur les thèmes du respect des différences et de la lutte contre toute forme de discrimination, s'appuyant sur des programmes publics nationaux ou européens.

Pour PSA Peugeot Citroën, la diversité des salariés représente un atout pour l'innovation, la créativité et l'accompagnement des changements. En effet, la co-existence de profils variés est une source de complémentarité, d'équilibre et d'efficacité économique. Elle permet à un groupe international de s'entourer des meilleures compétences et de mieux refléter la société et son environnement, ce qui facilite la compréhension et la satisfaction des attentes des clients.

PSA Peugeot Citroën a recruté depuis 5 ans plus de 75 000 salariés de profils variés, tant par leur origine, leur culture, que par leur expérience professionnelle. L'enjeu consiste à gérer ces différences dans la cohésion sociale et à assurer l'égalité de traitement dans l'évolution professionnelle des salariés.

Par ailleurs, PSA Peugeot Citroën souhaite s'impliquer dans des démarches de «mobilisation positive» en faveur de personnes souvent écartées du monde du travail et de la promotion sociale.

Pour Jean-Luc Vergne, directeur des relations et ressources humaines :

«La diversité est au cœur de la politique des ressources humaines car elle représente une force et un avantage économique et social majeur pour la compétitivité de l'entreprise. Elle relève de la responsabilité sociale de l'entreprise et de notre capacité à associer performance économique et progrès humains. C'est tout le sens de cet accord qui marque, de la part des partenaires sociaux, une volonté claire d'avancer sur la voie du respect des différences comme vecteur de cohésion social dans l'entreprise.»

Propositions :

– formaliser clairement les engagements de l'entreprise en matière d'«égalité positive»;
– former les salariés de l'entreprise aux mécanismes de la discrimination et aux enjeux de l'égalité positive;
– évaluer les pratiques de ressources humaines (embauches, promotion, formation, etc.) au regard des objectifs définis en matière d'égalité positive et, le cas échéant, les faire évoluer pour garantir la non-discrimination;
– mettre en place dans l'entreprise un dispositif statistique capable d'appréhender la diversité visible, afin de contribuer à la mesure des progrès en matière d'égalité positive

Dans le contexte français, il semblerait particulièrement dangereux d'obliger les entreprises à une représentation proportionnelle au sein de leur effectif de la «diversité» de la population qualifiée (et plus encore de la population totale, indépendamment des qualifications).

En conséquence, on ne saurait recommander une norme absolue et impérative de représentation des minorités visibles au sein de l'entreprise. Il paraît plus raisonnable de laisser à chaque entreprise la latitude la plus large pour déterminer ses objectifs et le délai nécessaire pour y parvenir, en fonction notamment du rythme des embauches envisagées, des bassins d'emplois concernés…

Une fois les objectifs de l'«égalité positive» définis, il convient de s'interroger sur les moyens de les atteindre.

Un premier niveau d'action consiste à attirer les candidatures de la part de certains individus *(«outreach»)*. Le second niveau consiste à compenser par des formations spécifiques les handicaps dont souffrent certains individus afin de mieux les préparer aux processus de sélection (recrutement, promotion). Le troisième niveau consisterait à favoriser explicitement les candidats à raison de leur différence visible.

CHAPITRE **22**

L'ÉTAT DES RAPPORTS
ENTRE LES ONG ET LES ENTREPRISES

Certaines entreprises établissent une relation continue avec une ou plusieurs ONG partenaires, qui peuvent jouer auprès de l'entreprise un rôle de conseil, lui apporter une sensibilité, un état d'esprit, une expertise, ou encore agir sur sa requête en auditeur indépendant. Ces partenariats permettent d'établir une relation mutuellement bénéfique : l'entreprise y gagne une meilleure compréhension des attentes externes et améliore sa gestion de risque, l'ONG concernée y gagne la possibilité de diffuser sa propre communication *via* les canaux utilisés par l'entreprise. Les entreprises réalisent que pour communiquer et faire changer les comportements, il est vital d'unir ses forces à celles d'un acteur externe.

ÉVOLUTION DES RAPPORTS ENTRE *ONG* ET *ENTREPRISES*

En utilisant le panel de près de 500 ONG et associations, principalement françaises, engagées dans le champ social, humanitaire et du développement, géré par la société d'étude *DonnezVotreAvis.com,* ecodurable® a mesuré leurs perceptions et leurs attentes à l'égard des entreprises, à deux périodes successives, fin 2001 (*cf.* étude 1) et fin 2003.

Ce rapport permet de poser un regard sur la façon dont évolue l'insertion sociétale des entreprises dans une période fortement marquée par l'exigence de responsabilité et la demande de prise en compte du DD dans notre économie.

Une soixantaine d'ONG et associations ont répondu, ce qui représente un échantillon comparable au premier. Elles se répartissent de façon très proche dans les domaines sociaux, du développement, de l'éducation, des droits de l'homme. Plus que jamais pour ces acteurs sociaux, le principal obstacle à leur action est aujourd'hui financier, alors qu'ils considèrent que l'opinion leur est plus favorable, ainsi que les médias. Plusieurs notent que les enjeux sont plus criants et la demande, à leur égard, plus pressante sans que leurs ressources augmentent en proportion.

Les ONG expriment une attente très forte à l'égard des entreprises

Les associations sont plus nombreuses à considérer que les entreprises ont un grand rôle à jouer pour faire avancer le DD : 84 %/77 %. Toutes notent que leur poids politique et économique est primordial et qu'il est souvent plus fort que celui des politiques dans les PVD… Beaucoup précisent que, si leur mission reste économique, c'est aussi leur intérêt.

Ce réalisme conduit à considérer que les leviers du DD sont d'abord la formation du public (70 %), ensuite l'action des entreprises (48 %), puis la fiscalité (25 %) et l'exemple de l'État (21 %).

Les contacts entre ONG et entreprises sont importants et attendus

Le nombre d'ONG en contact avec les entreprises s'est accru (86 %/71 %) et s'est largement diversifié (*cf.* liste citée).

De même, il s'agit de contacts plus réguliers (50 %/41 %), mais de façon majoritaire cela reste à l'initiative des acteurs civils (57 %) plus que des entreprises (4 %), bien que, pour une bonne part, on reconnaisse que c'est le fait des deux (40 %, inchangé).

Une minorité seulement dit ne pas prendre l'initiative (14 %) et c'est pour l'essentiel une question d'occasion.

Mais de façon massive (93 %/86 %), les ONG sont demandeuses de contacts avec les entreprises, bien que cela s'avère complexe pour elles…

L'accès à l'entreprise est perçu comme difficile

Globalement, l'entreprise n'est pas très ouverte aux ONG, elle ne s'intéresse qu'à ses objectifs à court terme… il y encore un problème de culture partagée.

En dépit des difficultés d'accès rapportées, les ONG sont très largement demandeuses de contacts réguliers (84 %), voire deux à trois fois par an.

La forme attendue reste la visite (75 %) et les manifestations diverses (salons, colloques) mais aussi l'Internet (17 %). Les contacts sur le terrain, proches du tissu industriel, les réunions de dialogue et de conseil sont des occasions souhaitées. On ne voit pas assez les entreprises dans les forums d'ONG…

LA DEMANDE DE PARTENARIAT EST UNANIME

Le concept de partenariat ONG/entreprise a encore progressé (de 75 % de favorable à 83 %). Il n'y a plus de rejet, cela marche… Leurs intérêts sont complémentaires. Les unes peuvent apprendre et accompagner les autres vice versa. Cela donne plus d'impact aux actions des uns et des autres… il faut trouver une communauté d'intérêts.

Le financement de projet reste l'attente principale (84 %), ce qui dépasse la volonté d'implication des entreprises (74 %/82 %). On en attend aussi fortement une sensibilisation des opinions (46 %) et un échange d'informations. On croit beaucoup moins pouvoir jouer un rôle consultatif auprès des entreprises (28 %/35 %). L'attente de visibilité vient après (30 %).

LA LÉGITIMITÉ DE L'ENTREPRISE A PROGRESSÉ PARMI LES ONG

Environ 95 % (contre 89 %) des ONG considèrent que logique d'entreprise et responsabilité sociale peuvent aller de pair. Cet acquis n'empêche pas l'expression de critiques qui sont plus particulières que générales : manque d'éthique de certaines entreprises ; nous disposons de *black list ;* besoin d'engagement sincère, non de communication ; attention à la récupération ; savoir préserver notre indépendance ; pas trop de compromis, etc.

L'entreprise responsable existe pour l'ONG, si elle intègre dans sa stratégie des préoccupations sociales, environnementales, éthiques et se donne un rôle social.

MAIS IL DEMEURE UNE GRANDE DÉCEPTION DANS LA PRATIQUE COURANTE DE CES RELATIONS

Près de 78 % (contre 89 %) des ONG trouvent encore que les entreprises ne jouent pas le jeu de l'information et de l'échange.

Le taux de positif a néanmoins doublé depuis 2001 (18 %/9 %).

Près de 71 % ne trouvent pas les entreprises accessibles (contre 77 %).

«Difficile d'entrer sans relation personnelle… les contacts sont souvent méfiants… on nous prend soit pour des mendiants, soit pour des agitateurs… parfois juste pour l'image… il reste de gros progrès à faire dans les grandes entreprises, plus que dans les PME…»

LA CRÉDIBILITÉ DU DISCOURS DES ENTREPRISES SOULÈVE DE FORTES INTERROGATIONS

76 % doutent de la crédibilité du discours des entreprises en matière de DD. La crédibilité ne trouve grâce qu'auprès de 20 %.

Les secteurs qui suscitent la plus grande confiance :

Services collectifs/environnement	(66%)
Énergie	(43%)
Loisirs, tourisme, banques	(30%)

Les secteurs qui suscitent la confiance la moins grande :

Chimie	(11%)
Cosmétiques	(15%)
Pharmacie	(23%)
Transports/distribution	(27%)

En conclusion, les pratiques de relations entre ONG et entreprises n'ont pas évolué beaucoup, en dépit d'un changement de contexte radical, ces deux dernières années.

N'aurait-on pas fait beaucoup de DD «en chambre», loin des acteurs de terrain? On ne plus parler de blocage, mais d'inertie. Il semble que la balle soit largement dans le camp des entreprises qui ne savent pas très bien que faire avec les ONG, à l'exception de partenariats qui servent d'exemples ici et là. Comment dépasser la question du financement pour aller dans le sens du partage de projets d'intérêts mutuels à long terme?

Mais alors que le mouvement d'opinion et politique a porté le DD et a tiré le secteur économique dans le sens de sa responsabilité sociétale, il n'y a pas eu, en deux ans, une inflexion proportionnelle des comportements et des pratiques des uns et des autres.

Or, le paysage idéologique est beaucoup plus pacifié qu'on ne le croit, de façon générale, du moins du côté de la société civile qui ne demande qu'à collaborer avec les entreprises, ne serait-ce que pour pouvoir agir! Il faudrait donc vérifier si le frein idéologique n'existe pas plutôt dans les entreprises, qui hésitent à s'engager avec les ONG, n'y voyant pas encore ce qu'elles peuvent en tirer?

QUELQUES CLÉS À RESPECTER DANS LES RELATIONS ENTRE ENTREPRISES ET ONG

Garder une approche lucide et ne pas se méprendre sur les rôles de chacun

On sait qu'une minorité d'entreprises et d'ONG conduisent des partenariats qui font école et qui entraînent une dynamique positive; mais cela concerne souvent les ONG les plus fortes, qui peuvent choisir.

En revanche, le mouvement suscite des sollicitations et des espérances pour nombre d'associations qui ne trouvent pas, pour des raisons qui peuvent être objectives aussi, les appuis du côté des entreprises, ceci expliquant cela.

De fait, il y a à la fois peu de grands groupes directement concernés par la mondialisation et capables de s'organiser en matière de DD et beaucoup de petites associations assurant une fonction limitée qui sont demandeuses…

Savoir que la relation entre ONG et entreprises n'est pas de la complicité

Tout ne s'est pas clarifié d'un coup de baguette parce que les entreprises cotées doivent faire des rapports DD et que l'État s'est engagé dans une stratégie nationale de DD…

Très peu de ces rapports sont faits en se confrontant aux acteurs de la société civile ou en les écoutant. Ce sont encore des documents de reporting chiffrés largement réalisés en chambre (*cf.* évaluations CFIE et autres).

Les ONG reconnaissent qu'elles n'ont pas le temps et la ressource pour «servir gracieusement de miroir». La question de leur rémunération, des règles du jeu de l'échange et de la communication de ces relations n'a pas été assez approfondie.

Au départ, les termes de la relation sont ambigus

Si le DD est un enjeu de ce siècle, les États sont les premiers à se demander comment s'y prendre pour infléchir un modèle de croissance qui a son efficacité…

Les entreprises les plus concernées et les autres sont d'accord pour se poser des questions, sans voir ce qu'on peut faire seul sans détériorer sa position…

Bref, la prise de conscience des enjeux n'entraîne pas des stratégies applicables aisément, en dépit des risques et des pressions… Les relations entre ONG et entreprises se ressentent de ces interrogations sur ce qu'il faut faire, alors qu'on en est encore au moment où c'est aux marques entreprises de porter l'intention de responsabilité. Il n'y aura pas de DD reconnu par la société sans les partenariats entre ONG et entreprises. La faiblesse actuelle des relations entre ONG et entreprises révèle le chemin qui reste à parcourir pour construire une dynamique du DD dans nos sociétés. Il n'y aura pas de culture DD dans les entreprises et de mises en œuvre sur le terrain sans l'action des acteurs civils et locaux engagés aux côtés des entreprises. Cela pose la question de la véracité des démarches de progrès qui ne peuvent pas avancer, si elles ne procèdent pas d'une confrontation avec des acteurs «indépendants». Cela pose également la question de la répartition des rôles et des règles de l'échange qui doivent être bien comprises de tous, dans le cadre de ces partenariats.

Les entreprises doivent franchir le pas des sessions-dialogues et des échanges avec les ONG, si elles veulent donner une vérité à leur démarche et à leur rapport de DD.

L'opinion des ONG sur les rapports DD publiés par les entreprises

Enquête sur le panel ONG/DonnezVotreAvis.com, novembre 2002.

La moitié des ONG interrogées consultent régulièrement les rapports de DD des entreprises. L'autre moitié travaille peu avec les entreprises, ou n'a qu'une confiance modérée dans les informations communiquées.
Il subsiste donc encore un a priori important sur la nature même de ce document, qui tiendrait davantage du support publicitaire que de l'outil de travail à proprement parler. Par ailleurs, cinq organisations notent qu'elles seraient intéressées par ce type de rapports, mais qu'elles n'y ont pas accès.

L'information contenue dans les rapports de DD ne satisfait pas les ONG.
L'information n'est pas fiable et « *les certitudes sont d'autant plus rares que les entreprises ont souvent de très nombreux sites nationaux, voire internationaux, et des activités diversifiées* », souligne un membre d'une grande ONG environnementale française. « *Beaucoup d'habillage marketing…* », note une grande ONG des Droits de l'Homme. « *Les rapports restent essentiellement au stade des déclarations d'intention* », ajoute une ONG internationale de solidarité. « *Il sera nécessaire dans les années à venir de s'orienter vers des rapports qui soient des outils mieux renseignés, plus pertinents et plus fiables pour le bon suivi de l'équilibre entre résultats économiques, sociaux et environnementaux de l'entreprise* ».
Les principales insatisfactions portent sur l'essence même de l'information transmise et sa capacité à constituer un outil de travail efficace pour les ONG : l'information n'est pas comparable (84 % des répondants), elle n'est pas vérifiable (80 % des répondants), elle est incomplète (78 % des répondants) et biaisée (70 %).

Le rapport développement durable, un outil de travail avant d'être un outil de dialogue. Les ONG réclament une information qu'elles peuvent utiliser. Fiabilité, clarté, transparence, précision sont autant de principes qui contribuent à faire de l'information transmise un outil efficace, susceptible de les aider dans leur prise de décision. Surprenant, les ONG francophones ne recherchent pas à tout prix la prise en compte de leurs propres attentes dans l'information communiquée (54 % des répondants pensent que ce principe est important).

Pas de consensus sur les modalités de présentation de l'information DD.
Cependant, un petit tiers des répondants pensent qu'il est souhaitable que l'information soit contenue dans un unique rapport. « *Le rapport annuel – de développement durable – peut et doit trouver plusieurs formes matérielles ou virtuelles, suivant le public et ses lecteurs. Il doit impérativement pouvoir être*

lu, connu et analysé (critiqué) par les salariés et actionnaires», précise le directeur d'une ONG environnementale transnationale.

Pour 57 % des ONG interrogées, les entreprises devraient systématiquement «débriefer» leur rapport avec leurs *stakeholders*. Un résultat qui atteste d'une volonté de dialogue avec l'entreprise autour des enjeux de DD. Il est vrai que les rapports «sont des rapports fermés qui ne laissent pas la place à la concertation et à l'échange. Ces rapports devraient être des supports de concertation et de débat».

Deux exemples de contribution d'acteurs sociétaux au progrès de la responsabilité sociale, conduits avec et pour les entreprises dans le cadre d'une volonté d'avancement partagée par les dirigeants et les parties prenantes :
– les recommandations de l'Institut Montaigne en faveur de «l'égalité positive dans l'entreprise».
– l'action de Transparency International.

CHAPITRE **23**

LES PARTENARIATS DE TYPE II OU LA COLLABORATION ENTRE ACTEURS PUBLICS ET PRIVÉS

«Creating wealth, which is business's expertise,
and promoting human security in the broadest sense,
the UN's main concern, are mutually reinforcing goals.
Thriving markets and human security go hand in hand.
A world of hunger, poverty and injustices is one in which
markets, peace and freedom will never take root.»
Kofi ANNAN, secrétaire général des Nations unies.

Un partenariat de type II est un accord volontaire de collaboration entre une entreprise et des acteurs publics, comme les organisations internationales multilatérales, les gouvernements locaux ou nationaux, et/ou d'autres acteurs de la société civile à l'instar des organisations non gouvernementales transnationales. Dans cet accord, tous les participants se mettent d'accord pour travailler ensemble et réaliser un objectif commun ou entreprendre une tâche précise et partager les risques, les responsabilités, les ressources les compétences et les bénéfices. La promotion de ces partenariats est l'un des grands acquis de Johannesburg, même si depuis leur mise en œuvre a pu s'avérer décevante aux yeux de ses promoteurs.

POURQUOI ÉTABLIR UN PARTENARIAT PUBLIC PRIVÉ ?

Les avantages à attendre sont les suivants :

© Éditions d'Organisation

329

- réputation *et licence to operate;*
- mobilisation interne;
- soutien à un positionnement de marché et entrée de marché;
- améliorer qualité et efficacité opérationnelles;
- meilleur *risk management* et accès au financement;
- encourager l'innovation et nouveaux modes de pensée;
- meilleure compréhension confiance relations avec les *stakeholders* clés;
- répondre à l'évolution des exigences normatives et des attentes des *stakeholders;*
- mettre en œuvre les principes du Global Compact sur lesquels l'entreprise adhérente s'est engagée à progresser;
- contribuer à la réalisation des «Défis du Millénaire» lancés par Kofi Annan en 2001.

Principes du Global Compact	Objectifs du Millénaire
Principe 1 : promotion et respect de la protection du droit international relatif aux droits de l'Homme dans leur sphère d'influence	**Objectif 1 :** éradiquer l'extrême pauvreté et la faim
Principe 2 : veiller à ne pas se rendre complices de violations des droits de l'Homme	**Objectif 2 :** éducation primaire universelle
Principe 3 : respect de la liberté d'association et reconnaissance de la négociation collective	**Objectif 3 :** égalité des sexes et émancipation de la femme
Principe 4 : de l'élimination de toutes les formes de travail forcé ou obligatoire	**Objectif 4 :** réduire la mortalité infantile
Principe 5 : de l'abolition effective du travail des enfants	**Objectif 5 :** protection maternelle
Principe 6 : de l'élimination de la discrimination en matière d'emploi et de profession	**Objectif 6 :** combattre le HIV et le sida, la malaria et autres maladies
Principe 7 : appliquer l'approche de précaution face aux problèmes environnementaux	**Objectif 7 :** assurer un environnement durable
Principe 8 : entreprendre des initiatives tendant à promouvoir une plus grande responsabilité en matière d'environnement	**Objectif 8 :** développer un partenariat global pour le développement.
Principe 9 : favoriser la mise au point et la diffusion de technologies respectueuses de l'environnement	
Principe 10 : combattre toute forme de corruption dans le champ d'action de l'entreprise	

Approche spécifique :

- établir des lignes directrices partenariats;
- dialogue *stakeholders* en amont et en aval;
- rôle des organisations intermédiaires.

PRINCIPES DES PARTENARIATS TYPE II

Cinq principes à retenir

1. Tous les participants font un apport et tirent des bénéfices : argent, technologie, expertise, produits, services, réseaux, autres formes de capital social, capital réputation, accès aux gouvernements, communautés ou marchés. Tous les participants ont intérêt à la concrétisation du projet, même si leurs motivations diffèrent. Il en ressort une dépendance qui émane du partage des risques, responsabilités, ressources compétences et bénéfices.

2. C'est un engagement, c'est-à-dire un accord explicite de la part de tous les participants, formel ou informel, ou une combinaison des deux. Nécessité d'une compréhension claire du problème qui doit être résolu et des intérêts communs, et une appréciation des intérêts potentiellement divergents, ainsi qu'un accord sur les règles et responsabilités des différents participants.

3. Il y a une volonté de travailler ensemble pendant plusieurs années. Un élément clé du partenariat est le partage de la prise de décision et la résolution commune des problèmes

4. Il repose sur un principe de valeur ajoutée, la somme étant supérieure à l'ensemble des éléments la composant. Il y a souvent de forts coûts de transaction dans la constitution de partenariats, en particulier entre différents secteurs qui ont différentes valeurs et *modus operandi*. Si les coûts sont supérieurs aux bénéfices, il est peu probable qu'un partenariat puisse être viable.

5. L'essentiel repose sur un partage des compétences et des ressources.

Risques et opportunités de la coopération promue par les Nations unies

Défis stratégiques	Défis opérationnels liés au management
- Sélection des partenaires potentiels	
- Gérer les différences	
- Éviter les conflits d'intérêt	
- Gérer les attentes	
- Engagement au-delà des multinationales	
- Minimiser les influences	
- Améliorer l'information et accès à l'information	
- Garantir l'*Accountability* et bureaucratie	
- Transparence	
- Retours d'expérience	
- *Building skills and capacity*	

Typologie des partenariats

Type de partenariat	Exemples
Consultation continue sur enjeux identifiés (Rémunération d expertise)	Lafarge et WWF
Mise en place de programmes spécifiques visant à corriger les impacts de l'activité de l'entreprise au niveau global, régional, ou local et valoriser ses contributions.	Alcan International Micro-Business Network Alcan inc. + gouvernement canadien, fédérations d'écoles, fondations, associations canadiennes (afin de favoriser le recyclage aluminium et encourager sa revalorisation) Family Health & Development Partnership, Procter & Gamble + UNICEF (éducation, accès à l'eau et aux sanitaires, campagnes de vaccinations, alimentation)
Soutien à des programmes existants à lier aux impacts ou à l'activité de l'entreprise	Accelerating Access Inititative UNAIDS & plusieurs groupes pharmaceutiques

.../...

Mise en œuvre de programmes liés à la responsabilité en amont des entreprises Encourager la mobilisation citoyenne et les changements de valeurs et de comportements	CISCO, UNDP, UNICEF, fondation privée Netaid, IFC- International Finance Corporation, UNDP, UNEP, UNCTAD, gouvernements, secteur privé (afin d'accélérer l'acceptation, des technologies et produits favorables à l'environnement, et qui créent des entreprises et des emplois dans les PVD, programmes favorisant la consommation durable, pédagogie du DD)
Mise en œuvre de programmes de recherche	Rio Tinto & Earthwatch Institute Partnership EDF / chaire DD de l'école Polytechnique
Création de pools d'informations ou de ressources	
Gestion de problèmes sectoriels, qui dépassent les compétences d'une entreprise isolée (regroupement d'entreprises ou fédérations)	
Greening des marchés financiers	Prévair de la Banque Populaire

Les partenariats de type II présentés devant Global Compact lors du IIIe Learning Forum à Belo Horizonte (Brésil) en décembre 2003

Les partenariats de type II s'inscrivent dans des situations gagnant-gagnant. Ils sont considérés par les organisations internationales comme la réponse efficace aux objectifs du millénaire lancés par Kofi Annan en 1999.

Ces partenariats font référence à une coopération entre organisations internationales, secteur privé et associations pour le développement de biens collectifs[1] : réduction de la pauvreté, accès à des services primaires – eau, électricité, éducation, etc. Les organisations internationales jouent alors un rôle de *broker* (identification des bons partenaires, étude de faisabilité du projet, facilitation du dialogue, retour d'expérience) et parfois de bailleur de fonds (Banque mondiale), permettant ainsi à l'entreprise intéressée de ne pas investir en pure perte[2].

Deux études de cas intéressantes ont été présentées pour illustrer la faisabilité et l'intérêt de s'engager dans des partenariats de type II. EDF a choisi d'investir dans l'électrification péri-urbaine de Madagascar. Parce que l'électrification

---

1. Les partenariats de type I renvoient aux traditionnels partenariats publics, qui interviennent entre organisations internationales, gouvernements et associations.
2. La Banque mondiale, qui compte plusieurs centaines de partenariats à son actif, assure un retour d'expérience utile à travers son programme *Business Partners for Development*. http://www.worldbank.org

joue un rôle clé dans la réduction de la pauvreté, l'entreprise française a choisi de connecter à l'électricité la banlieue d'Antanarivo ainsi que la région centrale de l'île entourant le lac Alaria, dans le cadre de son programme Access. Le projet espère générer, grâce au soutien du PNUD, du gouvernement et d'organisations financières internationales, des bénéfices collectifs importants :

- réduction de la pauvreté ;
- développement économique local par la création de nouvelles activités ;
- promotion de solutions environnementales (à travers, notamment, la promotion d'énergies renouvelables) ;
- contribution au développement rural (réduction de la migration urbaine) ;
- amélioration de la sécurité dans les zones urbaines grâce à l'éclairage public ;
- attirer d'autres investisseurs sur l'île.

Le projet est financé aux deux tiers par EDF. S'il n'est pas conçu pour être immédiatement rentable (la participation publique dans le financement du projet permet cependant de ne pas générer de pertes), il permet certainement de pénétrer un marché et d'assurer, à moyen ou long terme, une viabilité économique.

Pour sa part, Suez, en coopération avec la Banque mondiale, a travaillé sur l'accès à l'eau des populations les plus démunies de Buenos Aires. Grâce à la participation financière de la Banque mondiale, le groupe a pu investir dans des infrastructures lourdes, tout en maintenant un prix facturé raisonnable pour les familles ainsi reliées au réseau. Le groupe a en effet parié sur le fait que la facturation, même minime, du service permettrait d'assurer la viabilité de leur opération parce qu'elle :

- crée des droits et des responsabilités ;
- augmente le sentiment de citoyenneté des personnes marginalisées ;
- promeut l'intégration sociale.

Les résultats sont probants : 90 % des factures sont payées. Ce partenariat a donc permis au groupe français d'attendre que les capacités de paiement de leurs clients locaux se développent pour être enfin bénéficiaire. Les populations locales ont pu être reliées au réseau d'eau avant même d'en avoir les moyens.

PARTIE 7

L'INTÉGRATION DU REPORTING DD DANS L'INFORMATION FINANCIÈRE

Les cadres législatifs et réglementaires gagnent du terrain en matière de communication dans les comptes des entreprises d'éléments liés au développement durable. À l'instar de la loi NRE en France, différentes législations imposent plus de transparence sur les éléments de gouvernance et les impacts environnementaux et sociaux. Traduction financière de cette préoccupation grandissante, les organes de régulation des marchés financiers demandent à leur tour plus d'informations sur les risques environnementaux et sociaux des entreprises cotées.

Les éléments «extra-financiers» intègrent de plus en plus l'information financière classique utilisée par les investisseurs pour sélectionner leurs valeurs. Les analyses des pionniers de l'Investissement Socialement Responsable gagnent en crédibilité et sont partiellement intégrées par la finance traditionnelle. Les analystes financiers «purs» s'intéressent en effet de manière croissante à la pertinence de l'orientation stratégique et du management des entreprises au regard des enjeux de société et des risques divers auxquels elles sont confrontées. Cette tendance est cependant en cours de gestation et cherche encore ses formes et sa pertinence. Elle constitue aussi un défi à venir pour les entreprises qui, au-delà de leurs communications corporate sur le développement durable devront de plus en plus rendre compte à des financiers de la qualité et l'intérêt de leurs comportements sociétaux.

Parallèlement, les indices de DD, tels le DJSI ou le FTSE4Good permettent d'analyser les performances financières des entreprises considérées comme responsables. Les résultats, après plus de cinq années d'existence se confirment : les entreprises responsables sur-performent en général leur univers de référence. Ces données viennent confirmer l'analyse théorique des pionniers de l'entreprise responsable même si la corrélation entre les deux performances (boursières et DD) est à analyser avec précaution.

CHAPITRE **24**

LE RENFORCEMENT DES OBLIGATIONS LÉGALES ET RÉGLEMENTAIRES

UNE PRÉOCCUPATION CROISSANTE DES ACTEURS INSTITUTIONNELS

Lois, règlements et recommandations se sont renforcés ces dernières années : l'intégration, dans les comptes et rapports de gestion, de certaines informations sur la gouvernance, l'environnement et les risques est aujourd'hui activement promue par les instances compétentes.

En 1992, lors du Sommet de la Terre, les chefs d'État ont appelé les entreprises à faire part de leurs résultats écologiques. La Commission européenne emboîte le pas quelques mois plus tard avec un Livre vert demandant aux entreprises *«de s'investir davantage dans le capital humain, l'environnement et les relations avec les parties prenantes»*. Les pays nordiques transposent les premiers ces propositions et instituent l'obligation de publier un rapport environnemental aux plus grandes entreprises, au Danemark en 1996, en Suède en 1999, puis en Norvège en 1999.

Ainsi, la recommandation de la Commission européenne du 30 mai 2001 concerne la prise en considération des aspects environnementaux dans les comptes et rapports annuels des sociétés (inscription comptable, évaluation et publication d'informations). Cette recommandation traite des règles en matière de comptabilisation, d'évaluation et de publicité applicables aux dépenses environnementales, aux charges et risques environnementaux et aux actifs qui leur sont liés, dans la mesure où ils apparaissent dans des opérations et événements qui affectent, ou sont susceptibles d'affecter, la situation financière et les résultats de la société établissant les comptes. Elle est déclinée en France par la recommandation du Conseil National de la Comptabilité du 21 octobre 2003.

© Éditions d'Organisation

337

Celle-ci définit les charges qui relèvent des dépenses environnementales, ce qui peut être considéré comme passif environnemental et précise leur traitement comptable en droit français : inscription au bilan, au compte de résultat ou en annexe[1].

Les autorités des marchés financiers comme l'AMF (ex-COB) en France ou la SEC[2] aux États-Unis ont aussi fait part de leur engagement en demandant certaines informations précises dans les prospectus et documents de référence rendus publics aux marchés. C'est ainsi qu'il est recommandé par l'AMF de *«présenter les risques industriels et environnementaux en se focalisant sur les éléments significatifs susceptibles d'avoir un impact sur le patrimoine ou sur les résultats de la société et donc sur son cours de bourse»*. Quant à la SEC, elle vient de demander aux entreprises cotées aux États-Unis de rendre compte de leurs risques environnementaux. Le gendarme des marchés américains a pour intention de créer une base de données accessible aux investisseurs et recensant les impacts écologiques des entreprises : risques de pollutions, coûts éventuels d'assainissement, condamnations pour non-respect des réglementations, etc. Cette prise de conscience de la SEC, si elle s'inscrit dans le prolongement du renforcement des mécanismes de gouvernance, suite aux affaires Enron et WorldCom, est aussi accélérée ces derniers mois par les conclusions d'un rapport de juillet 2004 du Government Accountability Office (GAO), sorte de Cour des Comptes du Congrès. Celui-ci rappelle que *«les risques environnementaux font partie des points qui, s'ils ne sont pas révélés, peuvent fausser les décisions d'investissement du public»*. Or, conclut-il, *«la SEC ne dispose pas des données fondamentales pour analyser la fréquence des problèmes environnementaux*[3] *»*.

EN FRANCE, LA LOI NRE

Dans le prolongement du Bilan social mis en place en 1977, l'article 116 de la loi sur les Nouvelles Régulations Économiques de mai 2001 demande à chaque entreprise cotée de donner, au sein du rapport annuel de gestion, des informations concernant *«la manière dont la société prend en compte les conséquences sociales et environnementales de son activité»*.

Le décret d'application de février 2002 précise les éléments à présenter dans les rapports annuels de gestion.

---

1. Pour plus d'informations, voir : www.finances.gouv.fr/CNCompta/
2. Securities and Exchange Commission, www.sec.gov/
3. *Les Échos*, 9 août 2004.

L'application
de la loi NRE

Décret n° 2002-221 du 20 février 2002 pris pour l'application de l'article L. 225-102-1 du Code de commerce et modifiant le décret n° 67-236 du 23 mars 1967 sur les sociétés commerciales. Après l'article 148-1, l'article 148-2 est ainsi rédigé.

« Art. 148-2. Figurent en application du quatrième alinéa de l'article L. 225-102-1 du Code de commerce, dans le rapport du conseil d'administration ou du directoire, les informations sociales suivantes :

1° a) L'effectif total, les embauches en distinguant les contrats à durée déterminée et les contrats à durée indéterminée et en analysant les difficultés éventuelles de recrutement, les licenciements et leurs motifs, les heures supplémentaires, la main-d'œuvre extérieure à la société;

b) Le cas échéant, les informations relatives aux plans de réduction des effectifs et de sauvegarde de l'emploi, aux efforts de reclassement, aux réembauches et aux mesures d'accompagnement;

2° L'organisation du temps de travail, la durée de celui-ci pour les salariés à temps plein et les salariés à temps partiel, l'absentéisme et ses motifs;

3° Les rémunérations et leur évolution, les charges sociales, l'application des dispositions du titre IV du livre IV du code du travail, l'égalité professionnelle entre les femmes et les hommes;

4° Les relations professionnelles et le bilan des accords collectifs;

5° Les conditions d'hygiène et de sécurité;

6° La formation;

7° L'emploi et l'insertion des travailleurs handicapés;

8° Les œuvres sociales;

9° L'importance de la sous-traitance.

Le rapport expose la manière dont la société prend en compte l'impact territorial de ses activités en matière d'emploi et de développement régional. Il décrit, le cas échéant, les relations entretenues par la société avec les associations d'insertion, les établissements d'enseignement, les associations de défense de l'environnement, les associations de consommateurs et les populations riveraines. Il indique l'importance de la sous-traitance et la manière dont la société promeut auprès de ses sous-traitants et s'assure du respect par ses filiales des dispositions des conventions fondamentales de l'Organisation internationale du travail.

Il indique en outre la manière dont les filiales étrangères de l'entreprise prennent en compte l'impact de leurs activités sur le développement régional et les populations locales. »

Dans le même décret, il est inséré, après l'article 148-2, un article 148-3 ainsi rédigé :

« Art. 148-3. Figurent dans les mêmes conditions, dans le rapport du conseil d'administration ou du directoire, les informations suivantes relatives aux

conséquences de l'activité de la société sur l'environnement, données en fonction de la nature de cette activité et de ses effets :
1° La consommation de ressources en eau, matières premières et énergie avec, le cas échéant, les mesures prises pour améliorer l'efficacité énergétique et le recours aux énergies renouvelables, les conditions d'utilisation des sols, les rejets dans l'air, l'eau et le sol affectant gravement l'environnement et dont la liste sera déterminée par arrêté des ministres chargés de l'environnement et de l'industrie, les nuisances sonores ou olfactives et les déchets;
2° Les mesures prises pour limiter les atteintes à l'équilibre biologique, aux milieux naturels, aux espèces animales et végétales protégées;
3° Les démarches d'évaluation ou de certification entreprises en matière d'environnement;
4° Les mesures prises, le cas échéant, pour assurer la conformité de l'activité de la société aux dispositions législatives et réglementaires applicables en cette matière;
5° Les dépenses engagées pour prévenir les conséquences de l'activité de la société sur l'environnement;
6° L'existence au sein de la société de services internes de gestion de l'environnement, la formation et l'information des salariés sur celui-ci, les moyens consacrés à la réduction des risques pour l'environnement ainsi que l'organisation mise en place pour faire face aux accidents de pollution ayant des conséquences au-delà des établissements de la société;
7° Le montant des provisions et garanties pour risques en matière d'environnement, sauf si cette information est de nature à causer un préjudice sérieux à la société dans un litige en cours;
8° Le montant des indemnités versées au cours de l'exercice en exécution d'une décision judiciaire en matière d'environnement et les actions menées en réparation de dommages causés à celui-ci;
9° Tous les éléments sur les objectifs que la société assigne à ses filiales à l'étranger sur les points 1° à 6° ci-dessus. »

La réalisation des premiers reporting sociaux et environnementaux, en 2003, en application de la loi NRE se sont avérés un exercice plus simple qu'il n'y paraissait a priori, d'après l'opinion des directions financières (enquête effectuée auprès des directions financières réalisée par DonnezVotreAvis.com). Si la demande légale est ambitieuse (quoique les données sociales soient à peine plus détaillées que le bilan social déjà existant), l'exercice n'a pas non plus été réalisé avec le même effort de transparence. Les entreprises ont plus considéré ces listes d'indicateurs comme des propositions, qu'elles ont largement adaptées à leurs convenances, aucune sanction n'étant prévue. Ainsi, l'étude réalisée par le Centre Français de l'Information sur les Entreprises présentait, après une première année d'expérience, de la loi un bilan mitigé : seules quelques entreprises dressaient une analyse satisfaisante de leurs impacts sociaux et environnementaux.

De plus, la grande majorité des entreprises ont simplement centralisé les informations disponibles à des périmètres très variables, selon les indicateurs. Pour Alpha Conseil, certaines entreprises (8 du SBF 120, soit 13 %) ont une attitude assez évocatrice : «*Renseigner sur un grand nombre d'items mais sur un périmètre variable en couverture (x renseignements pour telle entreprise du groupe puis ß autres renseignements pour telle autre entreprise du groupe...)*». L'information concerne ainsi souvent simplement les activités situées en France. L'étude d'Alpha Conseil sur le traitement des informations sociales précise : «*Les deux tendances existent : ou bien les groupes considèrent leur statut comme résolument international, la France devenant ainsi une région du monde comme une autre; ou bien les groupes affirment leur identité française en dépit de leur forte internationalisation et le reporting social mondial est limité par les efforts trop importants réalisés sur le seul territoire national.*»

Une poignée d'entre elles ont même appliqué les termes de la loi à la lettre et limité le périmètre à la structure juridique cotée en bourse... Un comportement qui ne se comprend que lorsque l'entreprise fournit par ailleurs un rapport de DD détaillé et couvrant un périmètre d'activité représentatif de l'entreprise. Si cette loi fut un bon mécanisme d'incitation, utile à la prise de conscience des enjeux de DD dans le monde des entreprises, sa rédaction laisse perplexe...

Sa limitation aux sociétés cotées et de nationalité française écarte un certain nombre de grands groupes, dont les entreprises publiques (EDF, GDF, SNCF, etc.), les entreprises de droit étranger (comme EADS) ou non cotées – certaines d'entre elles ont d'ailleurs appliqué volontairement la loi. Quant à l'évocation «*des filiales étrangères de l'entreprise*», laisse-t-elle supposer que les groupes cotées n'ont pas de filiale en France? Cette rédaction plus politique que technique a largement contribué à décrédibiliser ce décret auprès des responsables d'entreprises mais aussi auprès d'autres parties prenantes. En juillet 2004, la CGT[1] rappelait ses exigences : précision du périmètre d'application, institution d'un contrôle, implication des instances représentatives du personnel et approfondissement de certains critères pour gagner en transparence et en faisabilité.

Nombre d'entreprises françaises se contentent de l'application de la loi NRE pour dire qu'elles vont dans le sens d'un DD et, en tout cas, qu'elles «rapportent» sur le sujet. Cette démarche purement légaliste et formelle est contre-productive, voire démobilisatrice. Considérant que les quelques informations courantes contenues dans le décret d'application de la loi NRE les

---

1. Communiqué de Presse : «Commentaires de la CGT sur l'étude 2004 de la loi NRE réalisée par le groupe Alpha en collaboration avec la CGT.»

exonèrent d'un effort plus approfondi, certaines entreprises françaises s'en tiennent là. Elles ne font pas comme les plus impliquées sur le sujet qui s'efforcent de satisfaire aux référentiels internationaux et jouent le jeu d'une plus grande transparence sur les impacts environnementaux et sociaux de leurs activités, en réponse notamment aux inquiétudes et attentes de leurs parties prenantes, au premier rang desquels les investisseurs.

Mais qu'ont pensé les analystes de l'intérêt de l'application de cette loi? Une enquête réalisée par DonnezVotreAvis.com auprès des adhérents de la Société Française des Analystes Financiers (SFAF) en 2003 montre des résultats encourageants et semble indiquer que la majorité des analystes sont loin de nier la pertinence des éléments extra-financiers.

Extrait de l'enquête réalisée en 2003 auprès des membres de la SFAF

Avez-vous prêté attention à cette partie nouvelle des rapports de gestion?

Oui, tout à fait :   43 %

Un peu :   41 %

Non, pas du tout :   16 %

Cette obligation améliore-t-elle l'information des actionnaires?

Oui, tout à fait :   40 %

Un peu :   53 %

Non, pas du tout :   6 %

Avez-vous eu le sentiment que les entreprises se sont impliquées?

Oui, tout à fait :   18 %

Un peu :   73 %

Non, pas du tout :   8 %

DOSSIER

Les nouveaux principes de gouvernance de l'OCDE

Approuvés pour la première fois en 1999, les principes de bonne gouvernance recommandés par l'OCDE ont été revus en 2004 pour tenir compte des évolutions de l'économie mondiale et des problèmes traversés, afin d'encourager *« la stabilité des marchés de capitaux et le dynamisme de l'investissement »*, en générant une plus grande confiance des actionnaires dans le bon placement de leurs fonds de retraite tout particulièrement.

Il est rappelé que l'objectif de la gouvernance est de contribuer à la transparence et à l'efficience des marchés, en protégeant les droits des actionnaires et les fonctions des détenteurs du capital, en assurant un traitement équitable entre tous les actionnaires, dont les minoritaires et étrangers, de garantir la diffusion d'informations exactes, en temps opportun, sur tous les sujets significatifs concernant l'entreprise. Les principes révisés insistent désormais sur le fait que le gouvernement d'entreprise doit reconnaître le droit des différentes parties prenantes à la vie d'une société, tel que défini par le droit et les accords mutuels, et encourager une coopération active pour créer de la richesse et des emplois et assurer la pérennité de l'entreprise : *« Le régime de gouvernement d'entreprise doit intégrer l'idée que reconnaître l'intérêt des parties prenantes et leur contribution à la réussite à long terme de l'entreprise est dans l'intérêt même de cette dernière »*.

Dans cet esprit, l'OCDE recommande notamment la prise en compte des éléments suivants :
- possibilité de réparation de tous les droits des parties prenantes dès lors qu'ils sont protégés par une loi ;
- reconnaissance et encouragement des mécanismes de participation des salariés à la performance de l'entreprise (représentation, rétribution, etc.) ;
- information des parties prenantes sur l'état exact de l'entreprise en temps opportun ;
- possibilité de transmission aux instances de l'entreprise de leurs inquiétudes sur d'éventuelles pratiques illicites ou contraires à l'éthique (dont de la part des salariés) ;
- l'impératif de transparence et de bonne diffusion de l'information doit aller jusqu'à l'information du grand public sur les activités de l'entreprise, leur stratégie et leurs résultats en ce qui concerne les normes environnementales et éthiques ainsi que les relations qu'elles entretiennent avec la collectivité dans laquelle elles opèrent, en appliquant le principe de l'importance relative (c'est-à-dire les informations significatives dont la méconnaissance peut altérer la décision des utilisateurs). L'OCDE recommande à cet égard de se référer aux Principes directeurs à l'attention des entreprises multinationales ;

- les entreprises sont encouragées à détailler dans leurs objectifs leurs stratégies dans les domaines tels que l'éthique commerciale, l'environnement, et la convergence avec ceux des objectifs affichés par les pouvoirs publics. Il s'agit d'aider à mieux appréhender les relations entre l'entreprise et la collectivité;
- l'information sur les risques doit couvrir les facteurs significatifs et raisonnablement prévisibles pouvant concerner notamment les matières premières et les responsabilités environnementales;
- il est précisé que la politique de ressources humaines, de valorisation et de formation, notamment les taux de rétention des salariés, les plans d'actionnariat font partie des informations éclairant sur les atouts concurrentiels de l'entreprise;
- la publicité sur les pratiques de gouvernance (code interne) est vivement souhaitée.

L'OCDE conseille l'intégration des éléments d'information dans les normes internationales reconnues, établies selon des processus ouverts. L'information dite extra-financière doit tenir compte de cette exigence de comparabilité.

Il est demandé aux administrateurs de se conformer à un haut niveau d'éthique et de veiller directement aux intérêts des parties prenantes de l'entreprise, conformément aux codes élaborés. L'OCDE précise que *«un cadre général en vue d'avoir une conduite éthique va au-delà de la question du respect de la loi qui doit néanmoins toujours rester une obligation fondamentale».* Il est notamment conseillé au Conseil d'administration de disposer de procédures internes pour s'assurer du bon respect des lois, règlements et normes applicables et tout particulièrement pour ce qui touche la qualification pénale d'agents publics à l'étranger, selon la Convention de l'OCDE sur la lutte contre la corruption, ainsi que sur la concurrence, les conditions de travail (référence aux principes de l'OIT) et la sécurité. Ceci devrait se traduire par des procédures d'incitation (récompenses et sanctions) et s'appliquer aux filiales *«dans la mesure du possible».*

De façon nouvelle et insistante, les principes de gouvernement de l'OCDE font une place régulière à l'information non financière complémentaire de l'information financière. C'est là une reconnaissance explicite de son importance pour le pilotage de l'entreprise. S'ils ne précisent pas clairement toutefois la liste des parties prenantes, ces principes explicitent bien la conviction nouvelle, selon laquelle une entreprise en phase avec la société contribuera mieux au développement général et à la préservation de ses intérêts propres.

CHAPITRE **25**

LES BESOINS NOUVEAUX DES ANALYSTES ET DES INVESTISSEURS

La formalisation de l'information extra-financière se précise actuellement à l'initiative des fonds d'Investissement Socialement Responsable (ISR) et des agences de notation sociale. Les uns et les autres sont à l'origine de nouveaux indicateurs de performance qui mesurent la qualité de la démarche de DD des entreprises et la compare à celle des principaux acteurs au sein d'un secteur. Ils réalisent ces mesures, nommées «*social ratings*» ou encore «notations déclaratives», pour aider les investisseurs à faire leur choix en faveur des entreprises «les plus responsables».

Sous l'impulsion des agences de notation sociale et des fonds ISR, elle a franchi une première étape de structuration ces dernières années, au point que sa modélisation commence à devenir convaincante pour les analystes financiers, notamment à travers les aspects de gestion des risques et de qualité du management.

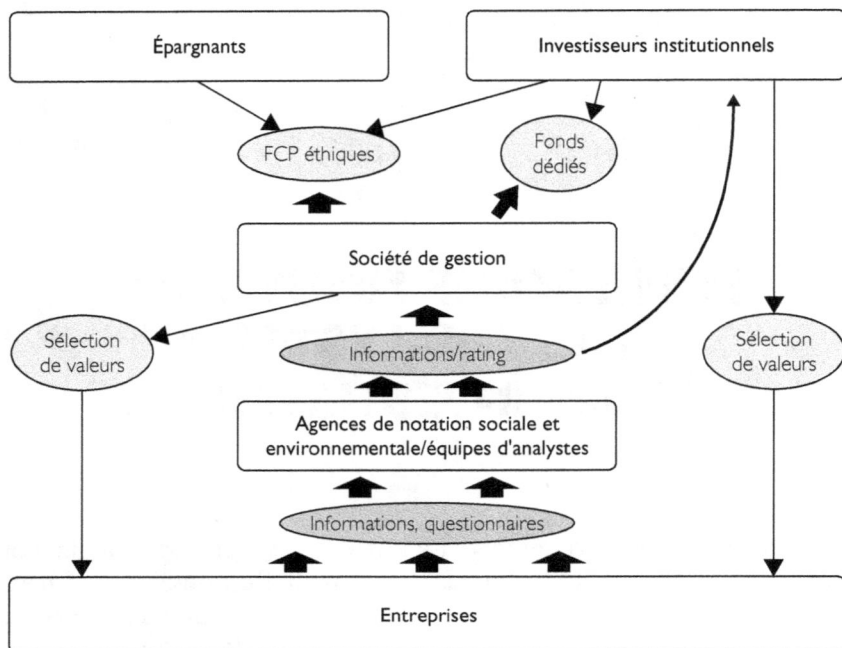

Source : *Novéthic*, juin 2002

Figure 7.1
Nouveaux besoins des analystes et investisseurs

LES ÉVALUATIONS DES AGENCES SPÉCIALISÉES

Les analystes et investisseurs socialement responsables furent les premiers à proposer une structuration de l'information extra-financière en interrogeant les entreprises bien au-delà de ce qui est légalement requis, y compris en France avec la loi NRE. Si les méthodologies et mécanismes de notation diffèrent selon les organismes, les agences convergent en retenant l'analyse des pratiques sur les trois piliers du DD aux différents niveaux : engagements stratégiques, politique et démarche (objectifs, mises en place, organisation et processus) et résultats (progrès concrets obtenus).

Les principales agences de notation extra-financière européennes

France :	Vigeo, Centre Français d'Information sur les Entreprises (CFIE), Observatoire de l'Éthique (ODE), Innovest, Proxinvest
Belgique :	Stock-at-Stake (Ethibel), Deminor
Grande-Bretagne :	Eiris, Serm
Allemagne :	Imug, Oekom, Scoris
Suisse :	SAM, CentreInfo, Covalence
Italie :	Avanzi
Suède :	CaringCompany

Outre les agences spécialisées, les investisseurs recourent parfois à leurs propres services internes de recherche qui développent leurs méthodologies d'analyse de «durabilité» et de responsabilité des entreprises. Parmi les *asset managers* européens disposant de services *in-house* qui ont contribué à la structuration de l'information extra-financière, on peut citer notamment Storebrand en Norvège ou encore IDEAM[1] (Crédit Lyonnais issu de *Asset Management*) en France. La tendance qui émerge chez les gestionnaires de fonds est d'ailleurs de développer leurs services de recherche, tout en utilisant comme information les bases de données effectuées par les agences de notation.

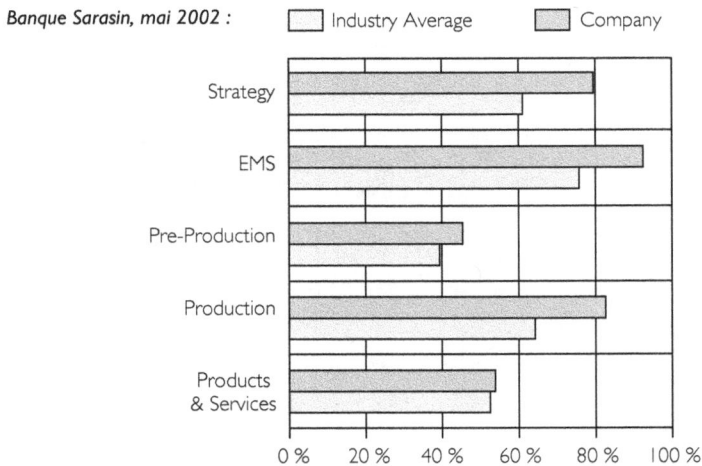

Banque Sarasin, mai 2002 :   □ Industry Average   ▨ Company

Figure 7.2

Comparaison des profils développement durable réalisés par les agences :
le cas de Novartis sur le pilier environnemental

1. Integral Development Asset Management.

SAM, octobre 2002 :

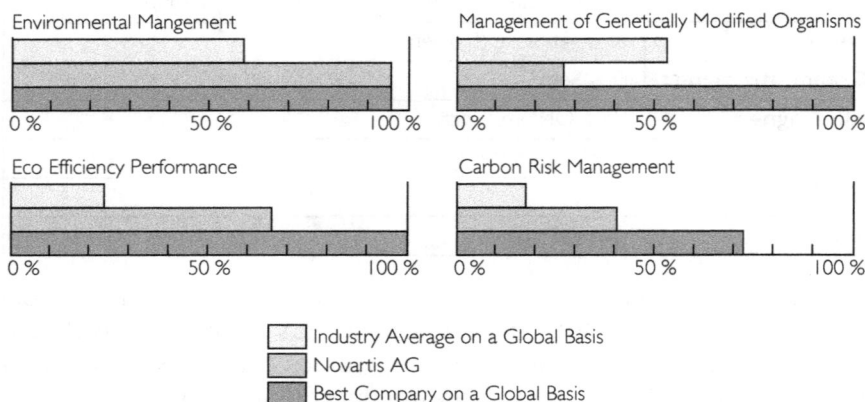

Environmental Mangement

0 %   50 %   100 %

Management of Genetically Modified Organisms

0 %   50 %   100 %

Eco Efficiency Performance

0 %   50 %   100 %

Carbon Risk Management

0 %   50 %   100 %

Industry Average on a Global Basis
Novartis AG
Best Company on a Global Basis

Innovest, juillet 2002 :

Relative Environmental Performance :

Strategic Profit Opportunities
Total Score of Risk Mitigation Factors
Environmental Management Capacity
Products/Materials
Certification
Env. Training & Development
Env. Accounting/Reporting
Audit
Env. Management Systems
Corporate Governance
Env. Strategy
Risk Factors

WORST   AVERAGE   BEST

Figure 7.2
(Suite)

Des analystes financiers de plus en plus demandeurs d'informations

À la suite de l'enquête réalisée après la première application de la loi NRE, les responsables de la SFAF déclaraient que les analystes étaient «*de plus en plus sensibles à ce thème*» et que cet intérêt confirmait «*une tendance de fond qui se manifeste également par le développement dans les bureaux d'études du rôle d'analystes spécialisés dans le développement durable aux côtés des analystes traditionnels».*

Les analystes et investisseurs non répertoriés comme «socialement responsables» n'en sont donc pas pour autant non utilisateurs d'information extra-financière. Leur intérêt croissant ces dernières années pour l'ensemble des informations liées à la bonne gouvernance en apporte la preuve. L'évolution de l'analyse extra-financière vers l'analyse des enjeux qui peuvent affecter l'image ou la valorisation des entreprises ou vers l'évaluation de la qualité de la stratégie et des procédures en matière de gestion des risques intéresse aussi des analystes *mainstream*. Selon la SFAF[1], *«les attentes en termes d'information sur le développement durable sont importantes»*, les investisseurs attendent donc des entreprises *«une information claire et transparente sur leurs perspectives, stratégies et politiques à long terme ainsi que sur leurs risques et leurs engagements à long terme».*

Fortis Investments confirme cette position à la suite de ses travaux de recherche menés par Stewart Armer en novembre 2003 : *«Les "facteurs ISR" devraient se trouver au cœur de tout processus d'investissement. Nous ne partageons donc pas l'opinion selon laquelle l'ISR est une forme d'investissement spécialisé qui devrait être traité parallèlement aux processus d'investissement de base ou séparément de ces derniers.»* La société de gestion intègre d'ores et déjà systématiquement des facteurs ISR à l'ensemble de ses actifs.

En améliorant la pertinence de l'analyse extra-financière, les contours de l'ISR sont donc en passe de devenir de plus en plus flous. Et cela a déjà commencé : les analystes ISR d'HSBC AME, par exemple, travaillent aujourd'hui au contact quotidien des analystes financiers purs, échangeant leurs avis et sensibilisant les uns aux préoccupations des autres. Un certain nombre de *brokers,* comme CIC Securities, ont développé une recherche extra-financière afin de compléter les analyses classiques dans certains cas critiques. Ces expériences ont pour conséquence de donner un sens moins militant, mais souvent plus pertinent pour les marchés financiers à l'intégration de critères sociaux et environnementaux dans les choix d'investissement.

Les analystes financiers constatent ainsi que la façon dont une entreprise prend en compte les relations sociales ou la protection de l'environnement dans sa stratégie joue, positivement ou négativement, à court terme et à long terme, sur sa performance boursière. Ces analystes reconnaissent de plus en plus l'aide apportée par ces critères pour apprécier la valeur d'une entreprise et mesurer le risque qu'elle peut présenter pour les actionnaires. Mais ils soulignent aussi l'insuffisance des informations fournies par de nombreuses entrepri-

---

1. Société française d'analyses financières.

ses sur ces questions et le manque de pertinence des outils d'analyse de «durabilité» ou de certains ratings environnementaux et sociaux, qui ne permet pas encore leur intégration dans leurs méthodologies d'analyses habituelles.

Les facteurs ISR de Fortis Investments

« **Fortis Investments** est convaincu que les "facteurs ISR" ont un impact sur le cours des actions.
Nous nous intéressons en priorité aux "facteurs ISR" que notre analyse identifie comme susceptibles d'avoir un impact sur les cours à moyen terme. Notre objectif est de quantifier ces risques et de déterminer s'ils ont été correctement intégrés par le marché. Tous nos fonds suivent cette approche et donc pas uniquement nos mandats spécialisés en ISR. »

◆ *Gouvernance d'entreprise*

Pots de vin et corruption
- Procès en cours
- Suivi interne
- Guide de bonne conduite

Code des valeurs
- Énoncé formel des valeurs
- Preuves que les valeurs se concrétisent par des actes

Transparence
- Rémunération des dirigeants accessible au public
- Déclaration des conflits d'intérêt

◆ *Environnement*

Politique et gestion
- Engagement clair
- Stratégie à long terme cohérente
- Identification des zones à fort impact

Rapports
- Rapport sur l'environnement transparent
- Recours à des critères quantifiables

Performance
- Respect de la réglementation actuelle et future

◆ *Ressources humaines*

Formation
- Ressources affectées

Participation du personnel
- Syndicats
- Négociation collective

Santé et sécurité
- Conditions de travail
- Résultats en matière de sécurité

Égalité des chances
- Procès en discrimination

◆ *Politique sociale vis-à-vis des tiers*

Relation avec les fournisseurs
- Processus de sélection
- Suivi des pratiques sociales des fournisseurs

Droits de l'homme
- Système de suivi
- Procédures en cas de non-respect
- Vérifications extérieures

Pays en voie de développement
- Collusion avec des régimes autoritaires
- Engagement auprès des collectivités locales

Figure 7.3
Les facteurs ISR de Fortis Investments

C'est notamment pour cette raison que 95 investisseurs institutionnels, représentant environ 10 000 milliards de dollars d'avoirs, se sont réunis au sein du Carbon Disclosure Project (CDP)[1]. Elles ont collectivement écrit à 500 entre-

---

1. Pour plus d'informations : www.cdproject.net

prises pour les interroger sur ce qu'elles avaient mis en œuvre pour réduire leurs émissions de carbone. Les actionnaires souhaitent mieux appréhender les risques et les opportunités liés au changement climatique qui peuvent avoir un impact de manière significative sur la valorisation des entreprises. Ils sont prêts à en faire un élément comptant dans leurs décisions d'investissement.

La finance *mainstream* britannique de plus en plus concernée

L'intérêt de la City pour le DD va croissant. Le problème du sida, par exemple, devient une question prégnante. On s'attend à ce qu'il continue à se répandre dans les marchés émergents, mais, actuellement et en dépit des risques commerciaux, seul un cinquième des 100 plus grandes entreprises mondiales font des efforts pour lutter contre l'épidémie, selon l'ONU. Beaucoup d'entreprises sont plus enclines à développer des stratégies et à fournir des médicaments gratuits contre le sida plutôt que de faire face à des coûts de recrutement et de retraite qui enflent. La matérialité des autres questions relatives au DD tend à devenir plus visible. On pense aux législations à venir sur les déchets électroniques qui contraindront les entreprises productrices de matériels électriques et électroniques à développer des plates-formes de collecte et de recyclage et interdiront de nombreux éléments toxiques dans les composants.

Sur un autre plan législatif, le gouvernement britannique réfléchit à l'autorisation de la production commerciale de maïs génétiquement modifié, mais les problèmes de responsabilité et les coûts de contamination risquent d'être un élément clé : le NFU, le plus important assureur agricole britannique, par exemple, a déclaré l'an dernier qu'il refusait d'assurer contre les sinistres dus aux OGM.

En se projetant vers l'avenir, on s'attend à ce que l'ISR institutionnel croisse, au fur et à mesure que croîtra l'intérêt et les activités de la communauté financière. Une étude récente de Deloitte & Touche a révélé que 79 % des gérants de fonds et analystes européens pensent que la gestion des risques sociaux et environnementaux était bon pour le business. Une autre étude récente de Morgan Stanley a indiqué que les entreprises qui enregistrent de bons résultats en RSE affichent, sur quatre ans, des résultats supérieurs de plus de 25 % à leurs pairs moins socialement responsables, ce qui a conduit la banque à consacrer davantage de ressources pour s'engager sur ces questions. De plus, le rapport «*Risks Returns & Responsibility*» de l'ABI (Association of British Insurers) déclare que «*certaines preuves suggèrent que l'investissement socialement responsable tend à être moins volatil et peut avoir pour résultat des retours sur investissement plus élevés que l'approche traditionnelle*».

Nicola SIMPSON, extrait de *Ignorer l'ISR n'est pas soutenable à long terme*, traduction Nathalie FESSOL, 16 juin 2004, www.isr-info.com

CHAPITRE 26

UN DÉFI
POUR LES ENTREPRISES COTÉES

Devant la pression croissante de la part des institutions ou des investisseurs, les entreprises répondent par une information structurée, mais qui continue de chercher sa pertinence. Les attentes diverses entre les obligations légales à faire figurer dans les comptes, les questions précises des analystes ISR et les préoccupations d'analystes financiers purs renforcent la difficulté de l'exercice.

LA DÉMARCHE DE RESPONSABILITÉ ET DE DD

La traduction d'une démarche de responsabilité et de DD en «information extra-financière» nécessite trois démarches particulières :

- abandonner l'univers de la communication sociétale pour entrer dans celui de l'analyse économique et de la performance financière *stricto sensu*, avec leur propre grille d'analyse;
- s'en tenir aux référentiels faisant autorité, élaborés au contact des analystes, centrés autour des éléments spécifiques de la gestion des enjeux et des risques à moyen et long terme, complémentaires de la comptabilité classique;
- structurer son information aux contacts des analystes afin de cerner les spécificités attendues pour chaque métier et de faire apparaître le positionnement concurrentiel de l'entreprise dont ils ont besoin pour situer le degré de maîtrise de l'entreprise.

La qualité de l'information extra-financière dépend de la capacité de l'entreprise à objectiver le lien entre la démarche de DD et la performance économique. Pour cela, il lui faut montrer comment elle sait créer de la valeur de manière durable, c'est-à-dire en visant le meilleur niveau d'intégration des attentes environnementales, sociales et sociétales de ses publics partout dans le monde. Elle sera jugée autour de plusieurs éléments de démonstration :

- Comment l'entreprise fait-elle pour maîtriser ses risques et ses coûts à venir, en réduisant ses risques, notamment environnementaux et sociaux?
- Comment l'entreprise s'y prend-elle pour aller vers les marchés nouveaux (développement) et faire preuve d'innovations pour se constituer un avantage concurrentiel à travers cette pression à venir?
- Comment l'entreprise répartit-elle cette valeur de manière responsable en l'équilibrant entre ses *stakeholders*?
- Comment l'entreprise apprécie-t-elle son attractivité ou que fait-elle pour s'assurer la meilleure *licence to operate?*

Ces exigences nouvelles (qu'elles proviennent des instances de régulation ou de certains investisseurs) sont loin de susciter un consensus parmi les directions financières qui y voient, soit des demandes incongrues, soit des informations redites et inutilisables… Le débat en cours sur le sujet, tant au sein de la profession comptable que des instances régulatrices (*cf.* recommandations AMF et SEC) montrent qu'on en est encore, sur ce sujet, au début d'une ère nouvelle, soulevant nombre d'objections techniques et politiques qui seront à résoudre, si l'on veut associer les deux systèmes d'information (financier et extra-financier) de façon cohérente et complémentaire dans l'avenir.

COMMENT PRÉSENTER LA SITUATION DE L'ENTREPRISE ?

Voici un rappel d'informations extra-financières qui sont utilisables par les entreprises comme base de départ pour la présentation de leur situation propre.

Mise en perspective durable des informations économiques et financières

Description de la stratégie et perspective de croissance.

Principales données comptables.

Éléments du compte de résultat : chiffre d'affaires, résultats, salaires, impôts et taxes, frais financiers, dividendes, etc.

Éléments du bilan : actifs, dettes, situation nette, amortissements, provisions, etc.

Principaux ratios financiers utilisés par l'entreprise.

Présentation de la politique d'investissement.

Analyse des risques (recommandation COB).

Engagements hors bilan et données complémentaires.

Gouvernance et stock-options.

Présentation des éléments et analyses complémentaires au rapport de gestion

Présentation des données comptables par *stakeholder* (répartition de la valeur ajoutée par destinataire et zone géographique).

Comportement économique et pratiques de marché.

Gestion des relations avec ses principaux *stakeholders*.

Compléments sur les risques environnementaux, sociaux et sociétaux.

Analyses géographiques : échanges Nord-Sud, niveaux des salaires, investissements, impôts et taxes, dons, etc., dans certaines zones sensibles notamment.

Études des impacts socio-économiques et environnementaux de l'entreprise et de ses produits.

Montants financiers complémentaires (dépenses environnementales, primes d'assurance, mécénat, etc.).

Organisation interne du management du DD.

CHAPITRE **27**

LE VERDICT DES INDICES
DE DÉVELOPPEMENT DURABLE

LES ENTREPRISES RESPONSABLES
SURPERFORMENT-ELLES ?

Les entreprises qui affichent de bons résultats au regard des critères du DD sont-elles plus performantes en bourse que les autres ?

DJSI World/DJGI World :			
Correlation :	0,9633	Tracking Error :	4,30 %
DJSI Volatility :	15,86 %	DJGI Volatility :	14,66 %

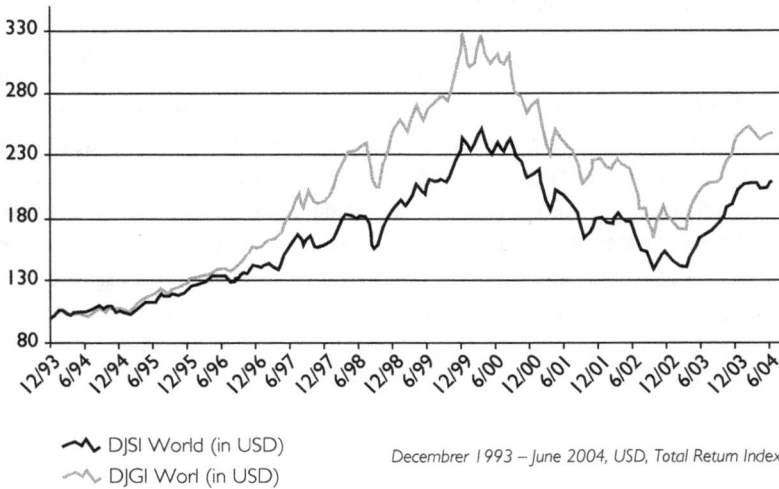

DJSI World (in USD)
DJGI Worl (in USD)

Decembrer 1993 – June 2004, USD, Total Return Index

Figure 7.4
DJSI World-USD Performance and Risk

C'est à cette première question que tentent de répondre les indices boursiers de DD. Il s'agit alors de sélectionner un certain nombre d'entreprises en fonction de critères de DD afin de comparer l'évolution de leurs cours de bourse avec celui de leur univers de référence.

Dans *Raising the Bar,* publié en 2004, Claude Fussler montre comment 76 grandes entreprises signataires du Global Compact font mieux que leur univers de référence. L'auteur précise : «*Si, en théorie, un investisseur prend plus de risque en réduisant son portefeuille de valeurs, l'utilisation du filtre des critères de développement durable et de responsabilité s'avère au contraire un mécanisme efficace de sélection de valeurs.*» Après plusieurs années d'existence, les conclusions des indices de DD sont les mêmes. L'un des indices de DD mondiaux les plus reconnus, le DJSI World, affiche des résultats similaires.

Plusieurs études et experts concluent généralement de la même manière : si l'on ne peut affirmer avec certitude une sur-performance systématique des valeurs responsables, on est en revanche certain que celles-ci ne sous-performent pas.

Historique des indices de développement durable

En 1989, Amy Domini, pionnière de l'ISR aux États-Unis, lance le Domini 400 Social Index, sélection des 400 entreprises cotées sur le marché américain et respectant des critères éthiques (exclusion de certaines activités, comme l'armement ou l'alcool), environnementaux et sociaux.

Avec plus de dix ans de retour d'expérience, l'indice a prouvé que l'intégration de critères extra-financiers n'altère pas la performance des placements alors même qu'il réduit l'univers d'investissement.

En septembre 1999, le gestionnaire de fonds ISR suisse SAM (Sustainability Asset Management) s'associe à Dow Jones et crée la famille des DJSI (Dow Jones Sustainability Indexes) offrant un périmètre mondial (DJSI World) et européen (DJSI Stoxx et Euro-Stoxx).

En 2001, l'Anglais FTSE International se lance à son tour dans la création d'indices en partenariat avec l'agence de notation EIRIS (Ethical Investment Research Service) et propose FTSE4Good, une gamme d'indices de développement durable couvrant le Royaume-Uni, les États-Unis, l'Europe et le monde. Parallèlement, l'agence française Arèse annonçait la même année le lancement de l'indice Aspi Eurozone, désormais géré par Vigeo.

D. Di Bartolomeo et L. Krutz[1] (1999) ont étudié la performance du plus ancien indice de DD, le Domini Social Index 400, et celle du S & P 500 entre mai 1990 et janvier 1999. Ils ont découvert que la performance du DSI avait dépassé celle du S & P 500 durant cette période parce que le portefeuille DSI était plus sensible aux fluctuations des cours, était plus exposé aux entreprises affichant de bonnes performances et présentait une orientation «croissance» alors que le marché privilégiait justement ces valeurs. Après avoir ajusté le DSI en lui attribuant le même profil de risque que le S & P 500, ils ont constaté que la performance des deux portefeuilles *«ne présentait pas un degré de différence statistiquement important»*.

CONSTRUCTION DES INDICES DE DÉVELOPPEMENT DURABLE

Le choix de l'univers de référence

L'univers de référence diffère d'un indice à l'autre en fonction de la zone géographique et du nombre d'entreprises retenues. Il convient de bien considérer l'inclusion d'une entreprise dans cet univers de départ avant de porter un jugement sur sa présence ou non dans l'indice. Ils se calquent jusqu'à présent sur les périmètres des indices financiers existants, comme le Stoxx 600, le DJGI (Dow Jones Global Index) ou le Standard & Poor's 1200. Certains indices y ajoutent un critère géographique supplémentaire. C'est ce qui différencie par exemple le DJSI Stoxx, dont l'univers de référence est le Stoxx 600, du DJSI EuroStoxx, qui correspond aux valeurs du Stoxx 600 appartenant à la zone euro.

Les critères de sélection

Les critères des filtres extra-financiers sont proposés par les agences de notation sociétale qui gèrent les indices. Chaque agence dispose d'une méthodologie propre qui traduit sa vision de la responsabilité sociale et du DD appliqués aux entreprises. L'exclusion de secteurs a priori est pratiquée par la famille d'indices FTSE4Good qui ne retient pas les entreprises liées au tabac, à l'armement (même partiellement), au nucléaire ou à l'extraction d'uranium.

Si l'exclusion d'une entreprise par un indice peut s'expliquer par une méthodologie ou un prisme particulier de telle ou telle agence de notation, l'exclusion systématique de tous les indices traduit très souvent la faiblesse des

---

1. Indice de DD regroupant 400 valeurs américaines citées dans *Paradigme Shift*, publication de la recherche de Fortis Investments, «ISR : quelles sont les sources d'alpha?», novembre 2003. http://www.fortisinvestments.com/en/news/publications/Paradigm_11-03_fr.pdf

démarches de certaines entreprises. A contrario, certaines entreprises sont systématiquement retenues, quels que soient les indices. Certaines démarches mettent donc toutes les évaluations d'accord.

La sélection

Le nombre d'entreprises retenu peut être fixe (méthode «*tradable*») ou indéfini (méthode «*benchmark*»). La première méthode retiendra un nombre déterminé des meilleures entreprises alors que la seconde fixera une note à atteindre pour intégrer l'indice. Quelle que soit la méthode retenue, c'est avant tout le nombre d'entreprises rapporté à l'univers de référence qu'il faut retenir pour avoir une idée de la sélectivité de l'indice.

Pour une entreprise européenne, par exemple, l'indice le plus sélectif est le FTSE4Good Global 100 Index qui ne regroupe que 45 valeurs européennes contre 52 pour le FTSE4Good Europe 50 Index. En outre, 264 entreprises européennes appartiennent au FTSE4Good Global Index. «*Être membre du FTSE4Good*» ne précise donc pas suffisamment la performance de l'entreprise au regard de cette famille d'indices…

Famille	Indice	Agence de notation	Périmètre géographique	Univers de référence	Nombre d'entreprises dans l'indice
Dow Jones Sustainability Indexes (DJSI)	World	SAM	Monde	DJGI	314
	Stoxx	SAM	Europe	Stoxx 600	175
	EuroStoxx	SAM	Zone Euro	Stoxx 600*	72
FTSE4Good	Global Index	EIRIS	Monde	FTSE Developed Index	657
	Global 100 Index	EIRIS	Monde	FTSE Developed Index	104
	Europe Index	EIRIS	Europe	FTSE Developed Europe Index	264
	Europe 50 Index	EIRIS	Europe	FTSE Developed Europe Index	52
	UK Index	EIRIS	UK	FTSE All-Share Index	305
	UK 50 Index	EIRIS	UK	FTSE All-Share Index	50
ASPI	Eurozone	Vigeo	Zone Euro	Stoxx 600*	120
Ethibel Sustainability Indexes	Global Index	Stock at Stake	Monde	S&P1200	180
	Europe Index	Stock at Stake	Europe	S&P1200**	87

* limité à la zone Euro
** limité aux valeurs européennes

Figure 7.5
Les principaux indices concernant des entreprises européennes

LES ENTREPRISES EUROPÉENNES DANS LES INDICES

Les résultats de l'étude « CSR Indexes » (les indices suivi par ecodurable®)

L'utilisation pratique des indices prend en réalité une tout autre tournure. La question n'est plus de faire le lien entre une performance en matière de développement durable et le comportement boursier mais de lister les entreprises qui, aux yeux des agences de notation sociétale gestionnaires d'indices, ont les pratiques de responsabilité et de durabilité les plus élevées. Être sélectionné par ces indices devient pour l'entreprise le gage de sa bonne appréciation par les principales agences de notation sociétale telles que Vigeo (en France), EIRIS (en Grande-Bretagne), Ethibel (en Belgique) ou SAM (en Suisse). Le président de Dow Jones Indexes le confirme : *«Depuis le lancement de DJGSI, nous avons observé que l'idée de durabilité était passée du stade de concept à celui des engagements, des principes au pragmatisme, et des idées à la mise en œuvre.»*

Au 7 mai 2004, le recensement des performances des entreprises européennes par l'étude CSRindexes permettait de lister les valeurs préférées de ces indices. En analysant le comportement des 600 valeurs composant le Stoxx600 dans huit indices de quatre familles différentes (DJSI, FTSE4Good, ASPI et ESI), les résultats permettent de dresser un palmarès des entreprises considérées comme les plus responsables :

- 7 entreprises, parmi lesquelles 4 sont dans le secteur financier (ABN-Amro, Barclays, LloydsTSB, ING Groep, les 3 autres sont Nokia, SAP et Deutsche Telekom), seulement intègrent l'ensemble des indices ;
- aucune entreprise française n'arrivait à cette date à convaincre l'ensemble des indices[1]. Seules Lafarge et ST Microelectronics appartenaient à au moins un indice de chaque famille, résultat atteint seulement par 36 valeurs en Europe ;
- Sur ces 600 entreprises étudiées, 238 étaient systématiquement exclues et 183 n'étaient retenues que par une seule famille d'indices. Au total, plus de 70 % des valeurs étaient au mieux sélectionnées dans une seule famille…

Zoom sur les valeurs françaises

Les résultats des 70 valeurs françaises sont similaires à ceux constatés sur l'ensemble du Stoxx600. Les entreprises françaises n'ont rien à envier aux valeurs britanniques ou allemandes, qui suivent à peu près les mêmes performances. Derrière les deux leaders français vient un groupe d'une dizaine de challengers qui n'est

---

1. Depuis septembre 2004, L'Oréal intègre désormais 100% des indices de développement durable.

exclu que par une famille d'indices sur quatre : Accor, AGF, Aventis, BNP, Danone, L'Oréal[1], LVMH, Sanofi-Synthélabo, Société Générale et TF1.

22 des 70 entreprises françaises membres du Stoxx600 sont exclues de tous les indices. Parmi elles, deux valeurs sont membres du CAC 40, Lagardère et le Crédit Agricole. Au niveau des 40 premières capitalisations françaises, 9 sont uniquement sélectionnées dans l'indice ASPI de l'agence Vigeo.

Performance dans les indices des principaux groupes bancaires européens du Stoxx 600	Note Indices en % (sur 6 ou 8)	Famille DJSI			Famille FTSE4Good			ASPI	ESI
		World	Stoxx	Euro Stoxx	Global Index	Global 100 Index	Europe 50 Index	Eurozone	Europe Index
ABN AMRO	100,0%	X	X	X	X	X	X	X	X
BARCLAYS	100,0%	X	X	n.c.	X	X	X	n.c.	X
LLOYDS TSB GRP	100,0%	X	X	n.c.	X	X	X	n.c.	X
BCO SANTANDER CENTRAL HISP	87,5%	X	X	X	X	X	X	X	
BNP	87,5%	X	X	X	X	X	X	X	
DEUTSCHE BANK R	87,5%	X	X	X	X	X	X	X	
GROUPE SOCIÉTÉ GÉNÉRALE	87,5%	X	X	X	X	X	X	X	
CREDIT SUISSE GRP R	83,3%	X	X	n.c.	X	X	X	n.c.	
HSBC	83,3%	X	X	n.c.	X	X	X	n.c.	
ROYAL BANK OF SCOTLAND GRP	83,3%	X	X	n.c.	X	X	X	n.c.	
UBS R	83,3%	X	X	n.c.	X	X	X	n.c.	
ABBEY NATIONAL	66,7%	X	X	n.c.	X			n.c.	X
HBOS	66,7%			n.c.	X	X	X	n.c.	X
BAYERISCHE HYPO & VEREINSBANK	62,5%	X	X	X	X			X	
DEXIA	50,0%	X			X			X	X
Banca Monte dei Paschi di Siena S.p.A.	37,5%	X			X				X
SVENSKA HANDELSBANKEN A	33,3%			n.c.	X			n.c.	X
BCO POPULAR ESPANOL	12,5%							X	
COMMERZBANK	12,5%								X
SAN PAOLO IMI	12,5%								
ALMANIJ	0,0%								
CRÉDIT AGRICOLE	0,0%								
NATEXIS	0,0%								
VALIANT R	0,0%			n.c.				n.c.	

Figure 7.6

Zoom sur les entreprises européennes du secteur bancaire en mai 2004

---

1. Depuis septembre 2004, L'Oréal intègre désormais 100% des indices de développement durable.

CONCLUSION

QUELLE INTÉGRATION DANS LE MODÈLE ÉCONOMIQUE?

L'économie d'entreprise face au défi de la «durabilité» : la logique de compétitivité est-elle compatible avec le développement durable?

Concilier «durabilité» et performance dans les temps qui viennent.

L'économie contemporaine issue de l'après-Seconde Guerre mondiale, fondée sur la production de biens de masse et la libération croissante des échanges, a pour elle son extraordinaire efficacité dans la mise à disposition du plus grand nombre de biens de consommation répondant aux aspirations de base de la population. Ce modèle reste celui qui fascine les pays émergents, au premier rang desquels la Chine et l'Inde. Or, ce tiers de l'humanité, le plus dynamique, n'en est pas à se poser «les questions de bienséance» qui agitent les sociétés industrielles matures. Certes, notre modèle a largement dérivé dans l'économie financière qui réclame de la rentabilité et de la sécurité, et donc la «durabilité». Mais elle ne nous indique pas comment on peut concilier intérêt à court terme et à long terme, ce qui est le défi intrinsèque du DD. Bref, n'en déplaise aux théoriciens d'un nouvel ordre économique qui pensent qu'on devrait intégrer plus vite le Sud, les biens non marchands et les externalités environnementales dans la dynamique de croissance, l'économie durable ne va pas de soi!

L'irruption d'une demande nouvelle de DD, s'agissant d'une remise en cause de ce modèle post-industriel, le plus efficace qui ait vu le jour dans l'histoire humaine, apparaît de ce fait naïve ou incongrue aux yeux de décideurs. Leur obsession reste de produire de la croissance continue au risque de voir leur société, développée ou pas, se rompre et se rebeller sans crier gare. Nulle part, les automobilistes, les consommateurs d'alcool ou de tabac, les touristes ou les habitants des villes ne sont disposés à payer plus cher leur consommation et à se priver, pour des raisons éthiques, dont ils ne perçoivent pas la justification réelle et indispensable. Les frémissements de la consommation durable (commerce équitable) ne représentent pas de ce point de vue-là une alternative au modèle. Dans l'esprit des acteurs économiques, le DD reste essentiellement une philosophie de précaution qui agite les chercheurs et qui préoccupe les économistes, mais ils ne la perçoivent pas, à ce stade, comme une offre politique «soutenable» à court terme, susceptible de réorienter la société.

Trois raisons majeures expliquent le fait que les entreprises acceptent le phénomène, mais ne le considèrent pas encore comme devant ou pouvant infléchir le modèle économique, tel qu'il se présente encore aujourd'hui.

Première raison : les chefs d'entreprise, rivés sur les comptes trimestriels, voient bien que nous ne disposons pas des conditions politiques qui permettraient d'intégrer ce diagnostic et ses conséquences. L'état de la gouvernance au sein des grands ensembles continentaux, voire au niveau mondial, est encore balbutiant au regard des problèmes à résoudre. À titre d'exemple, l'Europe pourra-t-elle s'auto-pénaliser en appliquant seule l'accord de Kyoto qui oblige ses industries à devenir vertueuses en matière d'émissions de gaz à effet de serre? Le cycle de Doha qui encadre les nouvelles négociations sur le commerce mondial révèle à ce sujet un rapport de forces quasi insoluble entre les divers intérêts de la planète.

Deuxième raison : la prise de conscience par l'opinion des risques que court la planète est encore diffuse, lointaine et mal appréhendée. Elle est largement occultée par la nécessité au quotidien. La précarité caractérise la vie du plus grand nombre de nos contemporains. L'histoire des hommes nous rappelle aussi que ce n'est qu'en face de l'obstacle que nos sociétés s'adaptent, sous la contrainte, tant qu'il est encore temps. Nous ne savons pas bien si nous engageons des conditions d'existence irréversibles pour la génération qui vient et qui assurera, ou non, notre fin de vie. Certes, la dramatisation effectuée par les médias a un effet anxiogène, mais pas au point de favoriser des sursauts collectifs, à ce stade.

Troisième raison : la plus positive : le moteur de notre civilisation reste largement le progrès technologique et nous continuons de miser tout sur cette perspective. Notre mécanique sociale repose sur l'espérance démocratique mais aussi et surtout sur la foi en la science dont on pense qu'elle continuera de nous garantir plus de santé, plus de sécurité et plus de prospérité. Cette conviction est celle qui anime le pays le plus puissant du monde face aux interrogations sur l'énergie du futur, la fin de la malnutrition ou la résolution des pandémies et des impasses écologiques. L'innovation est à la fois la bouée de sauvetage d'une planète qui n'en peut plus et l'alibi des nantis pour ne pas infléchir plus qu'il ne faut les mécanismes grisants de l'économie de consommation. La science est discutée, mais elle reste la valeur suprême.

Pourtant, depuis une décennie, les constats scientifiques, les analyses géopolitiques et les observations sociales confirment la nécessité d'infléchir le modèle, face à l'énorme défi du réchauffement climatique, de l'évolution des écarts sociaux et des tensions interculturelles. Où nous mène donc cette crainte de l'avenir, à la fois subjective et objective, et notre conscience qu'il faut faire quelque chose? La problématique durable fournit l'exutoire le plus évident à notre schizophrénie (*cf.* dilemme entre le consommateur et le citoyen). Il nous faudra pourtant répondre assez vite à cette question : comment rendre notre modèle durable, c'est-à-dire le pérenniser, tout en maintenant son efficacité intrinsèque, en intégrant les leviers de changement nécessaires? Cette question est centrale pour les États. C'est tout l'enjeu des politiques publiques qui doivent montrer la voie. Cette question est centrale aussi pour les entreprises qui hésitent entre des approches «cosmétiques» ou des approches «structurelles», sachant qu'elles ne disposent pas de flexibilité stratégique et financière en l'état, si le contexte ne leur fournit pas les conditions idoines.

La réponse peut-elle se trouver en marchant? Malheureusement, chacun voit bien, en tant que consommateur désinvolte, que **l'économie moderne n'encourage pas spontanément la responsabilité collective.** Elle se traduit par des modes de management qui déportent les contraintes hors de la sphère étroite de l'entreprise pour lui conférer la souplesse d'adaptation aux marchés, clé de la performance. Ce transfert de charges peut passer par une dématérialisation croissante des procédés, mais il peut aussi consister à laisser d'autres agents économiques, fournisseurs ou distributeurs, assumer les inconvénients de ce recentrage. «L'entreprise sans usines» est le symbole de cette nouvelle économie internationale qui peut engendrer, au bout de la chaîne, des comportements profondément contraires à la «durabilité», laissant les fournisseurs sans aucun pouvoir de négociation. La globalisation est effectivement un accélérateur de cette organisation de la chaîne de dépendance économique.

L'externalisation qui consiste à se concentrer sur son cœur de métier et à déléguer à des prestataires externes et sous-traitants ses autres activités (maintenance, R & D, emballage, stockage des produits), parfois même sa production (ainsi Nike, fabricant devenu en quelque sorte agence marketing de produits), peut être toutefois un processus durable, transmettant richesses, savoir-faire et opportunités de croissance. Encore faut-il que la gestion de cette chaîne d'approvisionnement se fasse dans des conditions équitables et que la valeur ajoutée créée ne soit pas confisquée en bout de ligne par ceux qui disposent de la relation au client final, seul décideur véritable. Les conditions de la relation entre grands groupes et entreprises sous-traitantes constituent bien un paramètre de l'esprit de responsabilité qu'on voudrait voir mieux répandu.

Si l'intérêt de notre économie est de faire se croiser les thématiques du DD et les exigences de compétitivité, le résultat montre des tendances qui sont à la fois convergentes et antagonistes. À titre d'exemple, les économies de matière et d'énergie se trouvent au cœur des stratégies de maîtrise des coûts et le recours à la main-d'œuvre moins chère des pays émergents peut se faire au détriment de celle disponible localement dans les pays développés. La maîtrise de cette dialectique opportunités/risques constitue bien le centre de gravité de la gestion de l'économie durable dont le chef d'entreprise doit être conscient, afin de l'orienter comme il convient ou comme il peut.

Attributs de l'entreprise nouvelle	Description	Exemples de pratiques d'affaires performantes
Branchée	Comprend et anticipe les besoins de ses clients qui sont plus exigeants et moins fidèles	Qualité totale Affaires électroniques Micromarketing
Stratégique	Cerne la complexité croissante de son environnement pour mieux l'appréhender et le gérer	Planification stratégique Veille
Innovatrice	Maîtrise le processus de création et de développement de nouveaux produits pour soutenir le rythme effréné du progrès technologique	Ingéniérie simultanée
Flexible	Développe la souplesse de fonctionnement requise pour réagir rapidement à un environnement en perpétuel changement et hautement concurrentiel	Production à valeur ajoutée
Reseautée	Multiplie les partenariats avec son industrie et son milieu pour mieux comprendre et maîtriser son environnement et pour améliorer son offre de services à sa clientèle	Gestion de la chaîne d'approvisionnement
Vigilante	Cherche à se mesurer systématiquement à la concurrence et aux meilleures entreprises pour identifier ses forces et à ses faiblesses et stimuler l'amélioration continue au sein de son organisation	Benchmarking (analyse comparative)
Apprenante	Mobilise et met en valeur les ressources humaines de son organisation afin de s'adapter au changement et faciliter l'intégration de nouvelles pratiques et façons de faire	Gestion des connaissances Équipes semi-autonomes

Source : *Stratégie de compétitivité des entreprises*, ministère du Développement économique et régional du Québec.

Figure 8.1
Qu'est-ce qu'une entreprise compétitive aujourd'hui?

© Éditions d'Organisation

C'est le cas du **dilemme qui se pose entre «durabilité» et gestion sociale**. La gestion des ressources humaines a totalement partie liée avec les évolutions sociétales qui influencent l'efficacité du capital humain. Un nouveau rapport de l'individu à l'entreprise se construit dans le cadre de sociétés où le lien au collectif s'affaiblit et où l'entreprise est autant le lieu de compétition que de socialisation. Plusieurs phénomènes ont un impact direct sur l'attractivité sociale de l'entreprise. Il y a la communication interne qui contribue à un climat participatif ; il y a aussi sa politique de recrutement et de gestion de carrières qui doit éviter la perte des meilleurs collaborateurs par manque d'adaptation à leurs valeurs personnelles. Les entreprises «où il fait bon travailler» *(best places to work) bénéficient d'un flux de demandes qui leur permet de bénéficier d'un volant appréciable de collaborateurs.* Il s'agit d'un enjeu d'autant plus crucial que les aspirations altruistes exprimées par une partie des salariés en vue de participer à une entreprise plus respectueuse de l'intérêt général, se doublent paradoxalement de comportements de plus en plus autonomisés, notamment parmi les jeunes générations, à la fois plus mobiles et moins fidèles. La capacité à garder ses talents, à gérer sa pyramide des âges et à optimiser les investissements de formation sur le long terme constituent les indicateurs de base d'une gestion durable qui ne peut être seulement défensive pour permettre à ses salariés d'être capables de se replacer à tout moment sur le marché du travail, définition de l'employabilité. Cette dernière est une exigence de politique sociale, mais elle n'est pas sa finalité si on veut bien considérer que la maximisation du capital immatériel de connaissance accumulé par l'entreprise reste un objectif. S'ajoute à cet objectif de bonne gestion la couverture des engagements sociaux, dont les fonds de retraite en premier lieu. Comment maîtriser ces nouveaux éléments susceptibles d'affecter la performance de l'entreprise pour en limiter les impacts négatifs et en tirer un avantage maximal ? C'est en ces termes que se pose la problématique de «durabilité» sociale pour l'entreprise.

La même controverse se pose sur le plan environnemental. L'entreprise va percevoir a priori comme un surcoût déstabilisant un usage de ressources naturelles qui passerait tout à coup à un prix dit d'utilité sociale, intégrant la préservation du bien ou son renouvellement et les prélèvements externes induits pour la collectivité. Au-delà de la problématique complexe de fixation de ces «surcoûts sociaux», on voit bien que ceci risque d'entraîner des effets sur la demande finale et des effets de substitution plus ou moins heureux. Dans l'étude remarquable des «enjeux critiques» pour la planète effectuée par l'OCDE, on voit qu'il n'existe que deux solutions pour aborder cette problématique incontournable : soit il faut instaurer des mécanismes de marché qui allouent les ressources par de «vrais prix» (c'est-à-dire plus chers) ou à travers une gouvernance autoritaire, si on pense qu'on peut régler d'en haut et de la même façon pour tout le monde cette «répartition du vivant».

Face à cette complexité politique et technique, qui caractérise l'intégration du «durable» dans le cœur du modèle de l'économie de marché, comment donc avancer et qui doit faire le premier pas? Le consommateur qui devrait accepter de payer les biens plus chers, l'actionnaire qui devrait n'attendre de résultat qu'à long terme, le salarié qui devrait s'adapter plus, étant plus protégé, ou le citoyen qui devrait mieux assumer le prix du bien-être? Le drame est que personne n'a la réponse et qu'aucune autorité ne la proposera parce que la réponse n'est pas unique, simple, évidente et lisible à ce stade de notre développement politique.

La voie rationnelle dans cet enjeu procédera probablement d'une dialectique de changement et d'adaptation reposant sur le probable et le faisable. On peut considérer que **deux stratégies de changement se présentent à nous :**

- **il y a d'abord les changements complexes ou systémiques.** Ce sont les réponses aux enjeux les plus menaçants pour la vitalité de l'espèce. Ils dépendent d'une capacité de décision internationale collective ou bien d'innovations technologiques radicales. Ils concernent la lutte contre le réchauffement climatique, la préservation de ressources non renouvelables et la mise à disposition des biens essentiels. Leur mise en œuvre dépendra directement des pressions physiques et politiques qui se révéleront plus ou moins cruciales et nécessaires. Le moment venu, sur l'obstacle, la communauté internationale se révélera peut-être en état de prendre les décisions d'organisation et d'investissement qu'il convient. Mais il n'est pas irréaliste de penser que cette capacité d'engagement d'une meilleure gouvernance mondiale reste lointaine…

- **il y a par ailleurs les changements de pratiques actuellement à notre mesure.** Ce sont ceux qui dépendent d'amélioration des process, d'une meilleure analyse des coûts et d'adaptation des comportements, de production et de consommation. On les dénommera les changements «internalisés» ou «entropiques» car ils ne dépendent que des acteurs microéconomiques. C'est dans cette catégorie que se situent pour l'essentiel les progrès demandés aux entreprises dans le cadre de leur politique de responsabilité sociétable. Ces mesures volontaires ne modifieront pas fondamentalement la réalité du modèle, mais elles évitent sa détérioration. Elles ont surtout une vertu pédagogique qui accélère la marche vers une prise en charge collective des grands enjeux que la planète devra tôt ou tard traiter.

Il y a donc bien deux catégories de politiques induites par la pression durable. **Il y a les politiques que l'entreprise peut engager d'elle-même**, dans le cadre du modèle économique actuel, en maintenant, voire en accroissant sa performance, sans tordre son efficacité et sa rentabilité intrinsèque. C'est tout l'objet du management de la responsabilité qui lui est proposé désormais, soutenu par des incitations réglementaires et encouragé par la pression des investisseurs ou des clients les plus sensibles. Ce sont les progrès durables intégrés au modèle, assimilables à des projets qualité dont elle peut absorber progressivement les surcoûts, soit du fait de l'accroissement de valeur induit, soit par une répercussion sur les prix. Au global, l'entreprise peut afficher sa position, soit par des mesures de redistribution affectées, soit par des mesures d'adaptation progressive de son offre, plus ou moins correctrices ou en prise sur les marchés nouveaux. C'est ce mouvement qui s'est engagé aujourd'hui. L'entreprise peut en attendre que ses *stakeholders* (ou parties prenantes) en tiennent compte, en confirmant leurs choix en faveur de cette entreprise responsable.

Et puis il y a les politiques qu'elle ne pourra pas prendre à son compte, au risque de trahir sa mission et de nuire à sa pérennité, parce qu'ils dépendent de mécanismes collectifs plus substantiels, sectoriels ou d'organisation des marchés. Les États en sont responsables à la fin et surtout les instances internationales. Ces changements dépendent de fiscalité adaptée et de taxations à la source qui modifient fortement les conditions de concurrence en introduisant les externalités de façon équitable pour tous. Face à ce défi fondamental, l'entreprise a deux attitudes possibles. L'une consiste à retarder l'échéance et à attendre, sans forcer le jeu, de peur de pâtir de toute évolution. L'autre attitude, plus proactive, consiste à s'engager dans le jeu de la négociation et de favoriser de nouvelles règles internationales, applicables à tous, également et équitablement. Après tout, l'intérêt du processus de DD n'est-il pas justement de co-produire entre acteurs privés et publics, des propositions et des réformes susceptibles de convenir à tous pour trouver les nouvelles conditions d'une économie pérenne?

Cet engagement constructif constitue le second volet de l'attitude attendue de la part de l'entreprise responsable, non soumis à des démonstrations de résultat mais reposant sur le déclaratif, sur la force des propositions et la diplomatie économique. C'est tout le sens du Global Compact et des forums internationaux qui se sont créés, par secteurs ou par enjeux et qui visent à favoriser une «auto-adaptation» du modèle de l'économie de marché. C'est dans ce cadre, par exemple, que devront se mettre en place demain les règles de taxation des émissions de CO_2 dont l'applicabilité sera générale, ou ne sera pas.

Sans être irréaliste ou trop optimiste, le progrès durable s'avère donc une dynamique suspendue à trois types de situations dans les dix à vingt ans qui viennent.

Il y aura les pressions graves qui peuvent s'imposer d'ici là et qui nécessiteront des mesures universelles et rapides, comme on l'a fait pour les CFC ou les rejets radio-actifs, à un certain moment de prise de conscience des risques encourus par tous. Les entreprises subiront et appliqueront en ce cas et celles qui auront moins anticipé seront les plus pénalisées.

Il y a les efforts qu'il faut poursuivre dans les enceintes internationales afin de trouver des conditions nouvelles de production qui limitent les risques perçus, d'une façon acceptée par tous, des groupes puissants du Nord aux nouveaux challengers du Sud. L'exemple le plus éclairant est celui de l'industrie pharmaceutique qui a dû se plier à une négociation sur l'accès aux médicaments et qui en a tiré des règles nouvelles de protection de la propriété industrielle, s'appliquant de manière viable pour tous. Là aussi, les entreprises les plus engagées auront le plus de chance de tirer parti de ces décisions.

Il y a enfin les situations autonomes où la différenciation peut se faire entre marques et entre groupes, du fait des modes opératoires de chacun. C'est le champ de la concurrence dans lequel l'entreprise doit étudier ce qu'elle peut faire ou non, ce qu'elle peut gagner ou non, en prenant des mesures spécifiques et en sachant les exploiter, dans sa chaîne de valeur, du fournisseur au consommateur. En apparaissant bon élève, elle a plus de chances là aussi de favoriser ses gains.

La problématique du DD est donc bien de nature stratégique pour l'entreprise. **On ne lui demande pas de changer le monde, on lui demande d'avoir une claire vision de son environnement à moyen et long terme pour en déduire ce qu'elle peut faire et ne pas faire, ce qu'elle doit engager ou favoriser, ce qu'elle a intérêt à assumer ou à éviter pour améliorer sa performance propre en contribuant à la performance générale.** À partir du moment où l'environnement économico-social est en profonde mutation, mais surtout dès lors que l'environnement géophysique est incertain, l'entreprise qui subit a moins de chance de rester que l'entreprise qui s'implique. On reste là dans le métier propre à l'entrepreneur. Qu'on ne dise pas qu'on lui demande l'impossible ou de s'occuper de ce qui ne le regarde pas. Ceux qui disent cela sont soit aveugles, soit inconséquents; ce sont en général ceux qui ont fortune faite qui défendent cette position, considérant qu'après eux, rien n'a d'importance. Morale et responsabilité sont bien les leviers du développement durable, mais son moteur reste fondamentalement le progrès, compris dans son ampleur la plus large possible. Le «durable» est bien partie intégrante de la gestion du modèle de l'économie de marché face à une mondialisation fortement déstabilisante et attractive à la fois. Le développement ne sera pas durable parce qu'on changera de système. Il suffirait de rendre celui-ci plus véridique dans son fonctionnement de base pour répondre déjà aux interpellations les plus élémentaires et les plus nombreuses de notre société. Pour le reste, rendez-vous est donné aux acteurs de bonne volonté, publics et privés qui sont confrontés à des enjeux communs pour savoir définir ensemble désormais les règles les plus efficaces de bonne allocation des richesses à notre disposition, au nom d'une vision partagée du bien commun, du progrès responsable.

Patrick d'Humières

DOSSIER

Les entreprises ont fait leur entrée aux Nations unies

Vision irréelle ou prémonitoire? Pouvait-on imaginer le représentant des multinationales, Bertrand Collomb en l'occurrence, exprimant à la tribune de l'Assemblée générale des Nations unies la volonté de ses mandants de donner un meilleur sens à la mondialisation économique, suivi du président du parti populaire chinois faisant l'éloge dithyrambique de l'économie de marché, de représentants d'ONG qui plaident devant le secrétaire général l'intégration de la société civile dans la gestion des affaires mondiales, le tout couronné par une harangue d'un financier américain en faveur de la responsabilité? Tel fut l'incroyable spectacle qui a marqué la conclusion du 1er sommet des adhérents au Global Compact ou Pacte mondial, il y a quelques jours à New York. Pourquoi cet événement a-t-il une portée historique et où va-t-il mener, au-delà des bonnes intentions affichées?

De fait, c'est la toute première fois, à ce niveau planétaire, qu'une assemblée d'entreprises issues de tous les continents, passe du discours revendicatif usuel, en faveur de l'amélioration du libre-échange, à l'affirmation délibérée d'une responsabilité politique dans la marche du monde. Le Pacte mondial, lancé il y a trois ans par Koffi Annan à Davos, a trouvé son public et a prouvé qu'il y avait des entreprises qui acceptaient de se sentir «en charge» de leur environnement global, actuel et futur. C'est un saut conceptuel à la hauteur de la main tendue par les Nations unies, elles-mêmes acceptant de reconnaître que «les objectifs du millénaire» ne seront pas atteints sans la coopération des entreprises, comme l'avait expliqué le secrétaire général à Johannesburg. Le chemin parcouru démontre l'avancée culturelle qui accompagne la mondialisation des marchés, même si toutes les bonnes volontés ont conscience que le mouvement reste à organiser, tant la tâche soulève des questions majeures.

Trois éléments notables sont à retenir de cette reconnaissance de la réalité du Pacte mondial entre les Nations unies et les entreprises en 2004.

Tout d'abord, cette entrée solennelle de la communauté économique au cœur de la gouvernance mondiale, posant les limites de nos ressources, les enjeux socio-économiques qui sont devant nous et la nécessité d'équilibrer la puissance des entreprises par une régulation de leurs activités, ne doit pas être mal comprise. Il n'est pas dit que c'est aux entreprises de prendre en charge à la place des États une politique de développement durable de la planète qu'elles définiraient dans un élan subit de générosité? Les acteurs économiques engagés conviennent qu'ils sont prêts à prendre leur propre part dans «la gestion de leur impact sur le monde», mais ils rappellent aux États que c'est à eux de mettre en place les conditions de la bonne régulation des aspects sociaux, environnementaux, éthiques dont les entreprises ont besoin pour que les plus vertueuses d'entre elles ne soient pas pénalisées.

Le deuxième acquis du Pacte est la nécessité de bâtir ce mouvement de responsabilisation dans un cadre volontaire qui prend en compte la diversité des situations des entreprises sur la planète. Cette demande n'est pas une excuse pour gagner du temps, mais résulte d'une réalité : il n'y aura d'amélioration du jeu économique que si on répond à la demande de croissance qui caractérise notre époque en la conjuguant avec une performance « sociétale ». Sauf catastrophes, ceci demandera beaucoup de transitions car il est compliqué de lisser l'intégration des « coûts externes » dans le modèle économique, par des innovations et des ré-allocations de marge. On peut commencer, comme font les Anglo-Saxons, en attribuant une part de résultats à des actions d'intérêt général, mais, au final, le « modèle » ne deviendra « durable » que si les mêmes règles du jeu sont appliquées dans chaque secteur sans distorsion et si les consommateurs et les commandes publiques reconnaissent ces performances dans les décisions de marché.

Le troisième constat en découle : on ira inévitablement dans la décennie qui vient vers l'ajout d'une « comptabilité sociale » à la comptabilité financière universelle. Cette nécessité de mesurer la performance sociétale des entreprises, selon des canons reconnus, et mesurés par les voies normales de l'audit, est nécessaire pour que « le marché fasse la différence ». Déjà, ce mouvement se structure à travers des voies privées. Le Pacte mondial stimulera sûrement cette formalisation, même si l'ISO ou les grandes organisations du chiffre ont plus vocation à la définir que les Nations unies. N'a-t-on pas vu à New York plusieurs bourses et plusieurs grandes organisations financières plaider en ce sens et justifier la pertinence de l'approche dite de « notation extra-financière » ? Cette construction est le prochain saut à accomplir et ce n'est pas sa complexité qui entamera son bien-fondé, d'autant que des expériences commencent à s'imposer ici et là, en Europe tout particulièrement.

Ce qu'a montré la consécration du Global Compact, c'est la prise en charge directe du mouvement, de l'intérieur de la communauté des affaires, de manière proactive et non plus défensive ou apeurée. Il s'agit en fait de susciter un « modèle dans le modèle », sans qu'il y ait de rupture de paradigme. Les idéologues en seront pour leurs frais. Les marchés du monde émergent sont une nouvelle frontière motivante, de ce point de vue, qui devrait bénéficier d'abord aux entreprises les plus responsables. Un autre mur vient de tomber à New York. Celui qui séparait les affaires et le bien commun. Wall Street n'a pas d'avenir sans les Nations unies. Business *dixit*.

Tribune parue dans *Les Échos*, 1er juillet 2004 (Patrick d'Humières).

QUELQUES SITES UTILES POUR LE MANAGEMENT DU DD

Développement Durable (DD)

Secrétariat de la Commission pour le développement durable : *www.un.org/esa/sustdev/csd.htm*

Programme des Nations unies pour l'Environnement : *www.unep.org*

Agence Européenne pour l'Environnement : *www.eea.eu.int/*

Conseil National du Développement Durable (CNDD) : *www.premier-ministre.gouv.fr/fr/p.cfm?ref=37622*

Ministère de l'Écologie et du Développement durable : *www.ecologie.gouv.fr*

Agence de l'environnement et de la maîtrise de l'énergie (Ademe) : *www.ademe.fr*

Institut Français de l'Environnement : *www.ifen.fr/*

Centre International de Recherche sur l'Environnement et le Développement : *www.centre-cired.fr/*

International Institute for Sustainable Development : *www.iisd.org/ic/*

Institut du Développement Durable et des Relations Internationales : *www.iddri.org/*

Agora 21 : *www.agora21.org/*

Comité 21 : *www.comite21.org*

Responsabilité Sociétale des Entreprises (RSE)

Global Compact/Pacte mondial des Nations unies : *www.unglobalcompact.org*

Global Reporting Initiative (GRI) : *www.globalreporting.org*

CSR Europe : www.csreurope.org

Business for Social Responsibility : *www.bsr.org/*

Social Accountability International (SA 8000) : *www.cepaa.org*

Organisation Internationale du Travail (OIT) : *www.ilo.org*

Business in the Community : *www.bitc.org.uk*

Organisation de coopération et de développement économiques (OCDE) : *www.oecd.org/*

Chambre de commerce internationale : *www.iccwbo.org/*

Association française de normalisation (Afnor) : *www.afnor.fr*

Observatoire sur le responsabilité sociétale des entreprises (ORSE) : *www.orse.org.*

Le portail du développement durable : *www.developpement-durable.net/sommaire.php3*

Rapports de développement durable : *www.rapports-developpementdurable.org/fr/index.htm*

Sustainable Business : *www.sustainablebusiness.com*

World Business Council for Sustainable Development (WBCSD) : *www.wbcsd.ch*

Investissement Socialement Responsable (ISR)

Dow Jones Sustainability Indexes : *www.sustainability-index.com/*

FTSE4Good : *www.ftse4good.com*

Innovest : *www.innovestgroup.com*

Stock-at-Stake/Ethibel : *www.ethibel.be*

EthicalInvestment Research Service : *www.eiris.org*

Sustainable Asset Management (SAM) : *www.sam-group.com*

Domini Social Index : www.domini.com

Vigeo : *www.vigeo.fr/*

Forum Européen pour l'Investissement Responsable (EuroSIF) : *www.eurosif.info/*

Forum Français pour l'Investissement Responsable (FIR) : *www.frenchsif.org/fr/*

Social Funds : *www.socialfunds.com*

Novethic : *www.novethic.fr*

ISR-info : *www.isr-info.com*

Commerce équitable et consommation durable

Max Havelaar : *www.maxhavelaarfrance.org*

Altereco : *www.altereco.com/*

Artisans du monde : *www.artisansdumonde.org*

Collectif de l'éthique sur l'étiquette : *www.ethique-sur-étiquette.org/*

Faurtrade Labelling Organizations International : *www.fairtrade.net*

Plate-forme pour le commerce équitable : *www.commercequitable.org/*

Consodurable : *www.consodurable.org*

Initiatives privées et Conseils spécialisés

ecodurable : *www.ecodurable.com*

Tripple Innova (Allemagne) : *www.triple-innova.com*

CSRnetwork (Grande-Bretagne) : *www.csrnetwork.com*

SustainAbility (Grande-Bretagne) : *www.sustainability.com*

AccountAbility (Grande-Bretagne) : *www.accountability.org.uk*

Écocarbone : *http://ecocarbone.free.fr/*

INDEX

© Éditions d'Organisation

www.ingramcontent.com/pod-product-compliance
Lightning Source LLC
Chambersburg PA
CBHW082127210326
41599CB00031B/5894